le livre des
codes

le livre des codes

signes • symboles • chiffres • langages secrets

Le Livre des codes, publié par Sélection du Reader's Digest, est l'adaptation française de *The Book of Codes,* publié en 2009 par Weldon Owen Inc., 415 Jackson Street, San Francisco, CA 94111, États-Unis. www.weldonowen.com

Publié par University of California Press
Berkeley et Los Angeles, Californie

ÉDITION ORIGINALE
Copyright © 2009 Weldon Owen Inc.

ÉDITION FRANÇAISE
Réalisation éditoriale : Céline de Quéral
Traduction-adaptation : Élisabeth Luc, Delphine Nègre-Bouvet, Emmanuelle Pavan
Révision : Marie-Édith Bernard, Alice Breuil, Claire Le Cam, Valérie Lecoeur
Conseiller scientifique : Paloma Cabeza-Orcel
Montage PAO : François Giraudet
Nous remercions particulièrement Edith Cottrell (révision), Marc-François Fouquier, Vincent Le Chevallier et Valérie Lecoeur (traduction)

Sous la direction de l'équipe éditoriale de Sélection du Reader's Digest
Directeur éditorial : Éric Jouan
Directrice éditoriale adjointe : Elizabeth Glachant
Directrice artistique : Dominique Charliat
Responsable d'édition : Anne Grégoire
Lecture-correction : Béatrice Argentier-Le Squer, Catherine Decayeux, Emmanuelle Dunoyer

PREMIÈRE ÉDITION

Pour nous communiquer vos suggestions ou remarques sur ce livre, utilisez notre adresse e-mail : **editolivre@readersdigest.tm.fr**

ISBN : 978-2-7098-2076-9

Achevé d'imprimer : juillet 2009
Dépôt légal en France : août 2009
Dépôt légal en Belgique : D-2009-0621-79

Imprimé en Chine
Printed in China

SOMMAIRE

ASPOTMMMHABIVRJED

02

CULTES, SYMBOLES ET SOCIÉTÉS SECRÈTES

03

LES CODES SECRETS

04

CODES ET COMMUNICATION

05

LES CODES DE GUERRE

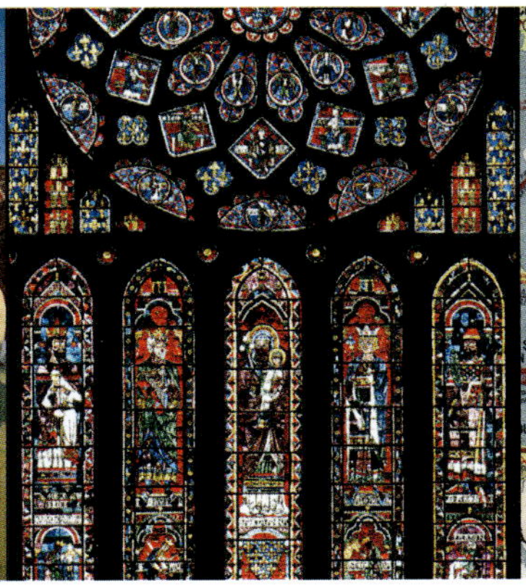

ASPOTMMMHABIVRJED

06 LES CODES DU MONDE INTERLOPE

07 DÉCHIFFRER LE MONDE

08 CODES ET CIVILISATIONS

09 CODES ET COMMERCE

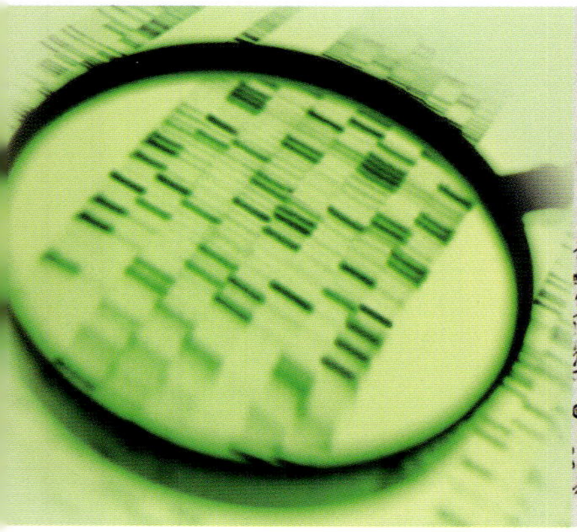

AVANT-PROPOS

Nous sommes tous des cryptanalystes compétents. Notre vie est régie par un nombre considérable de codes, qui déterminent nos actions, nous fournissent des informations et transmettent aux autres des messages nous concernant.

Avant même d'apprendre à parler, les enfants commencent par décoder leur entourage immédiat. Ils savent instinctivement interpréter les expressions du visage et les gestes, sont sensibles aux intonations. Comprendre une langue est un processus complexe, qui implique la maîtrise non seulement d'un ensemble de sons mais aussi des règles qui les régissent et des gestes et mimiques qui en renforcent le sens. Tout au long de notre vie, nous continuons à décoder notre environnement, les hommes et les femmes qui nous entourent, et ce souvent sans en avoir réellement conscience. Nous apprenons également à « écouter » ce qui n'est pas dit explicitement, car le langage est autant utilisé pour dissimuler que pour échanger.

L'ambivalence sémantique du mot code – système de règles ou méthode de communication secrète – n'est pas anodine. Nous parlons de code vestimentaire ou encore de code de conduite au sens d'ensemble de règles, mais ils ne sont opérationnels que si l'observateur les comprend. Depuis l'aube de l'humanité, la codification est fondamentale pour l'homme. Notre manière de nous habiller ou d'agir nous définit et envoie des messages spécifiques. Dans les sociétés traditionnelles, ces derniers peuvent être très complexes et indiquer l'âge, la disponibilité sexuelle, l'origine, le statut mais aussi de nombreuses autres valeurs.

La survie des premiers hommes dépendait de leur aptitude à comprendre le monde, à distinguer ce qui était comestible de ce qui ne l'était pas et à percevoir le danger. Ils devaient savoir déchiffrer des signes : interpréter le paysage, adapter les techniques de chasse, deviner l'écoulement du temps en observant la position des corps célestes et comprendre le rythme des saisons. L'homme contemporain, surtout lorsqu'il habite en ville, a probablement perdu la plupart de ces capacités ; néanmoins, sa survie dépend aujourd'hui de son aptitude à décrypter correctement un nombre important d'informations codées – panneaux d'affichage, sorties de secours, signalisation routière...

Le désir de dissimulation est commun à toutes les sociétés humaines. Les langages et rituels secrets servent de marqueurs sociaux ou sont un moyen de délivrer des messages incompréhensibles pour les non-initiés. Les enfants usent souvent de phrases sibyllines quand ils veulent cacher quelque chose aux adultes, qui, eux, maîtrisent

AVANT-PROPOS

l'art de la périphrase pour se préserver de la curiosité des plus jeunes. De tout temps, les voleurs ont communiqué à l'aide d'argots ou de dialectes afin de dissimuler leurs intentions. Dans certaines sociétés, hommes et femmes utilisent des formes différentes d'une même langue.

L'invention des systèmes d'écriture, c'est-à-dire la représentation graphique des sons, a permis de conserver une trace durable de ce qui était autrefois éphémère. Écrire est en soi une forme d'encodage, et le déchiffrement de certains systèmes aujourd'hui disparus – les hiéroglyphes égyptiens, par exemple – ne fut possible que grâce à des techniques cryptanalytiques. Les codes, au sens de messages secrets délibérés, sont probablement presque aussi vieux que l'écriture : les dirigeants des premiers États, tout comme leurs homologues modernes, souhaitaient pouvoir cacher leurs écrits.

Les systèmes de chiffrement – la dissimulation systématique du sens d'un message en remplaçant les lettres du texte original par un autre jeu de caractères – commencèrent à être largement utilisés en Europe au XVIe siècle. Chaque nouveau code engendrait de nouvelles techniques de déchiffrage. Il en fut ainsi jusqu'au cassage du code de la machine Enigma, utilisée par les Allemands pendant la Seconde Guerre mondiale. L'évolution considérable des techniques de communication a offert de nouvelles opportunités aux cryptographes et de nouveaux défis aux cryptanalystes.

Aujourd'hui, avec les systèmes de communication informatisés, les codes ne sont plus l'apanage des dirigeants ou des armées. Ils ont envahi notre quotidien. Chaque appel téléphonique, chaque message électronique est automatiquement chiffré par les systèmes, les machines et les algorithmes créés à cet effet. Mais chaque message peut aussi être intercepté et lu. Aujourd'hui, la matière première la plus précieuse est, comme Bill Gates l'a démontré, le code, et l'autre ressource capitale est l'information que la possession de ce code permet d'acquérir. Pour protéger cette information, les systèmes de cryptage sont constamment mis à jour. Le sujet n'est désormais plus une affaire de spécialistes. Comment préserver notre vie privée à l'ère numérique, tout en protégeant la société d'éventuelles agressions, est l'une des questions les plus brûlantes de notre époque.

Ce livre recense toutes les manières dont les codes ont été utilisés. Il est organisé thématiquement, et de nombreux renvois en facilitent la compréhension. Prendre conscience du maillage très dense des langages secrets qui nous entourent est aujourd'hui, plus que jamais, primordial pour comprendre le monde et mieux appréhender l'avenir.

01

Les premiers codes

Très tôt, l'homme a développé sa capacité à comprendre les phénomènes naturels du monde qui l'entourait. Ce gage de survie lui a permis de devenir l'espèce dominante sur terre. Les premières civilisations ont mis au point des systèmes complexes (langage, numération, écriture) fondés sur la pensée abstraite et la création de symboles qui furent à l'origine des premiers chiffres. À partir de vestiges souvent incomplets, les archéologues ont dû faire appel à diverses techniques, notamment la cryptanalyse, pour comprendre l'évolution et le fonctionnement de ces tout premiers codes.

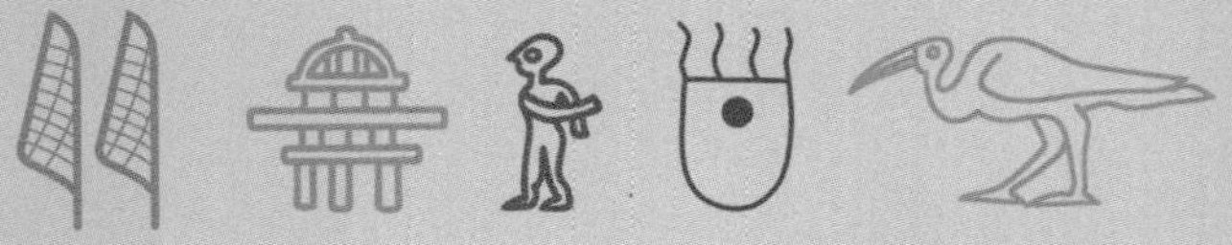

INTERPRÉTER LE PAYSAGE

Les grottes servirent d'abri naturel aux premiers hommes. Toutefois, il leur fallut rapidement trouver des sites plus adaptés pour se protéger de leurs ennemis.

La survie des tout premiers hommes, organisés en groupes sociaux primitifs, reposait sur leur aptitude à comprendre le fonctionnement du monde alentour afin de pouvoir cueillir, pêcher et chasser leur nourriture, s'abriter et éviter les dangers. Recueillir et interpréter les messages cachés de l'environnement constitue peut-être le premier signe de l'ingéniosité humaine. Cette faculté devint essentielle lorsque l'homme commença à adopter un mode de vie migratoire, quittant progressivement le berceau d'*Homo sapiens*, l'Afrique orientale tropicale, pour conquérir tout le globe, en s'adaptant aux diverses régions biogéographiques.

Les signes du paysage

Certains des plus anciens ossements humains ont été découverts dans la Rift Valley, en Afrique orientale. Bien qu'il ait beaucoup changé, cet environnement est particulièrement intéressant pour qui s'intéresse aux premiers hommes. Comment ces derniers auraient-ils « lu » un tel paysage ?

Vallées fluviales
Même en milieu aride, les oueds et les ravins asséchés indiquent la présence d'eau à un moment précis de l'année, mais aussi l'éventualité d'en trouver dans le sous-sol en creusant des puits. Toutefois, ils peuvent également être le signe de crues éclair.

Collines
Point stratégique et poste d'observation, elles peuvent indiquer la présence de sources d'eau potable.

Falaises
Elles signalent la présence probable de grottes et d'eau souterraine. Prendre de la hauteur permet de détecter une proie ou de repérer d'autres groupes plus ou moins hostiles de chasseurs-cueilleurs. Autrefois, les hommes y montaient pour massacrer du gibier en nombre : ils poussaient les troupeaux qui les poursuivaient à se jeter dans les précipices.

Végétation
Elle indique la présence d'eau souterraine, d'un point de rassemblement pour le gibier et de plantes comestibles (identifiées de manière purement empirique).

Conditions arides
La rareté des pluies, véritable frein à toute sédentarisation, devait également se traduire par des températures diurnes et nocturnes extrêmes.

Les saisons

À mesure qu'ils s'éloignaient des tropiques, les hommes durent s'adapter aux variations saisonnières. La migration étant un processus graduel, toutes les informations climatiques furent assimilées très progressivement, au fil des ans. Quelques millénaires plus tard, les premières communautés agricoles organisées se développèrent le long des grands réseaux fluviaux – le Tigre et l'Euphrate en Mésopotamie, le Nil en Égypte, l'Indus en Asie du Sud et le Huang He ou fleuve Jaune en Chine –, où la compréhension du cycle annuel des inondations était indispensable à la bonne gestion des cultures et des récoltes ainsi qu'à l'implantation des communautés humaines.

Comprendre les signes climatiques

L'interprétation des formations nuageuses aida sans aucun doute les premiers hommes à prévoir le temps.

1 Cirrus Nuages élevés et légers de beau temps ; dans les régions froides, ils peuvent être signe de blizzard s'ils s'accumulent et s'accompagnent d'un vent constant.

2 Cumulonimbus Gros nuages verticaux en forme d'enclume, à la base grise, signe d'averses, de grêle ou de neige. Le vent qui les accompagne peut s'amplifier et les températures chuter radicalement.

3 Nuages fuyants Vaporeux et non structurés, ils annoncent un mauvais temps durable.

4 Averse de grêle Au milieu d'un déluge, peut indiquer qu'une tempête va se transformer en tornade.

5 Cirrocumulus Petits groupes de flocons nuageux élevés, signe de beau temps.

6 Cirrostratus (altostratus) Fin voile de nuages grisâtres. Lorsqu'ils suivent un cirrus, du mauvais temps s'annonce.

7 Cumulus Nuages ronds et blancs dans un ciel bleu, signe de conditions stables. S'ils s'accumulent au cours de la journée, en grossissant et en s'élevant, ils peuvent se transformer en nuages d'orage.

8 Nimbus Nuages gris et plats couvrant le ciel et donnant généralement des pluies suivies de mauvais temps.

9 Stratus Nuages bas et gris obscurcissant le ciel, associés à des conditions froides et humides. Des stratus très bas peuvent former d'épais brouillards.

Désastre imminent L'observation du comportement animal est riche en enseignements. De nombreuses espèces pressentent les catastrophes : avant un séisme, les vers de terre remontent à la surface, les chiens cessent d'aboyer et cherchent à se cacher, les gros animaux (chevaux ou antilopes) s'agitent et fuient à la débandade – ils agissent de la même manière avant une tempête ou un incendie. Dans le sillage d'un ouragan ou d'un cyclone, les oiseaux s'éparpillent – ou tombent morts – et les requins quittent les récifs qu'ils occupent. Les habitudes migratoires des oiseaux et du gibier à poil offrent également de précieuses informations sur les changements saisonniers et climatiques.

SUR LA TRACE DES ANIMAUX

Activité vieille de quelque 100 000 ans, la chasse constitue l'un des premiers exemples de décodage d'informations. L'agilité et l'ingéniosité requises pour chasser les animaux sauvages reposaient en grande partie sur la capacité des chasseurs à lire les signes laissés par leurs proies : empreintes, pistes, traces, habitudes alimentaires, etc. Ces aptitudes leur servaient également à contourner le danger que représentaient d'éventuels prédateurs ; elles sont, dans une certaine mesure, restées imprimées dans la mémoire collective.

Les babouins sont des omnivores qui vivent et chassent en groupe : pour cette raison, leurs empreintes sont rarement isolées. Les traces révèlent une nette différence entre les mains – caractérisées par un pouce opposable – et les pieds.

Points d'eau de la savane

De tous les environnements susceptibles de révéler des traces et des passages d'animaux, les points d'eau des savanes américaine, africaine et asiatique sont les plus riches en indices. Ils attirent une grande partie de la faune locale mais aussi les hommes, qui y viennent non seulement pour l'eau mais aussi pour la végétation susceptible d'y pousser. Les berges humides conservent les empreintes : selon les conditions climatiques, il est possible de déterminer assez précisément l'ancienneté des pistes ou des foulées.

Lapin ou lièvre
Ces excréments appartiennent à des herbivores tels le lapin ou le lièvre, animaux trop légers pour marquer le sol de leurs empreintes.

Phacochère
À cause d'une digestion lente, les excréments du phacochère, secs et compacts, sont difficiles à dater précisément.

Les traces de hyène indiquent la présence de gibier – ou d'une proie fraîchement tuée – dans les parages.

Les empreintes de lion se distinguent de celles des autres félins par leur taille. La découverte d'une telle trace signale au chasseur la présence de gibier, mais aussi celle d'un dangereux prédateur.

Herbes broutées Elles sont le signe d'une activité animale récente. Les tiges déchiquetées révèlent que c'est un ongulé qui les a broutées, probablement une antilope ou un zèbre.

Connaître les empreintes

Les différentes régions biogéographiques abritent des populations animales spécifiques, identifiables entre autres grâce aux empreintes laissées sur le terrain.

Plaines d'inondation et berges
Après les inondations provoquées par les crues et les marées, on peut relever des empreintes animales dans la boue encore humide. Toutefois, la montée des eaux ou de fortes pluies peuvent rapidement les effacer. Sous les tropiques, là où les inondations sont saisonnières, les traces peuvent sécher et rester visibles durant des mois, telles ces empreintes d'antilope au Kenya.

Gaufre

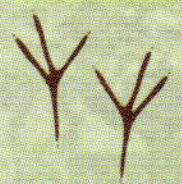
Ibis

Zèbre

Déserts Les déserts de sable tels le Mojave ou le Grand Erg au Sahara tendent, à l'instar de la neige, à conserver parfaitement les traces de pas – pour une durée limitée toutefois, le vent les effaçant rapidement. Ici, dans le Mojave, les empreintes d'un crotale cornu croisent celles d'un coyote.

Troglodyte des cactus

Lynx

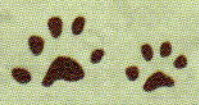
Rat-kangourou du désert

Coyote

Neige La neige fraîche conserve la trace de tous les animaux, y compris les oiseaux, aussi petits soient-ils, mais l'action conjuguée de la fonte et du vent les déforme ou les efface assez rapidement. À la différence des autres environnements, la neige permet de suivre intégralement le trajet d'une proie. Ces empreintes d'ours blanc ont été photographiées au Groenland.

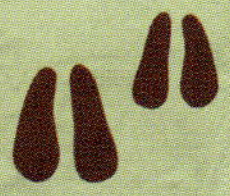
Mouflon d'Amérique

Renard polaire

Harfang

SIGNES DE TERRAIN

S'il existe diverses théories sur l'apparition des premières langues parlées, nous savons en revanche très peu de choses sur leur évolution dans le monde. En revanche, les chercheurs sont persuadés que les communautés humaines migrantes communiquaient silencieusement pour chasser – notamment avec les mains et le corps –, émettaient des signaux et donnaient des instructions relatives au déplacement des membres du groupe ou de la tribu. Cela se vérifie encore aujourd'hui au sein de nombreuses cultures primitives, et quelques-uns de ces signes ont même été adoptés et adaptés par les chasseurs, certaines armées ou encore des mouvements contemporains tel le scoutisme.

Le code des Penan

Les Penan du Sarawak (Bornéo) utilisent un système de communication ancestral à base de brindilles.

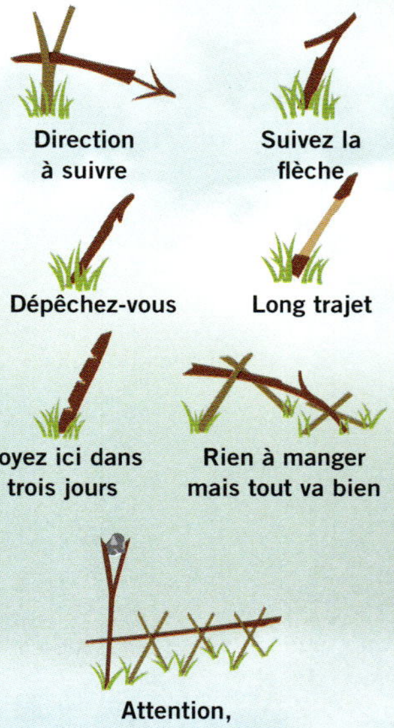

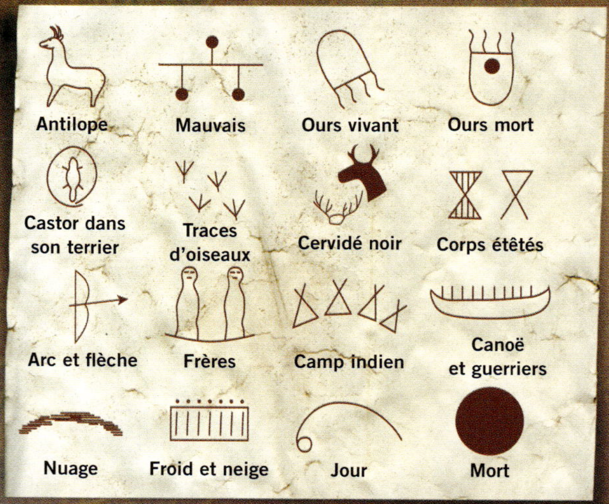

Signes indiens

Les Indiens d'Amérique du Nord conçurent un système de signes très complet pour traquer le gibier : il reposait sur le langage du corps et des mains mais aussi sur la représentation d'images *(à gauche)*. En outre, comme certaines ethnies aborigènes australiennes, ils avaient élaboré une langue des signes complexe afin de surmonter la barrière linguistique entre les différentes tribus. Le langage des signes qu'utilisent les malentendants *(voir p. 242)* s'en inspire.

Les militaires américains apprirent le langage des signes amérindien.

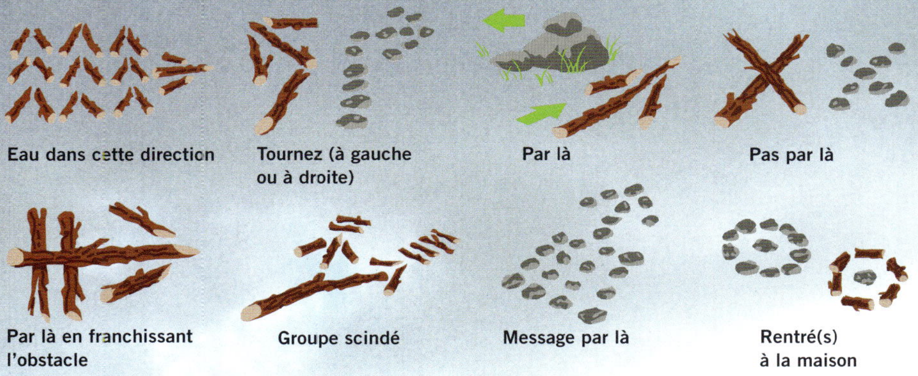

Signes de piste

Bon nombre de peuples chasseurs-cueilleurs comme les San du désert du Kalahari et les Penan de Bornéo *(voir page ci-contre)* ont développé leurs propres signes de brousse. Ces systèmes de messages codés ont influencé l'élaboration d'un vocabulaire international de signes de piste, tout d'abord par les troupes militaires coloniales puis par les scouts. Ces signes, qui servent à donner des informations à d'autres membres du groupe sur le terrain, s'apparentent au vocabulaire des signaux d'urgence *(voir p. 220)*. Ils peuvent être tracés dans le sable ou dans la terre, ou assemblés à l'aide des matériaux disponibles, tels des cailloux ou des brindilles.

Signes militaires

Lors des combats ou des opérations de sauvetage, la communication silencieuse sur le terrain est primordiale. Les armées de nombreux pays utilisent un système de signes avec les mains et le corps permettant de livrer des informations clés aux autres soldats et de communiquer avec les prisonniers ne parlant pas leur langue.

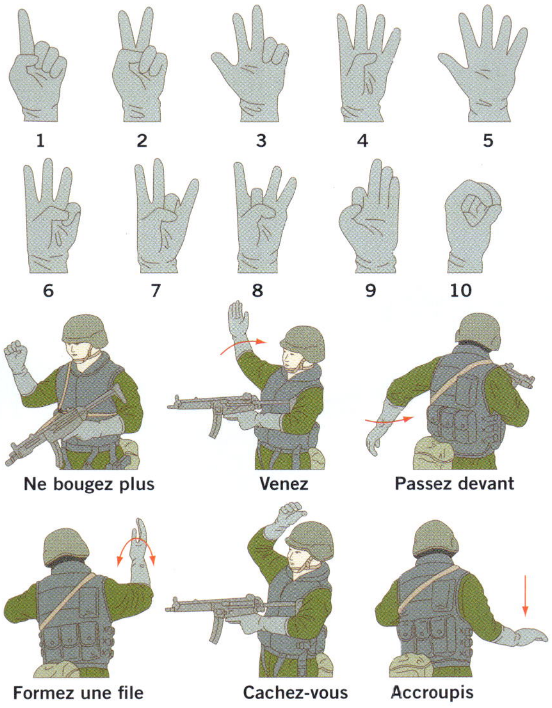

Les Shadow Wolves

Une unité d'élite des douanes américaines, les Shadow Wolves (« loups de l'ombre »), composée entre autres d'Indiens Navajos et Pieds-Noirs, utilise des techniques de pistage traditionnelles pour traquer les trafiquants de drogue le long de la frontière mexicaine. Elle a saisi plus de 20 tonnes de marijuana depuis 1972, et a même formé des policiers d'Asie centrale et d'Europe de l'Est.

PÉTROGLYPHES PRIMITIFS

Depuis toujours, l'activité humaine a été représentée de manière stylisée. Les premiers exemples, comme les célèbres peintures rupestres de Lascaux (réalisées il y a environ 17 000 ans) et les gravures du site d'Alta en Norvège (v. 4500 av. J.-C., *voir ci-contre*), montrent clairement des silhouettes humaines – avec tête, torse, bras et jambes – en train de chasser armées de lances, d'arcs et de flèches. Bien que l'on ne connaisse pas la véritable raison d'être de ces pétroglyphes, ils nous renseignent sur le développement du codage visuel utilisé pour véhiculer des informations spécifiques.

Pictogrammes

Les pétroglyphes préhistoriques ne cherchaient pas à représenter précisément les hommes ou les animaux mais à créer des icônes (du grec *eikon,* image) combinées de façon à véhiculer un message : les pictogrammes. On ne sait toutefois pas si ce message concernait les techniques de chasse, la présence éventuelle de gibier ou la commémoration d'une expédition fructueuse. Dans différentes parties du monde, des exemples ultérieurs d'art rupestre témoignent d'une volonté de donner une signification à l'image.

Les peintures rupestres d'El Castillo, en Espagne, comportent des points, des grilles et autres formes géométriques répétitives, peut-être des plans ou des emblèmes claniques.

Variété
Les différences d'échelle et d'action pourraient signifier que ce pétroglyphe a été réalisé sur une longue période, par plusieurs générations ; les couleurs auraient été ajoutées plus tardivement.

Chasseurs
Représentés à diverses échelles, ils procèdent à une mise à mort avec des arcs, des lances ou à mains nues.

Animaux
Certains animaux sont immédiatement reconnaissables, d'autres se distinguent par des formes plus étrangement abstraites et dotées de parties évidées.

Les peintures rupestres de Santa Cruz, en Argentine, révèlent des scènes de chasse agrémentées de silhouettes ou d'empreintes de mains : ces dernières pourraient être interprétées comme une signature de l'œuvre d'art.

L'art aborigène australien, souvent réalisé sur écorce, est empreint de mysticisme ; les étranges peintures dites radiographiques associent des dessins anatomiques à une tentative de représentation de l'âme animale.

LES PREMIERS SYSTÈMES D'ÉCRITURE

Dans l'Égypte antique, le statut social élevé des scribes les dispensait entre autres de payer des impôts.

Il y a quelque 5 500 ans, les premiers systèmes de notation se développèrent en même temps que les systèmes de numération *(voir p. 26)* – le plus ancien que nous connaissions étant les *calculi* (jetons d'argile) inventés par les Sumériens, en basse Mésopotamie, vers 3400 av. J.-C. Ils permettaient aux cités d'organiser le stockage et la distribution de leurs productions comme de leurs troupeaux. Peu à peu, certains systèmes d'écriture et de numération se répandirent dans toute l'Asie occidentale, tandis que d'autres se développèrent en Asie du Sud, en Chine et en Amérique centrale. La maîtrise de l'écriture marqua l'histoire de l'humanité : elle permit l'apparition des calendriers, des poids et mesures, des pièces de monnaie, des mathématiques, de la géométrie et de l'algèbre ; les gouvernements purent édicter des lois, et les hommes transmettre leur histoire et leurs mythes.

v. 3400 av. J.-C.
Jetons d'argile sumériens destinés au dénombrement des biens et des produits, scellés dans une enveloppe d'argile indiquant leur contenu. Parallèlement se développa une écriture pictographique, une image représentant un mot.

v. 3000 av. J.-C.
Égypte : développement des hiéroglyphes et des systèmes de numération.

v. 1400 av. J.-C.
Syrie : alphabet ougaritique, avec 22 (puis 30) consonnes cunéiformes ; premiers exemples d'écriture alphabétique.

v. 1400 av. J.-C.
Syrie et Palestine : premiers alphabets araméens.

v. 1100 av. J.-C.
Phénicie : développement et diffusion de l'alphabet.

Légendes systèmes d'écriture
- Idéogrammes
- Hiéroglyphes
- Écriture cunéiforme
- Inscriptions
- Écriture alphabétique
- Lien possible entre les écritures

v. 3250 av. J.-C.
Tell Brak, en Syrie : découverte des plus anciennes inscriptions cunéiformes sur tablettes d'argile (premier système d'écriture connu).

v. 2600 av. J.-C.
Vallée de l'Indus : peut-être sous l'influence des pictogrammes mésopotamiens, la cité d'Harappa utilisa un système de pictogrammes qui reste aujourd'hui à déchiffrer. Cette écriture disparut avec le déclin de la civilisation, vers 1800 av. J.-C.

Inde

v. 2400 av. J.-C.
Mésopotamie : diffusion de l'akkadien en cunéiforme ; premiers textes littéraires.

v. 1700 av. J.-C.
Sinaï : écriture protocananéenne.

v. 1500 av. J.-C.
Anatolie et Caucase : Hittites et Ourartéens adaptent le cunéiforme.

Chine

v. 1400 av. J.-C.
Chine (dynastie des Shang) : premières inscriptions sur des os divinatoires.

v. 2000-1600 av. J.-C.
Développement de l'écriture hiéroglyphique crétoise (linéaire A, linéaire B), sans doute influencée par les hiéroglyphes égyptiens.

Mer Égée

Jeton sumérien portant des inscriptions cunéiformes.

L'évolution de l'écriture

On dénombre quatre formes d'écriture : idéographique, hiéroglyphique, cunéiforme et alphabétique. À l'origine, la plupart des systèmes d'écriture utilisaient des pictogrammes. Avec un symbole pour une idée ou un mot, ils se révélèrent rapidement peu pratiques. Ils évoluèrent pour représenter des sons au lieu de concepts : les symboles devinrent plus stylisés et moins figuratifs. La plupart des écritures d'Eurasie occidentale sont issues du cunéiforme sumérien ou des hiéroglyphes égyptiens. Les idéogrammes chinois, adoptés par une grande partie de l'Extrême-Orient, connurent une évolution distincte, tandis que l'écriture méso-américaine se développa également de façon autonome, avant de disparaître presque totalement au XVIe siècle, sous l'influence des colonisateurs européens.

v. 600 AV. J.-C.
Amérique centrale : écriture pictographique des Zapotèques.

v. 300 AV. J.-C.
Amérique centrale : écriture hiéroglyphique et syllabique des Mayas *(voir p. 36)*.

Mésoamérique

v. 1000
Méso-Amérique : le nahuatl des Mixtèques (langue aztèque) est écrit avec des pictogrammes.

v. 650 AV. J.-C.
Italie : développement de l'écriture étrusque, remplacée par le latin ; première inscription en latin v. 500.

v. 250
Europe du Nord : apparition de l'écriture runique (le futhark, ci-dessus), sans doute influencée par l'alphabet étrusque ou romain.

v. 300
Europe occidentale : le latin devient le principal système d'écriture.

Europe orientale

v. 1000
Europe de l'Est : écritures slaves issues du grec.

Europe occidentale

v. 750 AV. J.-C.
Grèce : premières inscriptions alphabétiques grecques.

Europe

v. 500 AV. J.-C.
Perse : introduction de l'alphabet araméen.

Moyen Orient

v. 300 AV. J.-C.
Inde : écriture alphabétique brahmique, sans doute fondée sur l'alphabet araméen.

v. 450
Arabie : premiers textes en alphabet arabe.

Inde

1000 av. J.-C. | 750 av. J.-C. | 500 av. J.-C. | 250 av. J.-C. | 0 | 250 | 500 | 750 | 1000 | 1250 | 1500

75
Mésopotamie : dernière utilisation connue du cunéiforme.

v. 300
Corée : l'écriture chinoise des idéogrammes se répand dans le nord.

v. 750
Japon : écriture influencée par le chinois.

L'écriture cunéiforme

C'est en Mésopotamie qu'apparut la première forme d'écriture, appelée cunéiforme (du latin *cuneus*, coin), dont les caractères étaient gravés sur une tablette d'argile à l'aide d'un stylet à pointe triangulaire. Chaque pictogramme stylisé représentait une syllabe, les termes abstraits étant associés à des noms phonétiquement proches. Pendant trois millénaires, cette forme d'écriture servit à noter de simples transactions commerciales ou de véritables épopées sur des supports très divers. Comme l'alphabet latin de nos jours, elle fut adaptée dans toute l'Asie Mineure pour transcrire des langues souvent sans rapport entre elles : le sumérien, l'akkadien, l'élamite, le hourrite, le hittite, l'ourartéen, l'ougarite et le persan. Après la conquête d'Alexandre le Grand (334-323 av. J.-C.), elle fut remplacée par l'écriture alphabétique araméenne et tomba dans l'oubli jusqu'au XIXe siècle *(voir p. 22)*.

LE CUNÉIFORME DÉCHIFFRÉ

Déchiffrer l'écriture cunéiforme a longtemps semblé un défi impossible à relever. En 1618, Don García de Silva y Figueroa, ambassadeur d'Espagne auprès du chah de Perse Abbas Ier, fut le premier à décrire les inscriptions de Persépolis : il mentionnait des caractères « triangulaires, en forme de pyramide ou d'obélisque miniature ». Engelbert Kaempfer, explorateur du XVIIe siècle, pensait qu'il s'agissait davantage d'un ornement architectural que d'une forme d'écriture. C'est Thomas Hyde, linguiste d'Oxford, qui lui donna le nom de cunéiforme en 1700.

Du signe au mot

Au XVIIIe siècle, l'explorateur Carsten Niebuhr fut sans doute le premier scientifique à voyager en Orient. Il accompagna une expédition danoise et fournit aux savants des copies assez précises des tablettes de Persépolis. Il releva ainsi trois formes d'écritures cunéiformes et confirma que ces inscriptions se lisaient de gauche à droite. Il réussit même à isoler la plupart des caractères des textes les plus simples, qui apparaissaient en premier sur les inscriptions trilingues.

La quête de la clé

La clé de lecture du cunéiforme fut découverte en 1802 par un enseignant allemand, Georg Friedrich Grotefend (1775-1853). En étudiant deux courtes inscriptions relevées par Carsten Niebuhr, il estima qu'il y avait trop peu de signes pour que cette écriture soit logographique, et que la longueur de chaque mot était trop importante pour qu'elle soit syllabique. Il en conclut qu'elle était alphabétique, certains signes correspondant à des voyelles courtes, d'autres à des voyelles longues. Il était sur la bonne voie.

Persépolis étant la capitale de l'Empire achéménide, Grotefend émit l'hypothèse que les inscriptions découvertes étaient commémoratives et comportaient les noms des membres de la dynastie, connus grâce à des sources grecques. Une inscription en persan récemment déchiffrée portait le nom du monarque sassanide Ardachir, suivi du titre « roi des rois d'Iran [...] de la race des dieux, petit-fils du dieu Babak, le roi ». S'inspirant de ce modèle, Grotefend conclut que le premier mot des deux premières lignes était le nom du monarque, que le mot suivant devait correspondre au mot roi, et que l'expression « roi des rois » pouvait y figurer. Les occurrences répétées du mot roi l'aidèrent à identifier les signes correspondant à ce mot. Cependant, les signes du premier mot de chaque inscription étant différents, ils devaient désigner des rois différents. Il remarqua alors que le premier mot de l'inscription 1 figurait à la ligne 3 de l'inscription 2, suivi du mot qu'il avait identifié provisoirement comme signifiant roi. Il était donc probable que le premier mot de l'inscription 2, en partant du principe qu'il s'agissait du nom d'un roi, soit le nom du fils du monarque cité à la ligne 3. Xerxès Ier était le fils de Darius Ier, lui-même fils d'Hystaspe. Le premier mot de l'inscription 2 devait donc être le nom de celui que les Grecs appelaient Xerxès, alors que le nom figurant à la ligne 3 de l'inscription 2 (le premier mot de l'inscription 1) devait être celui du père de Xerxès, c'est-à-dire Darius.

De l'écrit au son

Grotefend savait qu'une traduction de l'Avesta – l'ensemble des textes sacrés des zoroastriens – perse contenait plusieurs formes du nom d'Hystaspe, le père de Darius : la plus courante était Goustasp. Elle comportait aussi le mot perse pour roi, *khšeio*. Les premier et deuxième mots de l'inscription 2 commençaient par le même signe cunéiforme, que Grotefend pouvait désormais identifier comme le son « kh ». La troisième lettre du premier mot de l'inscription 1, déjà assimilée au nom Darius, revenait dans le premier mot de l'inscription 2, qui, pour Grotefend, était la forme grecque de Xerxès.

Il obtint ainsi la valeur du signe représentant le *r*. En suivant cette méthode, il parvint à identifier dix des vingt-deux signes présents dans les deux inscriptions : les noms Xerxès, Darius, Hystaspe/Goustasp et les mots roi et grand. Son approche était plus cryptologique que linguistique. Cette avancée ouvrit la voie à d'autres chercheurs, ce qui permit de développer la connaissance du sanskrit ou de l'avestan, proches du persan ancien. Son travail est tout à fait remarquable : pour la première fois de l'Histoire, une écriture ancienne inconnue était partiellement déchiffrée.

Inscription 1
Ligne 1 Dārayavauš : xšāyaθiya : vazra
Ligne 2 vazraka : xšyaθiya : xša
Ligne 3 yaθiyānām : xšāyaθiya :
Ligne 4 dahyūnām : Vištāapahy
Ligne 5 ā : puça : Haxāmanišiya : h
Ligne 6 ya : imam : tacaram : akunauš

Traduction de Grotefend : « **Darius, le grand roi, roi des rois, roi** de pays, fils d'**Hystaspe**, un Achéménide ».

Inscription 2
Ligne 1 Xšayārša : xšāyaθiya :
Ligne 2 ka : xšāyaθiya : xšāyaθiya
Ligne 3 nām : Dārayavahauš : xšāyaθ
Ligne 4 : iyahyā : puça : Haxāmanišiya :

Traduction de Grotefend : « **Xerxès, le grand roi, roi des rois**, fils de **Darius** l'Achéménide ».

Sont indiqués en gras les mots identifiés par Grotefend.

Une ouverture sur le passé

Il fallut attendre 1847 et le travail de dix-sept spécialistes de différents pays pour déchiffrer le cunéiforme. Grotefend avait affirmé qu'il s'agissait d'une écriture alphabétique. En réalité, les 36 caractères cunéiformes représentent une consonne plus une voyelle. Outre trois signes pour les voyelles *a*, *i* et *u*, ils forment un syllabaire, avec 22 signes pour les consonnes plus la voyelle associée *a*, 4 signes pour les consonnes suivies par un *i*, et 7 signes pour les consonnes suivies par un *u*. On recense aussi des logographes pour les mots récurrents que sont roi, dieu, pays et terre.

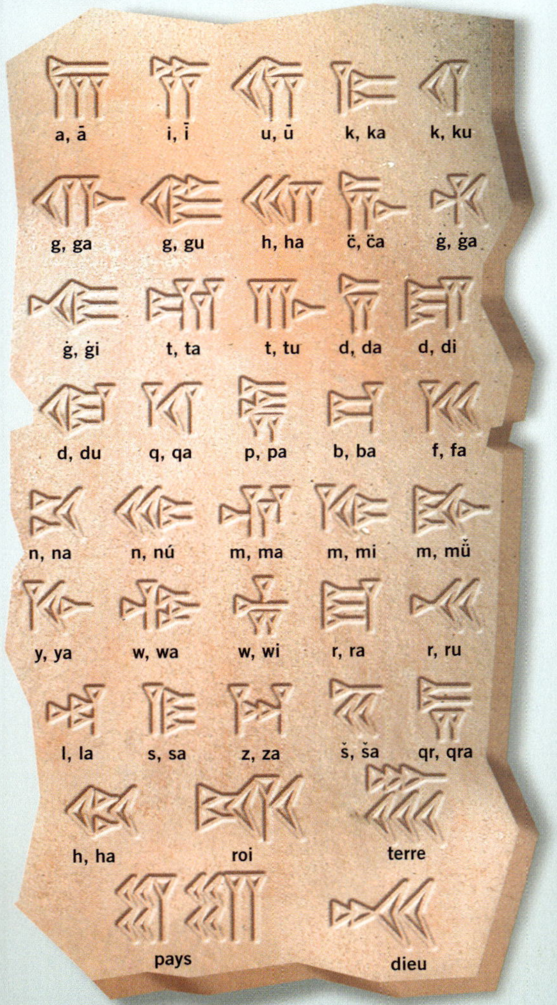

Unique dans le monde antique, l'écriture du persan ancien semble avoir été créée à l'instigation de Darius. Elle n'aurait apparemment servi que pour les inscriptions officielles des rois achéménides. Comme les versions akkadienne et élamite, cette écriture se compose de caractères cunéiformes. Son déchiffrement permit celui du cunéiforme akkadien.

ALPHABETS ET SYSTÈMES D'ÉCRITURE

L'alphabet ougaritique, qui demeure le premier connu, remonte à 1400 av. J.-C. Écrit en cunéiforme, il comptait à l'origine 22 consonnes, puis 30.

Vers 1400 av. J.-C., dans la cité d'Ougarit, le premier alphabet consonantique s'écrivait en caractères cunéiformes. Cependant, l'ordre de ces derniers suggère l'influence d'un alphabet proche du phénicien, qui se répandit tout autour de la Méditerranée grâce aux marchands venus de Phénicie. Les Grecs le perfectionnèrent en y ajoutant des caractères correspondant aux voyelles, tandis qu'en Inde et en Asie du Sud-Est les alphabets syllabiques, sans doute inspirés des lettres araméennes, atteignaient un niveau de correspondance phonétique surprenant. Étonnamment, le cunéiforme akkadien et les hiéroglyphes égyptiens étaient encore utilisés mille ans après l'invention de cette écriture, pourtant beaucoup plus simple.

Abjad et abugida

La langue ougaritique était proche du phénicien, du cananéen, de l'araméen mais aussi de l'hébreu, alphabets sémitiques composés uniquement de consonnes et aujourd'hui appelés abjad. *Aleph*, la première lettre, ne représente pas la voyelle *a* mais un coup de glotte. Presque toutes les écritures des langues sémitiques sont de type abjad ; celles qui, comme l'éthiopien issu de l'abjad d'Arabie du Sud, modifient la forme des lettres pour indiquer les voyelles sont appelées abugida *(voir Le devanagari, page ci-contre)*. La plupart des écritures indiennes et sud-est asiatiques en font partie.

Les Grecs adoptèrent l'alphabet phénicien *(ci-dessous)*. Bien qu'adaptée à la transcription des langues sémitiques, cette écriture consonantique était inadéquate pour une langue aussi riche en voyelles. Les caractères représentant les sons sémitiques absents du grec prirent donc valeur de voyelles. Après de nombreuses variantes régionales apparut le premier véritable alphabet : chaque son de la langue y était représenté par une forme unique. Les deux premières lettres de l'alphabet grec, *alpha* et *bêta*, sont à l'origine du mot alphabet.

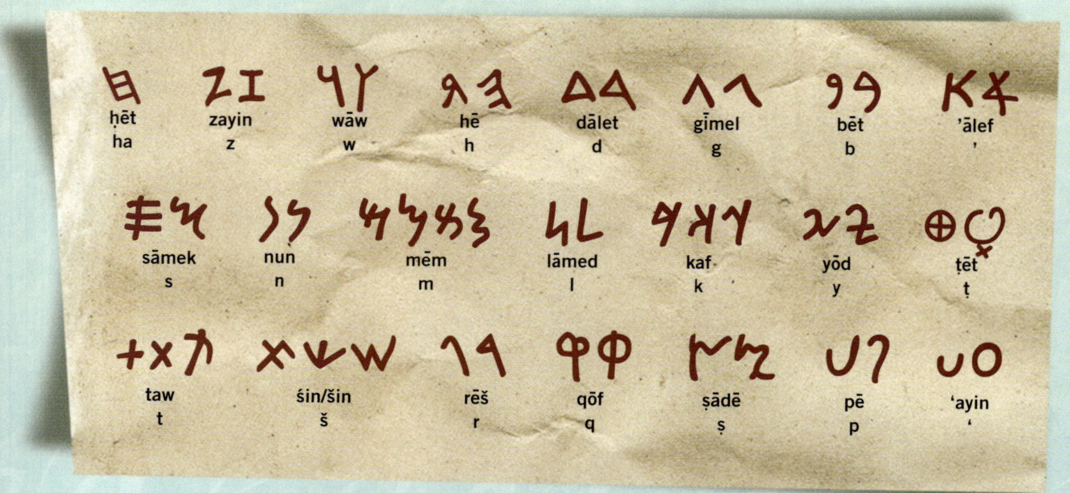

Le b.a.-ba

Visible sur des inscriptions dès le VIe siècle av. J.-C., l'alphabet latin – dérivé de l'étrusque – forme la base du système d'écriture occidentale moderne. Il ne totalisait à l'origine que 21 lettres, le *v* représentant à la fois les sons « v » et « u », le *i* les sons « i » et « j ». Le *u* ne se distingua graphiquement du *v* qu'au Xe siècle. En français, on utilise les 26 lettres de l'alphabet latin moderne, auxquelles s'ajoutent 5 diacritiques (accents aigu, grave et circonflexe, tréma et cédille) ainsi que 2 ligatures (e dans l'a – æ – et e dans l'o – œ). Le français se caractérise également par de nombreux digrammes (deux lettres assemblées transcrivant un phonème unique tels *ch*, *ph*, *oi*...).

Alphabets syllabiques et syllabaires

Les lettres d'un alphabet syllabique représentent en général les combinaisons consonne-voyelle par une modification de la forme de la consonne ou l'ajout de diacritiques – parfois les deux. De nombreuses écritures complexes du subcontinent indien utilisent des alphabets de ce type, le devanagari *(à droite)* étant la plus courante. Un véritable syllabaire, avec un caractère distinct pour chaque combinaison consonne-voyelle possible, nécessiterait plusieurs centaines de caractères. Les alphabets syllabiques, eux, modifient la forme de la consonne en fonction de la voyelle qui la suit ou la précède. Les écritures hiragana et katakana au Japon, ou hangeul en Corée *(ci-dessous)*, en sont des exemples.

Le devanagari est une écriture de type abugida. La forme des consonnes change en fonction des voyelles qui leur sont associées.

L'écriture hangeul coréenne est un élégant syllabaire dont les sons consonantiques et vocaliques sont traités de façon distincte, les voyelles venant moduler les consonnes.

L'alphabet latin utilisé en Occident fut diffusé bien au-delà par les missionnaires chrétiens, ce qui explique sa prédominance actuelle sur tous les continents. Au IXe siècle, dans l'Orient orthodoxe, on utilisait le grec : les missionnaires byzantins développèrent toutefois un nouvel alphabet conjuguant des éléments latins et grecs, qu'ils adaptèrent pour traduire les écrits religieux en slave. Son usage fut diffusé par les saints Cyrille et Méthode, missionnaires en Europe de l'Est et en Russie, où il s'implanta et prit le nom d'alphabet cyrillique *(à droite)*. Ses 33 lettres se prêtent particulièrement bien aux sons vocaliques slaves. Il permet de transcrire quelque 50 langues d'Asie centrale parlées dans les pays de l'ex-URSS.

Les sinogrammes

Les premières traces d'écriture chinoise ont été découvertes sur des os oraculaires datant de 1200 av. J.-C. Au fil des siècles, le chinois a évolué autour de quatre types de caractères : pictogrammes (représentation visuelle d'objets), indicateurs (caractères non pictographiques symbolisant des idées abstraites), idéogrammes (deux éléments sémantiques dont les sens conjugués évoquent un autre mot) et des idéophonogrammes (éléments phonétiques qui, associés, indiquent la prononciation et le sens). Ces derniers constituent 90 % de l'écriture chinoise moderne. De nos jours, il existe plus de 60 000 caractères chinois, même si l'on en utilise en général moins de 4 000.

L'écriture chinoise se caractérise par un grand nombre de caractères.

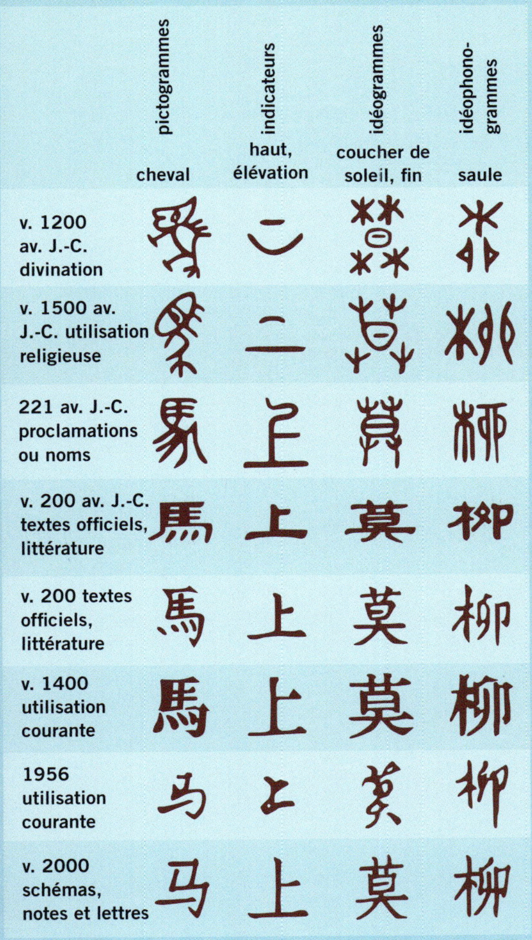

Les systèmes de numération

Partout dans le monde, les systèmes de numération constituent sans doute le premier exemple de codification d'un concept abstrait, avant même le développement de l'écriture. Il y a plus de 20 000 ans, les peuples chasseurs comptaient à l'aide de bâtons de bois ou d'os, sans doute pour dénombrer le gibier. En 3400 av. J.-C., les jetons d'argile *(calculi)* des Sumériens de Mésopotamie marquèrent les débuts des inventaires et de la comptabilité. Producteurs et marchands furent à l'origine du premier système écrit de numération. Les hommes ayant toujours compté sur leurs dix doigts pour effectuer des calculs rudimentaires, la plupart des systèmes sont décimaux, même si les Mayas, les Aztèques et les Celtes avaient pour base le nombre 20, et les peuples de Mésopotamie le nombre 60. Des systèmes de comptage alphabétiques – les chiffres y sont désignés par des lettres – étaient en usage chez les Grecs, les Romains, les Hébreux puis, plus tard, les Arabes, qui nous léguèrent les chiffres d'aujourd'hui.

L'os ou bâton d'Ishango

Découvert en République démocratique du Congo, cet os d'environ 10 cm aurait été gravé 20 000 ans avant notre ère. Plusieurs groupes d'incisions indiquent les nombres premiers. La fonction du bâton d'Ishango reste obscure : calculatrice préhistorique ou simple moyen de dénombrer le bétail, les jours ? Des objets similaires – parfois plus anciens – ont été mis au jour dans le sud de l'Afrique et en Europe centrale. Aujourd'hui encore, les San de Namibie utilisent des bâtons pour mesurer le temps.

Le dénombrement du bétail et des produits des récoltes était essentiel à la subsistance des peuples.

v. 3000 av. J.-C., Égypte
4 doigts = 1 palme (environ 7,5 cm)
7 palmes = 1 coudée royale
100 coudées = 1 *khet* (corde)

v. 1950 av. J.-C., Crète
système additif, base 10, hiéroglyphique

v. 1800 av. J.-C., Babylone
système positionnel, base 60
numérique cunéiforme

v. 1450 av. J.-C., Chine
système additif et multiplicatif
pas de base

4000

3000

2000

v. 3300 av. J.-C., Sumer
système additif, base 60
1 doigt = 1,65 cm
30 doigts = 1 coudée

v. 1400 av. J.-C., Hittites
système additif, base 10
numérique cunéiforme

Les mathématiques en cunéiforme

En Mésopotamie, Sumériens et Babyloniens développèrent un système sexagésimal (base 60) sans doute dérivé de leurs études astronomiques et calculs calendaires ; 60 est divisible par 2, 3, 4, 5, 6 et 10. Malgré la prééminence du système décimal (base 10) dans le monde contemporain, nous utilisons encore l'approche sexagésimale pour mesurer le temps – 60 secondes font une minute, 60 minutes, une heure – et les angles – 360 degrés forment un cercle, et 1 degré se divise en 60 minutes.

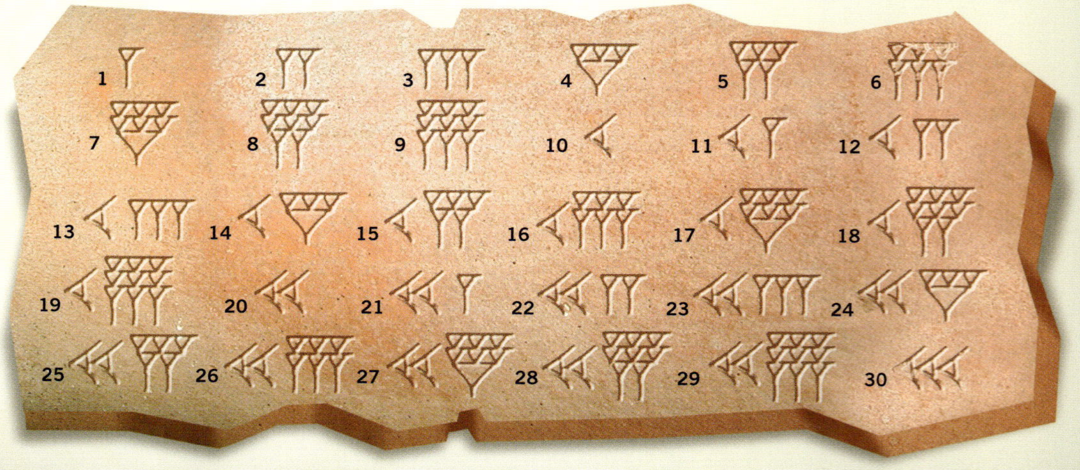

1	I
2	II
3	III
4	IV
5	V
6	VI
7	VII
8	VIII
9	IX
10	X
11	XI
12	XII
13	XIII
14	XIV
15	XV
16	XVI
17	XVII
18	XVIII
19	XIX
20	XX
50	L
100	C
500	D
1000	M
5000	V̄
10,000	X̄
100,000	C̄
1,000,000	M̄

La numération romaine
Illustration d'un système alphabétique toujours utilisé à certaines occasions (notamment pour écrire une date), la numération romaine est à la fois positionnelle et additive. Sept caractères permettent d'exprimer n'importe quel nombre : par exemple, le 4 et le 9 s'écrivent respectivement 5 – 1 (IV) et 10 – 1 (IX).

La numération méso-américaine
Dans le système de numération maya, les nombres 1 à 19 étaient exprimés par deux formes seulement, le point et le trait ; le 20 était en général un symbole terminal ou « zéro ». Ce système vicésimal (base 20) constitua la base des systèmes calendaires mayas *(voir p. 153)*. Les chiffres 1 à 4 étaient indiqués par autant de points ou petits cercles, le 5 par un trait, le 6 par un trait surmonté d'un cercle, le 10 par deux traits parallèles, et ainsi de suite jusqu'au 19, trois traits surmontés de quatre cercles.

v. 700 av. J.-C., Grèce
système additif, base 10, alphabétique
4 doigts = 1 *palaste* (paume)
4 palastes = 1 pied (env. 30 cm)
1,5 pied = 1 coudée

v. 500 av. J.-C., Rome
système additif, base 10, alphabétique
4 digiti (doigts) = 1 palme
4 palmes = 1 *pes* (pied, env. 30 cm)
5 *pedes* (pieds) = 1 *passus* (« double pas »)
1 000 pas = 1 mille

v. 240, Inde
système positionnel, base 10, numérique

v. 450 Mayas
système positionnel, base 20, glyphique

v. 1000
Le monde arabe utilise une forme adaptée du système numérique indien.

1000 — 0 — 1000 — 2000

v. 200 av. J.-C., Hébreux
système additif, base 10, alphabétique

v. 1200
Introduction des chiffres arabes en Europe

La numération arabe
Bien qu'ils soient appelés arabes, les chiffres les plus utilisés de nos jours trouvent leur origine en Inde, chez les mathématiciens hindous. Ce premier système à avoir intégré la notion de zéro constitue bien un système décimal, car seuls les chiffres de 0 à 9 ont une représentation particulière, les nombres étant exprimés par combinaisons. Ce système dit positionnel, adopté par les Arabes, qui établirent les fonctions mathématiques, se répandit ensuite à travers tout l'Occident.

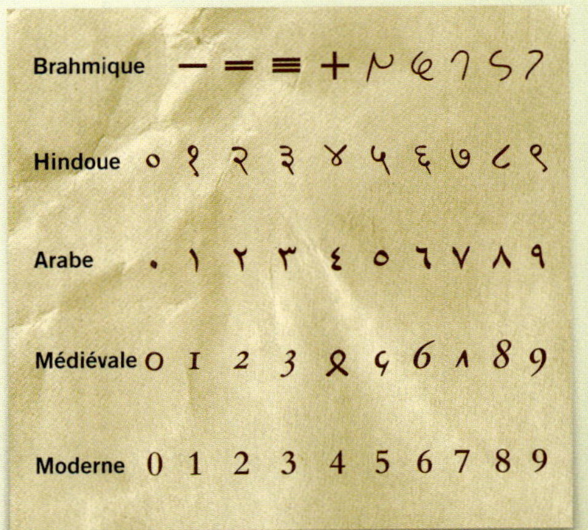

La numération médiévale
Le mathématicien italien Leonardo Fibonacci découvrit les chiffres arabes en Afrique du Nord et les introduisit en Europe au XIIIe siècle. Au cours des siècles suivants, divers systèmes de numération parfois considérés comme ésotériques eurent également cours en Europe, même si les gens comptaient avant tout sur leurs doigts *(à droite)*.

Linéaire A et linéaire B

Le 5 avril 1900, dans le palais du roi Minos, à Cnossos, en Crète, l'archéologue anglais sir Arthur Evans découvrit une cache abritant des tablettes d'argile sur lesquelles étaient gravées des inscriptions. Quelque temps auparavant, chez des antiquaires d'Athènes, il avait trouvé des sceaux de pierre se distinguant par des caractères similaires. Il s'aperçut un peu plus tard qu'en Crète des femmes s'en servaient comme amulettes. En 1902, d'autres tablettes furent mises au jour à Hagia Triada, dans le sud de l'île : malgré des différences notables, l'écriture gravée rappelait celle de Cnossos. Arthur Evans la baptisa linéaire A, tandis que celle de Cnossos fut appelée linéaire B.

Sir Arthur Evans (1851-1941) mit au jour une grande partie du palais de Cnossos *(ci-dessous)*, révélant la culture de la Crète minoenne.

Deux langues différentes

Les signes du linéaire A *(ci-dessus)* et ceux du linéaire B sont très similaires. La principale différence réside dans l'expression des fractions et le symbole signifiant probablement « total ». Néanmoins, les deux écritures ne comprennent pas de suites de signes identiques.

Arthur Evans déduisit que le linéaire B était une écriture syllabique d'après son nombre de signes. Il détermina son sens d'écriture (de gauche à droite), identifia l'usage de logogrammes ou de pictogrammes ainsi qu'un système de numération décimal. En 1904, quelque 3 000 tablettes en linéaire B avaient été découvertes. On y déchiffra des inventaires composés de mots suivis d'un pictogramme et d'un nombre.

En 1939, 600 autres tablettes furent mises au jour sur le continent, à Pylos. Le professeur Emmett L. Bennett, qui travailla à leur publication en 1951, parvint à isoler les 87 signes du linéaire B.

Avant le grec

Sept des signes du linéaire B rappelaient une écriture syllabique utilisée à Chypre. George Smith et Moritz Schmidt, avec l'aide d'un collaborateur maîtrisant le phénicien, déchiffrèrent cette dernière entre 1871 et 1873 : ils découvrirent qu'il s'agissait d'une forme ancienne du grec. L'un des signes, correspondant à la syllabe « se », était utilisé à la fois pour exprimer cette syllabe et pour signifier le *s* final, terminaison la plus courante des noms grecs – dans ce cas, le *e* n'était pas prononcé. Commun au linéaire B et au syllabaire chypriote, ce signe n'apparaît presque jamais à la fin des mots du linéaire B. Cette constatation persuada les spécialistes que le linéaire B ne pouvait être du grec. Par ailleurs, le palais de Cnossos avait été détruit vers 1400 av. J.-C., quelque huit cents ans avant qu'apparaissent les premières inscriptions grecques : il semblait donc inconcevable que cette langue ait été parlée en Crète.

La contribution d'Alice Kober

Entre 1945 et 1949, en comparant des groupes récurrents de signes, la linguiste américaine Alice Kober démontra l'existence d'une déclinaison. Puisque trois mots de cinq lettres prenaient la forme « abcde », « abcfg » et « abchi », on pouvait supposer que les terminaisons « de », « fg » et « hi » étaient des flexions. Elle démontra ensuite qu'un groupe de signes placé avant les nombres devait signifier « total » et prenait deux formes : l'une apparaissait sur les tablettes recensant les femmes ou une catégorie d'animaux ; l'autre sur les tablettes répertoriant les hommes mais aussi un autre groupe d'animaux, les épées et les outils. Selon Alice Kober, la langue possédait donc un genre.

Linéaire B
De nombreuses tablettes sont manifestement des inventaires destinés au commerce de produits. À en juger par l'alignement des premières lettres, le texte se lit de gauche à droite.

Listes
La colonne de gauche désigne des articles spécifiques.

Caractères
Le linéaire B totalise 87 caractères – beaucoup trop pour un alphabet –, ce qui permet d'affirmer l'existence d'une déclinaison et sans doute d'un genre.

Nombres
La colonne de droite comprend un système numérique décimal précédé de variantes du symbole indiquant le total.

La vision de Michael Ventris

En 1952, un jeune architecte britannique, Michael Ventris (1922-1956), réalisa de nouveaux progrès dans le déchiffrement. Passionné par les inscriptions minoennes, il publia son premier article sur le linéaire B à l'âge de 18 ans, suggérant que les tablettes étaient rédigées en étrusque. En 1950, il interrogea plusieurs spécialistes : presque tous pensaient que le linéaire B était une langue indo-européenne, sans doute apparentée au hittite. Or Ventris demeurait persuadé qu'il s'agissait d'une forme d'étrusque. En 1951, la publication des tablettes de Pylos par Emmett L. Bennett incita Ventris et d'autres savants à dresser des listes de fréquence pour découvrir quels signes apparaissaient le plus souvent au début à et la fin des mots. Il en résulta un début d'identification du signe désignant le *a*. En dix-huit mois, Ventris diffusa vingt notes de travail, dont quatre grilles inspirées de la méthodologie d'Alice Kober, lesquelles contribuèrent de manière significative au déchiffrement du linéaire B. Chaque signe était consigné dans une grille avec sa fréquence et des hypothèses sur la voyelle qui lui était associée.

Un indice fourni par Homère

L'identification d'un nom de lieu fut déterminante. De nombreux écrits anciens avaient révélé leurs secrets grâce au déchiffrement d'un nom propre *(voir p. 22, 34)*. En étudiant le linéaire B, Michael Ventris remarqua la présence d'un groupe de signes récurrents dans différentes listes de produits. Il émit l'hypothèse qu'il s'agissait peut-être d'un nom de lieu. Dans *l'Odyssée,* Homère mentionne le port d'Amnisos, près de Cnossos. Une écriture syllabique retranscrirait ce nom ainsi : « a-mi-ni-so ». Ventris avait identifié le « a » et le « ni » par analogie avec le chypriote. Partant du principe que les deuxième et dernière syllabes étaient « mi » et « so », il détenait la valeur potentielle de deux signes supplémentaires. Il put alors identifier les formes adjectivales de ces deux mots : « a-mi-ni-si-ya » et « a-mi-ni-si-yo ».

Michael Ventris établit ensuite qu'un groupe de trois signes, dont le troisième pouvait être « so », s'écrivait « ko-no-so », ou Cnossos. Il venait de découvrir un élément important du linéaire B : la finale « s » ne s'écrivait pas, raison pour laquelle cette langue ne ressemblait pas au grec. Une simple convention orthographique rendait ces tablettes indéchiffrables.

Le linéaire B enfin déchiffré

En travaillant avec le cryptologue John Chadwick, Michael Ventris *(ci-dessus)* identifia d'autres noms grecs. En mai 1953, il reçut de l'archéologue ayant mené les fouilles de Pylos une lettre qui modifia de manière inattendue ses premières conclusions sur le linéaire B. Ce courrier décrivait en effet une tablette recensant divers récipients dont la forme était dessinée clairement ; chacun était accompagné d'un nombre. En appliquant ses découvertes aux signes tracés devant le dessin d'un récipient à trois pieds, Ventris obtint « ti-ri-po-de », le récipient à quatre anses devint « qe-to-ro-we », le récipient à trois anses « ti-ri-o-we » et le récipient dépourvu de poignée « a-no-we ». Il reconnut aussitôt trois noms grecs, prouvant ainsi que le linéaire B était bien une forme archaïque du grec, sans doute imposée aux Minoens par leurs voisins du continent ; les Minoens avaient adapté leur écriture à la langue. Ventris annonça le déchiffrement du linéaire B le 24 juin 1953, tandis que le mystère du linéaire A, sans doute une autre transcription du minoen local, demeure à ce jour non résolu.

LE DISQUE DE PHAISTOS

Les origines et la datation de ce disque d'argile – découvert en 1908 lors de fouilles menées dans le sous-sol d'un palais minoen à Phaistos, en Crète – restent sujettes à controverses, mais il semble avoir été conçu au IIe millénaire av. J.-C. Il mesure près de 16 cm de diamètre, pour une épaisseur oscillant entre 1,6 et 2,1 cm. Les deux faces sont ornées de 241 pictogrammes au total, dont 45 signes ou caractères différents, ordonnés en une spirale allant dans le sens des aiguilles d'une montre. Il s'agit là d'un exemple d'écriture restée indéchiffrée.

Spirale
Les lignes de la spirale, qui renferment les groupes de pictogrammes, ont été gravées à la main, tout comme les traits verticaux séparant les caractères, probablement en mots ou en phrases.

Aigle
Apparaît cinq fois, seulement sur la face A.

Bouclier
Troisième pictogramme en termes de fréquence, il apparaît dix-sept fois. Dans treize cas, il est placé juste après la tête à crête ; dans les autres cas, il se situe en fin de mot.

Rabot
Apparaît trois fois, seulement sur la face A.

Face A

Comme il est difficile de distinguer la face avant ou arrière du disque ainsi que le sens de lecture, les faces ont été simplement nommées A et B. La face A possède 31 « mots ». Chacun des pictogrammes fut imprimé à l'aide d'un tampon – exemple très ancien d'impression typographique.

Les caractères du disque de Phaistos

Les caractères du disque ont été regroupés dans une table analytique, où sont consignés leur nom et le nombre de leurs occurrences sur le disque *(voir ci-contre)*. Hormis quelques similitudes avec le linéaire A et les hiéroglyphes crétois, égyptiens et anatoliens *(voir p. 28, 32, 34)*, aucun autre parallèle n'a été trouvé. Il semble peu probable, en l'absence de toute autre découverte archéologique faisant usage de cet alphabet de pictogrammes, que la signification du disque soit un jour élucidée.

Tête à crête 19	Femme 4	Tête tatouée 2	Captif 1	Enfant 1	Flèche 4	Arc 1
	Piéton 11	Casque 18	Gant 5	Tiare 2	Patte de taureau 2	Chat 11

Face B

Seuls 30 «mots» ornent cette face. On remarque que bon nombre des pictogrammes utilisés sont immédiatement reconnaissables et fonctionnent comme des symboles.

Tête à crête
Ce pictogramme est le plus fréquent ; il apparaît dix-neuf fois, et seulement en début de mot.

Vigne
Apparaît quatre fois, seulement sur la face B.

Fronde
Apparaît cinq fois, seulement sur la face B.

Indicateurs
Certaines « lettres » s'accompagnent de traits obliques, également gravés à la main. Ils indiquent peut-être le début ou la fin d'un mot, selon le sens de lecture – bien qu'il soit généralement admis que le disque se lisait de l'extérieur vers l'intérieur.

Passoire
L'un des neuf pictogrammes n'apparaissant qu'une fois (hapax).

Bouclier 17	Massue 6	Menottes 2	Pioche 1	Scie 2	Couvercle 1	Boomerang 12	Rabot 3	Dolium 2	Peigne 2	Fronde 5	Colonne 11	Ruche 6	Bateau 7	Corne 6	Peau (d'un animal) 15
Bélier 1	Aigle 5	Colombe 3	Thon 6	Abeille 3	Platane 11	Vigne 4	Papyrus 4	Rosette 4	Lys 4	Dos de bœuf 6	Flûte 2	Râpe 1	Passoire 1	Petite hache 1	Ondulation 6

LE MYSTÈRE DES HIÉROGLYPHES

Pendant des siècles, les caractères mystérieux gravés sur les tablettes et les obélisques égyptiens parvenus en Europe depuis l'Empire romain intriguèrent les historiens européens. L'égyptien ancien ayant disparu depuis la période ptolémaïque (305-30 av. J.-C.), il n'existait aucun moyen de connaître leur signification. C'est un fragment de stèle, la pierre de Rosette – déterrée durant la campagne d'Égypte napoléonienne, en 1799, lors des travaux de fondation d'un fort à Rosette, dans le delta du Nil –, qui allait permettre leur déchiffrement. En effet, un décret ptolémaïque en trois écritures est inscrit sur ce lourd morceau de basalte daté de 196 av. J.-C.

Premières interprétations des hiéroglyphes

L'écriture hiéroglyphique de l'égyptien ancien fut longtemps considérée comme pictographique – un pictogramme représentant une idée. Certains y virent des rébus ou une écriture picturale. Beaucoup de tentatives de déchiffrement échouèrent : si de nombreux caractères semblaient représenter des éléments identifiables (faucon, charrue, etc.), les notations cursives demeuraient incompréhensibles. S'agissait-il d'images très stylisées ou de simples signes de ponctuation ? Aucune structure n'apparaissait, les signes étant parfois disposés en lignes, parfois en colonnes. Les premiers spécialistes ne devinèrent jamais qu'il s'agissait d'un véritable système d'écriture dont la fonction première était phonétique.

Les spécialistes prirent d'abord les hiéroglyphes pour des dessins.

Lors de la campagne d'Égypte, les archéologues français purent étudier les monuments égyptiens et conseiller Napoléon Ier sur ses prises de guerre, notamment la pierre de Rosette. Après la défaite contre les Britanniques, la stèle fut l'une des nombreuses pièces qui partirent pour l'Angleterre.

La pierre de Rosette

Sur cette stèle figure un même texte rédigé dans trois écritures différentes, ce qui en fait un véritable dictionnaire trilingue. Hélas, de nombreuses parties dégradées sont illisibles. La pierre permit de comparer le texte grec et les fragments de hiéroglyphes, mais pas de reconstituer le fonctionnement de l'égyptien ancien.

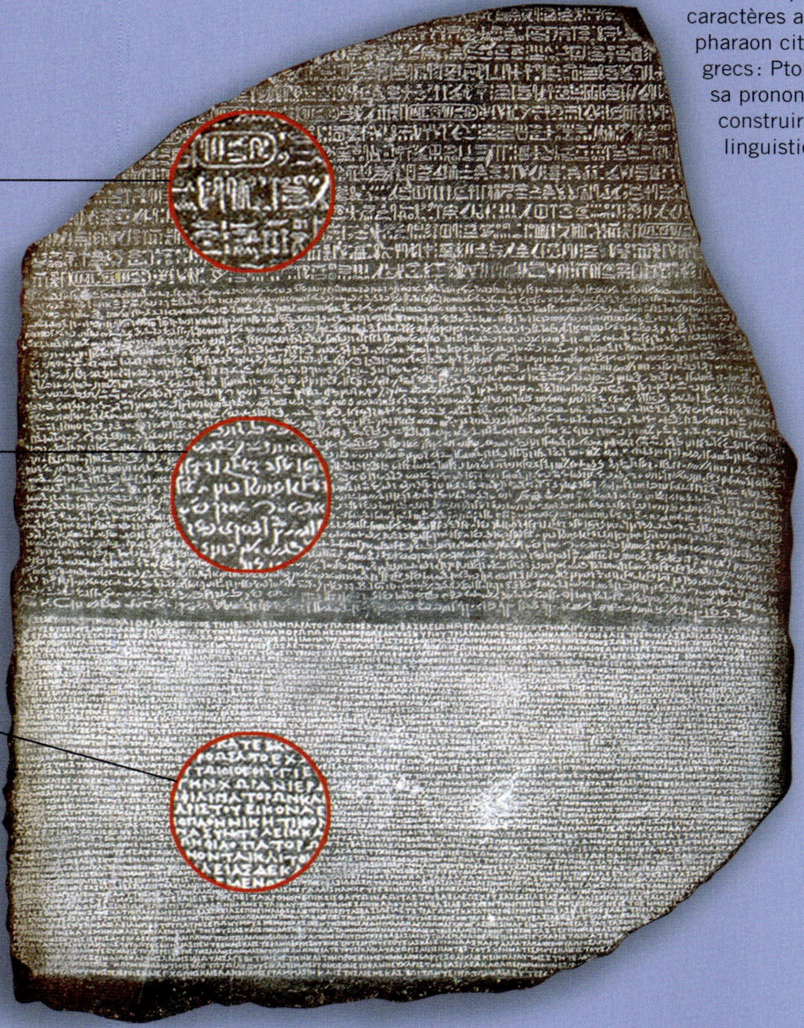

Partie supérieure Texte hiéroglyphique, le plus endommagé. Il ne reste que 14 lignes correspondant plus ou moins aux 28 dernières lignes du texte grec, mais aucune n'est complète.

Partie médiane Texte démotique de 32 lignes, endommagé dans la partie supérieure droite. Le démotique se lisant de droite à gauche, il manque le début des 14 premières lignes.

Partie inférieure Texte grec, le seul qui soit lisible, composé de 54 lignes, dont les 26 dernières sont incomplètes. Ce texte clé permit de déchiffrer les deux autres textes.

Les pièces du puzzle

Le Britannique Thomas Young, homme d'esprit universel, était fasciné par la pierre de Rosette. En cherchant des liens entre les trois textes, il remarqua que plusieurs caractères se trouvaient dans des cartouches. Devinant – à juste titre – que c'était là un moyen de souligner un élément important, il compara ces caractères au nom de l'unique pharaon cité dans les textes grecs : Ptolémée. Connaissant sa prononciation, il put construire un début d'alphabet linguistique.

Thomas Young (1773-1829), linguiste et scientifique, contribua au déchiffrage de la pierre de Rosette.

Ptolmis (Ptolémée)

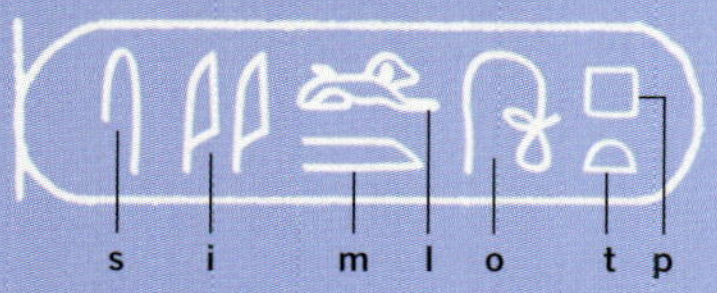

Le nom Ptolmis (Ptolemaios en grec), ou Ptolémée, se lit de droite à gauche.

Il répéta l'exercice sur une inscription indiquant le nom d'une souveraine ptolémaïque, la reine Bérénice. Néanmoins, la dynastie ptolémaïque étant grecque et non égyptienne, les caractères avaient dû être créés pour reproduire phonétiquement ce nom. Thomas Young fut convaincu qu'il fallait envisager les hiéroglyphes comme une écriture picturale.

Berenika (Bérénice)

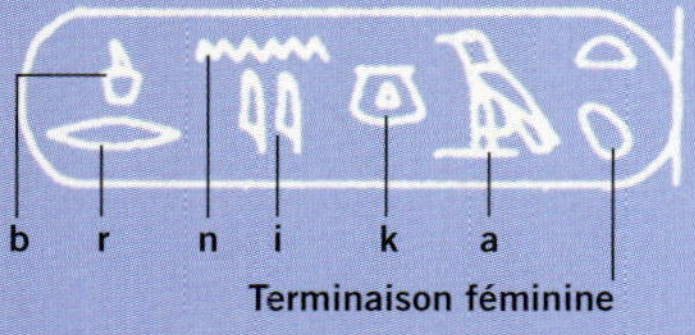

À lire de gauche à droite. Les caractères finaux ne se prononcent pas, mais forment un symbole indiquant une terminaison féminine souvent placée à la fin des noms de reines ou de déesses.

Quelques indices

Après avoir réussi à déchiffrer l'encadré de Ptolémée V (205-180 av. J.-C.) sur la pierre de Rosette, Young entreprit de créer un dictionnaire des hiéroglyphes. Certains éléments qu'il avait reconnus l'aidèrent à déchiffrer un autre cartouche retrouvé dans le temple de Karnak, à Thèbes, consacré à Bérénice IV, reine grecque ptolémaïque qui régna de 58 à 55 av. J.-C.

De droite à gauche
Contrairement à la plupart des écritures européennes, l'égyptien ancien se lit de droite à gauche.

Un souci esthétique
Dans les motifs décoratifs comprenant des hiéroglyphes, le peintre, le scribe ou le graveur pouvait, pour des raisons d'esthétique ou de composition, modifier à sa guise la place de certains caractères.

Des symboles supplémentaires
Le cartouche de Ptolémée apparaît six fois sur la pierre de Rosette : l'orthographe de base est la même, mais des hiéroglyphes sont parfois ajoutés. Selon Young, ils énonçaient les divers titres du souverain, tel Ptolémée « le Grand ».

Moins de voyelles
L'écriture égyptienne omettait souvent les sons vocaliques, reflétant sans doute la prononciation de l'époque.

LES HIÉROGLYPHES RÉVÉLÉS

Après avoir commencé à travailler au déchiffrement des hiéroglyphes *(voir p. 33)*, Thomas Young délaissa ses travaux. Jean-François Champollion (1790-1832) prit le relais en étudiant des copies d'inscriptions. Il détermina ainsi les principes du système d'écriture égyptien et sa grammaire, publiés en 1824 dans son *Précis du système hiéroglyphique des anciens Égyptiens*. Ce n'est qu'en 1828 qu'il partit pour l'Égypte en mission scientifique pour découvrir de visu l'abondance et la variété des hiéroglyphes.

Un homme déterminé
Bien décidé à être le premier à lire les hiéroglyphes, Champollion appliqua les théories de Young sur des cartouches de Cléopâtre, Alexandre le Grand et Ramsès II. Il put ainsi comparer les résultats obtenus et déterminer la valeur phonétique de certains signes, ainsi que la valeur alphabétique de certains autres. Fort de ces connaissances, il revint à la pierre de Rosette et se concentra sur le texte gravé hors des cartouches.

Alexandre le Grand

Cléopâtre

Ramsès

Champollion étudia les cartouches de deux noms ptolémaïques, Alexandre et Cléopâtre, avant de déchiffrer un nom d'origine égyptienne, Ramsès.

La réussite de Champollion

En appliquant la technique de Thomas Young à des inscriptions de la période ptolémaïque, Champollion confirma les interprétations des noms grecs contenus dans les cartouches. Grâce à la même méthode, une inscription non ptolémaïque d'Abou-Simbel lui permit d'identifier et de lire le nom de Ramsès II, premier nom proprement égyptien à être déchiffré. Ayant étudié le copte, Champollion découvrit que la langue liturgique de l'Église copte était une adaptation en caractères grecs de la langue encodée en hiéroglyphes. Ce fut un outil précieux pour vérifier ses nouvelles interprétations. L'égyptologue constata rapidement que le système hiéroglyphique était constitué de logogrammes – signes exprimant un mot ou concept unique –, de phonogrammes – signes évoquant un son – et de déterminatifs destinés à distinguer les homophones. Il finit par démontrer que les hiéroglyphes étaient un véritable système d'écriture. En septembre 1822, Champollion put écrire à l'Académie des inscriptions et belles-lettres : « C'est un système complexe, une écriture tout à la fois figurative, symbolique et phonétique, dans un même texte, une même phrase, je dirais presque dans le même mot. »

Ramsès III et la déesse Isis sont ici représentés avec les cartouches permettant de les identifier.

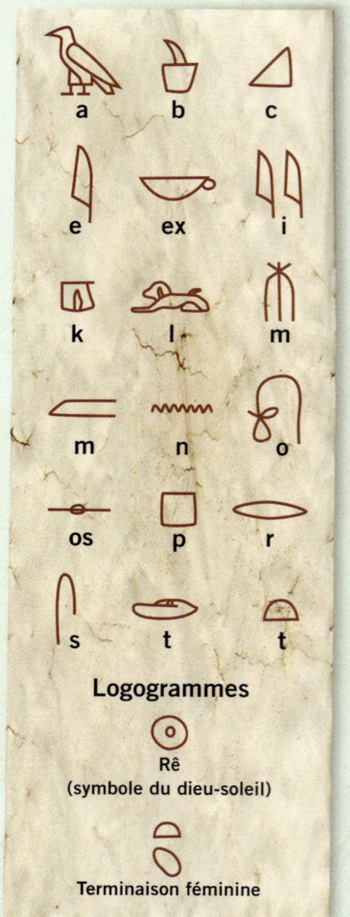

Le premier alphabet de Champollion. De ses interprétations de cartouches royaux, Champollion tira un début d'alphabet. Si certains éléments, comme la marque du genre et le logogramme de Rê, le dieu-soleil, se révélèrent exacts, d'autres furent corrigés après la lecture de nouvelles inscriptions.

Le fonctionnement des hiéroglyphes

Il existe au total plus de 2000 caractères, chacun figuré par un pictogramme précis – objet, animal ou activité quotidienne en Égypte antique – et représentant une lettre de l'alphabet, un son, un genre, un nombre, une idée abstraite ou encore un concept non phonétique lié au mot (déterminatif).

L'alphabet hiéroglyphique Il n'y a pas de voyelles dans l'écriture hiéroglyphique, raison pour laquelle on ignore tout de sa prononciation. Les caractères utilisés pour transcrire les noms étrangers indiquent en réalité les consonnes, mais certains peuvent représenter les sons vocaliques grecs.

Les déterminatifs

Certains caractères, principalement les pictogrammes, ne doivent pas être lus comme une partie de la phrase alphabétique mais servent à expliciter le sens des lettres qui les précèdent. Ils ont diverses fonctions.

Adjectif et adverbe Un ensemble de pictogrammes courants ont été élaborés pour décrire une large gamme de situations, en général assez évidentes.

Explication et clarification En écriture hiéroglyphique, des groupes de consonnes équivoques, comme dans les mots goût et bateaux, nécessitaient que l'on explicite leur sens à l'aide d'un pictogramme : pour le mot goût, les scribes ajoutaient l'image d'une langue à la suite des hiéroglyphes ; après le terme bateau, ils dessinaient un bateau.

De même, les nom et verbe égyptiens poisson et pleurer s'écrivaient tous deux *rem.* Les deux graphies se composaient des hiéroglyphes désignant le *r* et le *m*. Seul un déterminatif permettait donc de les distinguer *(voir ci-dessous).*

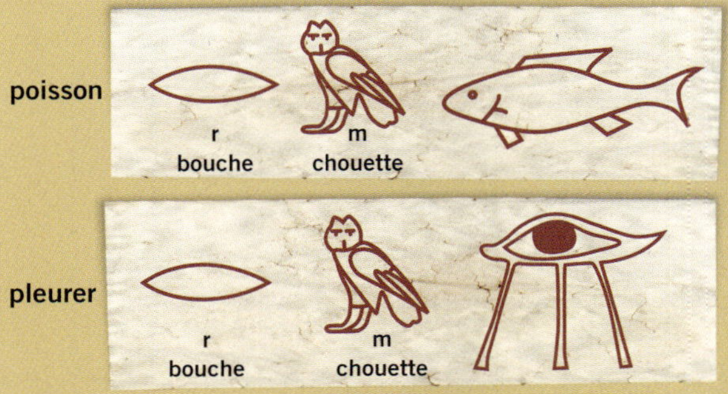

La numération

Le système égyptien de numération était additif et intégrait divers signes. On indiquait en général les fractions par des nombres inscrits à côté ou sous le symbole de la bouche.

	1-9	**Trait vertical ou horizontal**
	10-90	**Entrave de bétail**
	100-900	**Corde**
	1 000-9 000	**Lotus**
	10 000	**Doigt levé**
	100 000	**Têtard**
	1 million	**Dieu soutenant le ciel**

Notions abstraites

Les symboles associés aux activités et phénomènes quotidiens permettaient d'exprimer certains concepts.

Des pictogrammes symbolisaient ce que l'on ne pouvait pas exprimer par des mots et se mêlaient à l'écriture hiéroglyphique. Ce bas-relief du temple mortuaire de Sésostris Ier (XIIe dynastie), à Licht, illustre l'union symbolique de la Haute- et de la Basse-Égypte. Les dieux Set *(à gauche)* et Horus *(à droite)* sont réunis autour du hiéroglyphe figurant l'unité ; des inscriptions *(au-dessus)* les identifient et indiquent qu'ils sont les représentants de l'acte d'union des deux parties de l'Égypte.

L'ÉNIGME MAYA

Lorsque, en 1519, le conquistador espagnol Hernán Cortés pilla les villages des côtes du Yucatán, il trouva des livres dans les habitations mayas. Peter Martyr, premier chroniqueur des découvertes, décrivit ainsi les quelques exemplaires envoyés à la cour d'Espagne : « Les caractères sont très différents des nôtres ; ils ressemblent de manière frappante aux formes égyptiennes. » Beaucoup crurent que le maya était une écriture pictographique, mais certains érudits prouvèrent le contraire. Aujourd'hui, le maya reste la seule langue méso-américaine à n'avoir été que partiellement déchiffrée.

Bibliothèques disparues

Les ouvrages mayas – dont il ne reste aujourd'hui que quatre exemplaires – étaient rédigés sur des feuilles d'écorce blanchie, pliées en accordéon et reliées entre des planches de bois (comme certains manuscrits bouddhistes). En 1562, Diego de Landa, évêque du Yucatán, détruisit tous les livres mayas qu'il trouva, les jugeant hérétiques. Paradoxalement, c'est le même Landa qui nous fournit la clé de l'écriture maya grâce à la description qu'il fit des noms et symboles utilisés pour vingt des deux cent soixante jours du « calendrier court » : « Ces gens usaient encore de certains caractères ou lettres pour écrire dans leurs livres leurs choses antiques et leurs sciences, et par leur moyen et celui de figures et de quelques signes dans les figures ils entendaient leurs choses, les donnaient à entendre et les enseignaient. »

Pierres gravées

La perte des ouvrages mayas fut compensée par le grand nombre d'inscriptions qui nous sont parvenues, aussi bien sur les frises et stèles de pierre monumentales que sur les céramiques ou les murs des grottes. La plupart des archéologues affirment qu'elles étaient essentiellement calendaires, et beaucoup rejettent l'idée que les autres glyphes puissent être lisibles : selon eux, il s'agissait d'une sorte d'écriture pictographique plutôt que phonétique. La description que Diego de Landa fit du calendrier des Mayas prouve que leur système de mesure du temps était très ingénieux, tout comme leur système numérique *(voir p. 27, 153)*.

Emblèmes En 1973, des chercheurs ont montré comment les inscriptions monumentales des grands sites comme Palenque *(ci-dessous)* pouvaient s'utiliser pour comprendre la fonction des édifices et les rites qui y étaient accomplis par les souverains.

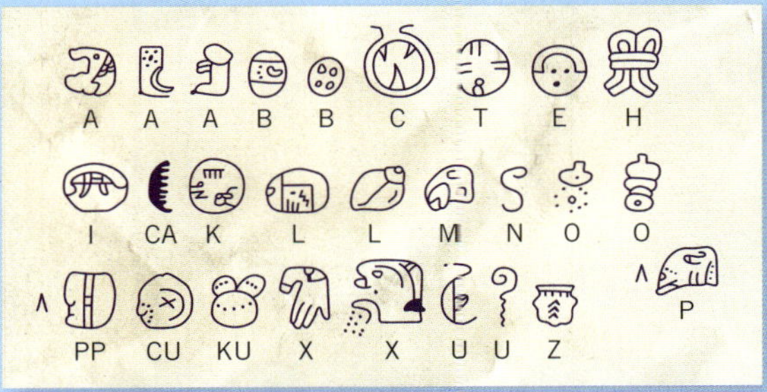

Reconstitution de l'alphabet

En théorie, le déchiffrage de l'écriture maya n'aurait pas dû présenter de difficulté, plus de trente dialectes apparentés à cette langue étant encore parlés en Méso-Amérique. Les premiers chroniqueurs espagnols décrivirent assez précisément l'aspect des livres mayas. Diego de Landa consigna les glyphes indiquant les mois et les jours du calendrier maya, expliqua son fonctionnement et releva même les caractères de ce qu'il appelait l'alphabet maya. Il demanda à des Mayas de transcrire les lettres de l'alphabet espagnol dans leur écriture. Mais, victimes d'un banal malentendu culturel, ceux-ci écrivirent les sons des lettres espagnoles selon les principes de leur système d'écriture, laquelle, bien sûr, n'était pas alphabétique. Quand Landa prononçait « b », ils entendaient « bé ». Landa leur avait demandé un alphabet : ils lui fournirent un syllabaire. Cela suffit toutefois à lever une part du mystère.

Une découverte capitale

L'alphabet de Landa étaya les recherches de Youri Knorosov, le linguiste russe qui, en 1952, parvint à briser le code maya. Son point de départ était simple : les systèmes d'écriture sont destinés à être lus ; si les glyphes mayas forment un système d'écriture, alors celui-ci doit contenir un élément phonétique – ou alors la description de Landa n'aurait aucun sens. Knorosov savait que les hiéroglyphes égyptiens et l'akkadien usaient de signes à la fois conceptuels (logogrammes) et phonétiques, et qu'ils employaient des signes déterminatifs pour distinguer les homonymes. Partant du principe que le système maya était similaire, il procéda par étapes.

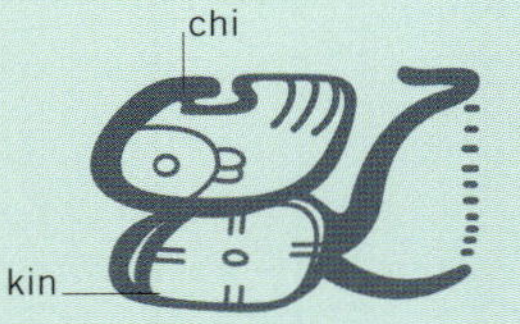

chikin **(ouest)**

1 Le signe composite signifiant ouest, prononcé ***chikin***, avait déjà été identifié. Il se composait de deux éléments, une main crochue surmontant le signe du soleil, ***kin***. La main devait donc correspondre à l'élément phonétique ***chi***.

2 Knorosov avait remarqué que le signe ***ku*** – qu'il connaissait grâce aux notes de Landa – surmontait une image du dieu-vautour dans le codex de Madrid, juste au-dessus du signe identifié comme ***chi***, ce qui donnait le mot ***ku-chi***. Sachant qu'en yucatèque, ***kuch*** signifie vautour, il découvrit incidemment que la voyelle finale était muette, comme c'est souvent le cas dans les écritures syllabiques.

3 Toujours suivant la même méthode, Knorosov vit la syllabe ***cu*** consignée par Landa associée à un signe inconnu au-dessus d'une image de dinde (***cutz*** en yucatèque). Il venait donc de découvrir la valeur du signe ***tz(u)***. Ainsi, il put identifier les signes correspondant à fardeau, onze, chien, quetzal et ara.

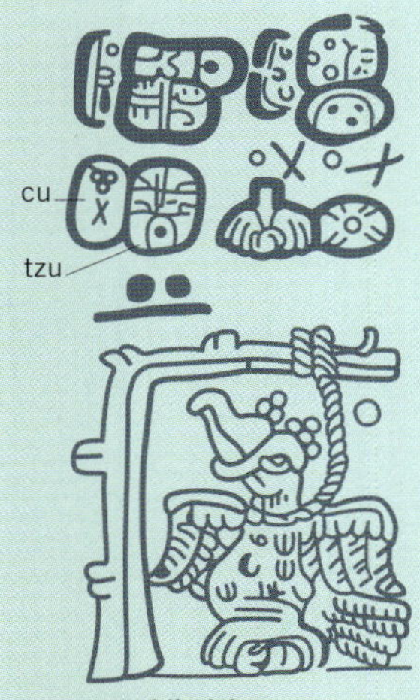

cutz **(dinde)**

cutch **(fardeau)**

buluc **(onze)**

4 Il devint clair que les syllabes dérivaient de logogrammes correspondant à des mots constitués de syllabes uniques, comme ***ka*** pour « nageoire de poisson », formant en quelque sorte l'« alphabet ». Parallèlement un certain nombre de logogrammes représentaient des choses ou des idées plutôt que des syllabes. Ainsi, la combinaison des syllabes et des logogrammes permettait d'exprimer un mot ou une expression particulière de différentes façons.

5 On comprit bientôt que, à l'instar des Égyptiens, les scribes mayas avaient une certaine souplesse d'exécution ; s'ils écrivaient généralement en colonnes de deux glyphes lisibles de gauche à droite, ils ne suivaient pas de règle grammaticale régissant la façon d'assembler les glyphes. Ce constat permit de poursuivre le déchiffrage de l'écriture maya. Des chercheurs s'y sont attelés il y a quarante ans et ils y travaillent toujours...

Le mot hiéroglyphique maya signifiant montagne est ***witz***. Il s'écrit de trois façons : sous la forme d'un logogramme ; avec le signe syllabique ***wi*** préfixé au logographe ***witz*** (montagne) ; ou de façon purement syllabique, avec les signes phonétiques ***wi + tz(i)***.

witz **wi-witz** **wi-tzi**

TRADITIONS INDIGÈNES

Des milliers de cultures aux traditions, rites et mythes complexes – et aux moyens tout aussi élaborés de les exprimer – ont aujourd'hui disparu. Bon nombre des traditions orales d'Amérique, d'Afrique et d'Australasie n'ont pas résisté à la mondialisation. Toutefois, il subsiste parfois quelques fragments énigmatiques, telle l'écriture maya *(voir p. 36)*, qui permettent d'appréhender des civilisations riches mais tombées dans l'oubli.

Patrimoine perdu

Les totems sont caractéristiques des traditions indigènes du Nord-Ouest pacifique – zone qui s'étire du sud de l'Alaska au nord de l'État de Washington. Le mot totem vient de l'ojibwa et signifie « clan familial ». L'une des principales fonctions des totems était de consigner les légendes, ascendances et événements de la famille ou du clan. Mais leur tradition se raréfiant, leur signification s'est également perdue. Les messages qu'ils affichaient pouvaient être la proclamation des succès d'une famille ou d'un individu, la commémoration d'une fête rituelle ou le récit d'une histoire légendaire ou historique. Des totems « de la honte » étaient parfois érigés, afin de rappeler des dettes impayées, des querelles, des meurtres et autres événements déshonorants.

Les sculptures représentant les emblèmes de la personne ou du clan, évoquaient ses ancêtres – issus de la lignée Aigle ou Corbeau. Les Haïda, par exemple, comptaient à eux seuls quelque soixante-dix figures emblématiques, mais seules une vingtaine étaient couramment utilisées. Les groupes d'animaux ci-dessous sont souvent associés à l'une des deux lignées.

Aigle	Corbeau
Poissons	Raie
Amphibiens, telle la grenouille	Mammifères marins
Castor (assimilé aux amphibiens)	Mammifères terrestres (à l'exception du castor)

Les motifs figurant sur les totems permettaient de distinguer chacun des clans ; certains, toutefois, comme l'oiseau-tonnerre surmontant le totem ci-contre, étaient communs à toute une région.

L'imagerie totémique

Les sculptures totémiques varient d'une tribu à l'autre (Haïda, Tlingit, Kwakiutl de la côte nord-ouest d'Amérique du Nord). Les motifs décoratifs, identifiables sur toutes sortes d'objets (poteaux, paravents, coffres et canoës), peuvent également être tatoués. Le système symbolique des Indiens est très cohérent : l'Univers est perçu comme une maison, qui est le reflet du cosmos. Les différents éléments de la maison évoquent le corps humain.

Poteaux avant	Os des bras
Poteaux arrière	Os des jambes
Poutre longitudinale	Colonne vertébrale
Chevrons	Côtes
Revêtement	Peau
Décoration	Tatouages

Les habitants incarnent à la fois l'esprit de la maison et l'esprit de leurs ancêtres.

Généralement sculptés dans du cèdre rouge, les totems ne résistaient pas plus d'un siècle aux climats équatoriaux.

Les *adinkra*

Les Akan du Ghana, en Afrique occidentale, possèdent un système de symboles traditionnels particulièrement élaboré, les *adinkra*. Chaque *adinkra* est lié à un proverbe, une chanson ou un événement historique, mais sert aussi à affirmer une appartenance sociale et une opinion politique. Ces symboles sont, depuis des siècles, utilisés et reconnus par les Akan ; les étrangers, eux, ne les perçoivent que comme de simples motifs décoratifs. Le choix du dessin est très important : on cherche à s'adresser à tous, même aux illettrés. Les *adinkra* peuvent être représentés sur divers supports – bois, métal, terre cuite... –, mais la culture akan reposant essentiellement sur le textile, on les retrouve très souvent sur les tissus. Plus de 700 symboles et leurs associations sont aujourd'hui répertoriés. Certains *adinkra* sont traditionnels – peigne en bois évoquant la beauté et les qualités féminines – tandis que d'autres ont revêtu des significations modernes (tel le symbole de la fortune, associé à une BMW ou à une télévision). Par exemple, le motif du cacaoyer – introduit au XIXe siècle et, depuis, principale culture commerciale du Ghana – ne fait pas seulement référence à la plante et au chocolat mais également aux problèmes sociaux liés à son exploitation, ce qu'exprime tristement le proverbe « *Kookoo see abusua, paepae mogya mu* » (« Le cacao ruine la famille et divise ses membres »). De même, un dessin qui, pour un Européen, évoquerait une marguerite, une fleur quelconque ou le Soleil est le symbole de l'inégalité des chances, indissociable du proverbe : « Tous les piments d'un même arbre ne mûrissent pas simultanément. »

Adinkrehene
Principal symbole *adinkra* :
grandeur, pouvoir.

Denkyem
Crocodile :
adaptabilité.

Duafe
Peigne en bois :
beauté, féminité, hygiène.

Dwennimmen
Cornes du bélier :
force, humilité.

Ese Ne Tekrema
Les dents et la langue :
amitié.

Funtunfunefu Denkyemfunefu
Crocodiles :
démocratie, universalité.

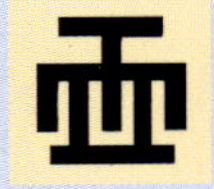

Hwemudua
Bâton à mesurer :
inspection, contrôle de qualité.

Mpatapo
Nœud de réconciliation :
conciliation.

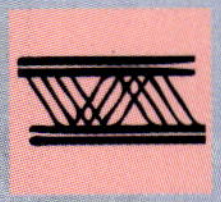

Owo Foro Adobe
Serpent grimpant sur un raphia :
diligence, prudence.

Owuo Atwedee
L'échelle de la mort :
mortalité.

Woforo Dua Pa A
Quand on grimpe au bon arbre :
coopération, soutien.

Les portes du monde sacré

La plupart des édifices monumentaux à vocation religieuse, cérémonielle ou funéraire, outre leurs qualités symboliques, se caractérisent par un ou plusieurs éléments fonctionnels. Une exception toutefois : les portes de bois japonaises appelées torii *(voir ci-dessous)*, parfois placées à l'entrée des temples ou devant les sanctuaires. Elles marquent la séparation entre le monde sacré et le monde profane. Elles sont souvent isolées et ouvertes sur l'immensité comme le veut le shinto, religion autochtone du Japon fondé sur le culte des kami, êtres divins mais aussi éléments naturels remarquables (montagnes, rivières...). Des torii jalonnent également les chemins menant aux temples.

Personne ne connaît l'origine du mot – peut-être « perchoir pour oiseaux ». Avant de franchir le torii, la tradition veut que l'on se purifie en se lavant à l'endroit prévu, le *temizu*, puis que l'on se prosterne et tape trois fois dans ses mains pour demander la permission d'entrer dans le royaume sacré. Lorsqu'on se dirige vers la porte, il faut éviter de marcher au centre du chemin *(seichu)*, réservé aux esprits. Ces portes énigmatiques, à l'origine obscure, sont reconstruites régulièrement.

02

Parallèlement au développement des civilisations – et souvent au sein de systèmes politiques et religieux autoritaires –, certains groupes ont inventé des moyens de partager une croyance ou des activités à l'insu du reste de la société.

Cultes, symboles et sociétés secrètes

Jusqu'au siècle des Lumières, ce fut notamment le cas de courants religieux marginaux ou persécutés et de savants aux pratiques hermétiques ou ésotériques. Alchimistes et autres nécromanciens s'inspirèrent de diverses traditions pour élaborer des langages chiffrés censés pouvoir leur dévoiler les mystères de la Création et de l'existence. Leur influence se retrouve de nos jours au sein de nombreuses sociétés secrètes.

LES PREMIERS CHRÉTIENS

Le christianisme fut tout d'abord une religion souterraine, au sens propre du terme : les fidèles ne pouvaient s'exprimer au grand jour. Afin de ne pas être torturés par les autorités, ils communiquaient leur foi grâce à des symboles secrets. Ainsi, des messages codés ont été retrouvés dans des lieux de sépulture telles les catacombes, mais aussi à l'intérieur de caches où les chrétiens se réunissaient et célébraient leur culte secrètement. Aujourd'hui symbole universellement reconnu de la chrétienté, la croix n'était alors utilisée que de façon détournée, car elle pouvait être fatale en ces temps de persécutions. Pour s'identifier et se reconnaître, les premiers chrétiens de l'Empire romain créèrent de nombreux signes, souvent liés à la tradition païenne. Pendant plusieurs siècles, ces codes leur permirent de pratiquer, de faire connaître et d'assurer la pérennité de leur religion.

Le crucifix

La première représentation de la Crucifixion est sans doute l'inscription d'Alexamenos (Ier-IIIe siècle), découverte parmi les vestiges de l'école des pages du Palais impérial, sur le mont Palatin, à Rome. Le Christ y est représenté crucifié, affublé d'une tête d'âne, tandis qu'un jeune chrétien prie. « Alexamenos adore son Dieu », indique la légende. Associée très tôt au christianisme, la croix ne devint le symbole de cette religion qu'au Ve siècle.

La croix déguisée

La croix était représentée par une ancre – évocation de la sécurité, du repos après les tempêtes de la vie – ou par un trident ; beaucoup plus tard, durant les croisades, ces symboles furent remplacés par une épée.

Le pain et le vin

Dédiés à Déméter, déesse des récoltes, et Dionysos, dieu du vin, le blé et le raisin étaient des symboles d'abondance et de bonheur dans tout l'Empire romain. Les chrétiens les associèrent à la célébration de l'eucharistie, le pain et le vin matérialisant le corps et le sang du Christ.

Ier SIÈCLE

IIe SIÈCLE

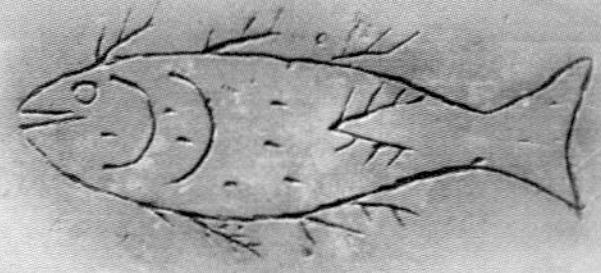

L'ichthus

Le poisson incarnait la fertilité, la vie et la permanence. Récurrents dans les Évangiles, poissons et pêcheurs étaient associés à l'eucharistie car ils symbolisaient la vie éternelle. Le mot *ichthus* (poisson en grec) forme également l'acrostiche suivant :

Iesous	Jésus
CHristos	Christ
THeou	Dieu
Uios	fils
Soter	le Sauveur

(« Jésus-Christ, fils de Dieu, notre Sauveur »)

Cette silhouette de poisson stylisée était un signe de reconnaissance de la foi chrétienne.

Parmi les nombreuses interprétations de ce palindrome qu'est le carré Sator, on peut également citer celle-ci : « Le semeur conduit par son œuvre les roues. »

Le carré Sator

Cette grille de lettres *(à gauche)* retrouvée sur les murs de plusieurs maisons romaines était probablement un signe de reconnaissance utilisé par les premiers chrétiens. En déplaçant les 25 lettres qui la composent, on fait apparaître *(à droite)* les mots latins *pater noster*, « notre père », qui forment une croix. Les *o* et *a* situés dans chaque carré représentent l'alpha (le début) et l'oméga (la fin) grecs, deux symboles forts pour les chrétiens. Dans son Apocalypse (21-6), saint Jean rapporte ces paroles de Dieu : « Je suis l'alpha et l'oméga, le commencement et la fin. »

La colombe et le paon
Ces deux animaux sont indissociables de la tradition gréco-romaine. Dans le monde païen, la colombe était associée à Aphrodite ; pour les chrétiens, elle figure l'Esprit-Saint. Deux colombes (qui s'abreuvent parfois à la fontaine de la vie) représentent l'amour conjugal, tandis que l'un des premiers symboles de paix et de réconciliation est une colombe portant un rameau d'olivier. Quant au paon, les païens pensaient que sa chair était incorruptible ; pour les chrétiens, cet oiseau est un symbole d'immortalité et de résurrection.

Le chrisme
Le chrisme, monogramme du Christ constitué de deux lettres grecques, *X (chi)* et *P (rhô)*, évoquait également la croix. Le 27 octobre 312, il marqua l'entrée de l'Empire romain dans une ère nouvelle. Deux empereurs rivaux, Constantin et Maxence, se préparaient à s'affronter au pont Milvius, près de Rome. La veille de la bataille, Constantin eut une vision du chrisme enflammé dans le ciel et entendit une voix lui déclarer : « *In hoc signo vinces* » (« Tu vaincras par ce signe »). Les chrétiens de son armée lui apprirent que c'était l'emblème de leur rédempteur et le symbole du triomphe de la vie sur la mort. Constantin fit peindre le chrisme sur son casque, sur les boucliers de ses soldats et sur son étendard, et il remporta la bataille. À compter de cette date, Rome cessa de persécuter les chrétiens et le christianisme se diffusa rapidement. La couronne de feuilles de laurier ou de palmier qui entoure le chrisme représente la victoire. Pour les chrétiens, elle devint la couronne du martyre.

IIIe SIÈCLE — IVe SIÈCLE — Ve SIÈCLE

Le berger
Les représentations d'un berger portant un agneau sur ses épaules existent depuis le IIIe siècle. Ce motif classique très prisé symbolise bien souvent le Christ protégeant son peuple. L'agneau seul, incarnation du Messie et de son sacrifice, était un autre symbole compris par tous les chrétiens.

La prière
Loin d'être une image uniquement chrétienne, le personnage du fidèle priant les mains levées vers le ciel est un symbole de l'humanité se plaçant à la merci d'une divinité.

Le crucifix
Les plus anciennes représentations montrent le Christ en croix, mais vivant et triomphant – comme sur les portes de l'église Sainte-Sabine, à Rome. Dans la tradition occidentale, le Messie est vêtu d'un pagne en tissu, signe de son humanité. En Orient, il porte une tunique, symbole de sa souveraineté.

LE PENTACLE

Bien des disciplines ésotériques ont puisé dans des sources orientales de nombreux symboles censés posséder des propriétés magiques. Parmi ceux-ci, le pentacle reste sans doute le plus important. Depuis les pythagoriciens grecs, on attribue en effet à l'étoile à cinq branches – qui apparaît, entre autres, sur les drapeaux marocain et éthiopien – des significations mystiques. Tournée vers le haut, elle symbolise la magie noire ; inversée, elle évoque le satanisme.

Pentacle et géométrie

Les caractéristiques géométriques du pentacle ont fasciné de nombreux théoriciens. Les pythagoriciens de la Grèce antique relevèrent ses principes mathématiques majeurs : on le trace à l'aide de cinq lignes droites d'égale longueur pour obtenir une étoile symétrique à cinq branches, qui comprend huit triangles isocèles et dessine un pentagone en son centre. Sa forme peut s'inscrire dans un cercle, mais si l'on relie les sommets par des lignes droites pour former un pentagone externe, dix autres triangles isocèles apparaissent. Son symbolisme varie selon son orientation, droite ou inversée.

L'astronomie babylonienne
Les Babyloniens associaient le pentacle aux planètes. Ses sommets représentaient Jupiter, Mercure, Mars, Saturne et, surtout, Vénus. Les astronomes de l'Antiquité avaient constaté que Vénus passe cinq fois entre la Terre et le Soleil (ce que l'on nomme une conjonction inférieure) au cours de son cycle orbital autour de l'astre, et qu'elle dessine un pentacle parfait pendant les huit ans de son cycle.

Les pythagoriciens découvrirent le nombre d'or, ou φ *(voir p. 154)*. Au sein même du pentacle, ils identifièrent une figure géométrique aux proportions uniques (tracée en couleurs dans le schéma ci-contre).

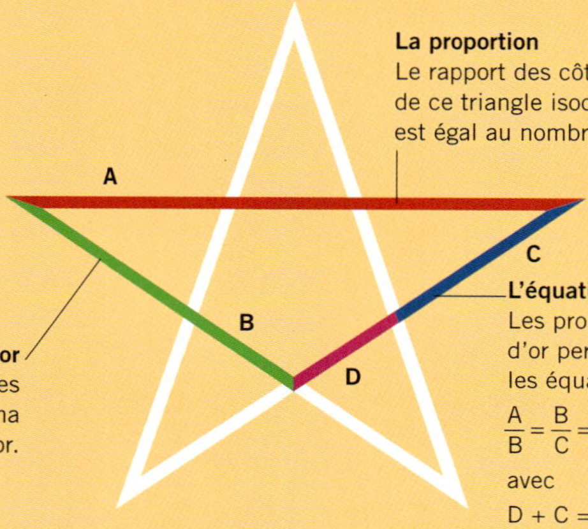

La proportion
Le rapport des côtés de ce triangle isocèle est égal au nombre d'or.

Le triangle d'or
Le triangle isocèle formé par les lignes en couleurs de ce schéma est appelé triangle d'or.

L'équation
Les propriétés du triangle d'or permettent d'obtenir les équations suivantes :

$$\frac{A}{B} = \frac{B}{C} = \frac{C}{D} = \varphi$$

avec

D + C = B et C + B = A

La trace de John Dee
Éliphas Lévi a intégré une version du glyphe de John Dee *(voir p. 57)* au cœur de ce dessin.

Occultiste du XIXe siècle, l'abbé Constant, né Alphonse Louis Constant et dit Éliphas Lévi (1810-1875), conçut ce pentacle pour figurer le microcosme, c'est-à-dire l'humanité. Comme souvent dans ses travaux, il y intégra divers signes et symboles issus de nombreuses traditions ésotériques.

Des caractères hébreux
Entre autres symboles mystérieux, des lettres rappellent l'alphabet hébreu.

Une silhouette humaine
Le pentacle droit est souvent associé à une silhouette d'homme aux bras et jambes écartés, comme l'*Homme de Vitruve* dessiné par Léonard de Vinci *(voir p. 194).*

Pentacle et religion

Le chiffre cinq, associé au pentacle, apparaît sous divers aspects dans la tradition chrétienne : les cinq sens, les cinq plaies du Christ ou encore les cinq étapes clés de la vie de la Vierge Marie avec le Christ (annonciation, nativité, résurrection, ascension et assomption). Le pentacle servit également de talisman afin de conjurer la maladie et, durant un temps, remplaça l'étoile de David pour symboliser la ville de Jérusalem.

Les traditions grecque et romaine associent les cinq branches du pentacle aux cinq éléments – terre, feu, eau, air et esprit – ainsi qu'aux planètes connues. Plus tard, les alchimistes et mystiques du Moyen Âge lui attribuèrent des propriétés talismaniques. Pour eux, ce symbole orienté vers le haut représentait l'esprit dominant les éléments. Tourné vers le bas, il incarnait les puissances du mal.

Nécromanciens, mages et satanistes utilisaient souvent le pentacle inversé au sein d'un double cercle comme élément rituel. Dans la pièce *la Tragique Histoire du docteur Faust,* de Christopher Marlowe, Méphistophélès se trouve pris au piège à l'intérieur. Le symbole de l'idole Baphomet est un pentacle orné d'une tête de bouc accompagnée des cinq lettres du mot léviathan en hébreu. Il représente la fosse où sont emprisonnés les anges déchus. Les trois pointes de l'étoile orientées vers le bas expriment quant à elles la Trinité reniée.

Les traditions celtiques Le pentacle est souvent pris à tort pour un pentacle magique, une amulette pouvant adopter différentes formes. Il est néanmoins très utilisé dans l'iconographie celtique. Néopaïens et adeptes de la wicca en ont fait un support de leurs prières et de leurs rites : il est en général pointé vers le haut et inscrit dans un cercle pour signifier sa finitude.

Baha Allah, le fondateur du bahaïsme, rédigea plusieurs tablettes sous la forme d'un pentagramme symbolisant le temple de l'homme et considéré comme une manifestation de Dieu. Cette religion intègre également divers symboles religieux, comme l'étoile de David et le svastika, qui se côtoient dans les temples bahaïs.

La divination

Au Moyen Âge se développèrent des pratiques mystérieuses – souvent inspirées de traditions proche-orientales – dont les rituels, les lois ésotériques et autres écritures secrètes influencèrent l'alchimie, la nécromancie et la kabbale *(voir pages 52 à 57)*. Nombre d'entre elles étaient censées permettre, entre autres, de prédire l'avenir. Dans bien des cultures, depuis fort longtemps, les personnes capables de décoder certains signes et de prévoir ainsi les événements à venir sont considérées comme détentrices d'un don et aiment à s'entourer d'une aura de mystère. Imprégnés de symbolisme, le tarot divinatoire et l'astrologie comptent parmi ces pratiques obscures qui subsistent dans le monde contemporain. De nos jours, par exemple, la plupart des Occidentaux connaissent leur signe zodiacal.

Dans l'Antiquité, on prédisait l'avenir en observant le foie d'un animal sacrifié puis l'on gravait l'oracle dans la pierre.

Les différentes pratiques divinatoires

Les présages Observation et interprétation des phénomènes naturels (astronomiques, météorologiques) associés à un contexte historique : par exemple, une victoire importante juste après la pleine lune présage d'un autre succès à venir. L'astrologie entre dans cette catégorie.

La cléromancie Interprétation d'un tirage au sort ou d'un lancer d'objets (bâtons, pierres, os, runes). De nos jours, les pratiques les plus courantes sont le tirage des tarots, la lecture des lignes de la main ou du marc de café *(voir aussi le Yijing, p. 181)*.

Les augures Interprétation de figures au sein du monde animal et végétal, tel le vol des oiseaux. En Grèce, à Rome et en Amérique précolombienne, le foie et les entrailles d'animaux sacrifiés étaient considérés comme porteurs de messages divins.

Les visions spontanées Visions et prédictions délivrées par un voyant ou un médium détenteur d'un « don ».

L'astrologie

Les phénomènes célestes, notamment les mouvements du Soleil, de la Lune, des planètes visibles et des étoiles, sont étudiés depuis les époques les plus reculées. Dès l'Antiquité, à Babylone et en Égypte, on s'appliqua à faire la distinction entre astronomie (observation scientifique des cycles astraux et planétaires) et astrologie (pratique divinatoire qui en découle). Malgré cela, ces deux disciplines furent longtemps confondues. C'est aux Grecs que l'on doit la diffusion de cette pratique divinatoire (découverte après la conquête de la ville égyptienne d'Alexandrie par Alexandre le Grand) en Occident.

♈ **Bélier (le bélier)** Volonté, innovation.

♉ **Taureau (le taureau)** Détermination, réflexion, productivité.

♊ **Gémeaux (les jumeaux)** Compréhension, communication.

♋ **Cancer (le crabe)** Éducation, guérison, sensibilité.

♌ **Lion (le lion)** Vitalité, confiance.

♍ **Vierge (la vierge)** Perfectionnisme, raffinement, purification.

♓ **Poissons (les poissons)** Chaleur, compassion, transcendance.

♒ **Verseau (le porteur d'eau)** Individualisme, goût de la liberté, radicalité.

♑ **Capricorne (la chèvre)** Discipline, austérité, morale.

♐ **Sagittaire (l'archer)** Quête de la vérité et de l'unité.

♏ **Scorpion (le scorpion)** Émotivité, recherche et goût du mystère.

♎ **Balance (la balance)** Harmonie, équilibre, esthétisme.

Pour les astrologues occidentaux, chaque maison du zodiaque *(à gauche)* représente certains aspects du tempérament. L'influence des mouvements d'une planète sur un signe du zodiaque associée aux cycles solaires et lunaires constitue le fondement de la pratique divinatoire. Au Moyen Âge, les médecins de la chrétienté occidentale se devaient de maîtriser l'astrologie, considérée comme un outil essentiel.

Le plus populaire des jeux de cartes divinatoires est le tarot de Marseille *(ci-contre)*, dont l'usage se généralisa avec l'invention de l'imprimerie. Ici, on a attribué le numéro 21 au Mat (ou Fou), qui n'est d'habitude pas numéroté. Le Soleil se distingue par le numéro 18 (au lieu du 19 habituellement).

Le tarot

Bien que leur origine reste obscure, ces cartes existaient déjà en Égypte au xe siècle. Il semble que c'est au xve siècle que l'on commença à les utiliser en Europe. Le plus ancien exemple est le tarot dit de Visconti-Sforza : il se compose de 56 arcanes mineurs – quatre séries (ou couleurs) numérotées de 1 à 10 et seize cartes dites de Cour (quatre rois, quatre reines, quatre dames et quatre valets) – et de 22 arcanes majeurs. Ce sont ces derniers – souvent liés à l'alphabet hébreu, formé de 22 lettres – qui ont donné au jeu son caractère mystérieux. Support très prisé des pratiques divinatoires, le tarot demeure un simple jeu de cartes dans de nombreux pays d'Europe. Parmi ses innombrables variantes, la plus illustre est le tarot de Marseille (xve siècle), mais l'on peut également citer le tarot de Waite-Smith (Waite était un membre de l'ordre hermétique de l'Aube dorée, *voir p. 254*), élaboré au xixe siècle et utilisé en Amérique du Nord.

Bâtons feu

Épées air

Coupes eau

Deniers terre

Les quatre séries (également appelées couleurs) sont liées aux éléments, comme le montrent ces cartes du tarot de Waite-Smith.

Les arcanes majeurs du tarot

0 (ou 22) le Mat (ou Fou) Voyage, départ volontaire, temps de réflexion ; transformations, incertitude.
1 le Bateleur (ou Magicien) Intelligence, astuce, habileté ; mensonge, confusion, inconsistance.
2 la Papesse Patience, intuition, savoir ; isolement, rigueur, inaction.
3 l'Impératrice Fertilité, émotion, récompense ; dépendance, stérilité, égoïsme.
4 l'Empereur Stabilité, fermeté, pouvoir ; tyrannie, orgueil.
5 le Pape Droiture, foi, fusion ; étroitesse d'esprit, distance, vanité.
6 l'Amoureux Désir, union, choix ; pathos, conflit, tentation.
7 le Chariot Sacrifice, détermination, conquête ; acharnement, ardeur.
8 la Justice (parfois n° 11) Impartialité, intégrité, discernement ; intransigeance, absence de pitié.
9 l'Hermite Sagesse, abstinence, sacrifice de soi ; aliénation, mysticisme.
10 la Roue de fortune Changement, destin, évolution ; instabilité, manque de contrôle.
11 la Force (parfois n° 8) Volonté, domination ; inhibition, contrainte.
12 le Pendu Confiance excessive ; destin, impuissance.
13 le Treize (ou l'arcane sans nom, ou la Mort) Métamorphose, purification ; perte inévitable, désillusion.
14 Tempérance Équilibre, coordination ; déséquilibre, inconstance.
15 le Diable Cupidité, possessions ; avidité, ambition extrême.
16 la Maison Dieu Perturbation, changement, liberté ; emprisonnement, négativité.
17 l'Étoile Espoir, renouveau, spiritualité ; doute, entêtement.
18 la Lune Imagination, capacités paranormales ; secret, illusion.
19 le Soleil Satisfaction, santé, bonheur ; échec, arrogance, rupture d'accords.
20 le Jugement Décision, changements, amélioration ; stagnation, retard, peur de la mort.
21 le Monde Épanouissement, réussite, achèvement ; frustration, inaptitude à résoudre ou à achever.

HÉRÉSIES, SECTES ET CULTES

À mesure qu'elles étendent leur aire d'influence, religions et croyances se heurtent à d'autres traditions : cette rencontre est parfois à l'origine d'adaptations, souvent réprouvées par les croyants orthodoxes. Si l'hindouisme et le bouddhisme s'en sont trouvés largement enrichis, le christianisme et l'islam s'y sont farouchement opposés, taxant d'hérétique quiconque se trouvait en marge de la doctrine.

Symboles chrétiens

Symboles populaires

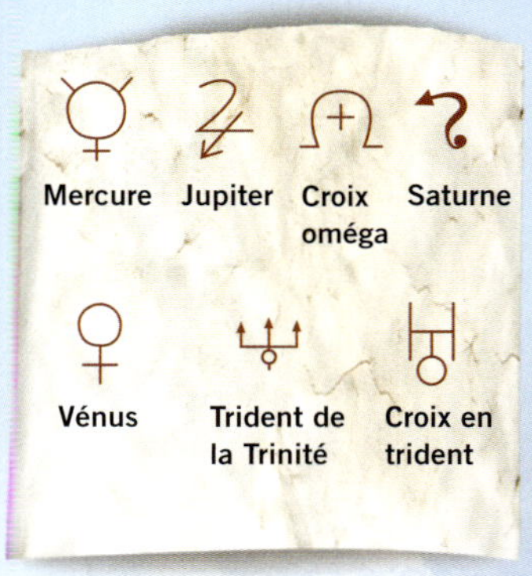

Symboles magiques/classiques

L'ornementation des maisons traditionnelles d'Apulie (*à droite*), dans le sud de l'Italie, se caractérise par un mélange de symbolismes païen et classique associés à l'iconographie chrétienne *(ci-dessus)*.

Le chiffre atbash

Inventé vers 500 av. J.-C., le chiffre atbash est l'un des premiers codes secrets liés au mysticisme religieux. Il était utilisé par certains érudits hébreux, qui l'appliquèrent, telle une formule, au texte de la Torah (les cinq premiers livres de l'Ancien Testament, ou Pentateuque) pour en révéler les sens cachés.

Il s'agit d'un simple chiffrement par transposition monoalphabétique *(voir p. 66)*. Le principe est le suivant : on inverse la position des première et dernière lettres de l'alphabet – en hébreu, la première lettre, *aleph*, prenait la place de la dernière, *tav* ; la deuxième, *beth*, remplaçait la pénultième, *shin*, et ainsi de suite.

Exploité par de nombreux groupes secrets, le chiffre atbash est loin d'être infaillible. À cause de sa clé de déchiffrement unique, il n'offre pas autant de possibilités que le chiffre du *Kama-sutra* ou celui de César *(voir p. 67, 103)*.

Application à l'alphabet latin :

Alphabet clair
a b c d e f g h i j k l m n o p q r s t u v w x y z

Alphabet de chiffrement
z y x w v u t s r q p o n m l k j i h g f e d c b a

En effectuant un aller-retour, on découvre à quelles lettres claires correspondent les lettres chiffrées.

a b c d e f g h i j k l m
z y x w v u t s r q p o n

Exemple :

Texte clair ennemi à nos portes
Texte chiffré vmmvnr z mlh k igvh

Le gnosticisme

La religion chrétienne se diffusa en Asie sous les Empires romain et byzantin, époque à laquelle elle se confronta au zoroastrisme. Cette religion officielle perse considérait la Création comme une lutte perpétuelle entre les forces de la lumière et celles des ténèbres, entre le bien et le mal. Très proche de la vision chrétienne de la lutte sans fin entre Dieu et l'ange déchu, Satan ou Lucifer, le zoroastrisme s'en distinguait toutefois par la notion d'égalité des deux forces – ce qui constituait une hérésie. Pour les chrétiens influencés par ces idées, l'Être suprême avait pour pendant le Démiurge (créateur de la Terre) et ses émissaires (ou archontes).

Une autre hérésie consistait à affirmer qu'Adam et Ève avaient été chassés du paradis pour avoir voulu accéder à la connaissance. Il en découla de nombreux courants chrétiens regroupés sous le nom de gnosticisme (du grec *gnosis*, « connaissance révélée »), inspirés de concepts mystiques antérieurs à l'ère chrétienne tel le pythagorisme. À l'époque des coisades, des variantes du gnosticisme virent le jour en Europe : le bogomilisme en Bulgarie et dans les Balkans, le catharisme dans le sud de la France. Humbles, pacifiques et spirituels, leurs adeptes étaient néanmoins considérés comme une menace directe mettant en péril l'autorité du pape et furent traqués sans pitié.

La croix gnostique est un symbole que l'on observe sur la plupart des pierres tombales bogomiles *(ci-dessus)*. Lune, étoiles et croissants évoquent l'islam.

> «Tuez-les tous,
> Dieu reconnaîtra les siens.»
>
> ORDRE DONNÉ PAR ARNAUD AMAURY, LÉGAT DU PAPE, AVANT LE MASSACRE DE BÉZIERS (1209).

Symboles gnostiques

Le gnosticisme prit des formes diverses, comme le manichéisme et le paulicianisme. Toutes ces doctrines étaient fermement condamnées par l'Église catholique. Leurs adeptes utilisèrent de nombreux symboles chrétiens, qu'ils réinterprétèrent ensuite.

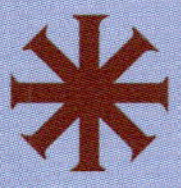

La croix gnostique Inspirée du symbole égyptien représentant le cieu Ogdoade, elle fut adoptée par les gnostiques pour figurer les huit éons (émanations divines). Les catholiques l'utilisent comme croix baptismale, les rayons figurant les huit jours écoulés entre l'arrivée du Christ à Jérusalem et sa résurrection.

Le sceau messianique Ce symbole était sans doute porté par les disciples de Jésus au Ier siècle : un chandelier à sept branches surmonte une étoile de David et un poisson chrétien. Il témoigne de la pratique messianique de certains juifs convertis au christianisme.

Yao Sabaoth Emprunté à l'Ancien Testament, ce nom désigne Dieu. Pour les gnostiques, il figurait aussi Abraxas, divinité solaire, et les sept archontes ou agents spirituels du Démiurge, créateur de la Terre.

L'ouroboros Serpent qui se mord la queue, l'ouroboros était un symbole du temps et du Soleil dans l'Égypte antique. Pour les gnostiques, il représentait l'éternité et le dieu Abraxas. Le serpent, animal qui mue, évoquait également la régénérescence, associée à Dieu. Le reptile était lié à la sagesse : il encouragea Ève à manger le fruit de l'arbre qui devait lui permettre d'accéder à la connaissance et au savoir.

La roue au serpent La croix gnostique est associée à un serpent stylisé – union des huit éons et de la régénérescence. Cette roue est un symbole du Messie gnostique.

Le serpent d'Asclépios Inspiré par Moïse, qui sauva les Hébreux de la morsure des serpents envoyés par Dieu, ce symbole allie l'image de la croix – fondamentale pour les chrétiens – et le serpent porteur de savoir du jardin d'Éden. Plus tard, les alchimistes s'en servirent pour représenter l'élixir de Mercure. Il a inspiré l'actuel caducée de l'ordre des médecins.

Abraxas La divinité solaire gnostique est souvent figurée sous la forme d'un guerrier aux jambes en forme de serpent. Abraxas conduit un char à quatre chevaux, qui symbolisent les saisons.

Les ordres militaires et religieux

Les ordres militaires et religieux qui se développèrent durant les croisades de la première moitié du IIe millénaire, notamment l'ordre du Temple, furent à l'origine de bien des spéculations. Ces communautés fermées, qui associaient action guerrière et mode de vie ecclésiastique, éveillaient la suspicion. Au XIVe siècle, la vulnérabilité politique, morale et économique du pape fit de l'Église de Rome leur principal ennemi. Les richesses accumulées par ces ordres – l'imposante église de Tomar, au Portugal *(ci-dessus)*, fut bâtie par les Templiers – suscitèrent la convoitise, de même que leur statut d'indépendance. Si des liens existaient avec les idées gnostiques (le dieu Abraxas apparaît dans l'iconographie des Templiers), peu de preuves viennent étayer les accusations d'hérésie, d'hermétisme et de franc-maçonnerie lancées contre les Templiers. Le vendredi 13 octobre 1307, les Templiers furent rassemblés, leurs biens confisqués. Sous la torture, on leur soutira des aveux d'hérésie, et beaucoup furent condamnés au bûcher. La disparition de l'ordre et les rumeurs sur un éventuel trésor caché donnèrent naissance à toutes sortes de légendes.

La chapelle de Rosslyn

Popularisée par le *Da Vinci Code*, cette chapelle richement sculptée se singularise par une abondance d'éléments symboliques : des références aux mythes nordiques et celtiques ainsi qu'aux récits et proverbes vernaculaires, une iconographie supposée maçonnique, le tout au sein d'un édifice chrétien. Fondée en 1446 par William St. Clair, comte d'Orkney, à Roslin, un peu au sud d'Édimbourg, elle était au départ connue sous le nom de collégiale Saint-Matthieu. C'est l'une des 37 collégiales à la décoration souvent extravagante bâties à cette époque en Écosse. Ces édifices visaient à diffuser la connaissance spirituelle et intellectuelle au sein du génie chrétien.

Sculpté dans la pierre, l'imposant plafond voûté est orné de nombreux symboles : carrés, étoiles à cinq branches, roses et autres fleurs, sans oublier une colombe portant un rameau d'olivier. Les voûtes en berceau de la nef se caractérisent par des séries de motifs sculptés. L'étoile à cinq branches révèle toute son ambiguïté : orientée vers le haut, elle représente l'aspiration, le savoir, l'illumination. Orientée vers le bas, elle figure le mal et est associée à la sorcellerie.

Évocations maçonniques

S'il ne fait aucun doute que beaucoup de francs-maçons furent associés à la fondation de la chapelle – qui abrite de nombreux symboles maçonniques –, rien ne prouve en revanche l'existence d'un lien direct avec les templiers ou les francs-maçons. En 1309, la famille St. Clair témoigna contre les templiers. Quant aux descendants du fondateur, les Sinclair de Roslin, ils furent maîtres de la Grande Loge d'Écosse.

Les allusions proverbiales abondent dans la chapelle. Ici, l'acrobate (ou le Destin) sert d'intermédiaire entre une Mort couronnée et sa victime terrestre.

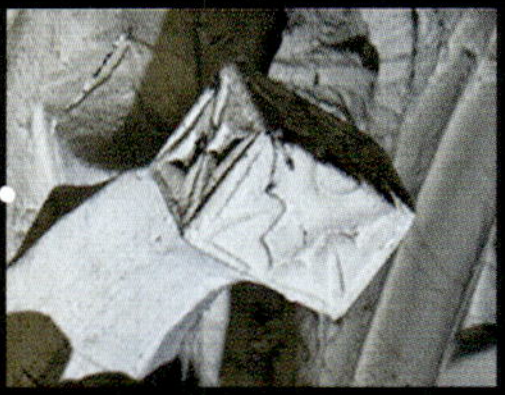

Des cubes « musicaux » jaillissent des arches du pilier de l'Apprenti, mais aussi de la voûte en berceau *(ci-dessus).*

On dénombre une suite de 213 cubes ornés de motifs variés. Une fois décodés, ils formeraient une partition musicale, leurs motifs rappelant les figures acoustiques dites de Chladni (à chaque son correspond un dessin géométrique).

Le pilier de l'Apprenti D'après la légende, le maître tailleur de pierre qui commença à le réaliser partit pour Rome en quête d'inspiration. À son retour, son apprenti avait terminé son œuvre. Fou de rage, il le frappa à mort. Sur le socle, huit dragons semblent cracher la vigne qui enserre la colonne. Les monstres et la vigne sont intimement liés au mythe nordique selon lequel Yggdrasil, l'arbre cosmique ou l'arbre-monde, porte les cieux tandis que des dragons rongent ses racines. Parmi les sculptures, on peut également identifier la figure de l'homme vert celtique.

L'ALCHIMIE

Les origines

C'est au IIIe siècle av. J.-C. que l'alchimie apparut dans l'Égypte helléniste des Ptolémées, mélange éclectique de théories aristotéliciennes de la matière, de gnosticisme et de techniques métallurgiques (et magiques) anciennes. Hermès Trismégiste, personnage légendaire assimilé par les Grecs au dieu égyptien Thot, serait l'auteur des premiers ouvrages sur l'alchimie, la magie, l'astrologie et la philosophie. Il donna son nom à l'hermétisme, une doctrine ésotérique. Le premier auteur alchimiste connu, Zosime de Panopolis, vivait à Alexandrie vers 300 av. J.-C. On lui doit un *Écrit authentique sur l'art sacré et divin de la fabrication de l'or.* Les alchimistes occidentaux se consacraient à la transmutation de métaux vils en or, à la découverte de panacées, d'élixirs de longue vie et à la quête de la gnose (ou connaissance) spirituelle.

La *Table d'émeraude*

Texte court mais fondateur de l'alchimie, la *Table d'émeraude* résumerait l'enseignement d'Hermès Trismégiste. On peut y lire le célèbre axiome alchimique : « Ce qui est en bas est comme ce qui est en haut, et ce qui est en haut est comme ce qui est en bas. »

Science occulte d'origine mystérieuse, l'alchimie a pour objet la recherche spirituelle et ésotérique du grand œuvre, c'est-à-dire la fabrication de la pierre philosophale capable d'opérer la transmutation de l'être et de la matière – notamment la transformation des métaux vils en or. Loin d'être un obscur précurseur de la chimie moderne, l'alchimie exerça une influence non négligeable sur la pensée occidentale. Souvent dépeinte comme la quintessence de l'irrationnel, elle attira certains des plus grands philosophes, tels Gottfried Leibniz, Isaac Newton ou encore Carl Gustav Jung, qui, en 1944, publia *Psychologie et Alchimie*. En deux millénaires, l'alchimie excita la cupidité des puissants, effraya les foules et passionna artistes, scientifiques, philosophes ou sociétés secrètes fascinés par l'occultisme.

Évolution

Au début du Moyen Âge, l'alchimie se développa dans tout le monde arabe. Le célèbre polymathe musulman Djabir ibn Hayyan (v. 721-815) rédigea des traités sur la numérologie, l'astrologie, les talismans et l'invocation des esprits. Ses écrits étaient délibérément codés. Au XIIe siècle, des traductions de textes alchimiques arabes se diffusèrent en Europe, intéressant des théologiens médiévaux tels Roger Bacon (v. 1220-1292) et saint Albert le Grand (v. 1200-1280). Princes, empereurs et nobles se passionnèrent pour cette discipline. C'est au XVIe siècle que l'alchimie évolua, en particulier grâce aux travaux de Paracelse, alchimiste et médecin suisse, qui donna à la discipline une nouvelle orientation, la préparation de médicaments : « Beaucoup ont dit que l'objectif de l'alchimie était la fabrication de l'or et de l'argent. Pour moi, le but est tout autre, il consiste à rechercher la vertu et le pouvoir qui réside peut-être dans les médicaments. »

Les emblèmes alchimiques évoquent souvent le rapprochement des opposés, telles les « noces chimiques » d'un roi et d'une reine allégoriques. Le mariage du Soleil et de la Lune constitue le trentième emblème de l'*Atalanta fugiens* (*Atalante fugitive,* 1617), traité d'alchimie du médecin allemand Michel Maier (1568-1622). Il note que la Lune est aussi nécessaire au Soleil que la poule l'est au coq.

AVTRE ALPHABET, PAR lequel certains Alchimiſtes ont voulu ſecrette-ment couurir & deſcrire les reigles, & ſecrets de leur ſcience,faiſants d'icelle plus grande eſti-me, qu'elle n'eſt digne ny merite.

a b c d e f g h i k l m n o p q r s t u x y z &

Cornelius Agrippa publia un alphabet alchimique dans sa *Philosophie occulte* (1531-1533, *voir aussi p. 57*)

Les codes symboliques

Dans son laboratoire, l'alchimiste cherchait à reproduire l'acte de création, Dieu étant considéré comme l'archétype de l'alchimiste. Il utilisait des symboles cryptiques pour exprimer les analogies ou correspondances entre les divers domaines de la connaissance. Chaque étape du processus alchimique était illustrée par un changement de couleur et une « compétition » entre animaux. Par exemple, un lion représenté en plein combat avec un autre animal symbolisait la fabrication d'acide sulfurique ou vitriol, issu de la distillation de cristaux de sulfate ferreux dans une fiole. Ce langage mystérieux des alchimistes visait à dissimuler leurs activités et à protéger leur savoir. Cependant, il avait aussi pour vocation d'attribuer des valeurs caractéristiques et d'établir des parallèles chimiques entre certaines substances et d'autres éléments naturels. Par exemple, ils mirent en relation métaux et planètes.

Planète	Substance
Mars	fer
Mercure	mercure (vif-argent)
Jupiter	étain
Saturne	plomb
Soleil	or
Lune	argent
Vénus	cuivre

Symbole	Signification
Lion jaune	sulfures jaunes
Lion rouge	cinabre
Corbeau	sulfures noirs
Salamandre	roi des animaux vivant au cœur du feu : il représente, dans les textes alchimiques, la purification de l'or

Paracelse

L'incursion de Paracelse dans le monde occulte lui permit de réaliser des progrès majeurs dans les domaines de la microchimie, de l'antisepsie, de l'homéopathie et de la chirurgie. Iconoclaste notoire, Paracelse (1493-1541) mena de nombreuses expériences controversées. Il tenta notamment de créer un être humain artificiel, étrange combinaison d'alchimie, de terre, de sang et de sperme. Il élabora un mystérieux alphabet des Mages, semblable à l'alphabet hébreu, avec lequel il grava les noms des anges sur des talismans pour les doter de propriétés magiques et du pouvoir de guérison.

L'alphabet des Mages

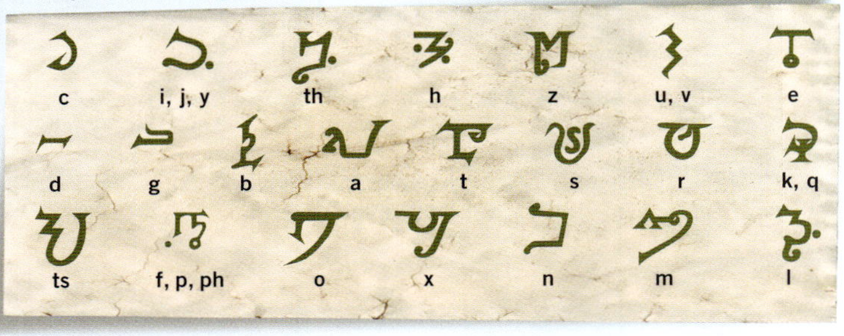

Mage ou scientifique ?

En 1678, le célèbre physicien, astronome et philosophe anglais Isaac Newton (1642-1727) écrivit quelques notes sur « l'hermaphrodite », mystérieux composant chimique associé à l'alchimie, ou encore sur le « lion vert ». Parlementaire reconnu, futur président de la Royal Society le jour, Newton devenait mage du savoir occulte et des formules hermétiques la nuit. Il passa des heures à analyser les mythes grecs antiques et les références bibliques, en quête de vérités cachées sur la nature et l'Univers afin d'obtenir des formules alchimiques codées.

Ironie du sort, Newton ne fut pas fait chevalier en 1705 pour ses traités scientifiques et mathématiques mais pour sa fonction de maître de l'hôtel des Monnaies : depuis 1699, il contrôlait en effet la transformation de lingots en pièces.

Sa passion pour l'alchimie le poussa à rédiger de nombreux textes sur le sujet, documents privés plus tard méprisés car « n'étant pas de nature scientifique ». Après sa mort, l'autopsie révéla un taux anormalement élevé de mercure, élément alchimique clé.

La Kabbale

Les origines

La Kabbale (de l'hébreu *kabbala,* recevoir) prit racine dans la Provence du XIIe siècle. Son ouvrage de référence, le *Zohar* (*Livre de la splendeur,* v. 1300), contient des révélations sur les mystères divins. La Kabbale est un assemblage complexe de doctrines disparates regroupées en deux catégories : la Kabbale théosophique, qui traite de la contemplation de l'arbre de vie, et la Kabbale extatique, fondée sur la récitation des noms de Dieu cachés dans la Torah. Par des combinaisons de lettres, elle ouvre les portes du langage sacré et permet au mystique de communiquer avec son univers intérieur et la Création qui l'entoure.

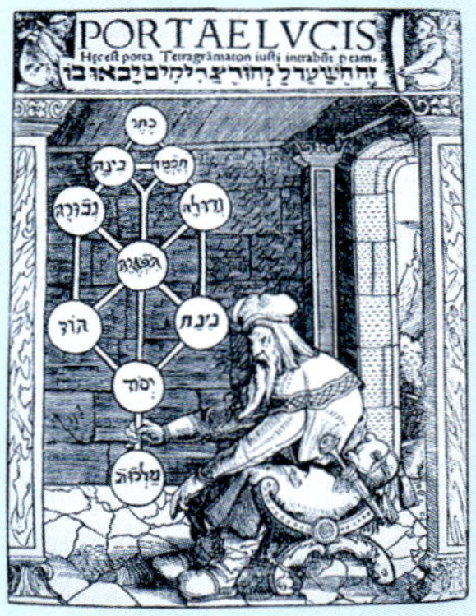

La première représentation de l'arbre de vie séphirotique, symbole kabbalistique du monde divin avec ses dix entités abstraites, figure sur cet ex-libris (1516) tiré d'une édition des *Portes de la lumière,* ouvrage écrit au XIIIe siècle par le kabbaliste castillan Joseph Gikatila.

La Kabbale peut se définir comme un ensemble de spéculations métaphysiques sur Dieu, l'homme et l'Univers, qui trouve son origine dans les traditions ésotériques du judaïsme. Mystique transmise par Moïse, qui l'aurait reçue oralement, en même temps que la Loi écrite (Torah), elle se caractérise par une recherche spirituelle visant à comprendre les mystères de la foi à travers l'arbre de vie. Dans la Kabbale, la Bible est considérée comme un réseau infini de messages codés, une sorte de recueil de formules cosmiques dont chaque lettre peut être interprétée. S'il reste attaché à une forme de magie (numérologie, astrologie), le travail du kabbaliste se caractérise néanmoins par une démarche scientifique. Véritable système de décodage, avec ses amulettes, ses grimoires et sa mystique des nombres, la Kabbale influença fortement les lectures de la Bible.

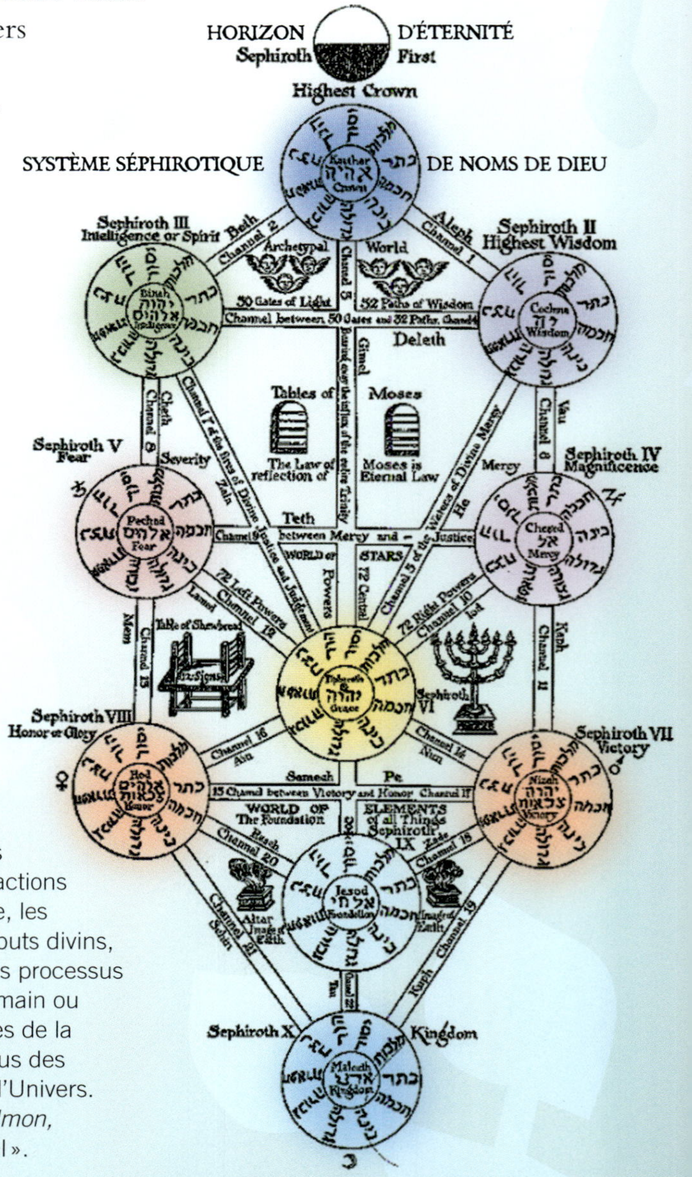

L'arbre de vie séphirotique. Loin d'être statiques, les *sephirot* sont des forces en action perpétuelle, susceptibles d'être influencées par les actes humains.

L'art de la Kabbale

Selon la Kabbale, l'arbre de vie *(à droite)* représente la structure de l'homme et de l'Univers. Constitué de dix *sephiroth* – les dix puissances créatrices énumérées par la Kabbale, chacune exprimant une énergie du *En Sof* (l'infini, le Dieu avant la Création), il symbolise à la fois les forces à l'œuvre dans le manifesté (les voiles placés entre l'homme et la connaissance pure) et les interactions entre ces forces. Selon le niveau auquel on se place, les *sephiroth* sont vues comme des concepts, des attributs divins, des types de forces, des niveaux de conscience, des processus à l'œuvre dans des structures vivantes (le corps humain ou l'Histoire), des qualités, des perceptions particulières de la réalité. Adaptation judaïque de symboles déjà connus des peuples antiques, l'arbre de vie contient les lois de l'Univers. Ensemble, les dix *sephiroth* constituent l'*Adam Kadmon,* archétype divin de l'homme, ou « homme primordial ».

Kabbale et christianisme

Au xve siècle, la popularité de la Kabbale au sein des communautés juives d'Europe coïncida avec un engouement pour la philosophie hermétique. Cornelius Agrippa notamment, alchimiste et nécromancien, intégra la gématrie (méthode de lecture des textes sacrés écrits en hébreu) dans la *Philosophie occulte* (*voir* p. 57). Le mouvement fut à l'origine d'une fusion syncrétique du christianisme appelée Kabbale chrétienne. L'esprit universel italien Jean Pic de La Mirandole (1463-1494) et l'humaniste allemand Johannes Reuchlin (1455-1522) étaient les deux principaux représentants de cette école de pensée. Leurs travaux inspirèrent le kabbaliste frère François Georges de Venise (1466-1540), dont les théories sur l'harmonie, la numérologie et la géométrie influencèrent l'architecture maçonnique.

Dans ses travaux sur l'hermétisme, Cornelius Agrippa adopta certaines pratiques kabbalistes, dont la gématrie.

Un messie moderne

Les disciples de Sabbataï Zevi (1626-1676), un kabbaliste juif, le considéraient comme l'incarnation de l'*En Sof*. Il entra à Jérusalem à cheval en affirmant être le Messie.

Au sein de la diaspora juive, la ferveur entourant Sabbataï fut telle que des textes annonçant la venue du Messie circulèrent dans toute l'Europe. Le kabbaliste, emprisonné en 1666 dans l'Empire ottoman, finit toutefois par se convertir à l'islam *(à droite)*.

La chanteuse américaine Madonna est l'une des adeptes d'un mouvement spirituel dérivé de la Kabbale. L'artiste a suscité la controverse en déclarant que la Kabbale devait être enseignée dans les lycées américains.

Au commencement était le verbe...

L'aspect théosophique de la Kabbale traite de la combinaison de lettres de l'alphabet hébreu et de leur valeur. Langue sacrée, l'hébreu est ici considéré comme la source de toutes les autres langues. Au sein de ce système de pensée, chacune des 22 lettres de l'alphabet est un composant fondamental de la réalité, une sorte d'atome irréductible dissimulant une mémoire et des sens cachés. Dans la Kabbale, les récits bibliques sont modifiés, décomposés et reconstitués pour dévoiler leur sens profond et caché.

La gématrie
La gématrie consiste à attribuer un nombre à un mot ou une expression en additionnant la valeur des lettres qui le composent. Chaque mot ou expression peut ainsi être converti en nombre ou forme géométrique possédant des propriétés mystiques. Par exemple, en hébreu, le mot amour se dit *ahebah* אהבה *(aleph, he, beth, he)*, soit un total de 13. Le mot unité est *achad* אחד *(aleph, cheth, daleth)*, qui donne également 13. Ainsi, les utilisateurs de la gématrie voient une correspondance entre amour et unité. On parle aussi de numérologie hébraïque.

Nombres mystiques
En ajoutant les cinq *sofit* (terminaisons) aux 22 lettres de l'alphabet hébreu, on en obtient 27, le nombre de numéraux requis pour exprimer tous les nombres de 1 à 999.

Formes mystiques
À ces 22 lettres sont associées diverses propriétés mystiques, notamment 22 figures géométriques composées de polygones réguliers : les 5 solides platoniques, les 4 solides de Kepler-Poinsot et les 13 solides d'Archimède.

Graphie	valeur numérique	terminaison	valeur	nom
א	1			aleph
ב	2			bet
ג	3			guimel
ד	4			daleth
ה	5			hè
ו	6			vav
ז	7			zayin
ח	8			hèt
ט	9			tèt
י	10			yod
כ	20	ך	500	kaph
ל	30			lamèd
מ	40	ם	600	mèm
נ	50	ן	700	noun
ס	60			samèkh
ע	70			ayin
פ	80	ף	800	pé
צ	90	ץ	900	tsadé
ק	100			qoph
ר	200			rèch
ש	300			shin
ת	400			tav

LA NÉCROMANCIE

La nécromancie est une science occulte consistant à entrer en contact avec les morts pour obtenir des révélations, notamment sur l'avenir. Originaire d'Égypte antique et de Babylone, cette pratique était aussi largement répandue au Moyen-Orient, en Chine et dans le monde gréco-romain. L'Église chrétienne la considérait comme un commerce diabolique avec des esprits impurs ; elle condamnait l'invocation des défunts et la curiosité malsaine indissociable de ces rites. Au Moyen Âge, pourtant, la nécromancie était encore très prisée des ecclésiastiques, qui consultaient volontiers les grimoires afin de communiquer avec les esprits souterrains, voire les anges. D'autres techniques divinatoires apparentées, telles la géomancie et la théurgie, suscitaient également un vif intérêt. L'idée que des alphabets chiffrés et autres procédés symboliques issus de sources ésotériques puissent mettre les hommes en contact avec l'au-delà séduisit longtemps alchimistes et religieux.

Bible et magie

Dans la Bible, la magie est condamnée à plusieurs reprises. Pourtant, un épisode évoque la visite du roi Saül à une sorcière de la ville cananéenne d'Endor : le souverain veut qu'elle fasse revenir le prophète Samuel – décédé depuis peu – car il souhaite le consulter avant d'attaquer les Philistins. Si, à partir du ve siècle, le dogme chrétien se figea, la possibilité d'user de pratiques magiques pour communiquer avec le monde spirituel conserva tout son attrait.

La *Clef de Salomon* est l'un des grimoires les plus célèbres du Moyen Âge. Attribué au roi Salomon, il recèle des cercles magiques *(ci-dessus)*, des conseils adressés aux nécromanciens ainsi que des sorts permettant de conjurer les esprits de l'enfer.

Des origines antiques

Durant l'Antiquité, rituels nécromanciens et textes d'exorcisme abondaient dans tout le Proche-Orient. Dès le IIe millénaire av. J.-C., en Égypte, on consultait les rois défunts – avec l'aval de l'État – dans l'intérêt public. Le principal rite consistait à appliquer des potions magiques sur la figurine représentant l'esprit à interroger. En Turquie, on communiquait avec les esprits et les dieux de l'enfer en creusant dans le sol des fosses qui servaient de portes aux divinités chtoniennes et facilitaient leur passage d'un monde à l'autre. Ces rites mystérieux, associés à la grande vague de traduction de manuscrits magiques arabes des XIIe et XIIIe siècles, inspirèrent aux membres lettrés du clergé européen des textes nécromanciens sur la magie astrale et les techniques d'exorcisme combinées aux enseignements du christianisme et du judaïsme. La magie dépeinte dans ces écrits se démarque radicalement de la petite sorcellerie des siècles précédents pour devenir une méthode érudite de conjuration et d'invocation de l'au-delà.

Les supports du nécromancien

Cercles magiques, conjurations, sacrifices, épées, prières mais aussi alphabets magiques étaient les différents supports utilisés par le nécromancien médiéval. Les cercles tracés sur le sol s'accompagnaient de symboles mystiques à la fois occultes et chrétiens. À un moment et en un lieu donnés, on offrait des animaux en sacrifice aux esprits pour s'attirer leurs faveurs. Les écrits les plus importants sur l'occultisme furent ceux de l'abbé Jean Trithème (1462-1516, *voir p. 73*) et de son élève Heinrich Cornelius Agrippa von Nettesheim, dit Cornelius Agrippa (1486-1535). La *Philosophie occulte* (*De Occulta Philosophia*; 1531-1533) de ce dernier contient des formules codées pour l'alchimie, la kabbale mais aussi l'alphabet de Thèbes *(à droite)*, véritable table de communication avec le monde spirituel.

Cornelius Agrippa aurait inspiré au dramaturge anglais Christopher Marlowe le sorcier de sa *Tragique Histoire du docteur Faust* (v. 1589), qui vendit son âme au diable.

L'alphabet de Thèbes

L'épée, à l'origine de la baguette magique.

Le cercle et ses symboles alphabétiques mystiques constituaient un espace sacré protégeant le nécromancien.

Représentation imaginaire d'une cérémonie visant à repousser les entités du monde des esprits. Grâce au cercle, les nécromanciens se protègent ici d'un démon surgi des enfers en récitant des textes secrets, tandis que le personnage central transmet le message à l'aide de son épée.

John Dee

John Dee (1527-1608) fut le plus célèbre magicien de son temps. À la fois astrologue, alchimiste, nécromancien et cryptographe, il était considéré comme l'homme le plus érudit d'Europe. Astrologue personnel de la reine Élisabeth Ire d'Angleterre, il inspira à Shakespeare le personnage de Prospero dans la pièce *la Tempête*. Pour financer ses travaux sur la divination et l'occultisme, Dee visita de nombreuses cours européennes, où il donna des « conférences spirituelles » avec un certain Edward Kelley. Naturellement, il se fit de nombreux ennemis, dont beaucoup l'accusèrent de sorcellerie. Il fut le propre artisan de sa chute : malgré son rang et sa prodigieuse érudition, il se laissa dépasser par ses activités occultes. Suspecté de folie, il mourut dans la misère en 1608.

John Dee résuma toute la magie par un symbole unique, le glyphe de Dee. Dans la *Monade hiéroglyphique*, Edward Kelley et lui créèrent l'alphabet énochien, qui se voulait un moyen de communiquer avec les esprits ou les anges.

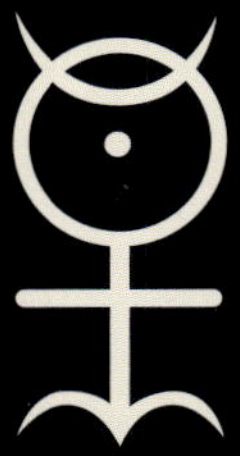

Le glyphe de Dee

L'alphabet énochien

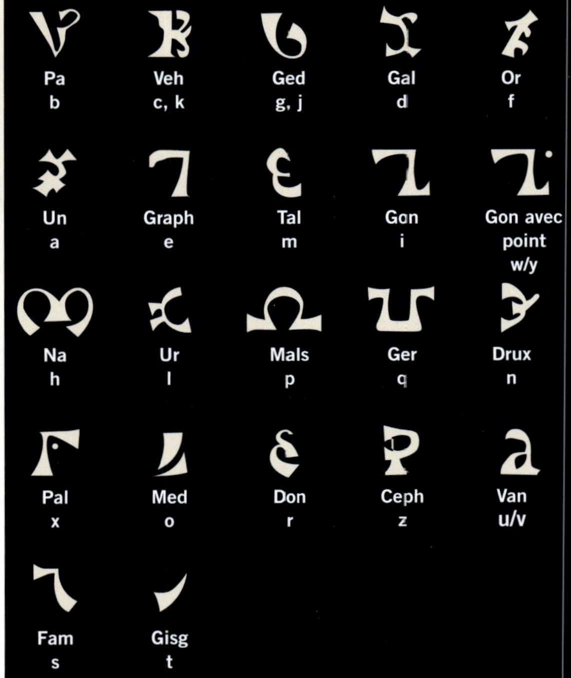

La Rose-Croix

Divers courants de l'hermétisme médiéval – alchimie, kabbale et nécromancie – furent à l'origine de l'ordre de la Rose-Croix. C'est en Allemagne, au début du XVIIe siècle, que l'on mentionna pour la première fois l'existence de ce mouvement ésotérique. Le rosicrucianisme rassemblait un certain nombre d'idées, de symboles et de références au néoplatonisme, au pythagorisme, à la philosophie arabe, à la kabbale, à la gnose et même aux sages de l'Inde ; source d'inspiration pour les mystiques, il formait un système cohérent et spirituel face au scepticisme empirique du siècle des Lumières. Aujourd'hui, plusieurs mouvements se réclament de l'héritage rosicrucien ; certains sont soupçonnés de dérives sectaires par les autorités françaises.

La rose et la croix

En placardant ses 95 thèses sur la porte de l'église du château de Wittenberg, en Allemagne – épisode qui déclencha le schisme entre catholiques et protestants –, Martin Luther appelait à une nouvelle interprétation de la religion, en marge du dogme strict du Vatican. Le sceau et les armoiries de Luther associaient la croix (symbole chrétien, *voir p. 42*) et la rose (associée à la Vierge Marie et à Marie Madeleine).

Les Rose-Croix d'or

Au début du XVIIIe siècle, le pasteur luthérien Samuel Richter publia *la Vraie et Parfaite Préparation de la pierre philosophale par la fraternité de l'ordre de la Rose-Croix d'or et de la Rose rouge*. Dans ce traité d'alchimie, il énumérait les 52 règles de l'ordre, sorte de syncrétisme entre le christianisme, le piétisme, le rosicrucianisme des origines et l'alchimie. Cette fraternité – qui disparut en 1797 mais donna naissance à de nombreux courants – noua des liens solides avec la franc-maçonnerie.

La quête de la « vision de l'Univers et du royaume spirituel » sur le mont du Savoir par des pèlerins est un thème fondamental de la pensée rosicrucienne.

Les origines

Au début du XVIIe siècle parurent trois manifestes anonymes : *Fama Fraternitatis* (1615), *Confessio Fraternitatis* (1615) et les *Noces chymiques de Christian Rosencreutz* (ou Chrétien Rose-Croix). Ce dernier décrit l'expérience initiatique d'un pèlerin allemand qui, en Terre sainte, découvre l'occultisme oriental. Il en résulte une vision spirituelle œcuménique du monde. Ces manifestes constituent la base de la pensée rosicrucienne. On sait toutefois que de nombreuses autres influences marquèrent la fraternité, dont l'enseignement pythagoricien. L'iconographie de la Rose-Croix se caractérise par une grande variété d'images symboliques, avec des références aussi diverses que le tarot et l'art de la divination.

Une rosace au milieu d'une croix géométrique, ornée de lettres et de symboles mystiques.

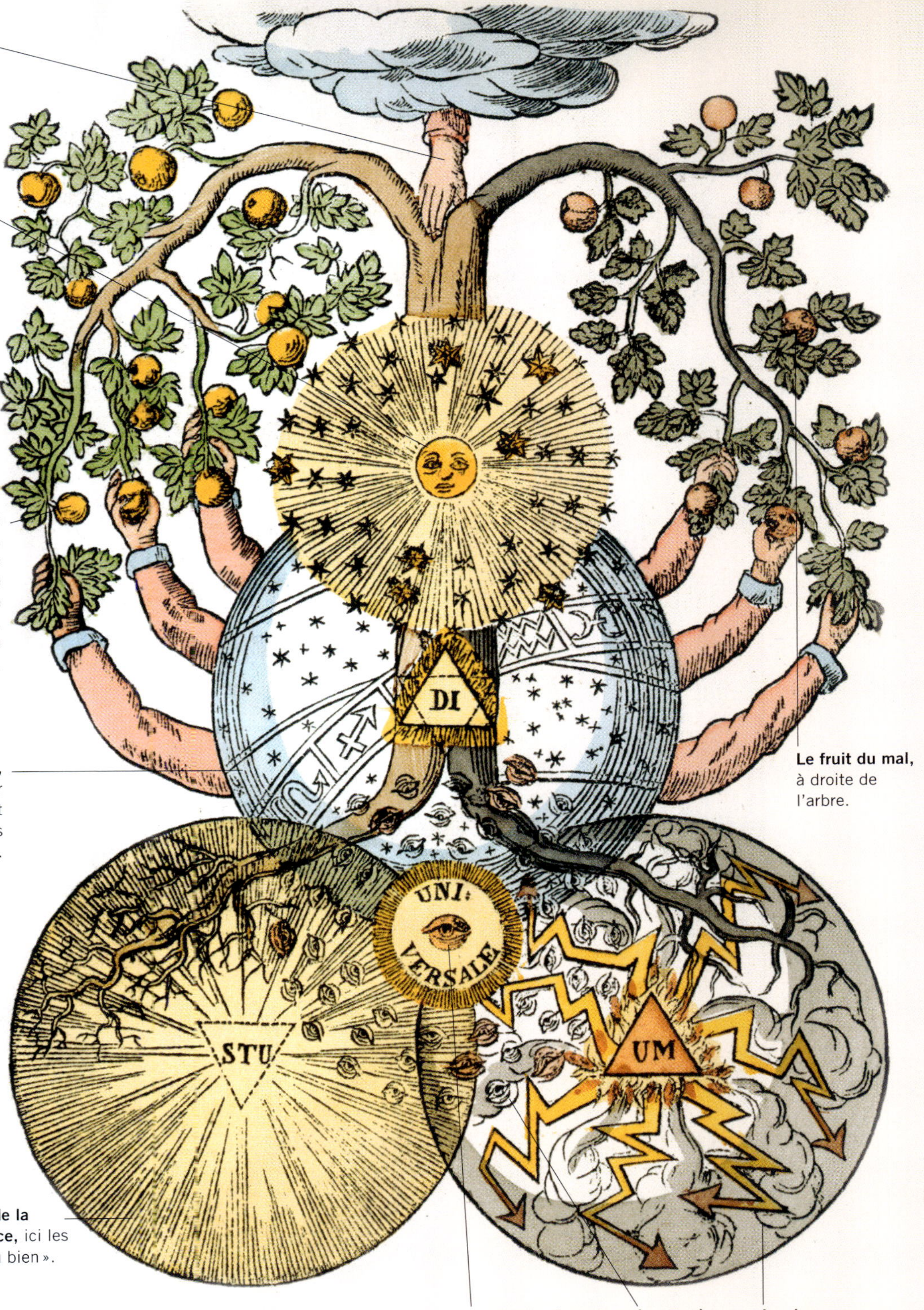

La main divine, qui bénit et soutient l'arbre.

L'étoile flamboyante, symbole maçonnique : l'acte de création suprême.

Le fruit de la connaissance, la dualité entre le bien et le mal. À gauche de l'arbre, le fruit du bien.

L'Univers, ici défini par les étoiles et les symboles astrologiques.

Le fruit du mal, à droite de l'arbre.

Le monde de la connaissance, ici les « racines du bien ».

L'arbre de la conscience Les rosicruciens exprimaient leurs idées à l'aide de divers symboles. L'arbre, leur emblème de prédilection, s'inspire de l'arbre de la connaissance du bien et du mal décrit dans la Bible. Selon un principe rosicrucien, parce qu'elle avait mangé le fruit défendu dans le jardin d'Éden, Ève condamna l'humanité à la quête éternelle de l'alliance avec Dieu. Cette illustration de 1785 tente de définir la nature symbolique du royaume spirituel.

L'œil qui voit tout Autre symbole commun avec la maçonnerie, cet œil se trouve à la croisée du cosmos, du savoir et du chaos.

Le monde des hommes Autour de l'œil, des symboles représentent les hommes accédant au savoir.

Le chaos Dans ce royaume du désordre, les racines de l'arbre pourrissent.

Les illuminés de Bavière

Longtemps a circulé une rumeur affirmant qu'une société secrète de savants et de scientifiques était à l'origine de la Révolution française, de conspirations contre l'Église catholique ou encore de l'élaboration d'un nouvel ordre mondial ; les organisations rosicruciennes y étaient bien souvent associées. Des sociétés secrètes de ce type ont en effet existé, mais on ignore quelle fut leur réelle influence sur la politique internationale. Dans cette mouvance, un mouvement appelé « illuminés de Bavière » fut fondé le 1er mai 1776 par Adam Weishaupt (1748-1830), philosophe et théologien allemand. Se réclamant de la philosophie du siècle des Lumières, les illuminés se voulaient avant tout libres-penseurs rationalistes et progressistes. Forte de quelque 2 000 membres en Europe, l'organisation fut dissoute suite à une querelle de succession. Rosicruciens, martinistes et francs-maçons partagent la même conception de la fraternité secrète, ainsi que certaines idées, des symboles *(ci-dessous)* et des éléments doctrinaires.

La franc-maçonnerie

Le chiffre Pig Pen

Exemple de chiffrement par substitution monoalphabétique *(voir p. 66)*, le chiffre Pig Pen a servi pendant des siècles sous différentes formes, mais il est aujourd'hui tombé en désuétude. Les francs-maçons l'employaient au XVIIIe siècle par souci de discrétion. On l'utilise en remplaçant chaque lettre de l'alphabet par un symbole, conformément aux grilles présentées ci-dessous.

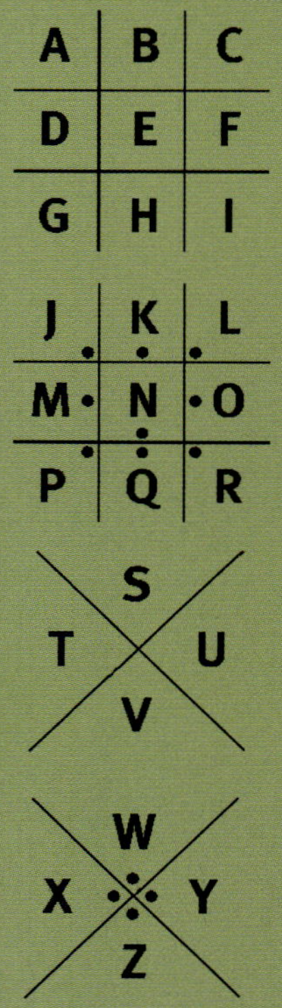

Avec ce système, « le temple de Salomon » serait chiffré ainsi :

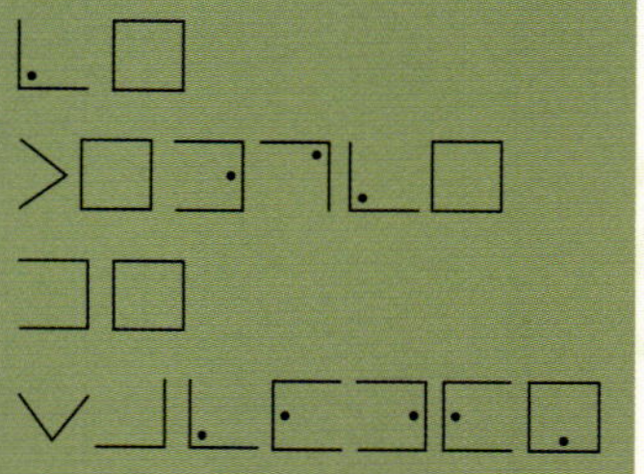

Qui furent les fondateurs de ce mouvement très ancien : les Templiers, les bâtisseurs du temple du roi Salomon, des religieux de l'ancienne Égypte ou encore les guildes de tailleurs de pierre, avec leurs rites issus de l'hermétisme et du mysticisme de la Renaissance ? Quoi qu'il en soit, les signes de reconnaissance de la franc-maçonnerie, ses cérémonies et ses symboles ont toujours suscité nombre d'idées reçues et de fantasmes autour de son pouvoir occulte. Condamnée pas moins de seize fois par la papauté, cette fraternité se distingue par une discrétion qui, de tout temps, a donné lieu à des théories du complot. Présente en France dès la fin du XVIIe siècle, la franc-maçonnerie s'est vite répandue dans le monde et compterait environ 5 millions de membres. Parmi les plus illustres, citons Mozart, Goethe, Montesquieu, Robert Surcouf, Voltaire, Jules Ferry, Gustave Eiffel, Léon Gambetta, Frédéric Auguste Bartholdi et Marc Chagall.

Les principes fondamentaux de la franc-maçonnerie ont plus de 800 ans. Ils sont enseignés à travers des cérémonies rituelles faisant appel aux coutumes et aux outils des bâtisseurs, véritables guides allégoriques du développement personnel. Signes et mots de passe secrets trouvent leur origine dans les pratiques des tailleurs de pierre médiévaux, qui, comme tous les artisans, appartenaient à des guildes aux secrets bien gardés. Apparu en Angleterre au XIVe siècle, le terme franc-maçon *(freemason)* fait référence aux maçons libres qui taillaient la pierre au Moyen Âge. À la fin du XVIIe siècle, les loges maçonniques accueillirent des maçons dits spéculatifs (maçons « acceptés », qui n'étaient pas liés aux métiers de la construction). La franc-maçonnerie moderne naquit en 1717, lorsque quatre loges londoniennes fusionnèrent pour former la Grande Loge de Londres, organe supérieur du mouvement. En France, une multitude de petites obédiences côtoient les plus grandes. Une obédience maçonnique bénéficie du statut et des règles de fonctionnement d'une association régie par la loi de 1901 ; elle fédère les loges, unités de base de la vie maçonnique.

Le rite de l'apprenti Le postulant entre dans la loge torse nu, les yeux bandés, les lacets dénoués et le genou droit exposé. Le grand maître, assis, est entouré de ses frères.

Le Tableau de loge Le rituel maçonnique est illustré par le Tableau de loge – représentation symbolique du temple de Salomon –, qui varie selon les trois degrés d'initiation : apprenti, compagnon et maître.

Mozart à la loge maçonnique de Vienne Dans ce tableau illustrant une cérémonie maçonnique, Mozart est représenté à l'extrême droite.

Symbolisme et principes maçonniques

Fondée sur le développement personnel et l'entraide, la franc-maçonnerie est souvent décrite comme un système moral particulier, allégorique et illustré par des symboles. Ouverte à tous les hommes sans distinction ethnique ni religieuse, elle est régie par trois grands principes : fraternité, solidarité et quête de la vérité. Ses mythes et traditions allient les connaissances géométriques des maîtres médiévaux à la théosophie héritée du mystagogue Hermès Trismégiste. Cet ésotérisme repose sur la croyance que l'esprit cherche à se dégager de la matière par des transformations successives pour réintégrer le sein de Dieu.

L'étoile flamboyante
Cet emblème d'une loge maçonnique représente, entre autres, l'étoile de Bethléem, Vénus ou le Soleil.

La lettre G (pour géométrie)
La géométrie est considérée comme une science exclusive et secrète transmise par Dieu au roi Hiram, bâtisseur du temple de Salomon.

Le tablier maçonnique
Souvent richement orné, il a une fonction rituelle majeure.

Jakin et Boaz
Symboles fondamentaux, les deux colonnes d'airain nommées Jakin et Boaz évoquent celles érigées à l'entrée du temple de Salomon.

Le temple de Salomon
Symbole maçonnique par excellence, il représente les origines du mouvement, ce qui fut perdu et qui doit être retrouvé dans le développement personnel d'un maçon.

Le compas
Au cœur du progrès, de la vérité et du mystère, la géométrie possède le pouvoir de recréer le divin, véritable plan de l'esprit de Dieu.

George Washington est représenté posant la première pierre du Capitole, le 18 septembre 1793. Il porte le tablier maçonnique et la truelle d'argent. De nombreux bâtiments publics américains furent ainsi consacrés par des francs-maçons.

La maçonnerie française sous Vichy

En 1940, la maçonnerie française fut particulièrement touchée par l'effondrement de la république face aux troupes allemandes. En août, une loi interdit les sociétés secrètes. Dès le mois d'octobre, le régime de Vichy et l'occupant organisèrent une grande exposition antimaçonnique qui parcourut tout le pays. Son thème était l'existence d'un complot de l'anti-France. Un service des sociétés secrètes étudia les archives confisquées et publia une revue intitulée *les Documents maçonniques*, qui voyait dans la franc-maçonnerie l'une des causes de la défaite.

Le Grand Sceau *(Great Seal)* des États-Unis
Au verso du sceau américain apparaît l'œil du « grand architecte de l'Univers », au-dessus de la pyramide à treize marches. Ce sceau est représenté sur le billet de 1 dollar.

03

Les messages secrets du passé nous semblent aujourd'hui assez faciles à décrypter. Pourtant, les innombrables méthodes de chiffrement par substitution se sont révélées fiables pendant plus d'un millénaire.

Les codes secrets

L'apparition de techniques de déchiffrement mathématique et linguistique – comme l'analyse fréquentielle – a permis de révéler la plupart des procédés de substitution tout en ouvrant la voie à de nouvelles techniques de chiffrement ingénieuses, dont beaucoup ont fourni les principes des systèmes cryptographiques modernes utilisant l'informatique.

L'ART DE LA DISSIMULATION

L'encre sympathique

Dès le Ier siècle, les Romains savaient préparer de l'encre invisible. Ils utilisaient notamment le jus d'euphorbe, qui devient transparent lorsqu'il sèche, mais brunit une fois réchauffé. Ils utilisaient également des substances plus courantes, comme le jus de citron. Selon Giambattista Della Porta, physicien italien du XVIe siècle, il suffisait d'écrire sur un œuf dur à l'aide d'une solution d'alun et de vinaigre pour que le message invisible traverse la coquille et apparaisse sur le blanc d'œuf.

Depuis la nuit des temps, on s'ingénie à brouiller certains messages – comme c'est le cas en temps de guerre. Avant même l'apparition des codes alphabétiques ou numériques, on employait diverses méthodes pour communiquer secrètement. La stéganographie par exemple – du grec *steganos,* couvert, et *graphein,* écrire – était en usage dès l'Antiquité. Ce procédé consiste à cacher des informations au sein d'un autre support : c'est l'art de la dissimulation.

La cire

Vers 484 av. J.-C., Xerxès, le fils du roi de Perse, rassembla une armée gigantesque dans le but d'envahir la Grèce. Démarate, ancien roi de Sparte, ayant trouvé refuge chez Xerxès, décida de transmettre l'information au royaume qui l'avait banni. Il prit une tablette, gratta la cire, grava son message dans le bois puis le recouvrit à nouveau de cire. En recevant la tablette apparemment vierge, les Grecs devinèrent qu'un texte y était dissimulé. Ils finirent par le découvrir, et purent se préparer à l'offensive ennemie.

Le crâne rasé

Pour qu'un messager chargé de transmettre un ordre secret puisse traverser les lignes ennemies sans être inquiété, Histiée, tyran de la ville de Milet, eut l'idée de faire raser la tête de son esclave le plus fidèle et de faire tatouer le message sur son cuir chevelu. Lorsque les cheveux eurent repoussé, l'homme partit en mission. Arrivé à destination, il n'eut qu'à se raser la tête à nouveau.

Les aviateurs américains portaient ces *blood chits* (que l'on pourrait traduire par « bons de sang ») sollicitant abri, vivres et soins au cas où leur avion serait abattu.

La soie

On a souvent utilisé la soie, tissu solide à la texture très dense, pour écrire des messages secrets. Les Chinois les rédigeaient sur un morceau de soierie. Ils le roulaient ensuite en une boule très compacte et l'enrobaient de cire ; le messager l'avalait puis laissait faire la nature… Durant la Seconde Guerre mondiale, des cartes géographiques imprimées sur des carrés de soie étaient dissimulées dans les talons des bottes des pilotes ; si leur avion était abattu, ils pouvaient les utiliser pour se repérer et trouver un abri.

Le fil d'Ariane

La mythologie grecque raconte que l'architecte athénien Dédale conçut un labyrinthe extrêmement complexe dans lequel le roi crétois Minos cacha le Minotaure, monstre mi-homme mi-taureau, fruit des amours adultères de son épouse avec un taureau blanc. Ariane, la fille de Minos, fournit au héros Thésée – dont elle était tombée amoureuse – une pelote de fil qu'il déroula derrière lui lorsqu'il arpenta le labyrinthe à la recherche du Minotaure. Après l'avoir tué, il put retrouver la sortie sans difficulté. Ce stratagème a donné naissance à l'expression « fil d'Ariane », entrée dans le langage courant. Un fil d'Ariane est souvent l'idée directrice permettant de résoudre une énigme. C'est aussi un fil conducteur, au sens propre (en plongée sous-marine) comme au sens figuré (dans la conception Web, par exemple).

Thésée et le Minotaure au cœur du Labyrinthe, un motif récurrent des mosaïques et fresques classiques.

Un labyrinthe complexe orne le sol de la cathédrale d'Amiens.

Dans le *Discours du songe de Poliphile* (1499), le héros interprète ainsi ce faux hiéroglyphe : « La discipline militaire est le lien le plus fort de l'Empire. »

Les rébus

Popularisée par la littérature enfantine, cette variante ludique de codage consiste à remplacer chaque syllabe d'un mot ou d'une expression par une image. Les hiéroglyphes furent tout d'abord pris pour des rébus par les égyptologues. En héraldique, on utilisa également ces jeux d'esprit pour traduire graphiquement le patronyme d'un porteur d'armoiries *(voir p. 228)*. Le *Discours du songe de Poliphile* (1499), ouvrage de l'humaniste Francesco Colonna, recèle des hiéroglyphes prétendument égyptiens ainsi que diverses énigmes mises en images que le héros parvient à interpréter.

Extrait d'une histoire pour enfants du XIXe siècle.

Appareil à micropoints, ici légèrement agrandi.

Le micropoint

Pendant la Seconde Guerre mondiale, les espions allemands utilisaient la technique du micropoint de Zapp : une photographie était réduite pour former un point de 1 mm, parfois même moins ; ce point était ensuite inséré dans un texte anodin. Ce procédé stéganographique apparaît dans l'album *S.O.S. Météores,* un épisode de la bande dessinée *Blake et Mortimer.*

Les labyrinthes végétaux

Dès l'Antiquité, des auteurs grecs et romains mentionnaient l'existence de labyrinthes végétaux, œuvres géométriques complexes que l'on réalisait aussi en Chine et en Asie du Sud, par exemple. À partir du XVIe siècle, ils commencèrent à orner de nombreux jardins d'Europe. Celui que Le Nôtre créa dans les jardins de Versailles en 1665 fut détruit en 1778. Aujourd'hui, les labyrinthes végétaux constituent un nouveau concept touristique. Parfois éphémères, le plus souvent permanents (thuyas ou hêtres), ils s'inspirent des tracés initiatiques des époques païennes. Ils sont très souvent associés à des attractions ou à des énigmes à résoudre, comme au château de Chantilly. Le plus grand labyrinthe interactif du monde se trouve au château de Thoiry, en région parisienne.

La cryptographie

Les premiers chiffrements inventés pour assurer la confidentialité d'un message ou d'un document remontent à plus de deux mille ans. On distingue le chiffrement par transposition (les lettres d'un texte sont disposées dans un ordre différent ; *voir la scytale spartiate, p. 102*) et le chiffrement par substitution (on remplace, sans en bouleverser l'ordre, les lettres par d'autres lettres, des chiffres ou des symboles ; *voir le chiffre de César, p. 103*). Si elles peuvent dérouter – à moins de connaître la méthode d'encryptage appelée algorithme –, ces techniques n'ont souvent pas résisté à l'analyse fréquentielle *(voir p. 68)*. Diverses variantes demeurent néanmoins efficaces et sont encore utilisées avec beaucoup d'ingéniosité.

L'anagramme

Le moyen le plus simple de dissimuler un mot ou un message par transposition est de modifier l'ordre de ses lettres, autrement dit d'en faire une anagramme, à la fois figure de style et code secret. Les possibilités sont limitées par le nombre de lettres du texte clair (on nomme ainsi le message tel qu'il apparaît avant le chiffrement ou le codage) : le mot sac, par exemple, n'offre que cinq combinaisons (acs, asc, csa, cas, sca).

Toutefois, une simple phrase de 30 lettres peut permettre de réaliser plus de 50 milliards de milliards de milliards de combinaisons différentes, y compris des solutions plausibles mais n'ayant rien à voir avec le texte clair. Cela prouve le peu d'intérêt de l'anagramme en tant que méthode d'encryptage.

Jeu de lettres datant de l'Antiquité, l'anagramme amusait les lettrés de la Renaissance, qui s'en servaient pour trouver leur nom de plume. Cet usage perdure encore aujourd'hui. On peut citer, entre autres, Alcofribas Nasier (François Rabelais), Rose de Pindare (Pierre de Ronsard), Marguerite Crayencour (Marguerite Yourcenar), Brisavion ou Bison ravi (Boris Vian), Avída Dollars (Salvador Dalí) ou encore Rauque anonyme – parfois Don Evane Marquy (Raymond Queneau).

Le chiffrement par transposition

L'une des formes de chiffrement par transposition les plus anciennes est basée sur un algorithme assez simple : il s'agit en effet de créer une anagramme à partir de principes mathématiques élémentaires. La transposition dite « en dents de scie » permet d'envoyer des messages chiffrés. Toutefois, il suffit de comprendre l'algorithme pour les décrypter, ce qui en fait une méthode peu sûre.

Prenons un exemple de texte clair : « FAIS ATTENTION À TOI TU ES SUIVI ».
Il faut éliminer les espaces entre les mots et disposer les lettres du texte sur deux lignes, en prenant une lettre sur deux, pour obtenir le message chiffré.

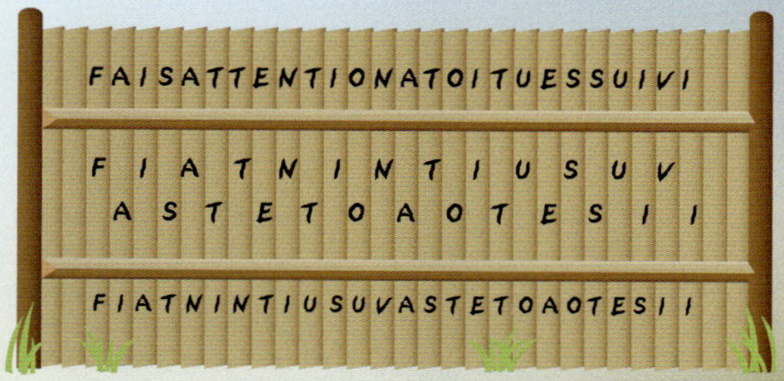

Il suffit ensuite de joindre les deux lignes pour ne former qu'un seul texte chiffré. Le destinataire, qui connaît l'algorithme, n'aura plus qu'à inverser le procédé.

Il est possible de compliquer un peu ce système en écrivant le message en dents de scie sur trois lignes au lieu de deux. On peut aussi jouer sur des paires de lettres, en échangeant la première contre la deuxième lettre, la troisième contre la quatrième, et ainsi de suite.

Le chiffrement par substitution monoalphabétique

Le chiffrement par substitution monoalphabétique (également appelée substitution simple à représentation unique) consiste à substituer à chaque lettre de l'alphabet une autre lettre, un nombre ou un symbole (parfois une combinaison des trois). Le plus célèbre est le chiffre de César : chaque lettre du message est remplacée par la lettre venant trois rangs plus loin dans l'alphabet *(voir p. 103)*. On peut également citer le chiffre du *Kama-sutra (ci-contre)* et le chiffre de Marie Stuart *(voir p. 75)*.

Un algorithme et une clé

Un texte clair (le message à envoyer), une clé (qui spécifie l'encryptage) et un système général d'encryptage (l'algorithme) résument le principe du chiffrement par substitution, schématisé ci-dessous.

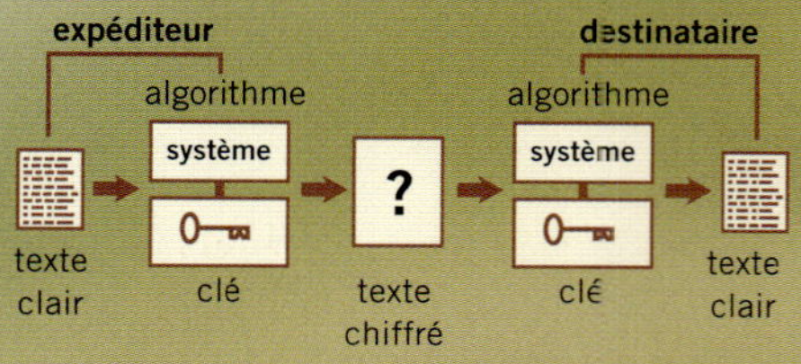

Pour que le système soit efficace, la clé ne doit bien sûr être connue que de l'expéditeur et du destinataire du message.

Le chiffre du *Kama-sutra*

Manuel rédigé à la fin du IVe siècle par le brahmane Vatsyayana – mais il s'agissait probablement d'une compilation de textes antérieurs –, le *Kama-sutra* donnait aux jeunes filles à marier de nombreux conseils sur des thèmes aussi divers que la cuisine, l'habillement ou encore l'artisanat, sans oublier l'art d'aimer. Il apprenait par ailleurs à maîtriser une écriture secrète permettant de communiquer en toute discrétion. La méthode d'encryptage proposée était un alphabet de substitution élaboré au hasard – à l'opposé du décalage logique du chiffre de César.

Alphabet clair

A B C D E F G H I J K L M N O P Q R S T U V W X Y Z
R M E S Z W N A L Y B T F I Q X J U D V K H G O P C

Alphabet de chiffrement

Grâce au système de chiffrement par substitution du *Kama-sutra,* le texte clair tel qu'il figure à gauche sur le parchemin se transforme en un obscur libellé *(à droite).* La méthode offre une infinité de clés potentielles, qui rendent insurmontable la tâche du cryptanalyste.

Mémoriser le système

Se rappeler la clé d'un chiffre de César paraît simple ; en revanche, garder en mémoire la forme exacte d'un chiffre du *Kama-sutra* est quasi infaisable. Mais il est possible de créer un système plus simple à mémoriser : il suffit de choisir une formule facile à retenir, comme « BONJOUR CHER AMI », d'en ôter les espaces et les lettres en double et de la placer au début de l'alphabet de chiffrement. Ensuite, il ne reste qu'à compléter ce dernier, en suivant l'ordre habituel des lettres tout en évitant les répétitions.

Alphabet clair

A B C D E F G H I J K L M N O P Q R S T U V W X Y Z
B O N J U R C H E A M I D F G K L P Q S T V W X Y Z

Alphabet de chiffrement

COMMENT VAS-TU ?
NGDDUFS VBQ ST

Grâce à cette méthode, la phrase « comment vas-tu ? » devient cet étonnant message codé *(en bas).* Plus la formule clé est longue, plus l'algorithme est efficace.

L'utilisation de symboles

Il est possible de remplacer certaines lettres par des symboles, ce qui rend le message chiffré par substitution encore plus mystérieux. Toutefois, il faut mémoriser les symboles et les lettres qu'ils remplacent, ce qui complique la tâche de l'expéditeur et du destinataire.

Ci-dessous, on a utilisé un chiffre de César (avec un décalage de six lettres) tout en remplaçant chaque voyelle de l'alphabet par un symbole.

Alphabet clair

A B C D E F G H I J K L M
N O P Q R S T U V W X Y Z

Alphabet de chiffrement

✪ G H I ✿ K L M ⊸ O P Q R
S ♣ U V W X Y ❤ A B C D E

L'encryptage de la phrase à l'aide de l'alphabet de chiffrement permet de dissimuler le message.

AS-TU AIMÉ LE ZOO ?
✪X Y❤ ✪⊸R✿ Q✿ E♣♣

La plupart des chiffrements évitent la ponctuation, surtout le point d'interrogation, qui fournirait au cryptanalyste un indice beaucoup trop évident.

✪XY❤✪⊸R✿Q✿E♣♣

Il est également possible d'éliminer les espaces entre les mots dans le message chiffré.

✪X+Y❤+✪⊸R✿+Q✿+E♣♣

L'ajout d'un symbole distinct entre chaque mot – ici le + – fait paraître le texte chiffré plus complexe. Mieux vaut éviter ce procédé, car le cryptanalyste devine vite la fonction d'un signe trop récurrent.

✪X Y❤ ✪⊸R✿ Q✿ E♣3

L'emploi d'un autre symbole unique, par exemple le 3, pour indiquer la répétition d'une lettre, brouille encore davantage les pistes.

L'analyse fréquentielle

Al-Kindi

Mathématicien, scientifique, philosophe, astronome, psychologue et météorologue né à Kufa (actuel Iraq), al-Kindi (801-873), également connu sous le nom latinisé d'Alchindius, tenta d'introduire la philosophie grecque dans le monde arabe. Lorsqu'il travaillait à Bagdad, il traduisit de nombreux textes anciens. Outre les importants progrès dans les domaines de la médecine, de la physique et de la théorie musicale, on lui doit la première explication connue à ce jour de la cryptanalyse basée sur l'analyse de la fréquence des lettres. Elle figure dans son *Manuscrit sur le déchiffrement des messages cryptographiques,* texte qui ne fut redécouvert dans les archives ottomanes d'Istanbul qu'en 1987. Qu'al-Kindi en ait été l'inventeur ou simplement l'un des premiers à la décrire, cette technique était probablement connue dans le monde arabe dès le IXe siècle.

L'analyse fréquentielle permet de décrypter les chiffres de substitution dont on connaît la langue d'origine. Elle se base sur la fréquence d'apparition des lettres de l'alphabet et de leurs combinaisons dans une langue donnée. Cette fréquence varie d'une langue à l'autre : en allemand, par exemple, le *e* a une fréquence d'environ 20 % ; en italien, 3 lettres ont une fréquence supérieure à 10 % et 9 une fréquence de moins de 1 %. Cette méthode n'est pas infaillible ; toutefois, plus le texte à analyser est long, plus elle se révèle efficace, car le nombre de lettres ayant une fréquence mesurable mathématiquement est supérieur.

L'analyse fréquentielle en français

Malgré quelques variantes selon les corpus de référence, les lettres apparaissant le plus fréquemment dans la langue française sont – dans l'ordre – le *e*, le *a*, le *i*, le *s*, le *t* et le *n*. Le tableau ci-contre illustre la fréquence d'apparition en pourcentage de toutes les lettres de l'alphabet.

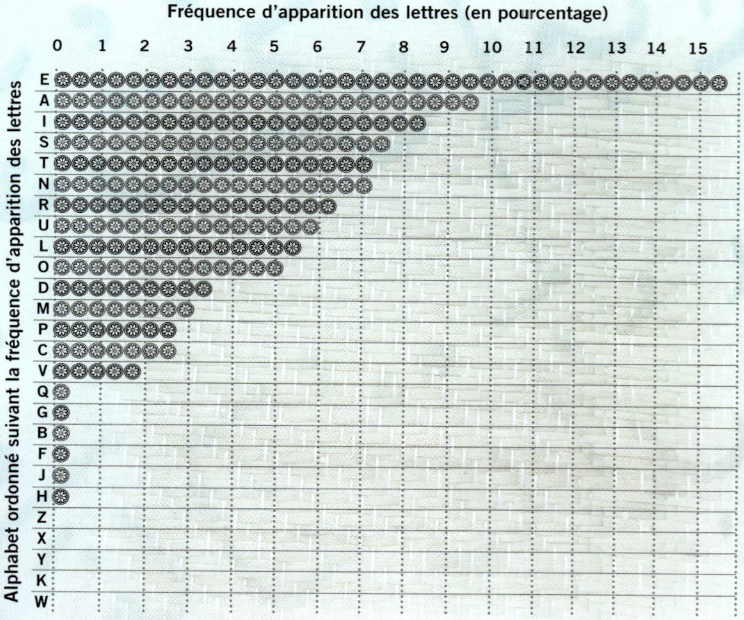

Le concept d'analyse fréquentielle a été développé dans le monde arabe. Cette langue comprend 28 lettres de base, chacune possédant 4 formes (initiale, médiane, finale et isolée), ainsi que des combinaisons de lettres, ce qui complique la tâche du cryptanalyste.

Autre invention arabe, le jeu d'échecs est comparable à la cryptanalyse. La connaissance des règles qui définissent le déplacement de chaque pièce – l'algorithme – est essentielle, mais ne fournit pas la clé pour comprendre ou anticiper les tactiques de l'adversaire, encore moins sa stratégie globale.

Application

À partir d'un texte chiffré *(à droite)*, le cryptanalyste peut établir un tableau pour analyser la fréquence d'apparition de chaque lettre ou caractère, puis comparer ses résultats à une table standard répertoriant la fréquence des lettres dans une langue donnée *(ci-contre, à gauche)* pour déterminer les correspondances. Une analyse fréquentielle de chaque lettre de ce texte chiffré est consignée sur une grille *(ci-contre, à droite)*.
Le cryptanalyste possède désormais une base de travail. Il peut identifier la lettre la plus fréquente qui correspondra très certainement au *e*. Ensuite, il suffit de procéder de la même façon pour les lettres suivantes. Ici, le texte est codé à l'aide d'un simple chiffre de César *(voir p. 103)*, avec un décalage de trois lettres, ce qui permet de résoudre rapidement le mystère. Toutefois, en présence d'un algorithme plus complexe, il faut poursuivre l'analyse jusqu'à obtenir la certitude que certaines lettres ne peuvent figurer l'une à côté de l'autre, par exemple. Tout en travaillant lettre par lettre, le cryptanalyste recherche également les combinaisons de lettres les plus fréquentes (digrammes ou trigrammes, *à droite*). Dans ce texte chiffré, on peut supposer que le digramme qui apparaît le plus souvent (« GHV ») se rapporte à un article courant dans la langue française, comme « les » ou « des ».

DSUHV DYRLU GHMHXQH GDQV XQH DXEHUJH, LOV DOOHUHQW IDLUH XQ WRXU DX PDUFKH. O'DERQGDQFH GH SURGXLWV IUDLV SURSRVHV VXU OHV HWDOV GHV SULPHXUV, GHV SRLVVRQQLHUV HW GHV ERXFKHUV OHV IDVFLQD.

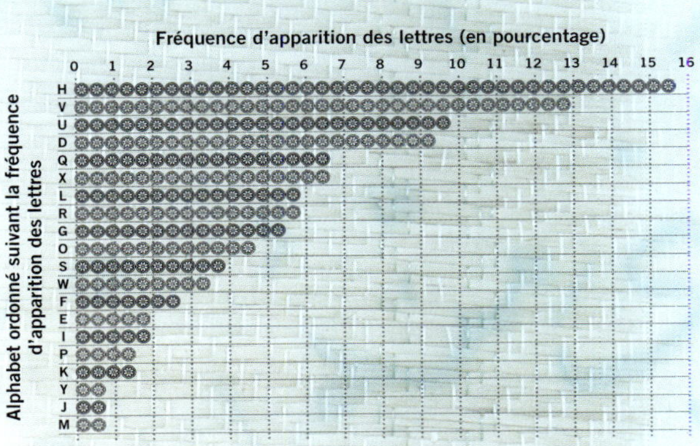

Après avoir déjeuné dans une auberge, ils allèrent faire un tour au marché. L'abondance de produits frais proposés sur les étals des primeurs, des poissonniers et des bouchers les fascina.

Une méthode sans garantie

Plus un texte est long, plus l'analyse fréquentielle se révèle efficace. Le texte clair ci-dessous démontre toutefois les limites de cette méthode lorsqu'un message est court. Celui-ci, par exemple, pourrait poser problème au cryptanalyste.

Soixante-six zoologues du Zimbabwe et de Zambie se croisèrent à Zanzibar et en Tanzanie pour discuter de l'attitude des Zoulous envers les zèbres.

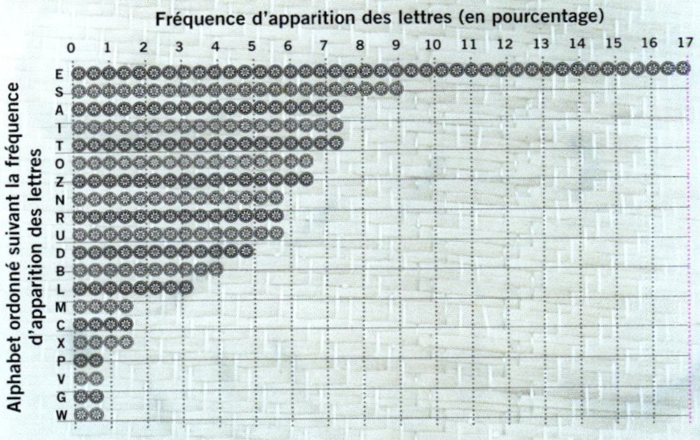

Même dans ce texte clair aux consonances surprenantes, la lettre *e* apparaît fréquemment. Néanmoins, le nombre exceptionnel de *z* est susceptible de fausser l'analyse.

Les combinaisons de lettres

Outre l'analyse fréquentielle de chaque lettre, il peut se révéler très utile de déterminer la fréquence de digrammes ou de trigrammes (combinaisons les plus couramment observées de deux ou trois lettres) : « au » et « ou » sont des digrammes, de même que les consonnes doublées telles que « ss » ou « ll » – alors que « æ » et « œ » sont des ligatures. Le français compte environ 1 600 trigrammes. Celui qui apparaît le plus souvent dans les mots de notre langue est « ent », suivi de « ede », « les », « lle », « que » et « ait ». Parmi les plus rares, citons « adl », « aem », « bae, « dev », « moa ». Les digrammes les plus fréquents sont « de », « la », « et », « le ». Dans de nombreuses langues, les digrammes ou trigrammes isolés couramment observables sont des articles – « le » ou « des » en français. Ainsi, après avoir identifié le *e*, on peut supposer que, placé à la fin d'un digramme récurrent, il forme l'article « le ».

Ce travail d'analyse est l'un des aspects les plus fastidieux de l'analyse fréquentielle. Néanmoins, cette dernière permet de décrypter la plupart des chiffres de substitution, même lorsque des nombres ou des symboles sont substitués aux lettres.

Le chiffrement par substitution

Le nomenclateur
En 1379, Gabriele de Lavinde, secrétaire du pape Urbain VI, rédigea un recueil de codes et de clés appelé nomenclateur, qui permettait de chiffrer des termes courants. Les diplomates y eurent recours pendant plusieurs siècles. Prisé dès la fin du XIVe siècle, le chiffrement par substitution homophonique fut très utilisé entre 1500 et 1750. La méthode de codage était assez simple ; en revanche, un grand nombre d'homophones devaient être préétablis, un symbole unique représentant un mot ou une expression. Un des premiers exemples de chiffre homophonique est un texte de Michele Steno, doge de Venise, en 1411. La reine d'Écosse Marie Stuart découvrit à ses dépens que ce type de chiffrement n'était pas infaillible (*voir p. 74*).

Les courtisans avaient élaboré un système d'abréviations pour mémoriser les titres officiels des dignitaires en visite.

Tous les créateurs de chiffres ont tenté de mettre au point des codes capables de résister un tant soit peu à l'analyse fréquentielle. Avant le développement des chiffrements par substitution polyalphabétique *(voir p. 72, 104)*, la technique la plus courante était la substitution homophonique (ou substitution à représentations multiples) : chaque lettre du texte clair était représentée par plus d'un caractère, nombre ou symbole dans le texte chiffré. Ces systèmes aux formes diverses, souvent d'une grande complexité, ont été très utilisés jusqu'au XIXe siècle. D'autres méthodes consistaient à ajouter des degrés de transposition ou de substitution, afin de renforcer le chiffre.

Masquer les évidences

Supprimer les espaces entre les mots et les signes de ponctuation permet d'obtenir un texte chiffré continu, ce qui complique la tâche du cryptanalyste. L'emploi de nombres et non de lettres de l'alphabet ajoute encore à la confusion. Une autre technique, héritée du Moyen Âge, consiste à lancer le cryptanalyste sur une mauvaise piste en séparant le texte chiffré en groupes de cinq ou six caractères (technique qui se généralisa au XIXe siècle, après l'invention du télégraphe électrique, pour assurer une transmission exacte du message crypté).

Par exemple, un simple chiffre de César avec un décalage de 12 lettres auquel on substituerait ensuite des chiffres donnerait ceci :

Texte clair	A	B	C	D	E	F	G	H	I	J	K	L	M	N	O	P	Q	R	S	T	U	V	W	X	Y	Z
Texte chiffré	L	M	N	O	P	Q	R	S	T	U	V	W	X	Y	Z	A	B	C	D	E	F	G	H	I	J	K
Chiffre numérique	12	13	14	15	16	17	18	19	20	21	22	23	24	25	26	1	2	3	4	5	6	7	8	9	10	11

En utilisant cet algorithme, voilà ce que deviendrait le message suivant :

Texte clair	l	e	p	a	y	s	d	e	s	d	r	a	g	o	n	s
Chiffrement	23	16	1	12	10	4	15	16	4	15	3	12	18	26	25	4

Groupes de 5	23161	12104	15164	15312	18262	54XXX

Les nulles
Les X placés en fin de texte chiffré permettent d'obtenir le nombre de caractères requis pour former des groupes de cinq.

La substitution homophonique

Le principe de la substitution homophonique consiste à remplacer certaines lettres par plusieurs caractères différents afin d'empêcher la mise en correspondance des lettres le plus fréquemment utilisées dans une langue – par exemple le *e* en français – avec les symboles les plus représentés au sein du texte chiffré.

Dans sa version la plus sophistiquée, on choisit un nombre de symboles proportionnel à la fréquence d'apparition de la lettre. On parle alors de renversement des fréquences, ce qui bouleverse le nombre des occurrences dans le texte chiffré. Aucun symbole n'apparaît plus souvent que les autres, et le message résiste davantage à la cryptanalyse. L'alphabet ne totalisant que 26 lettres, il faut introduire de nouveaux caractères : symboles plus ou moins fantaisistes, majuscules et minuscules, ou encore nombres.

Un exemple de chiffrement par substitution homophonique

Cette technique ingénieuse permet de convertir un texte en une suite de nombres et de masquer la fréquence d'une lettre à l'aide d'homophones.

1 Créer une grille de 11 colonnes et 4 rangs, puis numéroter le premier rang de 0 à 9, en laissant la première colonne vide.

2 Sur le rang suivant, toujours en laissant la première colonne vide, placer les 8 lettres les plus fréquentes (a, e, i, n, r, s, t, u) dans un ordre aléatoire, en laissant deux espaces vides.

3 Sur les 3e et 4e rangs, placer le reste de l'alphabet, dans un ordre aléatoire. La grille comptant 44 espaces, il reste deux espaces vides supplémentaires qui pourront se trouver n'importe où sur le 3e ou le 4e rang.

4 Dans la colonne de gauche, placer les chiffres correspondant aux deux espaces vides du 2e rang. Expéditeur et destinataire doivent travailler sur la même grille.

5 La suite de chiffres 4 0 0 4 6 1 2 1 6 9 3 8 1 7 peut être envoyée telle quelle ou subir un troisième chiffrement à l'aide d'une clé (ici, on additionne la série 3-4-5-5 aux chiffres précédents) pour obtenir un nouveau texte chiffré.

6 Ce nouveau texte chiffré peut être converti en lettres à l'aide de la grille, sans oublier que tout 3 ou tout 6 doit être apparié avec le chiffre suivant pour former un nombre. Grâce à cette méthode, les lettres les plus fréquentes sont indécelables.

Texte clair	A	B	C	D	E	F	G	H	I	J	K	L	M	N	O	P	Q	R	S	T	U	V	W	X	Y	Z
Texte chiffré/ chiffre de César avec un décalage de 12 lettres	L	M	N	O	P	Q	R	S	T	U	V	W	X	Y	Z	A	B	C	D	E	F	G	H	I	J	K
Homophones numériques des lettres fréquentes	6				1				4					5					2	3						
	12				7				10					11					8	9						
	18				13				16					17					14	15						

La grille de chiffrement construite ici combine un chiffre de César de décalage 12 à trois homophones numériques des six lettres les plus fréquentes de la langue française (a, e, i, n, s, t).

Texte clair	ce	métier	est	difficile	à	exercer
Texte chiffré	NP	X1ET7C	13D3	O4QQ10N16WP	L	1I7CN13C

Dans le texte clair, la lettre *e* apparaît 8 fois. Lorsque l'on chiffre ce texte, il faut donc utiliser le cycle d'homophones attribué à la lettre *e* : P, 1, 7, 13, P, 1, 7 et 13.

	0	1	2	3	4	5	6	7	8	9
	T	E	U		A	R		S	I	N
3	B	C	D	F	G	H	J	K	L	M
6	P	Q		O	V	W	X		Y	Z

Chiffrement
Les lettres du 2e rang sont simplement encodées à l'aide du chiffre situé juste au-dessus d'elles dans la grille.

Les nombres à deux chiffres
Aux lettres des 3e et 4e rangs sont attribués des nombres à deux chiffres formés à l'aide de leur numéro de rang, puis de leur numéro de colonne.

Texte clair	A	T	T	A	Q	U	E	Z	L	E	S			
Texte chiffré	4	0	0	4	61	2	1	69	38	1	7			
Texte chiffré	4	0	0	4	6	1	2	1	6	9	3	8	1	7
+ clé	3	4	5	5	3	4	5	5	3	4	5	5	3	4
Nouveau texte chiffré	7	4	5	9	9	5	7	6	9	3	8	3	4	1
Nouveau texte chiffré	7	4	5	9	9	5	7	69	38	34	1			
Texte chiffré en lettres	S	A	R	N	N	R	S	Z	L	G	E			

Déchiffrement
Comme la grille de départ ne génère aucune ambiguïté, il suffit d'inverser le processus étape par étape.

LES CHIFFRES AU MOYEN ÂGE

Dans la tourmente du Moyen Âge, tandis que les guerres entre nations faisaient rage, que les croisades diffusaient et imposaient le christianisme, se développaient l'humanisme naissant et le goût du savoir. Les rapports avec les royaumes d'Arabie ne furent pas uniquement belliqueux ; de nombreux textes anciens conservés dans les bibliothèques d'Orient ainsi que des œuvres arabes originales parvinrent jusqu'en Europe, suscitant une quête de renouveau intellectuel. De nombreux concepts étudiés dans les monastères médiévaux et les cours européennes furent inspirés par les travaux des savants arabes.

Roger Bacon

Le moine franciscain et philosophe anglais Roger Bacon (1214-1294) écrivit au pape Clément IV pour lui exposer son projet d'un enseignement fondé non seulement sur l'étude de la théologie mais aussi sur celle des langues et des sciences arabes : il fut pour cela accusé d'hérésie. Il fut également l'un des premiers savants occidentaux à travailler sur les mathématiques appliquées à l'écriture secrète. Dans son *Epistola de secretis operibus naturae et artis et de nullitate maguae (Lettre sur les prodiges de la nature et sur la nullité de la magie)*, il s'étonne que les chiffres ne soient pas utilisés plus souvent pour la correspondance privée.

Ses deux œuvres majeures, *Opus majus* et *Opus minus*, attestent ses talents de chercheur et prouvent son intérêt très prononcé pour la cryptographie. Ces qualités lui valurent d'être considéré comme l'un des auteurs possibles du manuscrit de Voynich (*voir p. 168*), un remarquable ouvrage chiffré constitué d'observations illustrées et dont la paternité demeure controversée – à ce jour, il n'a encore pas livré tous ses secrets.

« Toute science requiert les mathématiques. »

ROGER BACON, *OPUS MAJUS*, t. III, 1266.

Alberti et la substitution polyalphabétique

En 1466, le savant italien Leon Battista Alberti (1404-1472), humaniste, philosophe et architecte, mit au point le premier chiffrement par substitution polyalphabétique. Celui-ci repose sur l'utilisation d'un cadran chiffrant, composé de deux disques de cuivre : le plus grand est fixe, le plus petit est mobile. Sur le premier sont gravées 20 lettres de l'alphabet en majuscules (sans *H*, *J*, *K*, *U*, *W* et *Y*) ainsi que les chiffres 1, 2, 3 et 4 ; sur le second sont inscrits un alphabet latin (sans *j*, *u*, et *w*), en minuscules et dans le désordre, et le signe « & ». Selon la méthode utilisée, l'un ou l'autre cadran peut figurer le texte clair et l'autre, le texte chiffré. Les correspondants conviennent d'avance d'une lettre index et de lettres clés déclenchant la substitution alphabétique.

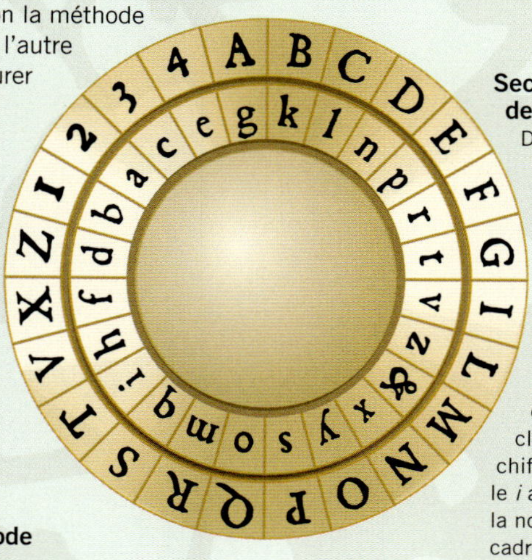

Première méthode de chiffrement

1 Ici le texte clair correspond au cadran fixe et le texte chiffré, au cadran mobile. Le *g* est la lettre index convenue : il est aligné avec la première lettre clef (ici le *A*) sur le cadran fixe, puis le chiffrement commence, en remplaçant chaque lettre du texte clair lue sur le cadran fixe par la lettre en vis-à-vis sur le cadran mobile.

2 Quand apparaît la deuxième lettre clé dans le texte clair (ici un *T*), le cadran mobile est pivoté de manière à ce que la lettre l'index *g* soit face au *T*, et le chiffrement reprend avec ce nouvel alphabet. Il se poursuit jusqu'à la prochaine lettre clé du texte clair, et ainsi de suite.

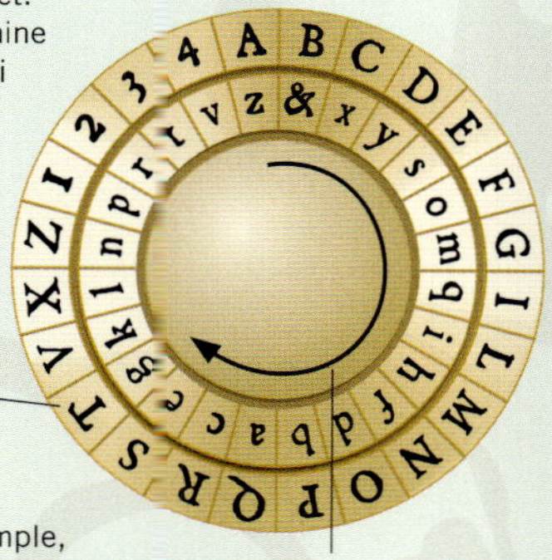

La lettre clé

Quand le *T* apparaît dans le texte clair, le cadran mobile est tourné.

Le réalignement

La lettre index *g* est placée face à la deuxième lettre clé, *T*.

Seconde méthode de chiffrement

Dans cette méthode plus simple, le texte clair utilise le cadran mobile et le cadran fixe donne le texte chiffré ; les lettres clés sont inutiles. La lettre index convenue d'avance (ici le *g*) est alignée avec le *A* du cadran fixe. La substitution débute et se poursuit jusqu'à ce qu'une lettre du texte clair s'aligne avec un chiffre du cadran fixe – ici le *i* avec le 1. Le *i* devient la nouvelle lettre index et le cadran mobile est pivoté pour l'aligner avec le *A* du cadran fixe. Le chiffrement reprend jusqu'au prochain alignement lettre/chiffre.

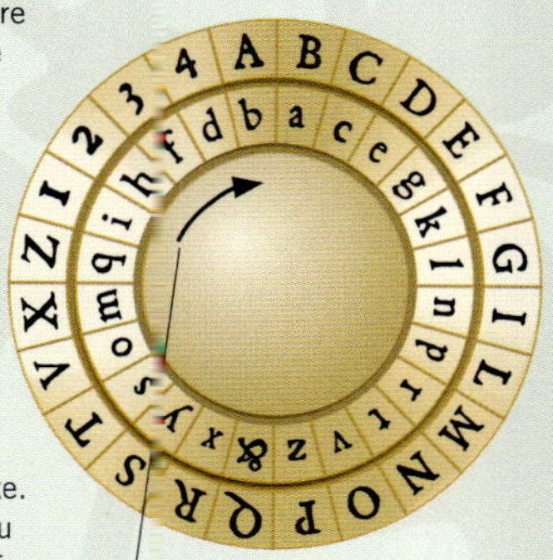

Des chiffres clés

Si une lettre du texte clair coïncide avec un chiffre (ici le *i* avec le 1), le cadran mobile est tourné pour aligner cette lettre avec le *A* du cadran fixe.

Le déchiffrement

Le message est déchiffré en appliquant le processus inverse.

A B	a	b	c	d	e	f	g	h	i	l	m
	n	o	p	q	r	ſ	t	u	x	y	z
C D	a	b	c	d	e	f	g	h	i	l	m
	t	u	x	y	z	n	o	p	q	r	ſ
E F	a	b	c	d	e	f	g	h	i	l	m
	z	n	o	p	q	r	ſ	t	u	x	y
G H	a	b	c	d	e	f	g	h	i	l	m
	ſ	t	u	x	y	z	n	o	p	q	r
I L	a	b	c	d	e	f	g	h	i	l	m
	y	z	n	o	p	q	r	ſ	t	u	x
M N	a	b	c	d	e	f	g	h	i	l	m
	r	ſ	t	u	x	y	z	n	o	p	q
O P	a	b	c	d	e	f	g	h	i	l	m
	x	y	z	n	o	p	q	r	ſ	t	u
Q R	a	b	c	d	e	f	g	h	i	l	m
	q	r	ſ	t	u	x	y	z	n	o	p
S T	a	b	c	d	e	f	g	h	i	l	m
	p	q	r	ſ	t	u	x	y	z	n	o
V X	a	b	c	d	e	f	g	h	i	l	m
	u	x	y	z	n	o	p	q	r	ſ	t
Y Z	a	b	c	d	e	f	g	h	i	l	m
	o	p	q	r	ſ	t	u	x	y	z	n

Le chiffre de Bellaso

Dans l'Italie du XVe et du XVIe siècle, les rivalités entre États et duchés mais aussi l'essor de centres financiers et commerciaux tels Florence, Venise et Gênes favorisèrent le développement de la cryptographie. Après Alberti *(voir ci-contre),* Giovanni Battista Bellaso (1505-v. 1580) publia trois traités sur divers systèmes de chiffrement polyalphabétique. Dans le premier, il créa un répertoire (sorte de *tabula recta*) et introduisit la notion de clé de chiffrement – ici une phrase. Ce répertoire se compose de onze alphabets de chiffrement, chacun repéré par deux lettres index et formé de deux rangs de 11 lettres (à l'époque l'alphabet italien en comptait 22) : le premier rang contient les lettres *a* à *m,* dans l'ordre alphabétique ; le second, les lettres restantes, dans un ordre aléatoire. La phrase clé est répétée autant de fois que nécessaire pour couvrir la longueur du texte clair ; chacune de ses lettres sert de lettre index repérant quel alphabet utiliser. Selon sa place dans cet alphabet, la lettre du texte clair est remplacée par la lettre située au-dessus ou au-dessous d'elle.

Grâce au répertoire ci-dessus, et avec comme phrase clé l'expression *« et in arcadia ego »,* le message « Pitié, sortez-moi vite de cet enfer ! », se chiffrera comme suit :

Clé :	e	t	i	n	a	r	c	a	d	i	a	e	g	o	e	t	i	n	a	r	c	a	d	i	a	e	g	o
Texte clair :	p	i	t	i	e	s	o	r	t	e	z	m	o	i	v	i	t	e	d	e	c	e	t	e	n	f	e	r
Texte chiffré :	d	z	i	o	r	c	g	e	a	p	m	y	h	s	i	z	i	x	q	u	x	r	a	p	a	r	y	h

Giambattista Della Porta (v. 1535-1615), aristocrate dilettante, reprit les idées de Bellaso dans son *De furtivis literarum notis* (1563). Il s'inspira beaucoup de son prédécesseur, si bien qu'on lui attribue aujourd'hui l'invention du tableau polyalphabétique. En 1586, le diplomate français Blaise de Vigenère *(voir p. 104)* étudia le chiffre de Bellaso dans son *Traité des chiffres ou secrètes manières d'écrire,* raison pour laquelle son nom fut également associé à l'invention du cryptographe italien.

Steganographia

Vers 1499, le moine bénédictin Jean Trithème (1462-1516) rédigea un ouvrage en trois volumes intitulé *Steganographia.* Mais celui-ci ne fut publié qu'en 1606, et immédiatement mis à l'Index – le catalogue des livres interdits par le Vatican – car il paraissait traiter de nécromancie en prônant le recours à des anges et à des esprits pour transmettre des messages sur de longues distances. En réalité, il s'agissait d'une œuvre complexe de cryptographie, où étaient décrits des systèmes d'écriture secrète. Comme nombre de ses contemporains ecclésiastiques, Trithème s'intéressait aux choses occultes, même si ses références aux anges et aux esprits renvoyaient à des algorithmes de chiffrement. À l'instar de simples chiffres de substitution ou de transposition, Trithème semble avoir mis au point une *tabula recta* proche de celle de Bellaso *(voir ci-dessus).* Son système était simple : il utilisait un chiffre de César progressif intégré dans un tableau. La première lettre du texte clair était chiffrée en utilisant le premier rang du chiffre de César (*a* devient *b*), la deuxième lettre en utilisant le deuxième rang (*a* devient *c*), et ainsi de suite. En 1518, Trithème rédigea *Polygraphiae,* dans lequel il développait ses théories sur la cryptographie. Ce fut le premier livre imprimé en Europe sur le sujet.

Jean Trithème semble avoir développé le système du chiffrement polyalphabétique indépendamment d'Alberti. Le langage qu'il emploie permet de l'associer à la tradition des mystiques de cette époque, intéressés par l'alchimie et par la nécromancie – ce qui l'exposait à des accusations d'hérésie de la part des autorités religieuses.

Mathématiques et mysticisme

De nombreux textes, comme *Basilica chymica,* d'Oswald Croll *(ci-dessus),* combinèrent les considérations purement mathématiques et pragmatiques de la cryptographie et des pratiques plus mystiques. Quelque cinquante ans avant la publication du carré polyalphabétique de Vigenère, Cornelius Agrippa, élève de Trithème, élabora un carré similaire, fondé sur le chiffre de César, pour ses « tables de commutation » destinées à chiffrer des alphabets magiques et à obtenir des formules permettant de communiquer avec les anges ou les démons. Alchimistes, nécromanciens et kabbalistes étaient fascinés par le potentiel magique des nombres *(voir p. 52-56),* tout comme l'étaient les pythagoriciens avant eux *(voir p. 154).*

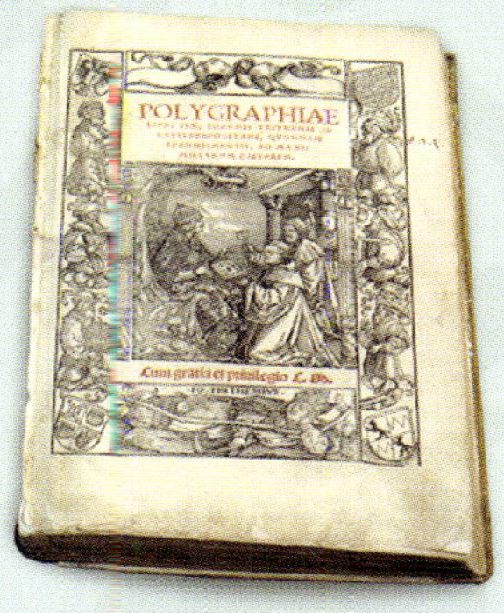

Polygraphiae, premier livre imprimé en Europe sur la cryptographie.

Le complot de Babington

Les persécutions religieuses

Marie Tudor, surnommée Marie la Sanglante, prit le pouvoir après la mort de son père Henri VIII – en 1547 – et de son demi-frère Édouard VI – en 1553. Son règne (1553-1558) fut marqué par l'exécution massive d'anglicans et autres protestants, persécutés à travers toute l'Angleterre – dont l'autodafé de quelque trois cents « dissidents ». Avec l'accession au trône d'Élisabeth Ire, qui succéda à Marie la Catholique, la situation se renversa. Afficher sa foi catholique devint dangereux. Beaucoup choisirent de l'exprimer en secret. Certaines familles intégrèrent des messages codés à leurs armoiries, voire à l'architecture même de leur maison, comme en témoigne l'extraordinaire Rushton Triangular Lodge *(ci-dessus)*, en Angleterre, bâtie en 1593 par sir Thomas Tresham. Le chiffre 3, qui symbolise la Trinité, est omniprésent (trois étages, trois fenêtres par mur, trois pignons par façade). L'extérieur de l'édifice est orné de passages bibliques et de symboles religieux. Face aux accusations, Tresham pouvait prétendre qu'il s'agissait d'une simple fantaisie architecturale.

Angleterre, février 1587 : la reine Élisabeth Ire, à la tête de l'Église anglicane, règne depuis vingt-neuf ans. Toutefois, son pouvoir est menacé par Rome et ses puissants alliés que sont l'Espagne et la France. À contrecœur, la souveraine vient d'accepter la condamnation à mort de sa très catholique cousine Marie Stuart, reine d'Écosse, pour trahison. Élisabeth craint que cette décision attise l'hostilité des catholiques dans son propre pays. Mais elle ne peut reculer, Francis Walsingham, son maître espion, lui ayant présenté la preuve irréfutable de la culpabilité de Marie Stuart. Ses services ont réussi à décoder une série de lettres indiquant que Marie, emprisonnée en Angleterre par mesure de sécurité, fomentait un complot visant à renverser Élisabeth Ire.

Fervente catholique, Marie Stuart, reine d'Écosse, constituait une menace pour Élisabeth Ire.

Élisabeth Ire (1533-1603) défendit la religion anglicane dès son accession au trône; en 1558. Elle confirma la sentence ordonnant l'exécution de Marie Stuart pour trahison.

Le messager de Marie Stuart

Le courrier de Marie Stuart était lu par ses geôliers. Des catholiques, parmi lesquels Anthony Babington et Gilbert Gifford, parvinrent à lui transmettre des lettres de ses partisans, dissimulées dans une barrique de bière. Le prêtre catholique Gifford devint le messager secret de Marie Stuart. S'il jouissait de la confiance de l'ambassade de France à Londres ou encore d'autres cellules catholiques en Angleterre, il n'en était pas moins un agent double.

Le rôle de Walsingham

Secrétaire principal de la reine et chef de la sécurité, Francis Walsingham était un homme implacable et compétent, dont le réseau d'espions s'étendait dans toute l'Europe. En 1585, il recruta Gifford, alors de retour de Rome. Et quand Babington adressa à Marie Stuart un projet de complot prévoyant l'assassinat d'Élisabeth, une invasion militaire de l'Angleterre et l'installation de Marie Stuart sur le trône, Gifford alerta Walsingham. Son message était codé : il ne s'agissait pas d'un chiffrement par substitution mais de la combinaison d'un alphabet chiffré avec des mots et des signifiants codés *(ci-contre)*. Mais Walsingham contacta l'un des meilleurs cryptanalystes d'Europe, le Vénitien Thomas Phelippes (1556-1625), qu'il nomma ministre du Chiffre.

Informé du complot, Francis Walsingham (v. 1532-1590) commanda de faux documents pour piéger Marie Stuart.

Marie Stuart affronta la mort avec dignité *(à droite)*.

Déchiffré par Phelippes

Thomas Phelippes (1556-1625) maîtrisait parfaitement l'analyse fréquentielle, technique qu'il utilisa pour confondre Marie Stuart. Il isola les symboles récurrents afin de découvrir l'alphabet de chiffrement, identifia les nulles – éléments ne correspondant à rien – et découvrit que des symboles remplaçaient

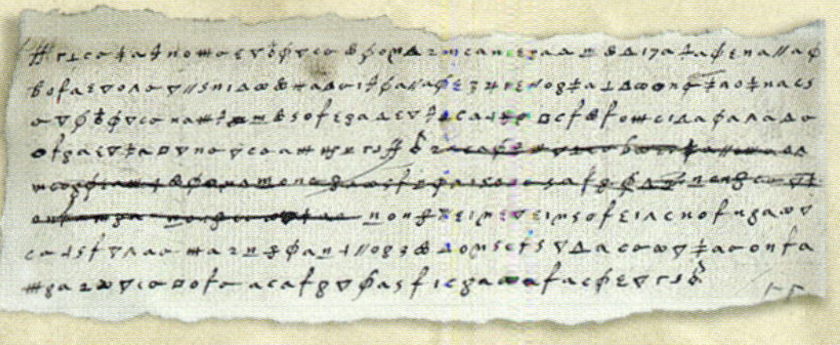

Un extrait de la réponse de Marie Stuart contrefaite par Phelippes, qui la mena à sa perte.

des mots. Après avoir déchiffré les messages décrivant le complot de Babington, Walsingham dut patienter. Pour dénoncer les intrigants et prouver l'implication de Marie Stuart, il avait besoin de réponses adressées par cette dernière à Babington, preuves tangibles de sa culpabilité, et de détails supplémentaires sur ses complices. Gifford poursuivit donc son travail de coursier. Excellent faussaire, Phelippes fut chargé d'ajouter un post-scriptum à l'une des réponses de Marie Stuart, exigeant les noms des « six messieurs censés mener à bien le plan ». La ruse fonctionna, même si les comploteurs tombèrent surtout parce qu'ils croyaient que le chiffre était infaillible, assurance qui les poussa à se montrer imprudents.

Exécutés pour haute trahison

On intercepta Babington alors qu'il quittait l'Angleterre pour régler les détails de l'invasion ; ses complices furent capturés quelques jours plus tard. Tous furent pendus puis écartelés. Le procès de Marie, accusée de haute trahison, eut lieu en octobre 1586. Malgré ses dénégations – ce qui semble indiquer que Walsingham était à l'origine de tout le scénario –, elle fut déclarée coupable et décapitée au château de Fotheringay, en Angleterre, en février 1587.

Le chiffre de Marie Stuart

Pour ce chiffre, on créa une nomenclature constituée de symboles remplaçant les lettres de l'alphabet – à l'exception du *j*, du *v* et du *w*. Trente-cinq autres symboles remplaçaient certains mots. Le chiffre comptait en outre quatre nulles (des leurres destinés à désorienter les cryptanalystes) et un signifiant *(dowbleth)* qui doublait la lettre suivante.

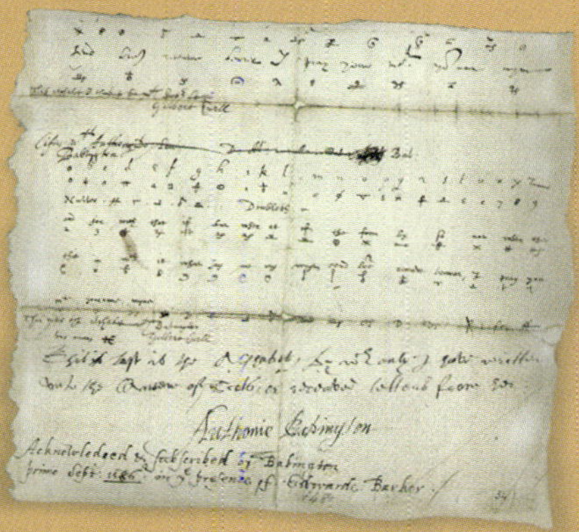

Des symboles remplaçaient les lettres et certains mots ou expressions courants.

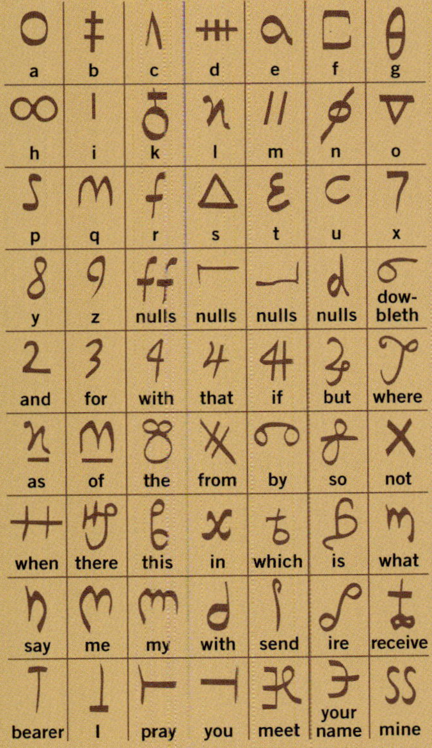

LE *DA VINCI CODE*

Les carnets du savant et artiste italien Léonard de Vinci (1452-1519), aujourd'hui dispersés dans diverses collections à travers le monde – douze d'entre eux sont conservés à la bibliothèque de l'Institut de France –, ont toujours fasciné et éveillé la curiosité : on y découvre des dessins aux thèmes très divers (scènes de la vie quotidienne, croquis anatomiques, impressionnantes armes de guerre…) accompagnés d'annotations apparemment codées.

Une écriture inversée

Les notes griffonnées sur les pages des carnets semblent indéchiffrables. En réalité, il s'agit d'une écriture spéculaire, également appelée écriture en miroir. Léonard de Vinci souhaitait-il que le contenu de ses annotations reste secret et ne puisse être lu par le commun des mortels ? Ou bien, étant gaucher, lui était-il plus facile d'écrire de cette manière? Le mystère reste entier.

Un ingénieur militaire

Léonard de Vinci conçut des systèmes de fortification et élabora des armes de guerre pour de puissants commanditaires. Cet artiste à l'imagination débordante – et parfois effrayante – inventa de véritables machines à tuer mais aussi plusieurs procédés ingénieux, dont des prototypes de machines volantes.

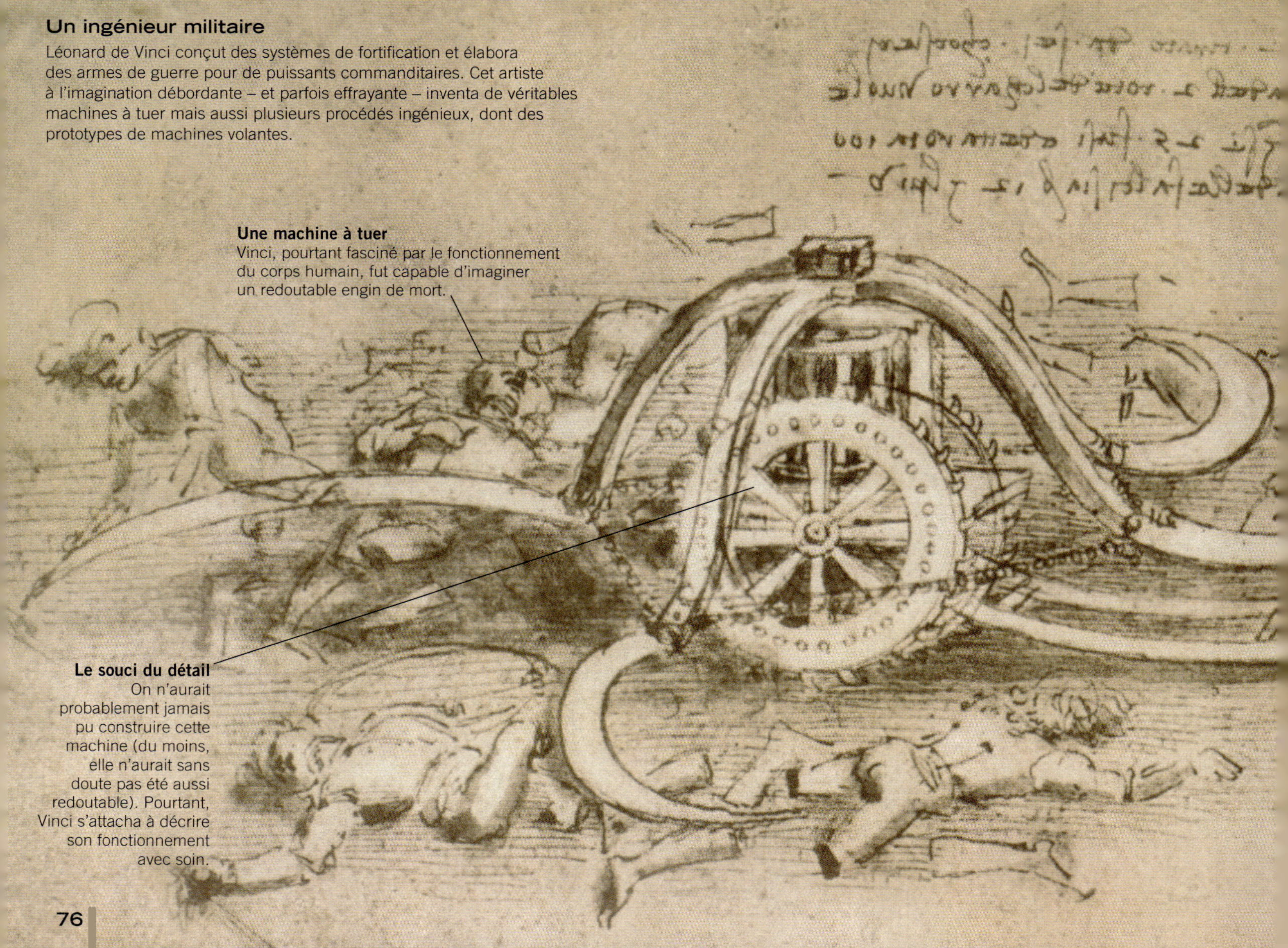

Une machine à tuer
Vinci, pourtant fasciné par le fonctionnement du corps humain, fut capable d'imaginer un redoutable engin de mort.

Le souci du détail
On n'aurait probablement jamais pu construire cette machine (du moins, elle n'aurait sans doute pas été aussi redoutable). Pourtant, Vinci s'attacha à décrire son fonctionnement avec soin.

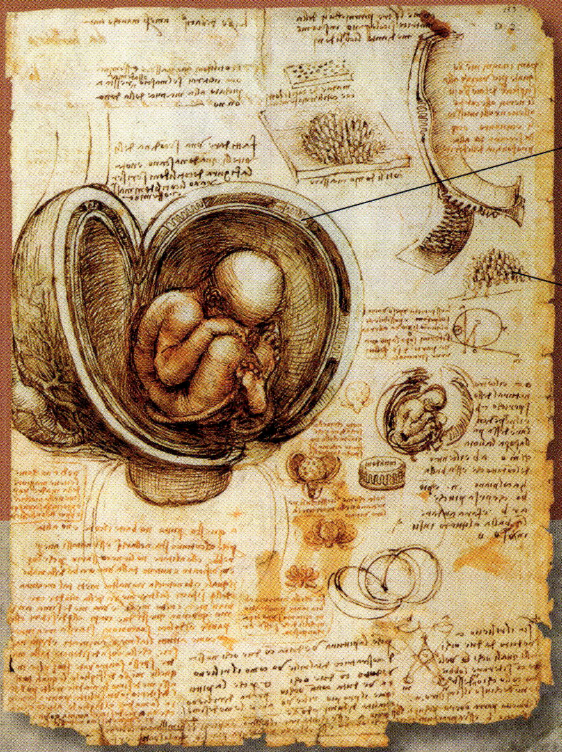

Au cœur du corps humain

Les recherches sur l'anatomie de Vinci impliquaient la nécessité de disséquer des cadavres, une pratique condamnée par les autorités religieuses. Pour les scientifiques contemporains, ses travaux sont exacts et pertinents, manifestement le fruit de recherches concrètes.

Fœtus in utero
Ce superbe dessin est entouré d'annotations de la main de Vinci, qui le réalisa sans avoir recours à la dissection.

Les origines de la vie
Vinci a ajouté plusieurs dessins avec des commentaires expliquant le processus de reproduction, de la fécondation au fœtus.

Le fonctionnement
Ce texte de Vinci indique les mesures précises des lames et décrit le mécanisme qui les active.

Les tractions
Vinci, qui s'intéressait à la mécanique, pensait que sa machine pouvait être tractée par des chevaux.

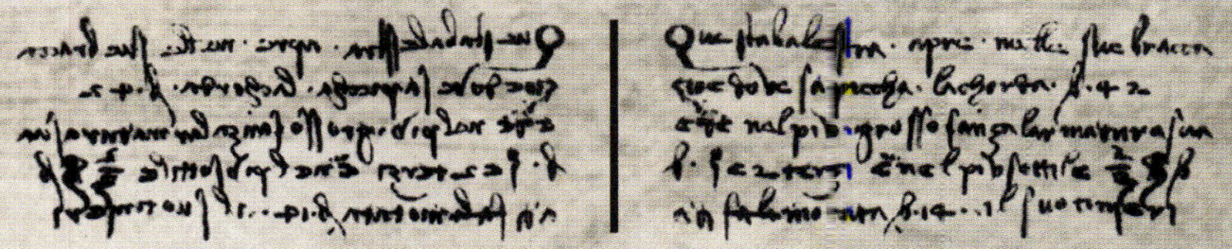

L'écriture en miroir

Rédigées en italien classique, les annotations de Vinci révèlent une écriture élégante, même lorsque cette dernière est inversée *(à gauche)*; à droite, on peut voir le même texte dans son sens de lecture normal. À propos de ces notes codées, toutes sortes de théories farfelues ont été avancées ; l'une d'entre elles affirme que Vinci appartenait à des sociétés secrètes, thèse peu probable tant Vinci était passionné par les aspects concrets du monde, au contraire de ses contemporains alchimistes.

CHIFFRES ET CLÉS

Un grand nombre de systèmes de chiffrement furent créés au XVIe siècle. À l'origine relativement faciles à utiliser, ils devinrent, en quatre cents ans, de plus en plus sophistiqués. Certains étaient encore en usage au début du XXe siècle, lors de la Première Guerre mondiale. Malgré leur ingéniosité croissante, tous dépendaient d'une clé secrète, que seuls l'expéditeur et le destinataire devaient connaître…

Le carré de Polybe

Inventé par le mathématicien grec Polybe au IIe siècle av. J.-C., ce carré permet de chiffrer l'alphabet en le disposant sur une grille de 5 x 5 et de convertir les lettres en paires de deux chiffres, d'abord par rang puis par colonne. Polybe y voyait un moyen innovant d'envoyer des messages depuis un phare grâce à des signaux lumineux, deux mille ans avant le sémaphore et le code Morse.

	1	2	3	4	5
1	A	B	C	D	E
2	F	G	H	I/J	K
3	L	M	N	O	P
4	Q	R	S	T	U
5	V	W	X	Y	Z

En utilisant le carré de Polybe, le mot code devient 13 34 14 15.

Ce système a souvent été utilisé par les détenus, surtout dans la Russie tsariste et pendant la guerre du Viêt Nam. À chaque lettre correspondait un nombre de coups. Il ne s'agissait pas là de chiffrer un message mais simplement de communiquer entre cellules.

Simplifier le système de Vigenère

De nombreux cryptographes ont cherché à imaginer des méthodes de chiffrement moins fastidieuses que celle qu'élabora Vigenère *(voir p. 104)*. L'étude du carré de Polybe, de grilles très sophistiquées *(voir p. 80)* mais aussi du chiffre (ou carré) de Playfair *(voir p. 109)* permit la conception de systèmes d'encodage particulièrement ingénieux.

En préparant sa grande offensive lors de la Première Guerre mondiale, l'armée allemande accorda beaucoup d'importance à la sécurité de ses communications. Les expériences menées sur les grilles *(voir p. 80)* furent abandonnées au profit d'une version sophistiquée du chiffre ADFGX.

Le chiffre bifide de Delastelle

Inventé par Félix Delastelle en 1901, ce système, qui comporte trois étapes, combine le concept de base du carré de Polybe avec la transposition et le fractionnement (la conversion du texte chiffré en nombres).

1 Le point de départ est un carré de Polybe.

	1	2	3	4	5
1	R	M	E	S	Z
2	W	N	A	L	Y
3	B	T	F	I/J	Q
4	X	U	D	V	K
5	H	G	O	P	C

2 Le texte clair est converti en paires de chiffres disposés l'un au-dessus de l'autre.

e	n	v	o	i	r	e	n	f	o	r	t
1	2	4	5	3	1	1	2	3	5	1	3
3	2	4	3	4	1	3	2	3	3	1	2

3 Les deux rangs de chiffres sont réunis.

124531123513324341323312

4 Les chiffres sont groupés par paires (fractionnement).

12 45 31 12 35 13 32 43 41 32 33 12

5 Les paires sont converties en texte chiffré grâce au carré de Polybe.

12 45 31 12 35 13 32 43 41 32 33 12
M K B M Q E T D X T F M

6 Le destinataire n'a plus qu'à inverser le processus étape par étape, mais il doit connaître la clé – ici, la manière dont les lettres de l'alphabet sont organisées dans le carré.

Le chiffre ADFGX

Mis au point par l'armée allemande, ce système combinait un carré de Polybe avec un alphabet en ordre aléatoire, une transposition et un mot clé.

1 Les rangs et colonnes sont ici indiqués par des lettres, qui furent choisies parce qu'elles étaient très différentes entre elles dans l'alphabet Morse ; elles ont donné son nom à ce chiffre.

	a	d	f	g	x
a	R	M	E	S	Z
d	W	N	A	L	Y
f	B	T	F	I/J	Q
g	X	U	D	V	K
x	H	G	O	P	C

e n v o i r e n f o r t
AF DD GG XF FG AA AF DD FF XF AA FD

2 Grâce à ce carré, le message est converti en paires de lettres, comme ci-dessus.

3 Ces lettres servent à former une autre grille, qui se lit de gauche à droite, accompagnée d'un mot clé qui détermine le nombre de colonnes.

4 Les colonnes de lettres du mot clé sont remises dans l'ordre alphabétique.

C	A	G	E
A	F	D	D
G	G	X	F
F	G	A	A
A	F	D	D
F	F	X	F
A	A	F	D

A	C	E	G
F	A	D	D
G	G	F	X
G	F	A	A
F	A	D	D
F	F	F	X
A	A	D	F

FGGFFA AGFAFA
DFADFD DXADXF

5 Le message à envoyer était ensuite assemblé pour former le texte chiffré. Il était en général plus long que l'exemple ci-dessus : le mot ou l'expression clé pouvait totaliser jusqu'à 24 lettres. Ce dernier changeait chaque jour, tout comme l'ordre des paires de lettres du carré de Polybe.

Le chiffre ADFGVX

Début 1918, juste avant son ultime offensive sur le front de l'Ouest, l'armée allemande ajouta la lettre *v* à son code, en faisant une grille de 6 x 6 dans laquelle on pouvait incorporer les 26 lettres de l'alphabet plus les nombres de 1 à 10. Les messages étaient plus courts car il n'était plus nécessaire d'épeler les nombres.

Le cryptanalyste français Georges Painvin parvint à briser ce nouveau chiffre au début de l'offensive en se concentrant sur les termes les plus fréquents, surtout en début de message, et en les comparant aux lettres situées en début de colonne.

Le livre de chiffrement se devait d'être un texte connu de tous et facile à se procurer – la Bible étant bien sûr le plus courant.

Les clés

L'expéditeur et le destinataire d'un message chiffré doivent impérativement connaître la clé, qui est souvent difficile à dissimuler ou à transmettre. Tous les cryptographes se sont penchés sur ce problème, proposant plusieurs solutions.

- **La clé courante, aujourd'hui obtenue à l'aide de chiffres disposés au hasard (ou de nombres premiers, *voir p. 274*).**
- **L'usage d'un carnet de codes, toutefois susceptible d'être dérobé.**
- **La clé aléatoire, quasiment inviolable *(voir p. 83)*.**

Néanmoins, le plus simple est encore que l'expéditeur et le destinataire possèdent la même édition d'un texte, ce qui évite le recours à un carnet de code commun tout en procurant une clé disponible en permanence.

Autrefois, le recours au livre de chiffrement – la Bible, un dictionnaire... – était fréquent. Le destinataire pouvait facilement déterminer quelle était la clé, qu'il appliquait ensuite à une *tabula recta* (ou tableau de Trithème, *voir p. 73*). Plus le texte clé était long, plus le déchiffrement se révélait laborieux, chaque lettre du texte chiffré pouvant avoir sa propre clé, et le texte clé se répartir sur plusieurs grilles de Vigenère ou autre table réciproque.

LES GRILLES

On doit au mathématicien italien Jérôme Cardan (1501-1576) l'invention d'un système d'écriture secrète combinant plusieurs disciplines cryptographiques et l'utilisation d'une clé physique – une grille en carton – que possèdent l'émetteur et le destinataire du message. Assez simple, ce procédé peut se révéler d'application très complexe. Unités de transmission ou agents de renseignement, entre autres, utilisèrent des variantes de cette technique.

Jérôme Cardan

Les Italiens de la Renaissance étaient fascinés par les systèmes d'écriture secrète. Médecin, inventeur et mathématicien, Jérôme Cardan fut l'un des nombreux savants à écrire sur le sujet. Dans *Ars Magna* (1545), il démontra plusieurs théories algébriques. Joueur invétéré et désargenté, il était passionné d'échecs, ce qui l'amena à étudier les lois de la probabilité et les moyens de tricher à ce jeu. La grille de son invention inspira par la suite de nombreuses techniques cryptographiques d'une complexité grandissante.

La grille de Cardan

Le principe consiste à rédiger un texte d'apparence anodine en y intégrant un message secret. Ce dernier se lit en posant sur le texte une grille dont certaines cases ont été évidées – la clé. Cette grille masque les lettres inutiles pour ne révéler que le message caché. Ce système est faillible, en partie parce que la clé risque d'être volée ou perdue, mais aussi parce que l'émetteur doit veiller à écrire un texte très naturel, qui n'éveille pas les soupçons.

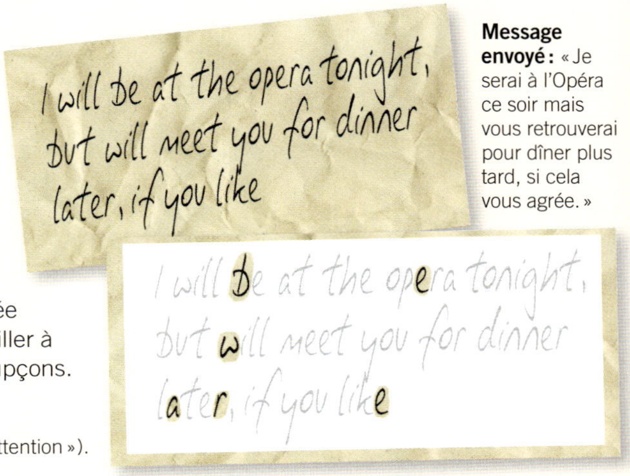

Message envoyé : « Je serai à l'Opéra ce soir mais vous retrouverai pour dîner plus tard, si cela vous agrée. »

Message secret : *« beware »* (« attention »).

La grille en treillis

Parfois appelée treillis graphique, la grille en treillis est une variante de la grille de Cardan en forme d'échiquier de 8 x 8 cases dont les cases blanches sont évidées. Pour chiffrer le texte *« I will be at the opera tonight but will meet you for dinner later if you like »,* trois « nulles » (ici des X) sont ajoutées pour obtenir 64 lettres. On pose la grille sur une feuille et on inscrit les 32 premières lettres dans les vides ; on tourne ensuite la grille de 90 degrés et l'on inscrit les 32 lettres suivantes. Le déchiffrement s'effectue en appliquant le procédé inverse. Le nombre de caractères du texte doit forcément être un multiple de 64, mais on peut allonger le texte en insérant diverses nulles convenues d'avance et automatiquement écartées lors du déchiffrage.

1

	L		O		I		I
I		T		A		B	
	B		P		G		L
W		T		T		U	
	E		E		H		L
I		H		O		T	
	A		R		T		M
L		E		N		W	

En commençant par une case noire, en haut à gauche, inscrire le texte clair à la verticale dans les cases blanches.

2

E	L	R	O	A	I	U	I
I	O	T	N	A	I	B	E
E	B	D	P	T	G	L	L
W	U	T	E	T	F	U	X
T	E	I	E	E	H	I	L
I	F	H	R	O	Y	T	X
Y	A	N	R	R	T	K	M
L	O	E	L	N	O	W	X

Au bout de 32 caractères, pivoter l'échiquier de 90 degrés et continuer à écrire le message selon la même méthode. Les trois X de la dernière colonne sont les nulles.

3

E	L	R	O	A	I	U	I
I	O	T	N	A	I	B	E
E	B	D	P	T	G	L	L
W	U	T	E	T	F	U	X
T	E	I	E	E	H	I	L
I	F	H	R	O	Y	T	X
Y	A	N	R	R	T	K	M
L	O	E	L	N	O	W	X

Les lettres se lisent de gauche à droite, ligne par ligne, ce qui donne le message chiffré : ELROAIUIIOTNAIBEEBDPTGLLWUTETFUXTE IEEHILIFHROYTXYANRRTKMLOELNOWX.

La grille tournante

Variante plus sophistiquée de la grille de Cardan, la grille tournante fut mise au point en 1880 par Édouard Fleissner von Wostrowitz, officier de cavalerie autrichien à la retraite. C'est une grille de 8 x 8 divisée en 4 quartiers de 16 cases. À mesure que la grille est tournée d'un quart de tour, les cases évidées révèlent les 16 cases de chaque quartier. Comme pour la grille en treillis, des nulles complètent les 64 cases. Le texte clair se lit facilement si le destinataire dispose de la grille et connaît l'orientation et l'ordre de lecture des quartiers.

1

Inscrire les 16 premières lettres du texte clair dans les cases évidées de la grille.

2

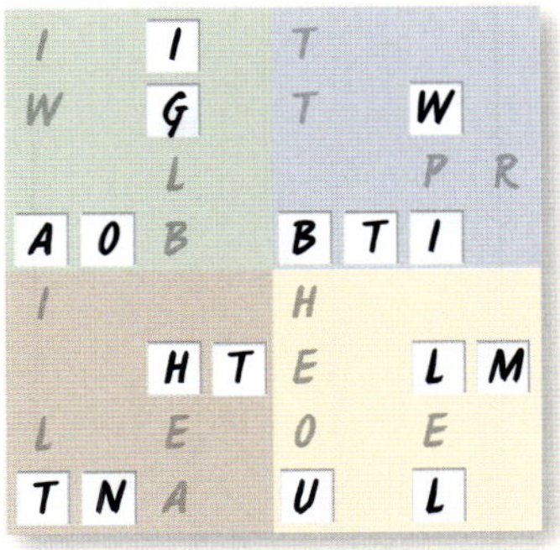

Tourner ensuite la grille – ici de 90 degrés – dans le sens inverse des aiguilles d'une montre, pour inscrire la suite du texte clair.

3

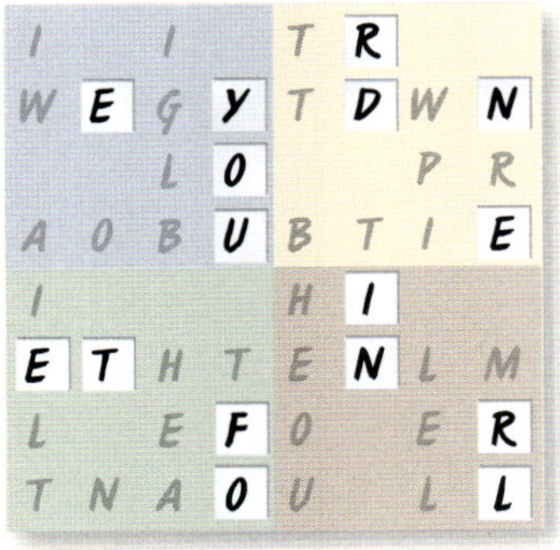

Répéter le processus en tournant encore la grille d'un quart de tour.

4

Après un dernier quart de tour, la grille remplie donne le message chiffré *(ci-dessous à gauche)* que l'on peut regrouper en lignes ou en colonnes.

5

I	T	I	Y	T	R	E	X
W	E	G	Y	T	D	W	N
A	E	L	O	U	L	P	R
A	O	B	U	B	T	I	E
I	R	F	O	H	I	X	X
E	T	H	T	E	N	L	M
L	I	E	F	O	I	E	R
T	N	A	O	U	K	L	L

Les variantes de la grille tournante

Il existe de nombreuses versions de la grille de Fleissner, qui diffèrent par le format (5 x 5 ou 6 x 6, par exemple), la répartition des cases évidées dans les quartiers, le point de départ et le sens des rotations… En 1916, l'armée allemande utilisa ce système pour ses transmissions. Les grilles variaient considérablement, chacune se distinguant par un nom de code. Jugé peu fiable, ce procédé fut abandonné au bout de quelques mois.

Pendant la Première Guerre mondiale, l'armée allemande utilisa brièvement des grilles de Fleissner pour chiffrer et déchiffrer des messages transmis par télégraphe ou par téléphone.

ESPIONNAGE ET CABINETS NOIRS

Le chiffre de Bacon

L'usage de messages secrets se généralisa au XVIe siècle. Sir Francis Bacon (1561-1626), philosophe et chancelier anglais, élabora l'alphabet bilitère, système de codage simple fondé sur un système binaire auquel émetteur et destinataire devaient avoir accès.

A	aaaaa	N	abbaa
B	aaaab	O	abbab
C	aaaba	P	abbba
D	aaabb	Q	abbbb
E	aabaa	R	baaaa
F	aabab	S	baaab
G	aabba	T	baaba
H	aabbb	U/V	baabb
I/J	abaaa	W	babaa
K	abaab	X	babab
L	ababa	Y	babba
M	ababb	Z	babbb

Première étape : il faut convertir le texte clair en groupes de 5 lettres.

A	aaaaa
L	ababa
E	aabaa
R	baaaa
T	baaba
E	aabaa

Ensuite, il est nécessaire de choisir un texte dit « de couverture » de la même longueur que le texte chiffré – ici, 30 lettres. Bacon préconisait l'utilisation de majuscules et de minuscules pour distinguer les *a* des *b*, mais ce procédé manque de discrétion. Mieux vaut décider, par exemple, que les lettres de l'alphabet allant de *a* à *m* indiquent les *a*, les autres étant transformées en *b*. Le destinataire convertira en *a* et *b* les lettres du texte de couverture pour obtenir le message secret.

Recueillir des renseignements, les transmettre et les interpréter constitue, depuis toujours, un acte essentiel de la vie politique de la plupart des États. Pour recevoir ces informations, il est nécessaire d'établir des réseaux d'espions et de mettre au point des codes secrets. On en trouve déjà mention dans l'Ancien Testament, et Jules César, durant ses campagnes en Gaule, utilisa un système de renseignement très sophistiqué. Toutefois, c'est à la Renaissance, dans un contexte de forte rivalité entre les nations européennes, que la communication et l'interception de messages secrets s'intensifièrent – Henri IV initia le premier cabinet noir en 1590.

L'espionnage dans l'Italie de la Renaissance

Au début du XVe siècle, l'Italie comptait trois grands centres de commerce : Florence, pour la banque, Gênes et Venise, pour les échanges avec la Méditerranée et au-delà. La situation de Venise – haut lieu de l'espionnage commercial et politique –, à la croisée de l'Orient et de l'Occident, était un atout majeur. Marco Polo fut l'un des nombreux émissaires que les doges envoyèrent à l'étranger en quête de renseignements et de contacts commerciaux. Depuis les cours européennes et orientales, les émissaires vénitiens adressaient des rapports chiffrés quasi quotidiens. Les archives du Vatican abritent des milliers de pages codées conservées par la papauté au fil des années. La plupart des codes utilisés à l'époque étaient des chiffres de substitution monoalphabétiques.

Les cabinets noirs

Au XVIIe siècle, la plupart des puissances européennes possédaient un service de cryptographie, le cabinet noir, chargé notamment de l'« inquisition » postale. Le plus efficace était sans doute le Geheime Kabinets-Kanzlei de Vienne. Chaque jour, une centaine de lettres partant ou arrivant des ambassades étrangères étaient interceptées pour le compte des gouvernants. Elles étaient ouvertes et copiées, avant d'être recachetées et retournées aux services postaux sous trois heures. Les cryptographes recueillaient ainsi de nombreux renseignements. En France, ce service se développa sous l'impulsion de Richelieu. Baptisé Cabinet du secret des postes au XVIIIe siècle, il cessa son activité à la fin du second Empire.

« Je ne sais, mon cher maître, par quelle fatalité je n'ai reçu que depuis deux jours votre lettre du 19 octobre. »

D'ALEMBERT, LETTRE À VOLTAIRE, 18 NOVEMBRE 1771.

À Venise, en 1542, trois employés du chiffre travaillaient à plein temps au palais des Doges pour inventer de nouveaux codes. S'ils jouissaient d'un statut social élevé, toute trahison était en revanche passible de la peine de mort.

Les espions d'hier

Toutes les cours de la Renaissance cherchaient à s'attacher les services de cryptographes indépendants tel John Dee *(voir p. 57)*, qui vendaient leurs compétences au plus offrant. À la fin du XIXe siècle, la sophistication des messages chiffrés mais aussi les avancées technologiques améliorant le codage et la transmission, obligèrent à la création de cabinets noirs plus importants, souvent consacrés à des domaines bien spécifiques des renseignements militaires ou gouvernementaux.

Le chevalier d'Éon

Officier et agent secret de Louis XV, Charles de Beaumont (1728-1810) travailla pour le Secret du roi, cabinet noir créé à l'époque. Chargé d'une mission secrète à la cour de Russie, il fut « lectrice » de l'impératrice Élisabeth avant d'être envoyé à Londres. Célèbre pour ses *Mémoires*, il laissa toujours planer le mystère quant à son sexe en s'habillant souvent en femme. À son retour en France, en 1777, il reçut l'ordre de ne plus quitter les habits féminins.

Le Deuxième Bureau

La plupart des services de renseignement officiels furent créés entre la fin du XIXe et le début du XXe siècle. La France fut parmi les premières à se doter d'un service de renseignement intégré à l'armée. Fondé en 1871, le Deuxième Bureau de l'état-major était chargé de recueillir des renseignements sur les autres nations. En 1894, le capitaine Alfred Dreyfus, qui y travaillait, fut accusé à tort de trahison. Dans les années 1930, malgré des rapports alarmants sur les activités militaires allemandes, l'état-major et le gouvernement ne tinrent pas compte des mesures préconisées par le Deuxième Bureau, qui fut officiellement dissous pendant la Seconde Guerre mondiale.

Le cryptage à clé aléatoire

Mis au point après la Première Guerre mondiale, à l'époque où le renseignement devenait une véritable industrie, le cryptage à clé aléatoire se révéla presque inviolable et fut utilisé sur tous les fronts. Le principe en était assez simple : chaque message envoyé ne possédait qu'une seule clé. Le major Joseph Mauborgne, responsable de la recherche cryptographique de l'armée américaine, introduisit le concept de clé aléatoire, c'est-à-dire constituée d'une suite de lettres prises au hasard, pour l'appliquer au chiffre de Vigenère *(voir p. 105)*. Ce principe fonctionne à merveille, à condition que la clé ne soit pas volée ou perdue, et surtout de ne pas utiliser plus d'une seule fois chaque clé – c'est une négligence de cet ordre qui permit le déchiffrage de messages soviétiques par les agents du projet Venona, en 1946 *(voir p. 124)*.

DISPOSITIFS MÉCANIQUES

Après l'élaboration en 1586 du chiffre de Vigenère – presque infaillible (raison pour laquelle on le surnomma le « chiffre indéchiffrable ») mais d'utilisation assez fastidieuse (*voir p. 104*) –, la mise au point d'une machine capable d'effectuer automatiquement des opérations de chiffrage et de déchiffrage obséda de nombreux mathématiciens, notamment durant le siècle des Lumières. Si les machines à différences de Charles Babbage (1791-1871) ne furent pas fabriquées de son vivant, un certain nombre d'innovations, qui annonçaient les avancées du XXᵉ siècle, datent de la révolution industrielle. La plupart d'entre elles – le téléphone, la calculatrice… – sont aujourd'hui utilisées quotidiennement.

La machine à calculer

En 1673, l'Allemand Gottfried Leibniz (1646-1716) perfectionna la machine à calculer inventée par Pascal en 1642. Son invention, appelée calculatrice à étages, permettait d'effectuer les quatre opérations arithmétiques de base. Mais comme Isaac Newton, il rêvait d'une machine capable de résoudre les problèmes mathématiques. Cet appareil ne fut mis au point qu'au XIXᵉ siècle par l'inventeur Charles Babbage : baptisé « machine à différences », il est aujourd'hui considéré comme l'ancêtre de l'ordinateur.

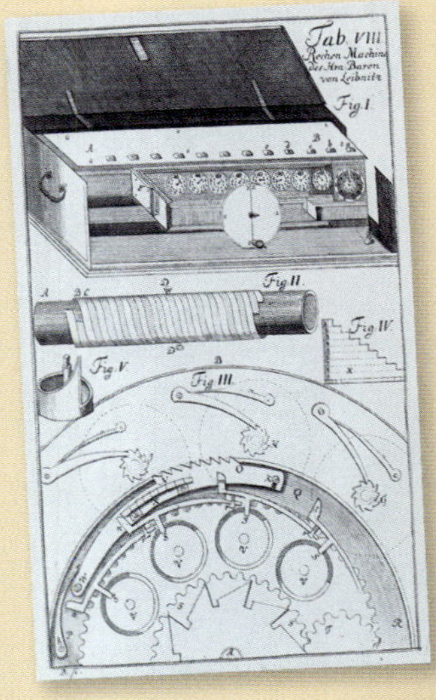

Les plans d'une machine à calculer dessinée par Leibniz.

Les cadrans chiffrants

Une variante du cadran chiffrant d'Alberti fut produite en quantité durant la guerre de Sécession (1861-1865). De conception simple – avantage non négligeable, la plupart des soldats étant illettrés –, elle pouvait être utilisée avec un code préétabli ou un algorithme polyalphabétique pour chiffrer rapidement des informations venant du front ou de l'état-major. Puis le message était transmis en morse par télégraphe, sémaphore ou héliographe. On sait que les forces de l'Union réussirent à déchiffrer la plupart des communications des Confédérés, mais l'inverse fut sans doute également vrai.

Le cadran d'Alberti utilisé par les forces de l'Union offrait davantage de possibilités que le dispositif d'origine *(voir p. 72)* : il comprenait plus de nombres et des signes de ponctuation.

Cette variante du cadran chiffrant d'Alberti utilisée par les Confédérés se compose d'un cylindre couvert de lettres et de nombres ainsi que de barres mobiles servant à déplacer l'algorithme d'encodage.

La première machine à écrire
Invention majeure dans l'histoire de la communication, la machine à écrire révolutionna le travail administratif de millions d'employés. Le premier modèle commercialisé fut la Writing Ball (1870, *à gauche*) élaborée par le Danois Rasmus Malling-Hansen. Dès la fin de la décennie, Remington et Underwood produisirent des machines assez semblables à celles que l'on connaît aujourd'hui, même si les plus anciennes possédaient un système de touches dans l'ordre alphabétique. Le clavier AZERTY des Français et des Belges – les Québécois utilisent des claviers de type QWERTY, comme tous les pays anglophones –, doit son nom à la disposition des six premières lettres de la première rangée de touches alphabétiques.

La caisse de Burroughs

La machine à calculer mécanique – ancêtre de la caisse enregistreuse et de la calculatrice – est une autre innovation du XIXe siècle. À l'instar de la machine à différences de Babbage, elle se composait d'un système d'engrenages permettant d'effectuer des opérations précises mais, pour la première fois, intégrait un clavier. Inventée par l'Américain William Burroughs en 1888, elle se contentait, dans ses premières versions, de calculer la somme des achats à régler par le client. Par la suite, ses versions plus élaborées indiquèrent le montant à rendre à l'acheteur et imprimèrent des tickets de caisse. Dès le milieu du XXe siècle, la caisse pouvait également enregistrer la catégorie du produit, préfigurant le système du code-barres *(voir p. 204).*

Du télégraphe au téléphone

L'invention du télégraphe électrique et du code Morse *(voir p. 95-97)* augmenta considérablement les possibilités de cryptage et poussa à l'élaboration de codes télégraphiques commerciaux plus économiques *(voir p. 204),* les télégrammes étant à l'époque payés à la lettre. Si l'invention du téléphone est attribuée à Alexander Graham Bell (1876), c'est le Français Charles Bourseul qui mit au point le « premier appareil pour converser à distance », en 1854. D'abord entièrement manuel – on décrochait le combiné pour obtenir une opératrice –, le téléphone devint automatique au début du XXe siècle. On composait un numéro en faisant tourner un disque rotatif, qui envoyait le nombre d'impulsions correspondant au chiffre indiqué. Dans la région parisienne, chaque numéro du cadran avait aussi une valeur alphabétique : à chacune des premières lettres du central téléphonique était associé un chiffre (225 pour BALzac, par exemple). Le numéro du correspondant devait toujours être précédé des trois chiffres du central.

Quel numéro demandez-vous ?
Le cadran circulaire envoyait des impulsions électriques permettant d'obtenir le numéro demandé.

Durant la guerre de Sécession, les militaires exploitèrent le chemin de fer et le télégraphe, raison pour laquelle on la qualifia de guerre « moderne ». Des systèmes télégraphiques furent installés à chaque poste de commandement, en général grâce à des câbles longeant les rails.

Les machines de chiffrement

L'idée de relier un clavier de machine à écrire à une série de circuits mécaniques ou électroniques pour coder un message remonte au XIXe siècle. La machine de Hebern *(ci-dessus),* brevetée en 1918, possédait un système de rotors permettant le chiffrement. Son principe fut ensuite largement repris, l'exemple le plus célèbre étant la machine Enigma *(voir p. 116).*

Presse et messages codés

Dès la fin du XVIIIe siècle, le développement de la presse, premier média de grande diffusion, offrit de nouvelles possibilités aux adeptes des messages secrets : les journaux permettaient en effet de délivrer largement des textes codés. De même, grâce aux rubriques de petites annonces, les couples pouvaient échanger des déclarations enflammées ou convenir d'un rendez-vous sans redouter la censure d'un chaperon. Très rapidement, on commença à transmettre des informations chiffrées par voie de presse, aux agents de renseignement par exemple.

« Mauvaises conditions d'enneigement, base avancée abandonnée, attendons amélioration. »

JAMES MORRIS, MESSAGE AU *TIMES* POUR ANNONCER LA CONQUÊTE DE L'EVEREST, 1953.

Des définitions parfois énigmatiques

Au cours des années 1920, les quotidiens commencèrent à publier des mots croisés, qui remportèrent rapidement un vif succès. En France, la première grille parut en 1924, sous le nom de « mosaïque mystérieuse ». Si la plupart des grilles se basaient sur la culture générale (définition : « Capitale de la France », réponse : « Paris »), d'autres intégraient des anagrammes, des calembours ou encore des définitions particulièrement cryptiques. La rumeur prétendait que certaines permettaient aux autorités d'adresser des messages secrets aux agents en mission à l'étranger.

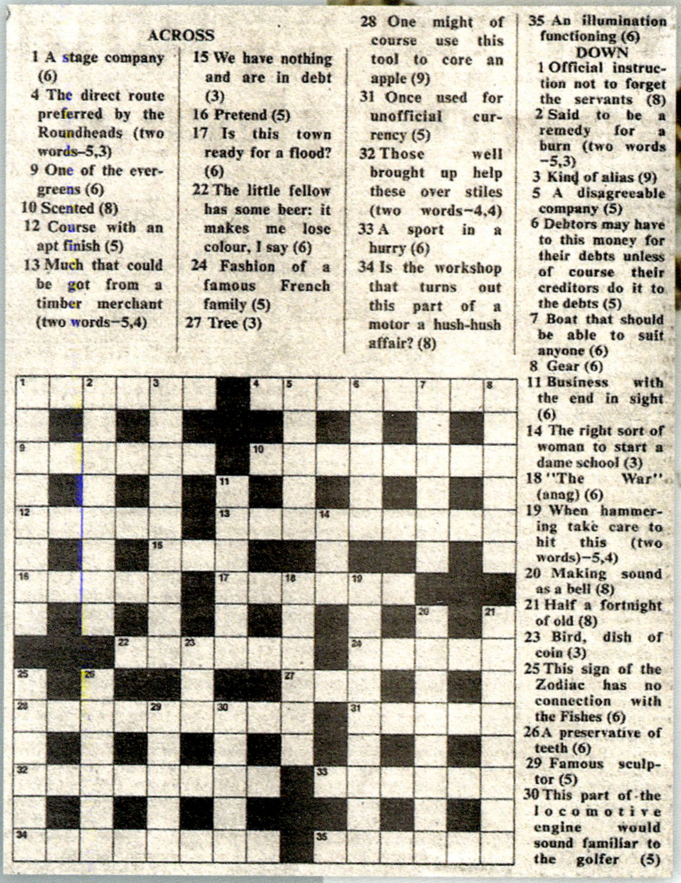

ACROSS

1 A stage company (6)
4 The direct route preferred by the Roundheads (two words–5,3)
9 One of the ever-greens (6)
10 Scented (8)
12 Course with an apt finish (5)
13 Much that could be got from a timber merchant (two words–5,4)
15 We have nothing and are in debt (3)
16 Pretend (5)
17 Is this town ready for a flood? (6)
22 The little fellow has some beer: it makes me lose colour, I say (6)
24 Fashion of a famous French family (5)
27 Tree (3)
28 One might of course use this tool to core an apple (9)
31 Once used for unofficial currency (5)
32 Those well brought up help these over stiles (two words–4,4)
33 A sport in a hurry (6)
34 Is the workshop that turns out this part of a motor a hush-hush affair? (8)
35 An illumination functioning (6)

DOWN

1 Official instruction not to forget the servants (8)
2 Said to be a remedy for a burn (two words –5,3)
3 Kind of alias (9)
5 A disagreeable company (5)
6 Debtors may have to this money for their debts unless of course their creditors do it to the debts (5)
7 Boat that should be able to suit anyone (6)
8 Gear (6)
11 Business with the end in sight (6)
14 The right sort of woman to start a dame school (3)
18 "The War" (anag) (6)
19 When hammering take care to hit this (two words)–5,4)
20 Making sound as a bell (8)
21 Half a fortnight of old (8)
23 Bird, dish of coin (3)
25 This sign of the Zodiac has no connection with the Fishes (6)
26 A preservative of teeth (6)
29 Famous sculptor (5)
30 This part of the locomotive engine would sound familiar to the golfer (5)

En 1940, une grille de mots croisés énigmatiques fut publiée dans le quotidien britannique *Daily Telegraph* afin de recruter des agents de renseignement : on convia les candidats les plus doués à des éliminatoires, et les meilleurs furent employés au Service du chiffre de Bletchley Park *(voir p. 118)*.

Chiffres, anagrammes et dessins

Pendant la Première Guerre mondiale, les journaux anglais et français transmirent souvent des informations codées. La rubrique des petites annonces contenait parfois des formules cryptiques, des anagrammes ou des chiffres exigeant la connaissance d'une clé préétablie. L'un des messages les plus insolites prit la forme d'un dessin de mode : les pois de la robe d'une femme donnaient des renseignements sur le déploiement des troupes ennemies. La signature du dessin, Mary Helen Shaw, indiquait leur situation – la région d'Arras, sur le front de l'Ouest.

La conquête du toit du monde

Lorsque l'on se trouvait dans une contrée lointaine, transmettre à la rédaction de son journal un scoop, souvent par le biais de câbles, relevait parfois de l'exploit. En 1953, James Morris, reporter au *Times*, couvrit l'ascension de l'Everest. Il avait établi à l'avance une petite série de messages codés destinés à tromper ses concurrents – deux expressions clés ainsi que des noms de code pour chaque membre de l'expédition afin de préciser qui avait atteint le sommet.

Message codé	Signification
Mauvaises conditions d'enneigement	Everest atteint
Vents difficiles	Tentative abandonnée
Col sud intenable	Band
Face Lhotse impossible	Bourdillon
Campement de crête intenable	Evans
Retour au bassin de l'ouest	Gregory
Base avancée abandonnée	Hillary
Campement 5 abandonné	Hunt
Campement 6 abandonné	Lowe
Campement 7 abandonné	Noyce
Attendons amélioration	Tenzing
Nouvelles suivent	Ward

Le message envoyé par Morris contenait les expressions « base avancée abandonnée » et « attendons amélioration », informant la rédaction du *Times* que le 29 mai Edmund Hillary et le sherpa népalais Tenzing Norgay avaient atteint le sommet du point culminant du monde.

Cœurs solitaires

Dans certains journaux, les petites annonces de rencontre mais aussi les messages personnels abondent. Ils se composent la plupart de temps de nombreux acronymes ou abréviations types, qui permettent de réduire leur longueur et donc de faire des économies, puisque l'on paie à la ligne.

Asiat.	asiatique
Athl.	athlétique
Bi	bisexuel
Bl.	bleus
Blde	blonde
BP	bonne présentation
Célib.	célibataire
Ch.	cherche
Disc. assur.	discrétion assurée
Div.	divorcé
Enfts acc.	enfants acceptés
Fem. ou F	femme
Homo.	homosexuel
Hum.	humour
JF	jeune femme
JH	jeune homme
Mar.	mariage
Nat. indif.	nationalité indifférente
Niv.	niveau
Non fum.	non-fumeur
Phys.	physique
Pr	pour
Rel.	relations
Rel. dur.	relation durable
Renc.	rencontres
Renc. lib.	rencontres libertines
Rond.	rondeurs
RV	rendez-vous
Sens.	sensuel
Sér.	sérieux
Souh.	souhaite
Ttes prop.	toutes propositions
UL	union libre
Vve	veuve
Yx	yeux

04

Depuis la nuit des temps, l'homme a cherché à transmettre des messages autrement que par sa voix – et le plus efficacement possible. Dès l'origine, ce type de communication a nécessité le développement de langages codés sonores ou visuels.

Codes et communication

Plus tard, grâce aux technologies nées de la révolution industrielle, les premières formes de télécommunications ont permis d'envoyer des messages sur de longues distances, à une vitesse jusqu'alors inconcevable. Souvent considérées comme une seconde révolution industrielle, ces inventions sont à l'origine des moyens de communication d'aujourd'hui. Fondés sur des systèmes binaires et électroniques, ceux-ci exigent des codes d'un nouveau type.

ALERTER À DISTANCE

Les membres des premières communautés tribales échangeaient déjà des messages codés, généralement lorsqu'ils cherchaient à prévenir d'un danger ou appelaient à prendre les armes. Signaux de fumée, instruments à percussion ou héliographes – appareils permettant de refléter les rayons du soleil – étaient autant de méthodes d'une grande ingéniosité pour transmettre une information en se trouvant parfois très loin du destinataire.

Les Amérindiens des plaines communiquaient fréquemment à l'aide de signaux de fumée.

Les signaux de fumée

Souvent associée aux Amérindiens, la transmission de messages simples à l'aide de nuages de fumée était plus répandue qu'on le pense. Dans la Chine ancienne, on utilisait déjà ce mode de communication. Si les conditions atmosphériques – surtout les vents – étaient favorables, un message pouvait parcourir plus de 15 km. Le système des Amérindiens était très sophistiqué : pour éviter que l'ennemi comprenne leur échange, ils convenaient à l'avance d'un code. Traditionnellement, un seul nuage demandait l'attention, deux indiquaient que tout allait bien, et trois qu'il y avait un problème – un code également valable pour les coups de feu et de sifflet.

Le son du tambour

Les sons puissants – percussions mais aussi cloches ou cors divers – constituaient un mode de communication efficace, de jour comme de nuit et quel que soit le temps. La teneur du message variant selon le rythme et le ton, il n'en existe pas d'interprétation standard. Les premières armées utilisaient percussions et autres instruments pour intimider leurs ennemis et échanger des informations pendant la bataille.

Balises et cloches sont des outils efficaces pour transmettre rapidement un message d'un point à un autre.

Feu des balises et son des cloches

Dès l'Antiquité, on allumait des feux au sommet de tours de fortune pour sécuriser les côtes. Ces feux étaient parfois utilisés pour transmettre des messages codés très rapidement. Dans les terres, ce sont les cloches de l'église qui servaient de signal d'alarme – en cas d'incendie par exemple.

Les héliographes

L'emploi de miroirs ou de métaux et de pierres polies pour refléter les rayons du soleil est un procédé très ancien, qui impliquait la connaissance de toute une série de codes. Néanmoins, il permettait d'envoyer un message – parfois visible jusqu'à 80 km – dans une direction bien définie, ce qui en faisait un mode de communication assez fiable. Au XIXe siècle, des héliographes mécaniques furent mis au point : ils se composaient de deux miroirs montés sur trépied et d'un système de volets. Ces appareils télégraphiques optiques servirent à transmettre des messages en morse, surtout dans les régions isolées ou sur les champs de bataille – la plupart des armées modernes les utilisèrent jusqu'à la seconde moitié du XXe siècle.

Les armées coloniales utilisaient l'héliographe mécanique pour transmettre des messages en morse.

LE LANGAGE DES DRAPEAUX

Il y a quelque deux mille ans, en Chine, sous la dynastie des Han, les drapeaux possédaient déjà une fonction de signalisation en permettant d'identifier les différents corps d'armée sur le champ de bataille. À la même époque, la cavalerie romaine arborait un étendard appelé vexille (en latin *vexillum*). Sur les champs de bataille médiévaux, les drapeaux affichaient les armoiries d'un roi ou d'un seigneur – une héraldique souvent reprise dans les drapeaux modernes. L'emploi de pavillons pour communiquer en mer et identifier la nationalité ou la fonction des navires date également du Moyen Âge, mais ce n'est qu'avec les guerres napoléoniennes (1799-1815) qu'un code détaillé fut inventé par les Britanniques afin de transmettre des messages aux vaisseaux (depuis la terre, mais aussi d'un bateau à l'autre).
Le Code international des signaux maritimes tel que nous le connaissons aujourd'hui ne fut rédigé qu'au début des années 1930.

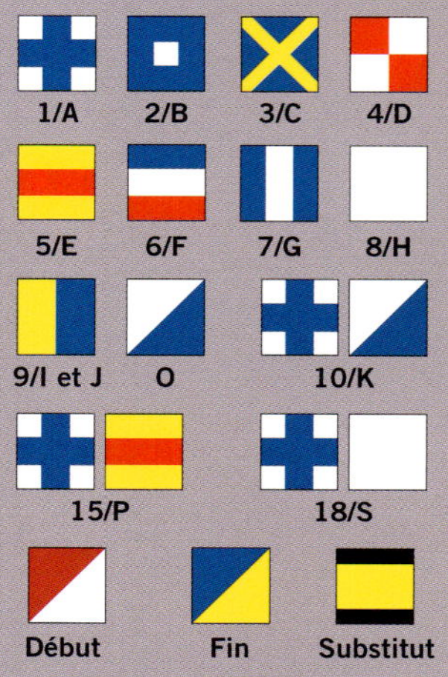

Le premier code maritime

En 1800, l'amiral Home Popham – s'appuyant sur les précédents travaux de l'amiral Howe, en 1790 – élabora un code de communication par pavillons baptisé Telegraphic Signals or Marine Vocabulary (« Signaux télégraphiques ou vocabulaire maritime »). Le système se composait de dix pavillons – chacun associé à un chiffre et à une lettre –, d'un pavillon substitut et de deux autres, marquant le début et la fin du signal. Des combinaisons de un, deux ou trois pavillons indiquaient le numéro attribué à une lettre, à un mot ou à une expression, qu'il fallait ensuite rechercher dans un livre de codes régulièrement révisé. Ces répertoires secrets ne devaient surtout pas tomber aux mains de l'ennemi, raison pour laquelle, en cas d'abordage ou de naufrage, ils étaient lestés de plomb et jetés par-dessus bord.

Le coup de Trafalgar

Dans le langage courant, un coup de Trafalgar désigne une catastrophe inattendue, un coup bas ou une trahison. Cette expression trouve son origine dans la défaite décisive des Français lors de la bataille de Trafalgar qui, le 21 octobre 1805, opposa la flotte franco-espagnole, sous les ordres de l'amiral Villeneuve, à la flotte britannique, commandée par l'amiral Nelson. Ce dernier envoya à ses hommes un signal devenu célèbre : *« England expects that every man will do his duty »* (« L'Angleterre attend de chacun qu'il fasse son devoir »). Il fallut douze envois successifs de pavillons : les huit premiers mots figuraient dans le répertoire de Popham mais le mot *duty* (devoir) dut être épelé car il ne s'y trouvait pas. La victoire de Nelson sonna le glas de la marine impériale, tandis que la flotte britannique obtenait la suprématie maritime.

"England expects that every man will do his duty."

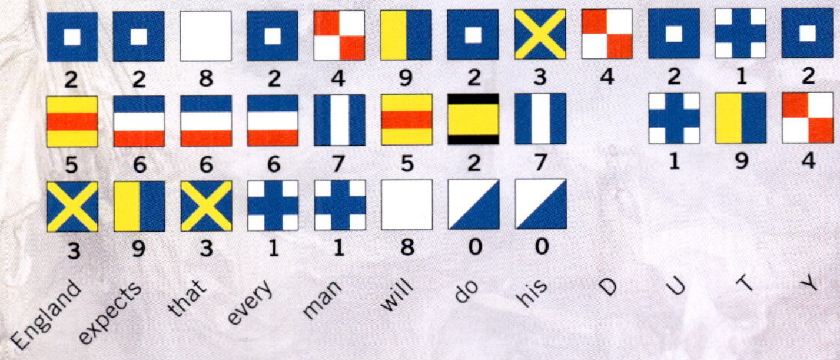

Dans le feu de l'action

Avant d'être mortellement blessé, Nelson envoya un ultime signal ne nécessitant que deux pavillons – les numéros 1 et 6 – pour former le 16 qui, dans le répertoire en vigueur à l'époque, correspondait à un ordre courant : « Attaquez l'ennemi d'encore plus près. »

Le Code international des signaux maritimes

Ébauché au XIXe siècle, plusieurs fois remanié, le Code international des signaux maritimes entra en vigueur en 1934. Loin d'être un code secret, il doit au contraire être mémorisé par tous les marins. À chaque pavillon est associé une lettre ou un numéro. Les pavillons dits alphabétiques possèdent tous un sens précis, souvent une mise en garde, lorsqu'ils sont hissés individuellement.

SÉMAPHORE ET TÉLÉGRAPHE

Au XVIIIe siècle, plusieurs scientifiques s'attelèrent à un nouveau défi : l'envoi de messages détaillés sur de longues distances. Les premières expériences dans le domaine de l'électricité étaient prometteuses ; toutefois, c'est le sémaphore – un système mécanique français de transmission de messages – qui, au début du XIXe siècle, offrit le premier service de télégraphie à longue distance rapide et fiable.

Le sémaphore mécanique

Juste après la Révolution, la France, attaquée sur tous les fronts, avait besoin de se doter de moyens de communication efficaces. En 1790, les frères Chappe mirent au point la tour qui porte leur nom, équipée de bras mobiles en bois – contrôlés par des manettes –, dont la position indiquait des lettres de l'alphabet. En 1792, après plusieurs essais, la première ligne de sémaphores Chappe était mise en service entre Paris et Lille : un message pouvait parcourir 200 km environ en 32 minutes, relayé par 15 tours. Napoléon Bonaparte comprit rapidement l'utilité du sémaphore pour diriger l'Empire et la Grande Armée. En 1824, les frères Chappe vantèrent le possible usage commercial des lignes de sémaphores – notamment lorsqu'il fallait transmettre le prix des matières premières à la Bourse. Un livre de codes fut élaboré à l'usage des utilisateurs. En 1846, la France remplaça les sémaphores par des télégraphes électriques, qui assuraient davantage de confidentialité.

L'un des derniers sémaphores français : par beau temps et sur un terrain dégagé, il pouvait transmettre un message lettre par lettre au sémaphore suivant, situé à une quinzaine de kilomètres.

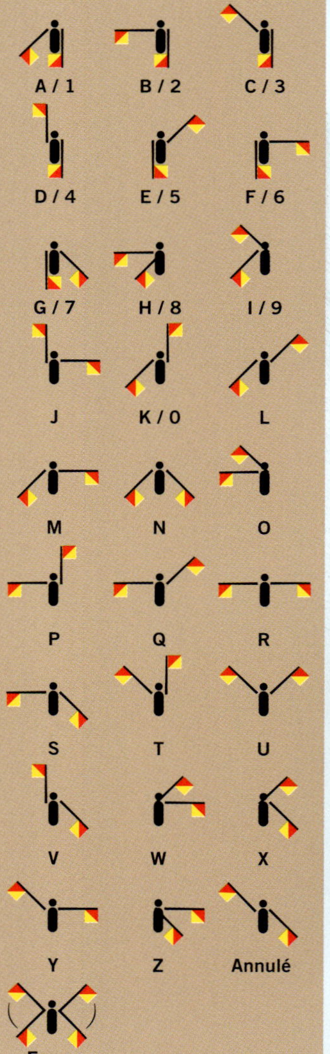

Le sémaphore «à deux bras»

Élaboré au début du XIXe siècle, cet alphabet visuel inspiré du sémaphore mécanique consiste à manipuler des drapeaux. Il permet d'envoyer rapidement un message sur de courtes distances, en mer comme à terre.

Help ! Sur cette photo de Robert Freeman, les Beatles sont censés illustrer le titre de leur album *Help!* en sémaphore. Hélas, le résultat n'est pas probant : même en inversant l'image, le message ne veut rien dire…

Le télégraphe électrique

Les premières inventions utilisant des impulsions électriques furent mises au point peu de temps après le sémaphore. Au XVIIIe siècle, des expériences démontrèrent que ces impulsions pouvaient parcourir de longues distances mais, faute de parvenir à maîtriser leur durée et leur intensité, les recherches ne furent pas approfondies. C'est l'invention de la pile voltaïque qui permit à l'inventeur allemand Samuel Thomas von Soemmering d'élaborer son télégraphe électrochimique en 1811. En 1832, le baron Schilling fabriqua un télégraphe électromagnétique, adapté par Carl Friedrich Gauss et Wilhelm Weber dès 1834 : les deux chercheurs relièrent leurs laboratoires grâce à un télégraphe expérimental. Dix ans plus tard, le télégraphe électrique à aiguille avait conquis toute l'Europe.

Le récepteur du télégraphe à aiguille fonctionnait un peu comme un indicateur de vitesse moderne. À chaque impulsion électrique reçue, en général grâce au code Morse, il envoyait une impulsion à l'aiguille, qui indiquait alors la lettre correspondante.

> «Télégraphe, où sont-ils les beaux jours de ta gloire ?»
>
> VICTOR HUGO, *LE TÉLÉGRAPHE*, 1819.

Le chemin de fer

Autre innovation majeure du XIXe siècle, le chemin de fer fut largement amélioré grâce à l'usage de la télégraphie. Dans les années 1830, alors que les réseaux ferrés commençaient à se développer, la nécessité de transmettre des informations le long de la ligne – pour éviter les collisions ou réactualiser les horaires, par exemple – devint cruciale. Le premier système de télégraphe à aiguille commercial fut mis en place par sir William Fothergill Cooke en Angleterre. Très vite, les câbles télégraphiques apparurent le long des voies ferroviaires. En juin 1844, le télégraphe à cadran inventé par l'horloger et physicien Louis François Bréguet – essentiellement utilisé dans les chemins de fer français – fut mis en service sur la ligne reliant Paris à Versailles. Très simple à utiliser, cet appareil pouvait être manipulé après une rapide formation, les utilisateurs n'ayant pas besoin de connaître le morse.

Le sémaphore ferroviaire fonctionnait en trois étapes : l'envoi de signaux par télégraphie électrique, parfois déclenchés automatiquement lors du passage du train ; la réception de ces signaux par l'opérateur ; enfin la transmission de l'information au conducteur grâce à un système de sémaphore mécanique, composé d'un certain nombre de lames de couleur.

LE CODE MORSE

Au XIXe siècle, l'un des défis des premières nations industrielles et coloniales était la mise au point de moyens de communication à longue distance efficaces et rapides, sur terre comme en mer. Une simple lettre envoyée à Londres depuis un comptoir colonial des Indes pouvait mettre huit semaines à arriver à destination, et il fallait parfois attendre jusqu'à quatre mois pour obtenir une réponse à un courrier, ce qui posait des problèmes considérables lorsque la décision à prendre était urgente. L'Américain Samuel Morse inventa alors le célèbre code qui porte son nom, un système substituant des points et des traits aux chiffres et aux lettres de l'alphabet. Destiné à l'origine au télégraphe – qui venait d'être inventé –, ce code s'adaptait à d'autres appareils tel l'héliographe, mais aussi à la corne de brume ou aux signaux lumineux.

Un système nouveau

Le peintre et inventeur Samuel Morse (1791-1872) s'intéressa à l'électricité durant ses années d'études à Yale. De 1832 à 1844, sous l'influence du physicien André Marie Ampère, il perfectionna un nouveau système télégraphique. Outre le développement de la technologie de transmission, Morse travailla à l'encodage des lettres et des chiffres sous forme d'impulsions électriques. Ni la télégraphie ni le code de base n'étaient vraiment nouveaux – Morse dut défendre son brevet au tribunal –, mais sa méthode, soutenue par le Congrès, obtint rapidement, une reconnaissance mondiale et demeura l'un des premiers systèmes de codage binaire jusqu'à l'époque moderne. En 1999, le morse a été abandonné pour les communications maritimes au profit d'un système satellitaire.

Cet ancien récepteur télégraphique était fabriqué en cuivre, pour éviter qu'il se corrode.

Cet alphabet permet de mémoriser les suites de traits et de points constituant le code Morse.

... – – – ...
S O S

Ce signal de détresse international (acronyme de *save our souls,* « sauvez nos âmes ») fut adopté en 1906. Diverses hypothèses ont été émises sur la signification de ces trois lettres, mais il s'agit en réalité de la combinaison de traits et de points la plus reconnaissable, même par un amateur. L'expression *mayday,* qui signale qu'un navire ou un avion est en détresse, est quant à elle une déformation anglophone du français « venez *m'aider* ».

Le morse en première ligne

C'est pendant la guerre de Crimée (1853-1856) que le morse fut exploité pour la première fois en temps de guerre : un correspondant du *Times* put ainsi transmettre un article depuis le front. Ce code permit également de mener à bien plusieurs opérations durant la guerre de Sécession (1861-1865).

Arrêté grâce à la radiotélégraphie

En 1910, le médecin londonien Peter Crippen empoisonna sa femme et l'enterra dans le sous-sol de sa maison. Accompagné de sa maîtresse, Ethel Le Neve, il quitta l'Angleterre en juillet et embarqua pour le Québec à bord du paquebot *Montrose.* En découvrant le cadavre de l'épouse assassinée, l'inspecteur Dew de Scotland Yard lança un avis de recherche. Certains navires étant alors équipés de la radiotélégraphie Marconi, le commandant du *Montrose* contacta la police, persuadé d'avoir reconnu le médecin. Dew affréta un bateau plus rapide et prit le paquebot en chasse. Il arrêta le couple avant son arrivée à destination. Le meurtrier fut jugé et pendu le 28 novembre.

Iceberg droit devant !

Le naufrage du *Titanic* aurait pu être évité si l'opérateur radio d'un vaisseau naviguant à dix milles du paquebot n'était pas allé se coucher. Le *Titanic* était doté d'un matériel de transmission de pointe. Son commandant reçut plusieurs bulletins d'alerte indiquant la présence d'icebergs, mais il les ignora car il tenait à battre le record de durée d'une traversée transatlantique. Après l'impact, l'opérateur radio envoya des messages de détresse. Hélas, des navires n'arrivèrent à la rescousse que le lendemain, et ne purent sauver que 700 des 2 200 naufragés.

L'envoi d'un message en morse

Un système binaire de points et de traits constitue la base du code Morse. Le point représente une impulsion courte, et le trait un signal trois fois plus long que le point. L'espace entre deux lettres est signalé par une pause équivalant à un trait – deux traits entre les mots.

L'alphabet Morse
Le code Morse international se présente comme suit :

A	.–	N	–.	1	.––––
B	–...	O	–––	2	..–––
C	–.–.	P	.––.	3	...––
D	–..	Q	––.–	4	....–
E	.	R	.–.	5	.....
F	..–.	S	...	6	–....
G	––.	T	–	7	––...
H	....	U	..–	8	–––..
I	..	V	...–	9	––––.
J	.–––	W	.––	0	–––––
K	–.–	X	–..–		
L	.–..	Y	–.––		
M	––	Z	––..		

Le second type de code Morse, appelé code Morse américain, est moins utilisé :

C	.. .	1	.––.
F	.–.	2	..–..
J	–.–.	3	...–.
L	———	4	....–
O	. .	5	–––
P	.....	6	......
Q	..–.	7	––..
R	. ..	8	–....
X	.–..	9	–..–
Y	.. ..	0	———
Z	... .		

LES COMMUNICATIONS PERSONNELLES

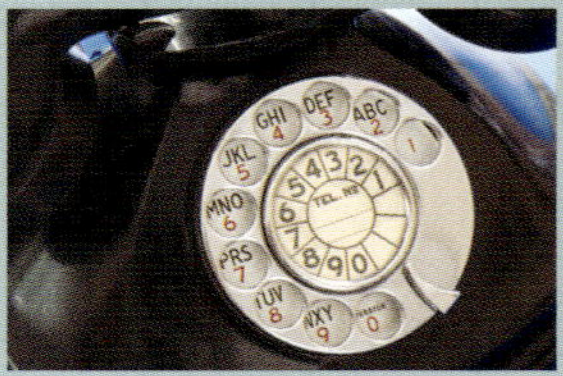

Le numéro de téléphone

Il se définit comme une suite de chiffres (ou de lettres) identifiant un terminal unique au sein d'un réseau téléphonique. Autrefois, la combinaison de lettres et de chiffres indiqués sur les cadrans comprenait, pour chaque numéro de téléphone, un code géographique et un code numérique. Dans les grandes villes comme Paris, le numéro commençait par les trois premières lettres du nom du central (DANton par exemple). La tonalité d'acheminement fut supprimée le 18 octobre 1996, lorsque la numérotation passa à dix chiffres. Le 16, utilisé pour les appels Paris-province, fut remplacé par un indicatif régional : 01 pour l'Île-de-France, 02 pour le Nord-Ouest, 03 pour le Nord-Est, 04 pour le Sud-Est et 05 pour le Sud-Ouest et les départements d'outre-mer. Pour les appels internationaux, le 00 s'est substitué au 19 et précède le numéro personnel.

L'invention du téléphone *(voir p. 85)* bouleversa les échanges à longue distance et posa les jalons du monde interconnecté de l'ère d'Internet. Au cours des vingt dernières années, le domaine de l'information et de la communication a bénéficié de formidables avancées technologiques, notamment grâce à la miniaturisation de puces très performantes et à l'intégration de systèmes de codage. Au sein d'une entreprise, il est désormais plus facile – et plus rapide – d'envoyer un e-mail ou un SMS à un collègue que de se rendre à son bureau. De même, il ne faut aujourd'hui que quelques secondes pour transmettre un message à un correspondant se trouvant à l'autre bout du monde.

La révolution mobile

Nathan B. Stubblefield, cultivateur de melons dans le Kentucky, aux États-Unis, est généralement considéré comme l'inventeur du téléphone mobile. Il réalisa en effet la première transmission radio sonore sans fil dans les années 1890, et breveta son dispositif en 1908. Hélas, le monde mit soixante-dix ans à adopter son concept visionnaire.

Introduit dans les années 1970, le téléphone mobile est aujourd'hui l'appareil électronique d'utilisation courante le plus répandu sur la planète, avec 3 milliards d'abonnés. Outre la communication téléphonique classique, le portable a intégré d'autres fonctionnalités, tels l'envoi de textes courts (SMS), la photographie ou la vidéo numériques, l'accès à Internet et à la télévision numérique, le GPS et le lecteur de musique. Grâce à leur claviers et à leur écran miniatures, le BlackBerry ou l'iPhone se substituent à l'ordinateur.

Commercialisé en 2007, l'iPhone® appartient à une nouvelle génération d'appareils portables.

L'écran
Un écran tactile de bonne taille permet de consulter facilement ses e-mails et de naviguer sur Internet.

Ultramince
Malgré ses multiples fonctions, l'iPhone® est un modèle de miniaturisation.

Internet

Les recherches portant sur la transmission de données menées aux États-Unis à la fin des années 1960 par la Defense Advanced Research Projects Agency (Darpa) sont à l'origine d'Internet. Une nouvelle façon d'envoyer des informations électroniques, appelée « commutation de paquets », se révéla une avancée fondamentale – auparavant, la communication électronique à distance s'effectuait grâce à une méthode appelée commutation de circuits, qui fonctionnait un peu comme les anciens systèmes de téléphonie : un circuit reliait deux personnes, mais ne pouvait être utilisé par d'autres. En décomposant l'information en petits « paquets » avant la transmission pour les recomposer à la réception, un même lien pouvait être partagé par plus de deux systèmes, chacun ayant la possibilité d'acheminer les paquets de façon indépendante à travers le réseau. Le premier de ces réseaux se nommait Arpanet.

Internet tel qu'on l'utilise aujourd'hui n'existe vraiment que depuis les années 1990 – auparavant, le coût de l'installation des réseaux était beaucoup trop élevé. À cette époque, la mise au point de logiciels de courrier électronique et de moteurs de recherche utilisant le réseau public constitua une véritable révolution. Le mot Internet entra dans le vocabulaire courant. Un langage commun fut établi pour l'échange d'informations, avec des règles fixes appelées protocoles. Le plus important est l'IP (Internet Protocol, protocole Internet), qui se charge de diviser les informations en paquets et d'attribuer à chaque appareil connecté une adresse unique *(à droite)*. À mesure qu'Internet se développait et que la bande passante (c'est-à-dire le nombre de paquets pouvant être envoyés par seconde) augmentait, le nombre d'applications du réseau s'accrut.

Si Internet est avant tout un réseau public, il est néanmoins régulé. L'Icann (Internet Corporation for Assigned Names and Numbers) contrôle les noms de domaine, tandis que le World Wide Web Consortium (W3C) est chargé de concevoir et de développer des protocoles communs pour améliorer le fonctionnement des pages Web.

URL et adresse Internet

Sur Internet, les ressources sont localisées à l'aide d'une URL (Uniform Resource Locator, « localisateur uniforme de ressource »), une chaîne de caractères qui constitue l'adresse d'une ressource – site Web, image, son, boîte aux lettres électronique... Si l'usage du terme URL est aujourd'hui passé dans le langage courant, le *Journal officiel* du 16 mars 1999 préconise néanmoins l'emploi des termes « adresse réticulaire » ou « adresse universelle ». Les URL les plus courantes sont les adresses de sites Internet, par exemple :

http://www.google.fr/ : URL du site de Google. La première partie (http) indique que l'on accède à cette ressource grâce à l'Hypertext Transfer Protocol (littéralement « protocole de transfert hypertexte ») et qu'il s'agit donc d'un site Web codé au format html.

Comment une adresse Internet telle www.quelquechose.com emmène-t-elle vers un site Web ? Lorsqu'on la saisit dans la barre d'adresse, elle est dirigée vers un serveur DNS (Domain Name System ou « système de noms de domaine »), sorte d'annuaire Internet qui transforme les noms en numéros, en général sous la forme de quatre groupes de 1 à 3 chiffres séparés par un point (74.125.45.99 pour Google). Ce procédé permet de référencer près de 4,3 milliards de sites différents.

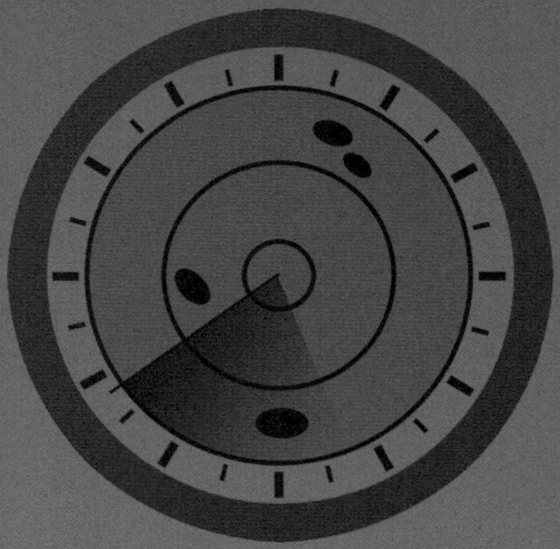

05

En période de conflit armé, il est indispensable de recueillir des renseignements et de les communiquer en toute sécurité. Des historiens tels qu'Hérodote ou Thucydide – et même l'Ancien Testament ! – décrivent déjà certaines activités d'espionnage.

Les codes de guerre

La sécurité et le secret ont pris une place croissante au sein de notre civilisation moderne, comme en témoigne l'importance du décryptage des messages radio durant la Seconde Guerre mondiale. Les budgets militaires permettent aujourd'hui d'investir dans de nouvelles méthodes de chiffrement et de déchiffrement d'informations stratégiques. L'un des premiers défis de l'acquisition de renseignements reste cependant de ne pas alerter l'ennemi.

CODES DE GUERRE ANTIQUES

Codes et chiffres sont indissociables de la diplomatie et de l'art de la guerre : de tout temps, il fallut déployer beaucoup d'ingéniosité pour qu'une information secrète le reste. Il semblerait que la tradition du chiffrement soit née en Grèce – on sait combien les Grecs étaient fascinés par les mots et les mathématiques – avant d'être transmise aux lettrés médiévaux via le monde arabe. Le principe du chiffrement par substitution tel qu'il fut développé par Jules César resta, durant des siècles, l'un des piliers de la cryptographie.

L'art de la guerre à Sparte

Réputés pour leurs prouesses au combat, les guerriers spartiates étaient formés dès leur plus jeune âge à endurer les pires épreuves afin de passer maîtres dans l'art de la guerre ; leurs armes et armures étaient particulièrement élaborées. Il n'est donc guère étonnant que l'un des premiers exemples de message codé, la scytale, ait été mis au point par la puissante cité-État du Péloponnèse.

La scytale spartiate

Le premier appareil cryptographique que nous connaissons est la scytale, en usage à Sparte dès le ve siècle av. J.-C. Il s'agissait d'un cylindre de bois autour duquel l'expéditeur enroulait une bande de parchemin ou de cuir ; il y écrivait son message en lignes successives, sur toute la longueur du cylindre, puis déroulait la bande, qui devenait alors indéchiffrable et était secrètement envoyée à son destinataire. S'il s'agissait d'une bande de cuir, le messager la portait à l'envers, telle une ceinture. Celui qui la recevait l'enroulait autour de sa scytale – qui devait avoir le même diamètre et le même nombre de faces que celle de l'expéditeur – pour découvrir le message caché.

Cryptage

Ci-dessous, la scytale permet à l'expéditeur d'écrire quatre rangs de cinq lettres. Le texte « Assiégés besoin forces » figurerait ainsi sur la bande de cuir :

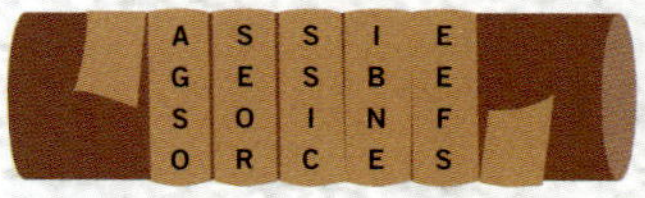

Texte clair écrit sur la scytale

Sur la bande de cuir déroulée, le texte se présenterait ainsi :

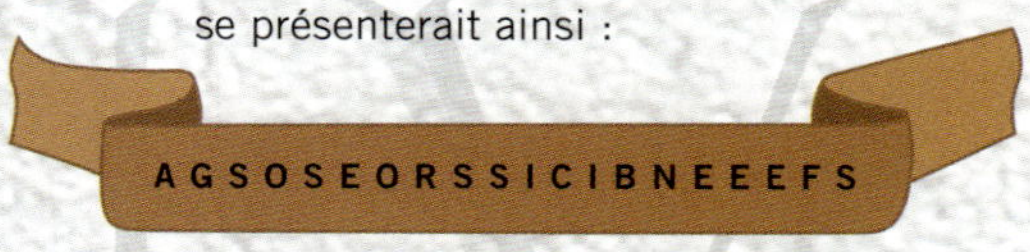

Décryptage

Pour comprendre le message, il fallait enrouler la bande de cuir autour d'une scytale ayant les mêmes dimensions.

Jules César

Le général et dictateur romain Jules César (100-44 av. J.-C.) était aussi un historien et un épistolier prolixe, aussi à l'aise en latin qu'en grec. Il était très féru de messages codés, à tel point qu'au Ier siècle le grammairien romain Marcus Valerius Probus écrivit un traité – aujourd'hui disparu – sur les techniques de César. Intrigant invétéré, ce dernier développa un vaste réseau de renseignements durant la conquête de la Gaule. Dans ses *Commentaires de la guerre des Gaules,* il décrit comment, découvrant que le camp de son compatriote Cicéron était assiégé, il lui envoya une lettre de soutien rédigée en grec « pour que, si elle est interceptée, l'ennemi ne connaisse pas nos plans ». Fixé à une lance, le message fut jeté dans le camp de son allié, où on ne le découvrit que deux jours plus tard.

Le chiffre de César

Le premier système de chiffrement par substitution à avoir été décrit est probablement celui que Jules César utilisa dans la correspondance privée qu'il adressait à ses compatriotes, alors que lui-même faisait campagne en Gaule. Le code qu'il employa pour fomenter une intrigue politique à son retour à Rome est décrit par Suétone, cent cinquante ans plus tard, dans *la Vie des douze Césars :* « [César] brouillait la succession des lettres de telle façon qu'aucun mot ne pût être reconstitué. » Il remplaçait chaque lettre par celle située trois rangs plus loin dans l'alphabet : le A devenait D, le M devenait P, etc. Le chiffre de César, qui offre vingt-cinq possibilités de chiffrement, n'est toutefois pas un code très sûr : les cryptanalystes n'ont que vingt-cinq tentatives à effectuer pour le déchiffrer.

DES RENFORTS
ONT ÉTÉ ENVOYÉS

Texte clair

GHV UHQIRUWV
RKW HWH HQYRBHV

Texte codé par décalage de 3 lettres

Le texte chiffré peut être rendu plus impénétrable grâce à diverses techniques, telles la suppression des espaces ou la transformation de certaines lettres en symboles ou en chiffres *(voir p. 66).*

Chiffre de César décalé de 3 lettres

Alphabet clair	Alphabet chiffré
A	D
B	E
C	F
D	G
E	H
F	I
G	J
H	K
I	L
J	M
K	N
L	O
M	P
N	Q
O	R
P	S
Q	T
R	U
S	V
T	W
U	X
V	Y
W	Z
X	A
Y	B
Z	C

LE CHIFFRE INDÉCHIFFRABLE

Blaise de Vigenère
Le diplomate français Blaise de Vigenère (1523-1596) s'intéressa à la cryptographie alors qu'il était en poste à Rome, à l'époque capitale européenne de la discipline. Il abandonna la diplomatie pour se consacrer à la rédaction de plusieurs ouvrages, dont le *Traité des chiffres ou secrètes manières d'écrire* (1586). Ce livre recensait et étudiait divers codes, tel le chiffre de Bellaso, dont par erreur on lui attribua l'invention au XIXe siècle. Toutefois, Vigenère améliora notablement le principe de base de Bellaso. Il agrandit la grille, qui totalisa désormais 26 alphabets distincts, et multiplia à l'infini le nombre de clés potentielles *(voir ci-contre)*. L'utilisation du chiffre de Vigenère ne se généralisa qu'au XVIIIe siècle, et tomba en désuétude à la fin du XIXe.

Au XVe siècle, de nombreuses méthodes de chiffrement polyalphabétique avaient déjà été élaborées, entre autres par le savant italien Leon Battista Alberti *(voir p. 72)*. En 1553, son compatriote Giovanni Battista Bellaso mit au point un système d'encryptage mathématique basé sur une grille utilisant plusieurs alphabets décalés suivant la technique du chiffre de César *(voir p. 103)* et un mot clé. Diffusé par le Français Blaise de Vigenère, ce code marqua un tournant dans l'histoire de la cryptographie, offrant enfin un moyen très sûr (raison pour laquelle on le surnomma le « chiffre indéchiffrable »), quoique fastidieux, d'écrire des messages secrets, notamment en temps de crise ou de guerre.

La guerre de Trente Ans (1618-1648) marqua le début de trois siècles de rivalités sanglantes entre les États européens qui renforcèrent l'intérêt pour les différentes méthodes de chiffrement des messages secrets.

Le carré de Vigenère

Si le principe de base du carré de Vigenère est très simple, le chiffrement et le déchiffrement sont en revanche assez fastidieux.

1 Dans une grille de 26 x 26, on dispose un alphabet complet sur chaque ligne. On applique la méthode du chiffre de César au premier, les suivants étant ensuite tous décalés d'une lettre par rapport au précédent. Les lettres de l'alphabet clair, inscrites en haut, repèrent les 26 colonnes.

2 Pour chiffrer chaque lettre du texte clair, on utilise une ligne (un alphabet chiffré) différente (substitution polyalphabétique) : ainsi, codé *f* par la ligne 5, le *a* devient un *w* s'il est codé par la ligne 22.

3 Le cryptographe convient d'une clé qui indique, pour chaque lettre du texte clair, la ligne à utiliser et dans quel ordre. La clé peut être un mot ou une suite de mots ou de chiffres, et elle se répète sur toute la longueur du texte clair.

4 Par exemple, si le mot clé est PACTE, P étant la seizième lettre de l'alphabet, on chiffrera la première lettre du message à partir de la ligne 16 ; A étant la première lettre de l'alphabet, on chiffrera la deuxième lettre à partir de la ligne 1, et ainsi de suite...

Avec la lettre A de la clé (PACTE), 1re lettre de l'alphabet, le *f* devient *G*.

Avec la lettre C de la clé (PACTE), 3e lettre de l'alphabet, le *f* devient *I*.

Avec la lettre E de la clé (PACTE), 5e lettre de l'alphabet, le *f* devient *K*.

Avec la lettre P de la clé (PACTE), 16e lettre de l'alphabet, le *f* devient *V*.

Avec la lettre T de la clé (PACTE), 20e lettre de l'alphabet, le *f* devient *Z*.

	a	b	c	d	e	f	g	h	i	j	k	l	m	n	o	p	q	r	s	t	u	v	w	x	y	z
1	B	C	D	E	F	G	H	I	J	K	L	M	N	O	P	Q	R	S	T	U	V	W	X	Y	Z	A
2	C	D	E	F	G	H	I	J	K	L	M	N	O	P	Q	R	S	T	U	V	W	X	Y	Z	A	B
3	D	E	F	G	H	I	J	K	L	M	N	O	P	Q	R	S	T	U	V	W	X	Y	Z	A	B	C
4	E	F	G	H	I	J	K	L	M	N	O	P	Q	R	S	T	U	V	W	X	Y	Z	A	B	C	D
5	F	G	H	I	J	K	L	M	N	O	P	Q	R	S	T	U	V	W	X	Y	Z	A	B	C	D	E
6	G	H	I	J	K	L	M	N	O	P	Q	R	S	T	U	V	W	X	Y	Z	A	B	C	D	E	F
7	H	I	J	K	L	M	N	O	P	Q	R	S	T	U	V	W	X	Y	Z	A	B	C	D	E	F	G
8	I	J	K	L	M	N	O	P	Q	R	S	T	U	V	W	X	Y	Z	A	B	C	D	E	F	G	H
9	J	K	L	M	N	O	P	Q	R	S	T	U	V	W	X	Y	Z	A	B	C	D	E	F	G	H	I
10	K	L	M	N	O	P	Q	R	S	T	U	V	W	X	Y	Z	A	B	C	D	E	F	G	H	I	J
11	L	M	N	O	P	Q	R	S	T	U	V	W	X	Y	Z	A	B	C	D	E	F	G	H	I	J	K
12	M	N	O	P	Q	R	S	T	U	V	W	X	Y	Z	A	B	C	D	E	F	G	H	I	J	K	L
13	N	O	P	Q	R	S	T	U	V	W	X	Y	Z	A	B	C	D	E	F	G	H	I	J	K	L	M
14	O	P	Q	R	S	T	U	V	W	X	Y	Z	A	B	C	D	E	F	G	H	I	J	K	L	M	N
15	P	Q	R	S	T	U	V	W	X	Y	Z	A	B	C	D	E	F	G	H	I	J	K	L	M	N	O
16	Q	R	S	T	U	V	W	X	Y	Z	A	B	C	D	E	F	G	H	I	J	K	L	M	N	O	P
17	R	S	T	U	V	W	X	Y	Z	A	B	C	D	E	F	G	H	I	J	K	L	M	N	O	P	Q
18	S	T	U	V	W	X	Y	Z	A	B	C	D	E	F	G	H	I	J	K	L	M	N	O	P	Q	R
19	T	U	V	W	X	Y	Z	A	B	C	D	E	F	G	H	I	J	K	L	M	N	O	P	Q	R	S
20	U	V	W	X	Y	Z	A	B	C	D	E	F	G	H	I	J	K	L	M	N	O	P	Q	R	S	T
21	V	W	X	Y	Z	A	B	C	D	E	F	G	H	I	J	K	L	M	N	O	P	Q	R	S	T	U
22	W	X	Y	Z	A	B	C	D	E	F	G	H	I	J	K	L	M	N	O	P	Q	R	S	T	U	V
23	X	Y	Z	A	B	C	D	E	F	G	H	I	J	K	L	M	N	O	P	Q	R	S	T	U	V	W
24	Y	Z	A	B	C	D	E	F	G	H	I	J	K	L	M	N	O	P	Q	R	S	T	U	V	W	X
25	Z	A	B	C	D	E	F	G	H	I	J	K	L	M	N	O	P	Q	R	S	T	U	V	W	X	Y
26	A	B	C	D	E	F	G	H	I	J	K	L	M	N	O	P	Q	R	S	T	U	V	W	X	Y	Z

5 Exemple : le message « attends-moi » chiffré à l'aide du mot clé PACTE :

Texte clair :	a	t	t	e	n	d	s	m	o	i
Clé :	P	A	C	T	E	P	A	C	T	E
Texte chiffré :	Q	U	W	Y	S	T	T	P	I	N

6 Pour déchiffrer le texte, il suffit de procéder à l'inverse : localiser la lettre chiffrée sur la ligne indiquée par la lettre clé.

Des clés plus complexes

Plusieurs procédés permettent de brouiller encore davantage un message. Le premier est de modifier l'ordre logique (habituel) des lignes du carré de Vigenère. Le deuxième est de produire des clés plus élaborées, composées d'une suite aléatoire de chiffres ou de lettres. Si la clé est formée en inscrivant le texte clair à la suite d'un mot clé, on évite la répétition de celui-ci, qui rend le code plus vulnérable à la cryptanalyse (procédé autoclave). On peut enfin utiliser une clé aussi longue que le message, par exemple tirée d'un livre *(voir p. 79)*.

La cryptanalyse du chiffre de Vigenère

Publiée en 1863, la cryptanalyse du chiffre de Vigenère, réalisée par Friedrich Kasiski, est selon certains à l'origine de l'ordinateur. En réalité, c'est Charles Babbage *(voir p. 109)* qui fut le premier à casser le chiffre de Vigenère, dix ans plus tôt, soit quelque trois cents ans après sa création. Fasciné par les jeux mathématiques de la cryptographie, Babbage avait décidé de relever le défi lancé par un dentiste, qui affirmait avoir mis au point un nouveau chiffre presque identique au système du diplomate français. Aussi Babbage se pencha-t-il sur les séquences répétitives d'un texte chiffré de type Vigenère.

Comme toujours, la solution résidait dans le mot clé. Le principe de base de Babbage fut de déterminer la longueur de ce dernier en cherchant les répétitions de séquences dans le texte chiffré. Pour cela, il devait travailler sur un message de trente lettres au moins, voire plus. Lorsque le texte est beaucoup plus long que la clé, il suffit d'analyser la fréquence d'apparition des séquences. Cette fréquence donne des informations sur la longueur de la clé. Si cette dernière compte cinq caractères, on peut en conclure que, toutes les cinq lettres, c'est le même alphabet qui est utilisé. L'analyse fréquentielle est alors particulièrement utile : en établissant un tableau de fréquences pour chaque alphabet de la clé, il est possible de retrouver, au fur et à mesure, chaque lettre de la clé, et ainsi de reconstituer le message clair.

Si Babbage parvint à comprendre les principes du chiffre de Vigenère, il réalisa qu'une machine à différences *(voir p. 268)* était nécessaire pour effectuer toutes les analyses requises, surtout sur un long message.

LE GRAND CHIFFRE

Louis XIV (1638-1715) accéda au trône en 1661 et régna sur la France durant plus de cinquante ans. Il se considérait – à juste titre – comme l'homme le plus puissant d'Europe : la construction du palais de Versailles est d'ailleurs l'un des témoignages de sa prééminence. Marquée par la rivalité entre les nations européennes émergentes, l'époque entretenait alors, sous couvert de diplomatie, une intense atmosphère de mystère. Aussi le Roi-Soleil, pour sa correspondance la plus secrète, utilisait-il l'un des systèmes codés parmi les plus complexes jamais mis au point.

Un roi en guerre

Le Roi-Soleil aimait à se présenter sous les traits d'un héros martial, et passait pour nourrir de vastes ambitions territoriales. En réalité, la plupart de ses entreprises guerrières visaient à renforcer les frontières nord-est de la France, et les efforts considérables qu'il déployait n'avaient pour but que de consolider la nation de l'intérieur. Il créa un puissant gouvernement ministériel centralisé, ainsi qu'une bureaucratie d'État. La sécurité civile et militaire était assurée, entre autres, par le Grand Chiffre. Le château que le monarque fit édifier à Versailles – ceint de splendides jardins *(ci-dessous)* – symbolisait le pouvoir absolu du roi, qui avait choisi le Soleil pour emblème, l'astre donnant vie à toute chose.

Les Rossignol

Bonaventure et Antoine Bonaventure Rossignol, respectivement fils et petit-fils du cryptographe en chef de Louis XIV, Antoine Rossignol (1600-1682), succédèrent à ce dernier. Rossignol s'était fait connaître en 1626, sous le règne de Louis XIII, lorsqu'il déchiffra un message révélant que la ville huguenote de Réalmont, alors assiégée par l'armée française, était sur le point de céder – révélation qui entraîna une victoire immédiate. Le jeune Louis XIII, conseillé par Richelieu, le fit venir à la Cour : il restera au service du Chiffre français pendant cinquante ans. C'est avec son fils qu'il mit au point un code inviolable, le Grand Chiffre. Mais le secret de son élaboration fut perdu, et de nombreuses missives restèrent indéchiffrées jusqu'au XIXe siècle. D'aucuns pensent que le nom de ces illustres cryptographes serait à l'origine du nom de l'outil permettant de crocheter les portes – même si l'usage de ce mot semble être bien antérieur.

Le Grand Chiffre, mode d'emploi

C'est au cryptanalyste militaire français Étienne Bazeries (1846-1931) que l'on doit le décodage des pages de chiffres découvertes en 1890 par l'historien Victor Gendron dans la correspondance de Louis XIV.

La reconstitution du puzzle

Parmi les milliers de nombres inscrits sur ces pages, Bazeries en identifia 587 différents. Il procéda par étapes, suivant d'abord quelques fausses pistes : il crut initialement que les Rossignol avaient élaboré un chiffrement par substitution à partir d'un grand nombre d'homophones *(voir p. 70)*, associant des nombres à des lettres de l'alphabet. Au bout de plusieurs mois d'analyse, il abandonna cette idée. Il imagina ensuite que les nombres représentaient des digrammes (paires de lettres). S'appuyant sur l'analyse fréquentielle, il chercha les nombres les plus fréquemment utilisés et trouva qu'il s'agissait du 22, du 42, du 124, du 125 et du 341. Il les compara aux digrammes les plus courants de la langue française – es, en, ou, de, nt. Là encore, il échoua. Sa troisième hypothèse lui fut inspirée par la deuxième : les nombres correspondaient peut-être à des syllabes plutôt qu'à des digrammes. Après diverses permutations, il isola une série de nombres récurrents – 124, 22, 125, 46, 345 – et devina, d'après le contexte dans lequel furent rédigées ces lettres, que la locution « les ennemis » devait apparaître assez souvent.

Bazeries élabora un tableau dans lequel il consigna les mots divisés en syllabes.

les	en	ne	mi	s
124	22	125	46	345

Bazeries appliqua alors son hypothèse à des passages plus importants du message codé, ce qui révéla des parties d'autres mots, voire des mots entiers, qui lui permirent à leur tour d'identifier de nouvelles syllabes. Les Rossignol avaient toutefois compliqué leur Grand Chiffre à l'aide de pièges, un nombre pouvant, par exemple, avoir pour fonction d'effacer celui qui le précède. Bazeries passa les trois années suivantes à déjouer ces pièges, et parvint à déchiffrer le chef-d'œuvre des Rossignol.

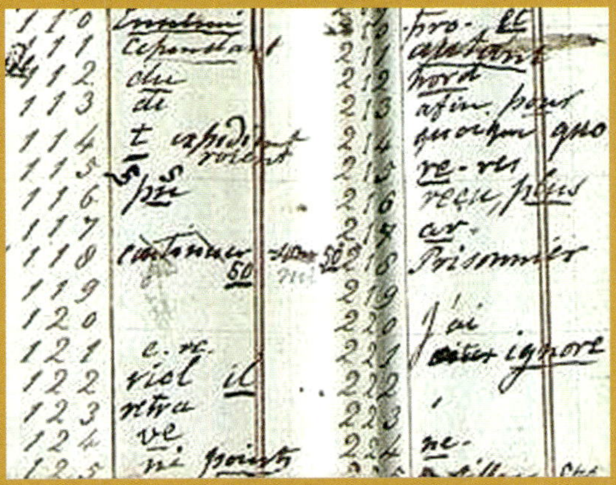

Le carnet de Bazeries montre comment il tenta d'associer des syllabes et des mots aux nombres trouvés dans les messages codés des Rossignol.

Le secret à tout prix

Alors que le Grand Chiffre de Louis XIV allait demeurer secret jusqu'à la fin du XIXe siècle, le goût pour les chiffrements obscurs perdura. Tout aussi sibyllin, le chiffre de Vigenère n'était toutefois guère pratique à utiliser, ne permettant pas un chiffrage et un déchiffrage rapides des messages. Un autre système, inventé par un mathématicien grec au IIe siècle av. J.-C., permit quant à lui l'élaboration de nouveaux codes : il s'agit du carré de Polybe *(voir p. 78)*, qui inspira notamment la mise au point du chiffre Playfair *(voir p. 109)*.

LE XIXe SIÈCLE, UN TOURNANT

Les innovations techniques
Les inventions du sémaphore, du télégraphe et du code Morse *(voir p. 94, 96)*, trois solutions logiques à des problèmes pratiques, engendrèrent à la fois des impasses et des progrès pour les cryptographes. Le code Morse surtout, et son système de traits et de points, ouvrit un nouveau champ de réflexion sur l'encryptage binaire des messages. Néanmoins, de simples cadrans chiffrant, produits en masse à partir d'un système de chiffrement polyalphabétique, étaient encore utilisés aux États-Unis lors de la guerre de Sécession *(voir p. 84)*.

Du XVIIe au XIXe siècle, grâce à la mise au point de chiffres de substitution polyalphabétiques complexes (le chiffre de Vigenère ou le Grand Chiffre de Louis XIV, tous deux à clé symétrique) et longs à déchiffrer, la sécurité des messages militaires fut considérablement accrue. Toutefois, les progrès effectués au siècle des Lumières dans les domaines scientifique, mathématique et mécanique – à l'origine de la révolution industrielle – modifièrent rapidement le paysage de la cryptographie et de la cryptanalyse : de nouvelles méthodes de chiffrement apparurent, tandis qu'en parallèle de nouvelles solutions permettaient le décryptage rapide des codes.

Le chiffre de Playfair

Inventé par Charles Wheatstone, pionnier du télégraphe électrique, et popularisé par le baron Lyon Playfair, un homme politique, cette méthode de chiffrement consiste à créer des digrammes (paires de lettres) dans le texte clair et à leur substituer une autre paire de lettres chiffrée.

1 Choisir un mot clé, CHARLES par exemple, puis former un carré de cinq lettres sur cinq lettres, en commençant par le mot clé (sans répétition de lettres) et en complétant le carré par les lettres de l'alphabet dans l'ordre, sans répétition, en plaçant *i* et *j* dans la même case.

C	H	A	R	L
E	S	B	D	F
G	I/J	K	M	N
O	P	Q	T	U
V	W	X	Y	Z

2 Scinder le message en paires de lettres (ou digrammes) composées de deux lettres différentes. En cas de doublon, insérer un X entre les deux lettres, de même qu'à la fin du texte, en guise de nulle. Avec le texte clair « Rendez-vous à Lyon », on obtient les digrammes : RE ND EZ VO US AL YO NX.

3 Si deux lettres sont sur la même ligne du carré, elles sont remplacées par celles immédiatement à leur droite (*ch* devient HA). Si une lettre est en bout de ligne, il faut prendre la lettre en tête de la même ligne (*al* deviendrait RC).

4 Si les deux lettres sont dans la même colonne, elles sont remplacées par celles situées juste en dessous (*vo* devient CV). Une lettre en bas de colonne est remplacée par la lettre en haut de la colonne (*vo* devient CV).

5 Si les lettres du digramme ne sont ni sur la même ligne ni sur la même colonne mais forment les coins opposés d'un rectangle, chaque lettre est remplacée par la lettre correspondant au coin restant, sur la même ligne.
Ainsi codé, *re*...
C H A **R**
E S B D
... devient *CD*:
C H A R
E S B **D**

6 Selon ce principe, le chiffrage est le suivant :

Texte clair en digrammes
RE ND EZ VO US AL YO NX

Texte chiffré
CD MF FV CV PF RC VT KZ

7 Le destinataire du message codé, qui connaît le mot clé, n'a plus qu'à inverser le processus. Ce système n'est pas difficile à casser grâce à l'analyse des fréquences de digrammes, qui sont ensuite comparées aux occurrences de digrammes les plus courants dans la langue, méthode démontrée par Babbage *(à droite)*.

Les découvertes de Babbage

Charles Babbage, inventeur, entre autres, de l'ancêtre de l'ordinateur *(voir p. 268)*, parvint à casser le chiffre de Vigenère *(voir p. 104)*. Comme d'autres projets laissés inachevés, il ne fit jamais part de cette découverte. Cette fois, on l'y incita peut-être : Babbage fréquentait des membres du gouvernement britannique, notamment pour trouver des financements à ses recherches souvent ambitieuses ; sans doute parla-t-il de sa découverte à ces dignitaires, qui lui auraient alors demandé de l'« oublier ». Sa méthode impliquait de nombreux calculs comparatifs, et sa machine à différences – encore à l'état de prototype – comprenait certains éléments mécaniques susceptibles d'être exploités par les autorités britanniques. En effet, durant cette seconde moitié du XIXe siècle, Russes et Britanniques se disputaient l'hégémonie en Asie, tandis que les ambitions de la Prusse de Bismarck suscitaient une inquiétude grandissante. Les services de renseignement britanniques considéraient donc le recueil d'informations et le décryptage de messages potentiellement dangereux comme étant de la plus haute importance.

Le chiffrage multiple

Le chiffrage multiple empile simplement plusieurs niveaux de chiffrement, souvent mécaniques, mais l'on aboutit à une telle complexité que ce chiffre est difficile à casser. Le règlement international relatif au télégraphe distinguait les messages codés – composés de mots dont la succession n'était pas intelligible – des textes chiffrés – suite de groupes de lettres ou de caractères n'existant dans aucun dictionnaire.

Texte clair	FAISONS SAUTER LE TRAIN
Texte chiffré	HCKUQPU UCWVGT NG VTCKP
Converti en unités de cinq éléments	HCKUQ PUUCW VGTNG VTCKP
Converti en morse	.... -.-. -.- ..- --.- .--. ..- ..- -.-. .-- ...- --. - -. --. ...- - -.-. -.- .--.

Dans l'exemple ci-dessus, le message est crypté par un chiffre de César décalé de deux lettres (premier niveau) puis regroupé en « mots » de cinq lettres (deuxième niveau) transcrits en morse (troisième niveau) et enfin transmis via le fil du télégraphe (quatrième niveau). D'autres niveaux de chiffrement pouvaient encore être ajoutés – mots ou phrase servant de clé, substitution numérique, etc. Cette complexité était suffisante pour que, dans le feu de l'action, le coût et le temps du déchiffrement deviennent rédhibitoires.

LES CARTES MILITAIRES

Un manuel en images

***Maniement d'armes d'arquebuses, mousquetz et piques* (1607), de Jacob de Gheyn, est un manuel illustré des manœuvres militaires. Son but était de permettre à tous les régiments d'agir de façon efficace et cohérente grâce à un entraînement adéquat. Les différentes étapes du maniement de la lance ou des armes à feu y sont décrites. Entièrement illustrées, ces instructions pouvaient être comprises par les soldats de toutes les nations.**

Les souverains de l'Antiquité étaient très conscients de l'importance du maintien de l'ordre, de la hiérarchie et de la discipline au sein de leurs troupes, seule garantie de leur efficacité. Les anciennes armées chinoise et romaine portaient l'uniforme et étaient divisées en unités autonomes (divisions, cohortes ou régiments) aux fonctions précises (fantassins, cavalerie, génie). Sur les champs de bataille, tous portaient un étendard qui leur permettait de s'identifier. Au Moyen Âge, les uniformes disparurent, mais les bannières colorées restèrent largement utilisées. Ce n'est qu'à l'époque de l'émergence des États-nations, au XVIe siècle, avec l'apparition d'armées importantes, que se développa la symbolique des organisations militaires modernes.

Une démonstration de force

Les symboles identifiant les différentes unités militaires, leur importance, leur organisation et leur déploiement – ainsi que l'emplacement d'installations stratégiques tels les forts ou les tranchées – se sont multipliés à mesure que les armées se développaient. Les armées nationales ont été distinguées par des couleurs.

Taille des unités militaires

XXXXX nom/numéro	XXXX nom/numéro	XXX nom/numéro	XX type	X type	III type	II type
groupe d'armées (nom du commandant à droite du cadre)	**armée/flotte/force aérienne** (nom du commandant à droite du cadre)	**corps** (numéro en chiffres romains/nom du commandant à droite du cadre)	**division** (nationalité/numéro en chiffres arabes en dehors du cadre)	**brigade** (nationalité/numéro en chiffres arabes en dehors du cadre)	**régiment**	**bataillon**

Types d'unités militaires

Infanterie · **Cavalerie** · **Artillerie** · **Arme blindée** · **Infanterie mécanisée** · **Troupes aéroportées** · **Unité aérienne** · **Troupes navales**

Les cartes militaires

Un système international d'identification des forces militaires et de leurs positions sur le terrain fut mis au point au XVIIIe siècle. En temps de guerre, des armées immenses se déployaient sur de vastes espaces : il fallait donc actualiser les cartes rapidement et avec précision. Par ailleurs, les plans devaient être expliqués à des soldats souvent illettrés ou à des armées alliées de différentes nationalités. En 1815, lors de la bataille de Waterloo, l'armée des alliés (Britanniques et Néerlandais) et l'armée prussienne affrontèrent les forces napoléoniennes. La communication entre les différentes unités et la transmission des ordres furent déterminantes. Les soldats de Napoléon (ou armée du Nord) figurent ici en bleu, leurs ennemis en rouge.

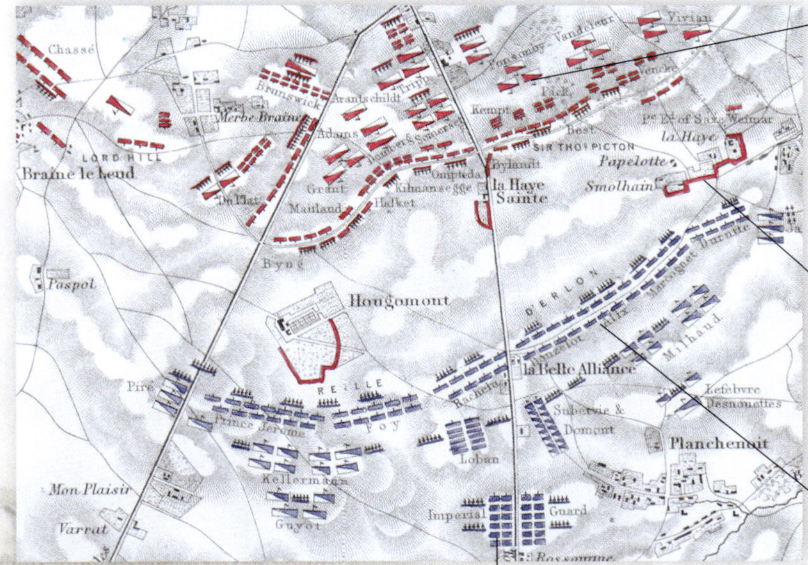

Les unités de cavalerie
Derrière la ligne de front de l'infanterie alliée, des détachements de cavalerie étaient prêts à percer dès que l'infanterie s'engagerait.

Les positions défensives
Les positions avancées alliées autour des hameaux de Hougoumont, La Haye-Sainte et Papelotte furent décisives pour l'issue de la bataille.

La ligne de front française
La carte montre de nombreuses unités d'infanterie françaises prêtes à avancer, soutenues par la cavalerie.

Les renforts
Flanquées par la cavalerie, les divisions d'infanterie de la Garde impériale arrivèrent du sud pour entrer dans la bataille.

Exemples d'unités militaires

XXXX
EIGHTH MONTGOMERY

8e armée commandée par Montgomery

XXX
AFRIKA ROMMEL

Divisions blindées de l'Afrikakorps commandées par Rommel

III
fr

Régiment d'artillerie française

XX
3 mar

3e division de marine

Symboles des mouvements et positions de troupes

- Mouvements/avancées de troupes
- Mouvements/avancées antérieurs
- Repli/retraite
- Position de troupes
- Position antérieure
- Fouilles ou tranchée
- Site inoccupé
- Position fortement défendue
- Position de défense inoccupée
- Troupes en position, sous attaque
- Limite entre unités, avec un symbole indiquant la taille de l'unité
- Fort ou redoute
- Zone fortifiée
- Conduit de carburant
- Champ de mines
- Zone de parachutage
- Base navale

LES TRANSMISSIONS MILITAIRES

Tambours et clairons
À toutes les époques, les clairons – entre autres instruments à vent – et les tambours furent utilisés sur les champs de bataille afin d'intimider l'ennemi, mais surtout pour communiquer. Certains airs coordonnaient la marche et les mouvements de troupes. Les instrumentistes transmettaient des messages aux soldats déployés sur la zone de combat.

À partir du milieu du XIXe siècle, des innovations technologiques telles que le chemin de fer et le télégraphe révolutionnèrent la manière de faire la guerre, en permettant des campagnes plus mobiles et plus rapides. Ces progrès s'accompagnèrent d'exigences nouvelles en matière de communication : la nécessité de transmettre des messages rapidement – souvent dans des situations dangereuses – s'imposa comme primordiale d'un point de vue tactique comme stratégique. C'est au début de la Première Guerre mondiale que les échanges furent facilités, grâce au développement de la communication téléphonique vocale, de l'aviation et de la radio sans fil.

En 1914, en avançant en Belgique et dans le nord de la France en direction de Paris, l'armée allemande découvrit que les lignes de télégraphe, de téléphone et de chemin de fer avaient été entièrement détruites par l'armée française lors de sa retraite. Elle dut se rabattre sur d'autres systèmes de transmission tels le sémaphore et l'héliographe *(ci-dessous)*. La plupart des messages allemands furent ainsi interceptés ou lus par les Français et leurs alliés.

> « L'arme qui unit les armes »
> DEVISE DES TRANSMISSIONS DE L'ARMÉE FRANÇAISE.

Le code « wig wag »

En 1860, peu avant qu'éclate la guerre de Sécession, l'armée américaine créa le premier corps de transmissions, sous le commandement du major Albert J. Myer. La télégraphie électrique s'avérant difficile à utiliser sur les champs de bataille, Myer s'inspira du sémaphore pour inventer un système de communication manuelle à l'aide de pavillons – ou de torches durant la nuit –, que l'on agitait en reproduisant le code binaire Morse *(voir p. 96)*.

Appelé « wig wag », ce code fut vite adopté par les deux camps – et était encore en usage il y a peu. Les soldats agitaient des pavillons de grande taille – entre 0,60 et 1,80 m², la norme étant de 1,20 m² – hissés sur une perche de 3,60 m. Ils se distinguaient par un carré noir sur fond blanc (rouge sur fond blanc en mer).

Le code de l'armée de l'Union

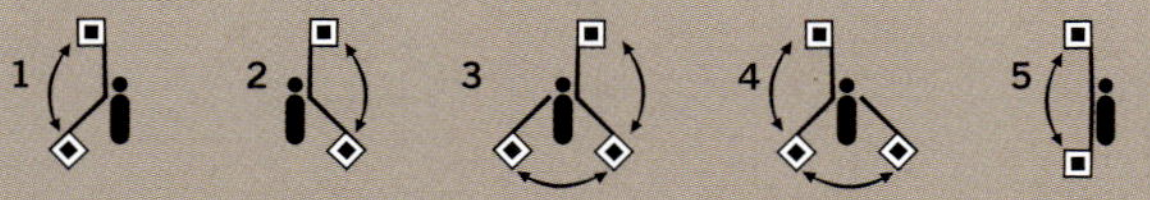

Pour attirer l'attention, l'expéditeur agitait vivement le pavillon au-dessus de sa tête, de gauche à droite ; il indiquait ainsi le début d'un message. Entre deux nombres, il remettait le drapeau en position verticale.

Alphabet

A	11	**Q**	2342
B	1423	**R**	142
C	234	**S**	143
D	111	**T**	1
E	23	**U**	223
F	1114	**V**	2311
G	1142	**W**	2234
H	231	**X**	1431
I	2	**Y**	222
J	2231	**Z**	1111
K	1434		
L	114		
M	2314		
N	22		
O	14		
P	2343		

Nombres

1	14223
2	23114
3	11431
4	11143
5	11114
6	23111
7	22311
8	22223
9	22342
0	11111

Quelques suites de chiffres significatives :

5
Fin de mot
55
Fin de phrase
555
Fin de message
11, 11, 11, 5
Compris
11, 11, 11, 555
Cessez le signal
234, 234, 234, 5
Répétez
143434, 5
Erreur

Un peu après la fin de la Première Guerre mondiale, réalisant l'importance des transmissions, l'armée britannique créa le Royal Corps of Signals (corps des transmissions). Côté français, les unités de transmission se développèrent considérablement. En 1915, on dénombrait 24 compagnies de télégraphistes et 9 sections de radiotélégraphistes ; à la fin du conflit, on en comptabilisait respectivement 148 et 29. La Grande Guerre démontra qu'un agent de transmission devait maîtriser toutes les techniques – morse, héliographe, sémaphore… – et même, si nécessaire, être prêt à porter un message à pied, jusqu'au cœur des tranchées.

« Roger, terminé »

Les communications radio sur de longues distances s'avérant souvent peu fiables – entre autres à cause des interférences atmosphériques sur les ondes –, on mesura rapidement la nécessité d'élaborer un système permettant une meilleure compréhension des informations transmises. Les Britanniques mirent au point un alphabet radio aujourd'hui universel dans l'aviation civile. Des mots faciles à identifier et à mémoriser – trois syllabes au plus – désignent chacune des lettres : celui qui écoute le message ainsi transmis ne risque pas de confondre certaines lettres aux sonorités proches.

A	Alpha	**J**	Juliet	**S**	Sierra
B	Bravo	**K**	Kilo	**T**	Tango
C	Charlie	**L**	Lima	**U**	Uniform
D	Delta	**M**	Mike	**V**	Victor
E	Echo	**N**	November	**W**	Whisky
F	Foxtrot	**O**	Oscar	**X**	X-ray
G	Golf	**P**	Papa	**Y**	Yankee
H	Hotel	**Q**	Quebec	**Z**	Zulu
I	India	**R**	Romeo		

Ce système comprend également des expressions marquant les différentes étapes d'un message :

Roger	J'ai reçu en entier votre dernière transmission.
Wilco	Vos instructions ont été reçues, comprises et seront exécutées.
Répondez	Ma transmission est terminée et j'attends une réponse.
Terminé	Cette conversation est terminée et je n'attends pas de réponse.

Le télégramme de Zimmermann

Début 1917, la guerre bat son plein. Pour forcer les Anglais et les Français à capituler, les Allemands décident de lancer une nouvelle offensive sous-marine. Toutefois, ils savent qu'en agissant ainsi, ils risquent de pousser les États-Unis à rejoindre le camp des Alliés. Afin d'éviter cela, Arthur Zimmermann, le ministre des Affaires étrangères allemand, adresse un télégramme codé – via son ambassade à Washington – au président mexicain Venustiano Carranza. Il lui propose un plan audacieux pour détourner l'attention des Américains. Mais ce sont les Britanniques qui intercepteront et décoderont ce message, dont la teneur poussera en effet les États-Unis à entrer dans le conflit, en avril 1917.

Le plan de Zimmermann

Arthur Zimmermann, ministre des Affaires étrangères allemand, souhaitait pousser les Mexicains à lancer une offensive contre le sud des États-Unis afin de reconquérir le Nouveau-Mexique, le Texas et l'Arizona, perdus au XIXe siècle. De même, il voulait inciter le Japon à attaquer les Américains dans le Pacifique. Occupés sur plusieurs fronts, les États-Unis n'auraient probablement pas envoyé de troupes en Europe.

L'empereur d'Allemagne avait renoncé aux offensives sous-marines contre les Alliés après le torpillage du paquebot *Lusitania,* en 1915.

Rassembler des indices

Les Britanniques ayant sectionné les câbles transatlantiques allemands au début du conflit, le télégramme de Zimmermann fut envoyé à Washington via la Suède et l'Angleterre. Intercepté, il fut transmis au Bureau 40 – le bureau anglais du chiffre, au sein même de l'Amirauté –, dirigé par le capitaine William Reginald Hall. William Montgomery et Nigel de Grey s'attelèrent à son déchiffrement. Le code utilisé (0075 dans le système allemand) avait été partiellement cryptanalysé en juillet 1916 grâce à plusieurs indices dont disposaient les hommes du Bureau 40. En effet, en 1914, les alliés russes avaient coulé le croiseur *Magdeburg* en mer Baltique et s'étaient emparés d'un livre de codes dont ils avaient révélé le contenu. En outre, en 1915, on avait arrêté un agent allemand, Wilhelm Wassmuss, à Behbahan (Iran), alors qu'il tentait de pousser les tribus turques de Perse à une révolte contre les Anglais. Ses effets personnels furent envoyés à Londres, dont un livre de codes diplomatiques dans lequel les experts du Bureau 40 découvrirent une version antérieure (13040) du code 0075. Le Bureau 40 possédait donc deux manuels lui permettant de travailler au déchiffrement du code allemand.

Wassmuss, l'espion allemand arrêté en 1915.

Déchiffrer le télégramme

Le télégramme de Zimmermann utilisait un code numérique militaire, qui impliquait que le destinataire détienne des codes journaliers. Le Bureau 40 s'appuya sur les fragments d'informations trouvés dans les deux livres de codes saisis.

Pour briser le code, l'équipe du capitaine Hall se concentra sur l'identification des lignes de nombres apparaissant sur le télégramme *(à droite)*.

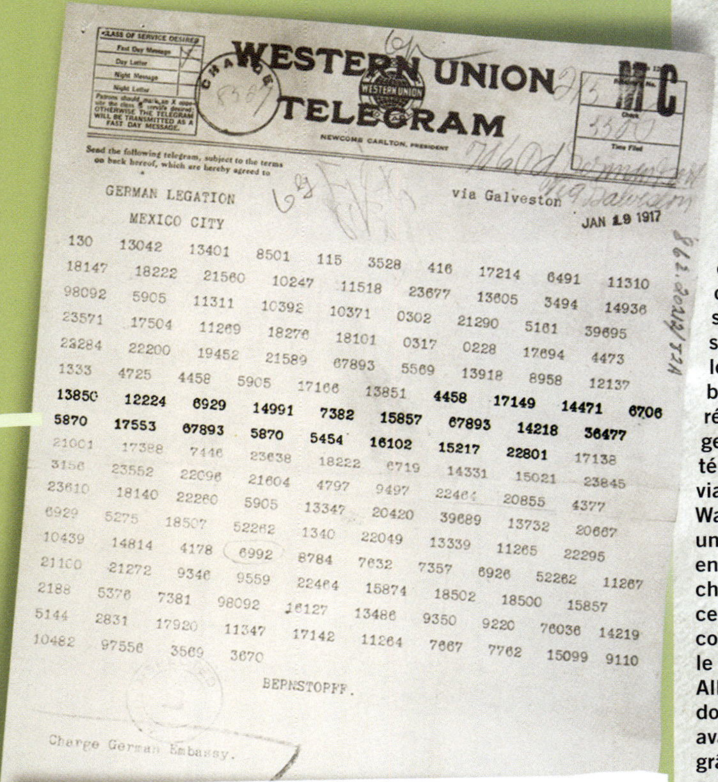
WESTERN UNION TELEGRAM

NEWCOMB CARLTON, PRESIDENT

Send the following telegram, subject to the terms on back hereof, which are hereby agreed to

GERMAN LEGATION via Galveston

MEXICO CITY JAN 19 1917

130 13042 13401 8501 115 3528 416 17214 6491 11310
18147 18222 21560 10247 11518 23677 13605 3494 14936
98092 5905 11311 10392 10371 0302 21290 5161 39695
23571 17504 11269 18276 18101 0317 0228 17694 4473
22284 22200 19452 21589 67893 5569 13918 8958 12137
1333 4725 4458 5905 17166 13851 4458 17149 14471 6706
13850 12224 6929 14991 7382 15857 67893 14218 36477
5870 17553 67893 5870 5454 16102 15217 22801 17138
21001 17388 7446 23638 18222 6719 14331 15021 23845
3156 23552 22096 21604 4797 9497 22464 20855 4377
23610 18140 22260 5905 13347 20420 39689 13732 20667
6929 5275 18507 52262 1340 22049 13339 11265 22295
10439 14814 4178 6992 8784 7632 7357 6926 52262 11267
21100 21272 9346 9559 22464 15874 18502 18500 15857
2188 5376 7381 98092 16127 13486 9350 9220 76036 14219
5144 2831 17920 11347 17142 11264 7667 7762 15099 9110
10482 97556 3569 3670

BERNSTORFF.

Charge German Embassy.

Code	Texte déchiffré	Traduction
4458	gemeinsam	solidarité
17149	Friedenschluß	faire la paix
14471	⊙	. (point)
6706	reichlich	généreux
13850	finanziell	financier
12224	unterstützung	support
6929	und	et
14991	einverständnis	consentement
7382	unsererseits	de notre côté
158(5)7	Ja/3	président ?
67893	Mexico	Mexique (ou Mexico)
14218	in	en (ou dans)
36477	Texas	Texas
5670	⊙	, (virgule)
17553	neu	nouveau
67893	Mexico	Mexique (ou Mexico)
5870	⊙	, (virgule)
5454	AR	ar
16102	IZ	iz
15217	ON	on
22801	A	a

Le brouillon fourni par Grey et Montgomery s'appuyait sur les indices découverts dans les livres de codes du *Magdeburg* et de Wassmuss. Ils travaillèrent essentiellement par déduction. Néanmoins, ils en déchiffrèrent suffisamment (par exemple, 67893 = Mexique) pour comprendre l'importance majeure du télégramme.

TELEGRAM RECEIVED.

FROM 2nd from London # 5747.

"We intend to begin on the first of February unrestricted submarine warfare. We shall endeavor in spite of this to keep the United States of America neutral. In the event of this not succeeding, we make Mexico a proposal of alliance on the following basis: **make war together, make peace together, generous financial support and an understanding on our part that Mexico is to reconquer the lost territory in Texas, New Mexico, and Arizona.** The settlement in detail is left to you. You will inform the President of the above most secretly as soon as the outbreak of war with the United States of America is certain and add the suggestion that he should, on his own initiative, invite Japan to immediate adherence and at the same time mediate between Japan and ourselves. Please call the President's attention to the fact that the ruthless employment of our submarines now offers the prospect of compelling England in a few months to make peace." Signed, ZIMMERMANN.

La succession de nombres sur laquelle se concentra le Bureau 40 révéla suffisamment d'indices pour démêler et traduire l'ensemble du télégramme. Le plan de Zimmermann fut ainsi divulgué et déjoué.

Le télégramme déchiffré

Le télégramme posa immédiatement problème à ceux qui l'avaient déchiffré : comment en révéler le contenu aux Américains sans que les Allemands se rendent compte que leur dernier code avait été brisé ? Le capitaine Hall réalisa que l'ambassade germanique avait dû télégraphier ce message via des lignes civiles de Washington à Mexico, où un agent britannique partit en voler une copie. Par chance pour le Bureau 40, ce message utilisait l'ancien code (13040) et non le nouveau (0075). Les Allemands supposeraient donc que les Britanniques avaient eu vent du complot grâce au message volé et aux livres de codes saisis. Le succès du déchiffrement du code 0075 pouvait donc rester secret. Woodrow Wilson, président des États-Unis, reçut le télégramme décodé le 25 février 1917 et le rendit public le 1er mars. Le 6 avril, les Américains entraient en guerre.

Ce dessin satirique anglais célèbre l'entrée en guerre des Américains. John Bull, caricature du citoyen anglais, remercie le président Wilson.

ENIGMA: le système «incassable»

L'invention d'Enigma
Enigma fut breveté en 1918 par Arthur Sherbius (1878-1929) pour un usage commercial, mais l'état-major allemand s'y intéressa rapidement. Le système de chiffrement fut progressivement amélioré et complexifié au cours de la décennie suivante.

La portabilité d'Enigma fut un immense atout. L'exemplaire ci-dessus est photographié dans le halftrack du général Heinz Guderian, sur le champ de bataille.

En 1923, les Britanniques ayant réussi à lire ses messages durant la Première Guerre mondiale, l'état-major allemand souhaita se doter d'un système de chiffrement sûr. Il acquit alors 30 000 machines Enigma, un appareil beaucoup plus complexe que ceux disponibles jusqu'alors. L'intérêt du procédé de cryptage électromagnétique d'Enigma résidait, entre autres, dans sa rapidité : le texte était tapé sur la machine, qui le chiffrait, puis transmis par radio à un destinataire. À son tour, ce dernier tapait le texte crypté sur sa propre machine afin d'obtenir le texte clair. Sans le chiffre du jour, le décryptage était presque impossible.

Le réflecteur
Il restait fixe, assurant ainsi le retour automatique du texte chiffré à travers les rotors brouilleurs et restituant mécaniquement le texte clair tel qu'il avait été tapé.

Les rotors brouilleurs
Ils contiennent les 26 lettres de l'alphabet. Leur position de départ (entre A et Z) change selon le chiffre du jour. À partir de 1938, chaque machine Enigma possédait cinq de ces rotors.

Un rotor a 26 contacts électriques par face (un par lettre de l'alphabet), chacun étant câblé à l'un des 26 contacts de la face opposée. Chaque rotor, numéroté, était câblé différemment.

Le pupitre de connexions
Il permute certaines lettres du clavier avec d'autres avant le passage du texte dans les rotors. À l'origine, on ne pouvait permuter que 6 lettres mais dès 1939, un pupitre élargi permit d'en permuter 10.

Le clavier
On y tape le texte clair ou le texte chiffré que l'on a reçu.

Les lampes
Elles indiquent à l'opérateur quelle lettre (chiffrée ou déchiffrée) doit être substituée à la lettre saisie.

Le chiffre du jour

L'état-major publiait chaque mois une liste de chiffres où figuraient les nouvelles données permettant de paramétrer les machines Enigma d'une même unité militaire. On s'assurait ainsi que les messages pouvaient être lus par tous les membres de cette unité.

Le paramétrage d'Enigma

Tous les matins, en fonction du chiffre du jour, l'opérateur changeait les rotors brouilleurs de place, ajustait leur position (la lettre que chaque rotor devait afficher en début de journée) et modifiait les connexions du pupitre de connexions. Il aurait fallu 10 millions de milliards de manipulations pour retrouver le procédé de chiffrement.

Réinitialisation des paramètres

Au cours de la Seconde Guerre mondiale, afin de renforcer le niveau de sécurité, l'opérateur d'Enigma émettait un premier message en utilisant les paramètres du chiffre du jour pour donner les nouveaux paramètres des rotors brouilleurs, qu'il doublait par sécurité. Ainsi, si le chiffre du jour avait le réglage B-M-Q, un second message pouvait arriver, précédé d'une combinaison de trois lettres choisies au hasard et doublées (par exemple S-T-P-S-T-P), afin que le destinataire réinitialise les positions des rotors sur elles.

L'utilisation d'Enigma

La machine Enigma procédait à des substitutions polyalphabétiques, différentes pour chaque lettre du texte. Le texte clair était tapé, chiffré par la machine puis transmis par radio. Le destinataire devait alors taper le message codé pour que l'appareil le déchiffre.

Le chiffrement

Ce diagramme montre le circuit suivi par l'impulsion correspondant à la lettre *U* que la machine chiffre en un *S*. Pour simplifier, seuls quatre plots du pupitre de connexions sont utilisés ici.

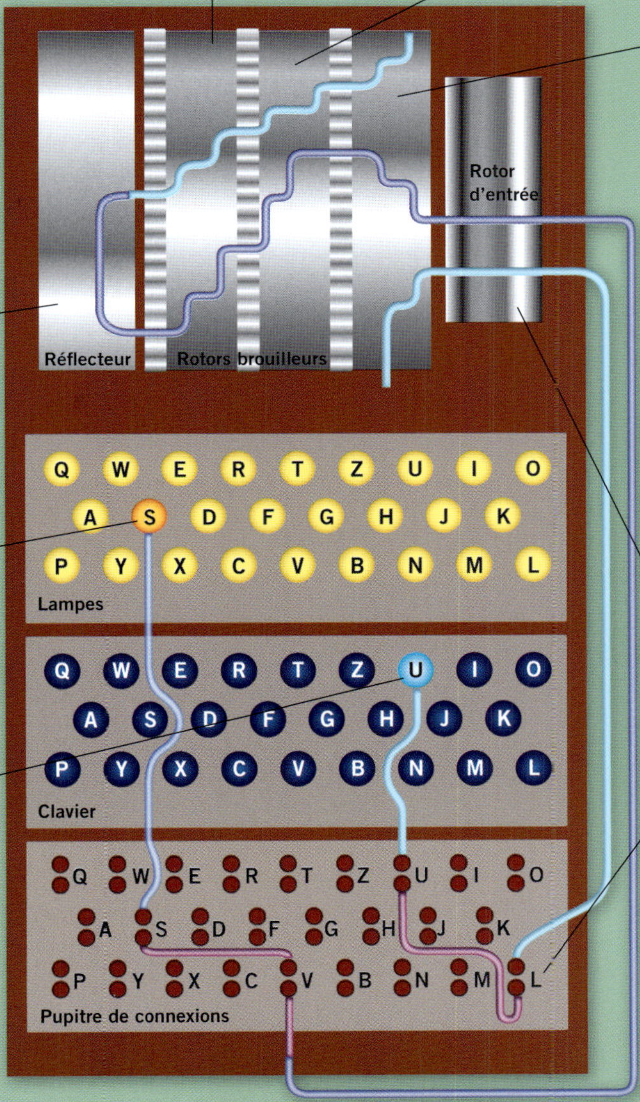

1 Sur le clavier l'opérateur tape le texte clair, qui circule dans la machine sous la forme d'impulsions électriques.

2 Si la lettre tapée (ici un *U*) est une des lettres reliées entre elles sur le pupitre de connexions, elle subit une substitution (ici le *U* devient un *L*). Les autres sont dirigées vers le premier rotor brouilleur.

3 Après le pupitre de connexions, les impulsions sont dirigées vers le premier rotor brouilleur.

4 L'impulsion traverse le premier rotor brouilleur et ressort en un point différent (ce qui équivaut à une substitution de la lettre par une autre. et donc à une entrée différente sur le brouilleur suivant). Le premier brouilleur tourne ensuite d'un cran (décalage d'une lettre après chaque lettre tapée).

5 Le procédé est répété sur le deuxième rotor brouilleur, qui tourne à son tour d'un cran (ou lettre) quand le premier brouilleur s'est décalé de 26 lettres.

6 Le processus se répète sur le troisième rotor brouilleur, qui tourne à son tour d'un cran quand le deuxième brouilleur s'est décalé de 26 lettres.

7 Chaque impulsion liée à une lettre atteint alors le réflecteur, qui la renvoie à travers les rotors brouilleurs mais par un autre circuit.

8 L'impulsion (ici devenue un *V*) revient au pupitre de connexions (qui la change en *S*) puis arrive à une lampe, qui s'allume pour indiquer à l'opérateur sa valeur chiffrée *(S)*.

Déchiffrage

Après avoir réglé sa machine avec le même chiffre du jour que l'opérateur, le destinataire tape le texte chiffré reçu. L'impulsion associée à chaque lettre passe dans le pupitre de connexions, les rotors brouilleurs et le réflecteur puis retraverse le système. Une fois décryptée, elle s'affiche en clair sur le tableau des lampes.

Codes et briseurs de codes

De tous les systèmes électromécaniques et rotatifs d'encodage utilisés de part et d'autre au cours de la Seconde Guerre mondiale, Enigma était le plus connu. Les Britanniques possédaient une machine similaire appelée Type X (ou Typex), alors que les Américains avaient développé un modèle plus sophistiqué, la Sigaba (ou M-134-C). L'équivalent japonais produisait un code nommé Purple, que les Alliés cassèrent en 1942. Les textes encodés par ces machines étaient considérés comme inviolables en raison du grand nombre de calculs nécessaires au déchiffrage des codages utilisés chaque jour, chaque heure, voire chaque minute lors de la transmission de signaux. Mais l'erreur humaine – ou la paresse – fut le talon d'Achille de ces systèmes. L'histoire d'Enigma, et comment son fonctionnement fut percé à jour, est narrée pages 116-117 et 120-121, mais ici – comme si souvent au cours des guerres récentes – ce sont les mots codés qui jouèrent un rôle déterminant. Les informations fournies par Enigma furent à leur tour appelées Ultra par les Britanniques (Opération Z par les Français). Mais, comme avec le télégramme de Zimmermann, un problème se posa : comment faire pour que les Allemands ne remarquent pas que leurs messages secrets étaient désormais déchiffrés ?

Noms de code

L'attribution d'un nom de code à presque toutes les opérations constituait un niveau supplémentaire de sécurité.

Adlertag (« le jour de l'aigle ») Assaut de la Luftwaffe qui déclencha la bataille de Grande-Bretagne (1940).

Attila Occupation nazie de la France de Vichy en 1942 (rebaptisée par la suite Anton).

Tempête d'août Invasion soviétique en Mandchourie (1945).

Avalanche Atterrissages alliés à Salerne (1943).

Avonmouth Expédition alliée à Narvik (1940).

Bagration Offensive soviétique pour libérer la Biélorussie (1944).

Barbarossa Invasion allemande de l'URSS (1941).

Cartwheel Opérations alliées dans le Sud-Ouest pacifique (1943).

Fall Weiss (« le plan blanc ») Invasion de la Pologne par les nazis (1939).

Gomorrhe Raids aériens anglais sur Hambourg (1943).

Ichi-Go Assaut japonais en Chine (1944).

I-Go Contre-offensive japonaise dans le Sud-Ouest pacifique (1943).

Lightfoot Bataille d'El-Alamein (1942).

Market-Garden Parachutages alliés près d'Arnhem (1944).

Nordlicht (« lumières du Nord ») Offensive allemande sur Leningrad (1942).

Overlord Invasion alliée en Normandie (1944).

Steinbock Raids aériens allemands sur des villes britanniques (1944).

Torch Invasion alliée au Maroc et en Algérie (1942).

Ruban
Le cylindre pouvait être changé selon que l'on voulait transmettre un texte clair ou codé.

Manivelle
Elle entraînait les disques rotatifs.

La Typex Mark III, conçue pour le terrain, était activée manuellement et se passait donc d'électricité.

Poids
La machine était trop encombrante pour être utilisée sur le terrain.

Disques brouilleurs
Le codage se faisait grâce à trois séries de cinq rotors, sans réflecteur.

La Sigaba était plus aboutie que la Typex. Dès 1943, une machine de chiffrement combiné (CCM), adaptée aux normes américaines et anglaises, fut conçue pour les communications entre Alliés.

Bletchley Park

Ce paisible cottage du comté de Buckingham, en Angleterre *(en bas à gauche),* fut le cœur même de la bataille menée contre Enigma. Il devint en 1939 le quartier général de l'École gouvernementale des codes et chiffres (EGCC), le nouveau centre britannique de décryptage qui remplaçait le Bureau 40. Dès le début du conflit, cette demeure accueillit une cohorte de cryptanalystes, mathématiciens, scientifiques, historiens, linguistes et chercheurs, soutenus par une équipe soigneusement choisie de militaires, secrétaires et officiers de transmission. Une ambiance décontractée y régnait : les journées de travail étaient ponctuées de parties de tennis et de baseball. Déjouer Enigma ne fut pas le seul défi à relever ; les scientifiques s'attaquèrent au décryptage d'autres systèmes tels que le code naval allemand ou encore des messages italiens et japonais.

De nombreux baraquements furent érigés *(ci-dessus, à gauche),* qui avaient chacun un objectif spécifique à atteindre. Seuls quelques gradés avaient une vision globale du contenu des messages interceptés et déchiffrés. Churchill, parlant de tous ces collaborateurs, les appelaient ses « poules aux œufs d'or qui ne caquettent jamais ».

Le projet Manhattan

Le plus important et le plus secret des projets de la Seconde Guerre mondiale fut le développement rapide de l'arme nucléaire ; lancé par les États-Unis, avec le soutien de la Grande-Bretagne et d'une équipe cosmopolite sous la direction du physicien américain de génie J. Robert Oppenheimer, il fut nommé Manhattan, en référence au corps d'armée américain d'ingénieurs, le Manhattan Engineer District (MED), à qui il fut confié. Basée à Los Alamos, dans les montagnes inhospitalières de Sangre de Christo (Nouveau-Mexique), le projet Manhattan se distinguait par de mystérieux noms de code.

509e Groupe composite Une partie du 20e escadron de l'US Air Force, utilisant des B-29 adaptés, assurait la logistique du projet Manhattan.

Alberta Équipe d'assemblage des bombes dans l'île Tinian (Pacifique).

ALSOS Missions secrètes alliées dans l'Europe occupée, chargées de kidnapper des scientifiques et de voler des matières premières tel l'uranium.

Bockscar Avion qui largua la bombe atomique sur Nagasaki, le 9 août 1945.

Box 1663 Code postal de Santa Fe, utilisé par tous les acteurs du projet.

Enola Gay Avion qui lâcha la première bombe atomique sur Hiroshima, le 6 août 1945.

Fat Man Bombe atomique larguée sur Nagasaki, le 9 août 1945.

Fission Division d'un atome en le bombardant de neutrons.

Gadgets Terme usuel à Los Alamos pour désigner les engins nucléaires en cours de développement.

Little Boy Bombe atomique larguée sur Hiroshima, le 6 août 1945.

Site-Y Laboratoire de Los Alamos, également appelé localement « la colline ».

Trinity Site du premier test nucléaire, le 16 juillet 1945.

Le « cassage » d'Enigma

Depuis son introduction par l'état-major allemand, le système de chiffrement Enigma *(voir p. 116)* était tenu pour incassable. Bien que des versions commerciales de l'appareil aient été acquises par d'anciens ennemis du Reich, le fonctionnement de la machine militaire et les chiffres demeuraient inconnus. En 1931, les services secrets français achetèrent des copies des plans d'Enigma et des livres de chiffres journaliers à un vétéran allemand, Hans-Thilo Schmidt, qui leur fournit par ailleurs des informations sur ces livres. Mais les Français n'en firent presque rien : ce furent les Polonais qui, les premiers, « cassèrent » Enigma.

Le défi allemand

Au début de la Seconde Guerre mondiale, les cryptographes alliés furent confrontés à un problème de taille : le système Enigma changeait souvent. Dès 1938, les Allemands ajoutèrent deux brouilleurs de plus et complexifièrent le pupitre de connexions. En outre, les divers corps d'armée utilisaient des variantes de la machine, et chacun avait son propre livre de codes : l'Afrika Korps possédait son chiffre, tout comme la Kriegsmarine (la marine allemande). Ce dernier, le code Lorenz, fut le plus difficile à casser, alors qu'il était d'une extrême importance pour Bletchley Park *(voir p. 119)*, car l'activité sous-marine ennemie en Atlantique Nord menaçait de couper les voies d'approvisionnement alliées depuis l'Amérique du Nord.

Le projet d'invasion de la Pologne par les Allemands, en septembre 1939, resta secret grâce à l'ajout de deux brouilleurs au système.

Marian Rejewski (1905-1980), l'homme qui cassa Enigma.

La Pologne contre-attaque

Dans les années 1930, les Polonais prirent conscience des projets allemands les concernant, et leur bureau de cryptanalyse, le Biuro Szyfrów, se concentra sur le cassage d'Enigma. Un accord avec la France lui permit d'obtenir les plans de la machine militaire. Après l'avoir reconstruite, les Polonais comprirent qu'Enigma requérait davantage de connaissances mathématiques que linguistiques. De nombreux brillants mathématiciens polonais étaient originaires de régions anciennement occupées par les Allemands – et donc familiers de cette langue. Parmi eux se trouvait Marian Rejewski.

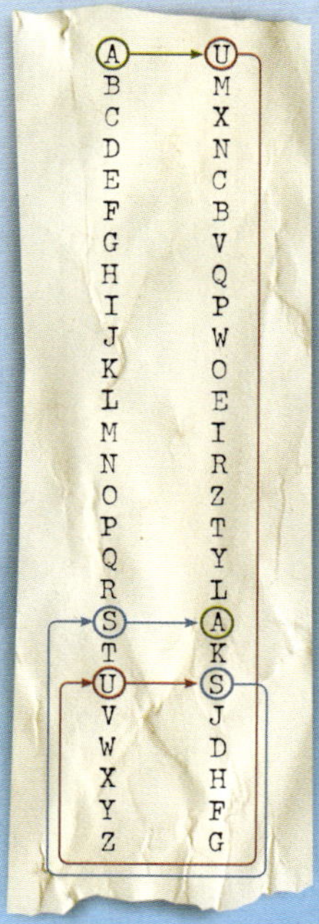

1 La clé de début de message

Rejewski se concentra sur la clé de trois lettres, répétée deux fois au début de chaque transmission. Il trouva la faille en réalisant qu'avec trois rotors brouilleurs, la quatrième lettre de la clé avait forcément un chiffrement différent de la première lettre. Il ne connaissait toujours pas le chiffre du jour, mais il commença à chercher des liens, des chaînes ou des substitutions. À partir des messages transmis un même jour, il constitua des tables de liens entre les première et quatrième, deuxième et cinquième, et troisième et sixième lettres de cette clé.

2 Les chaînes

En analysant ces tables, il identifia des chaînes, c'est-à-dire les séries de liens entre les lettres avant de revenir à la lettre de départ ; dans cet exemple, il y a trois liens : A-U, U-S, S-A. Si les réglages du pupitre de connexions restaient inconnus, Rejewski réalisa que le nombre de liens par chaîne avait un rapport avec le paramétrage des brouilleurs. Certaines chaînes étaient longues, d'autres courtes ; Rejewski et ses collègues passèrent une année à compiler les 105 456 réglages possibles des brouilleurs et à les corréler à la longueur des chaînes. Ces tables devinrent toutefois obsolètes quand les Allemands modifièrent leurs protocoles. Rejewski créa alors des calculateurs électroniques appelés « bombes cryptologiques » pour compiler à nouveau ces tables.

3 Le pupitre de connexions

Les tables permettaient de reconstituer les réglages des brouilleurs mais pas le pupitre de connexions. Cependant, en déchiffrant ce qui pouvait l'être grâce aux tables, un message reconnaissable se devinait fréquemment – par exemple, dans « CNOVNIS EO RNUTE », on devinait que les O et N avaient été intervertis par le pupitre de connexions et que le texte clair était : « CONVOIS EN ROUTE ».

Le succès

Grâce à la découverte capitale de Rejewski, la Pologne put déchiffrer la plupart des messages Enigma. Mais, en 1938, l'ajout de deux rotors brouilleurs et l'extension du pupitre de connexions fit tout reprendre à zéro. Un mois avant l'invasion nazie de septembre 1939, les Polonais convoyèrent deux répliques d'Enigma en Grande-Bretagne, les plans des « bombes » et les analyses de Rejewski.

Alan Turing à Bletchley Park

Parmi les nombreuses recrues du nouveau centre de cryptanalyse de Bletchley Park *(voir p. 119)* se trouvait Alan Turing (1912-1954), un jeune et brillant mathématicien de Cambridge. Il travaillait sur les mathématiques binaires et la modélisation de calculateurs programmables. S'appuyant sur les travaux des Polonais *(à gauche)*, il s'employa à créer une série de « bombes » améliorées, les machines de Turing, afin d'étudier le fonctionnement des nouveaux brouilleurs. Les paramètres de chiffrement des Enigma changeant chaque soir à minuit, il fallait travailler vite. Les réglages possibles étaient trop nombreux pour être triés en un temps raisonnable sans l'aide d'indices supplémentaires ; toutefois, certains avaient été identifiés avant l'arrivée de Turing, en 1939.

Alan Turing, dont les machines aidèrent à « casser » Enigma.

« Cillies » – L'erreur humaine et la paresse amenèrent quelques opérateurs d'Enigma à utiliser les mêmes clés de début de message (baptisées « cillies ») plutôt que de nouvelles prises au hasard. Une fois identifiées, celles-ci donnaient aux analystes des informations précieuses, aussi les messages de ces opérateurs étaient-ils particulièrement surveillés.

Clés de brouillage – Les Allemands pensaient que, si les rotors brouilleurs ne restaient pas réglés sur la même position plusieurs jours de suite, cela rendait le système plus sûr. En fait, cela l'affaiblissait car, une fois qu'un paramétrage de rotor avait été identifié, cela réduisait le nombre de combinaisons potentielles restantes.

Les cribles – L'identification de mots connus dans un message, ou cribles, aidait à déduire les réglages. Certains mots étaient prévisibles, notamment dans les messages météo, très surveillés car ils contenaient souvent le mot *wetter* (temps).

Les prises – L'obtention des livres de codes allemands était une priorité. Durant la bataille de l'Atlantique, sous-marins et navires météorologiques ennemis étaient bombardés puis coulés pour dissimuler aux Allemands la saisie de leurs livres.

Les boucles – Turing travailla aussi sur l'éventualité suivante : que les Allemands arrêtent de répéter la clé du message. En examinant les archives de décryptage, il détecta un ensemble de boucles, assez proches des chaînes de Rejewski, qui pouvait révéler les réglages des brouilleurs si le texte clair était connu, ou un crible repéré. Il avait découvert un nouvel angle d'attaque.

De nombreuses machines – Turing estima qu'il pouvait rapidement trier les 17 576 combinaisons possibles en utilisant une « bombe » pour simuler l'action de chaque rotor brouilleur, mais il lui fallait trouver le moyen de lier les « bombes » les unes aux autres à l'instar des rotors. Il parvint à les mettre en série en les reliant par des circuits. Dès qu'une boucle était trouvée, une lampe s'allumait.

À l'instar de Rejewski, Turing mettait de côté le problème du pupitre de connexions car un mot partiellement déchiffré grâce aux cribles pouvait être reconnu malgré des lettres permutées. L'identification de ces permutations révélait les réglages du pupitre de connexions.

Jumbo et le Colosse

Les plans de Turing pour connecter ses « bombes » en série afin de mettre en évidence des boucles furent approuvés, et un budget de 100 000 livres sterling alloué pour leur fabrication. Chaque « bombe » se composait de douze répliques de brouilleurs. La première, mise en service en mars 1940, fut nommée Victory. Alors que le prototype était toujours en phase de test, les Allemands changèrent les protocoles relatifs à la clé de message, ce qui remit tout à zéro. Une « bombe » améliorée fut opérationnelle dès le mois d'août et, au printemps 1942, quinze autres étaient en service, testant à toute vitesse les cribles et les réglages. Dans un bon jour, le système pouvait craquer la clé en une heure, ce qui permettait de lire tous les messages chiffrés de la journée. À la fin de la guerre, on comptait 200 « bombes » en service. Le procédé reposait toutefois sur l'usage de cribles astucieux, si bien que l'ingéniosité humaine restait au cœur du système.

Ces « bombes » interconnectées constituèrent le premier ordinateur programmable ; son nom de code était Jumbo (Heath Robinson pour les opérateurs). En 1942, Turing trouva un nouvel angle d'attaque pour casser le code Lorenz de la marine allemande utilisé sur une machine Enigma adaptée, la Geheimschreiber. Il exposa ses idées à Tommy Flowers et Max Newman, qui créèrent alors le Colosse, un calculateur programmable plus intégré, véritable précurseur de l'ordinateur moderne.

En juillet 1942, Turing se rendit aux États-Unis pour expliquer sa méthode aux analystes américains. Bien que les Britanniques aient fait part de leurs secrets à leurs Alliés, et que Bletchley Park ait déchiffré des codes italiens et japonais, l'histoire d'Enigma et de son cassage ne fut connue que dans les années 1970.

Le Colosse en service à Bletchley Park.

LE CODE NAVAJO

Une langue, un code

L'idée d'utiliser une langue peu usitée comme code est très ancienne : Jules César chiffrait ses messages non pas en latin mais en grec, que seuls connaissaient les Romains instruits. Pendant la Première Guerre mondiale, huit membres de la tribu des Choctaws communiquèrent dans leur dialecte à l'aide de téléphones de tranchée pour le compte de la 36e division de l'armée américaine postée en France. Au début de la Seconde Guerre mondiale, cette même armée fit appel à des locuteurs basques. Les Britanniques, quant à eux, expérimentèrent des codes en gallois ; ils envisagèrent d'abord d'utiliser les langues amérindiennes, mais nombre d'entre elles avaient été étudiées par des anthropologues allemands. C'est pourquoi le système navajo ne fut pas adopté en Europe ; 14 Comanches participèrent toutefois aux opérations de débarquement alliées en juin 1944. Les Japonais ne parvinrent jamais à déchiffrer le code navajo, qui contribua sans doute de façon décisive au succès américain dans le Pacifique Ouest.

Le 7 décembre 1941, l'attaque japonaise contre la base navale américaine de Pearl Harbor provoqua l'entrée en guerre des États-Unis – on parle d'attaque surprise car il n'y eut pas de déclaration de guerre, mais les Américains déchiffraient les messages japonais et soupçonnaient l'imminence d'un tel événement. De leur côté, les Japonais, interceptaient également les messages américains, et purent ainsi planifier l'opération. En deux mois, ils s'emparèrent des bases clés des Alliés dans le Pacifique Ouest et envahirent les Philippines, les Indes orientales et la Malaisie occidentale, créant la plus vaste zone d'occupation de l'Histoire. Lorsque les Américains préparèrent leur contre-offensive, ils cherchèrent avant tout à rendre leurs systèmes de communication plus fiables.

En situation de combat

Comme la machine allemande Enigma, le système de codage électromécanique de l'armée américaine (SIGABA ou Converter M-134, *voir p. 118*) était relativement lourd : chiffrement laborieux à l'aide d'un clavier, vérification des changements de clé et déchiffrement complexe du message. Très sûr, il convenait aux communications stratégiques de haut niveau ; en revanche, il manquait de souplesse pour un échange dans le feu de l'action. Au cœur du Pacifique, où la coordination immédiate des troupes aériennes, maritimes et amphibies était nécessaire, il fallait un système à la fois pratique et fiable.

Une langue méconnue

Au début de l'année 1942, un ingénieur civil désireux de participer à l'effort de guerre proposa à l'armée américaine de faire appel à des locuteurs navajos pour communiquer par radio sur les lieux de combat. Ayant grandi dans les réserves indiennes, il eut l'idée de se servir du navajo comme procédé cryptographique. Les étrangers ne pouvaient pas comprendre cette langue, quasiment méconnue et à la construction grammaticale très particulière. Faute de subventions fédérales, les Navajos suivaient rarement une scolarité normale et furent donc difficiles à former ; en revanche, ils possédaient une tradition orale riche de contes et de mythes, et leurs expressions très imagées se prêtaient bien aux descriptions militaires. De plus, comme en japonais, le ton modifiait le sens d'un mot, ce qui constituait une sécurité supplémentaire.

Pendant la Seconde Guerre mondiale, quelque 420 Navajos furent formés à la technologie des transmissions puis intégrés dans les divisions de marines de l'armée américaine. Le système de communication codé fut également utilisé pendant la guerre de Corée (1950-1953) et au début de la guerre du Viêt Nam. Le code navajo resta secret jusqu'en 1968.

Un vocabulaire cryptique

Riche et nuancée, la langue navajo était propice à la création d'un vocabulaire cryptique mais facile à mémoriser, ce qui évitait le recours aux carnets de codes. Un premier lexique de 274 mots navajos fut établi pour traduire des termes militaires (234 autres furent ajoutés plus tard), ainsi qu'un vocabulaire alphabétique phonétique, destiné à épeler les noms de lieux, par exemple.

Code alphabétique Navajo

A	Ant (fourmi)	*Wol-la-chee*
B	Bear (ours)	*Shush*
C	Cat (chat)	*Moasi*
D	Deer (daim)	*Be*
E	Elk (élan)	*Dzeh*
F	Fox (renard)	*Ma-e*
G	Goat (chèvre)	*Klizzie*
H	Horse (cheval)	*Lin*
I	Ice (glace)	*Tkin*
J	Jackass (baudet)	*Tkele-cho-gi*
K	Kid (chevreau)	*Klizzie-yazzi*
L	Lamb (agneau)	*Dibeh-yazzi*
M	Mouse (souris)	*Na-astso-si*
N	Nut (noisette)	*Nesh-chee*
O	Owl (chouette)	*Ne-as-jah*
P	Pig (cochon)	*Bi-sodh*
Q	Quiver (carquois)	*Ca-yeilth*
R	Rabbit (lapin)	*Gah*
S	Sheep (mouton)	*Dibeh*
T	Turkey (dinde)	*Than-zie*
U	Ute (Peau-Rouge)	*No-ad-ih*
V	Victor (vainqueur)	*A-keh-di-glini*
W	Weasel (belette)	*Gloe-ih*
X	Cross (croix)	*Al-an-as-dzoh*
Y	Yucca (yucca)	*Tsah-as-zih*
Z	Zinc (zinc)	*Besah-do-gliz*

Lexique navajo

Avion de combat	Colibri	**Véhicule amphibie**	Grenouille
Avion d'observation	Hibou	**Navire de guerre**	Baleine
Bombardier en piqué	Faucon	**Sous-marin**	Poisson de fer
Bombe	Œuf	**Allemagne**	Casque de fer

CODES DE LA GUERRE FROIDE

Les relations tendues entre les États-Unis et l'URSS, les deux superpuissances émergeant des ruines de la Seconde Guerre mondiale, conduisirent à une telle escalade dans la suspicion, la dissimulation et le stockage d'armes nucléaires qu'un conflit ouvert ne fut évité que de peu, dans les années 1950. Depuis, les activités des services secrets – qui coûtèrent nombre de vies –, n'ont cessé, à travers les œuvres de Graham Greene, Ian Fleming ou John Le Carré, de captiver le public. CIA, FBI, MI6, 007, Smersh, Spectre… à l'époque, les acronymes – réels ou fantaisistes – étaient légion ; toutefois, aucun ne suscitait autant d'inquiétude que le MAD (*Mutually Assured Destruction,* « stratégie de destruction mutuelle assurée ») puisqu'il aurait abouti à un cataclysme nucléaire, quel que soit l'homme d'État qui aurait appuyé sur le bouton…

Non à la bombe

L'un des plus célèbres symboles de la guerre froide est le *« Ban the Bomb »* (« non à la bombe ») brandi par les partisans du désarmement nucléaire. Créé par l'artiste britannique Gerald Holton, il a fait sa première apparition lors de la marche antinucléaire d'Aldermaston, en avril 1958. Holton expliqua avoir été inspiré par l'attitude du condamné dans le tableau de Goya (ci-dessus) *El Tres de Mayo de 1808 en Madrid (les Fusillades du 3 mai)* et la combinaison des signes du sémaphore correspondant aux lettres D (désarmement) et N (nucléaire).

Codes de sécurité ?

De l'espionnage quotidien à la sécurité militaire et aux conversations confidentielles du président américain avec ses alliés – ou ennemis –, les codes utilisés étaient top secret ; beaucoup sont toujours en usage. Cependant, quand les technologies numérique et informatique entrèrent dans le domaine militaire, l'armée fit appel à des sociétés commerciales telle IBM – un cauchemar pour la sécurité ! C'est ainsi que les bombardiers B-52 étaient contrôlés par des ordinateurs d'IBM ayant les mêmes codes sources que les matériels grand public !

Le projet Venona

Dès le début de la Seconde Guerre mondiale, les Alliés entreprirent de surveiller les échanges soviétiques. Pour cela, la National Security Agency et le FBI, rejoints plus tard par les services anglais, entamèrent une collaboration ultrasecrète, appelée projet Venona, afin de déchiffrer les communications que se transmettaient Moscou et certaines ambassades. Chiffrés grâce à un système quasi incassable de masques, les messages russes (qui livraient des informations sur le fonctionnement de l'armée et du renseignement soviétiques) furent distribués à un petit cercle de cryptanalystes. Certains furent décodés dès 1946 parce que les Soviétiques avaient réutilisé des masques censés ne servir qu'une fois. Ces informations ultrasensibles ne furent que partiellement transmises à la CIA et à la Maison-Blanche par le FBI, qui se méfiait des fuites, dont une liste de 349 Américains accusés d'espionnage, tels Julius et Ethel Rosenberg *(ci-contre),* ou encore des preuves que le projet Manhattan *(voir p. 119)* était infiltré. Le projet Venona fut dissous en 1980.

Les Rosenberg furent accusés d'espionnage et exécutés malgré la controverse.

Un brouilleur téléphonique utilisé pour les communications passées entre la Maison-Blanche et le Kremlin apparaît dans le film de Kubrick *Docteur Folamour (Dr. Strangelove).*

Brouillage téléphonique

Les conversations téléphoniques ultraconfidentielles devaient être sécurisées. Les brouilleurs actuels, disponibles en accès libre, s'inspirent très largement du système Sigsaly, développé par les laboratoires Bell Telephone et utilisé durant la Seconde guerre mondiale *(ci-dessus)*. Le message vocal passait dans un vocodeur qui synthétisait et numérisait la voix, puis le fichier numérique obtenu était chiffré et transmis en ordre aléatoire dans six bandes passantes. Le général MacArthur utilisa le système Sigsaly durant une grande partie de la campagne du Pacifique – plus de 3 000 de ses messages furent ainsi brouillés avec succès.

La valise nucléaire

Une mallette métallique glissée dans un sac noir reliée par un filin au poignet de l'aide de camp du président américain pourrait changer le sort du monde. Connue sous le nom de valise nucléaire, c'est un élément mobile du système de défense américain et elle abrite une radio Satcom, son combiné, un certain nombre de scénarios d'attaque (le *Playbook*) et des plans provisoires en cas de programme d'urgence nucléaire national. Ce dispositif, que complète un code de lancement de l'arme nucléaire (le code d'or, modifié chaque jour), accompagne en permanence le président. On raconte qu'au pressing de la Maison-Blanche on retrouva un code d'or dans la poche de l'un des costumes de Jimmy Carter... En cas d'urgence ou d'attaque, l'aide de camp présidentiel ouvre la mallette, lit les plans et, si nécessaire, utilise la radio pour ordonner une réplique atomique. Le Premier ministre russe possède lui aussi une valise similaire.

L'aide de camp du président américain, toujours près du chef de l'État, porte en permanence la valise nucléaire.

Surveillance sur le terrain

Durant la guerre froide, la surveillance d'espions potentiels était devenue une activité quasi obsessionnelle. À l'instar des écoutes téléphoniques et des photos, les filatures s'avéraient souvent très fructueuses et permettaient de confondre les suspects. Un code corporel – d'abord utilisé par la police et le FBI puis modifié par la CIA – fut mis au point pour les agents de terrain. Bien évidemment, ces derniers ne devaient surtout pas l'appliquer hors de propos...

Attention ! Le sujet approche.
Toucher son nez avec la main ou avec un mouchoir.

Le sujet bouge, va plus loin ou nous dépasse.
Passer la main dans ses cheveux ou soulever brièvement son chapeau.

Le sujet est arrêté.
Une main dans le dos ou sur l'estomac.

L'agent de surveillance souhaite arrêter la filature de peur d'être repéré.
Se baisser pour refaire ses lacets.

Le sujet revient
Les deux mains dans le dos ou sur le ventre.

L'agent de surveillance souhaite parler à son chef ou à un autre agent.
Ouvrir une mallette et examiner son contenu.

06

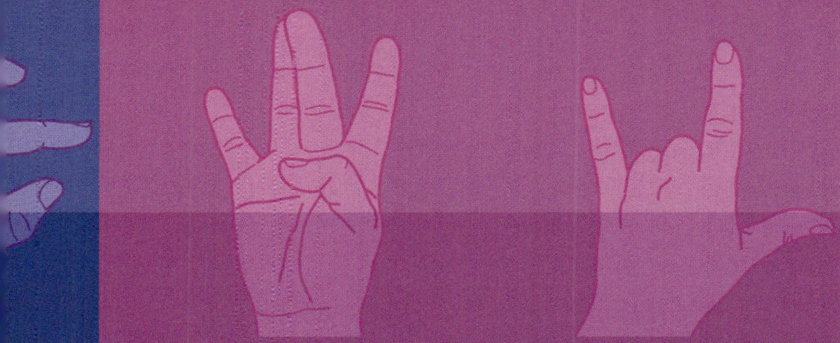

Les groupes qui se mettent volontairement en marge de la société, ou en sont écartés malgré eux, développent souvent leurs propres systèmes de communication pour pouvoir agir en toute discrétion.

Les codes du monde interlope

Les symboles occultes et les langues cryptiques (argot et autres jargons) sont fréquemment utilisés dans les communautés les plus fermées ou dans le monde du banditisme. Si de nombreux termes employés par le « milieu » sont venus enrichir la langue courante, d'autres demeurent compréhensibles des seuls initiés, qui rivalisent sans cesse d'inventivité.

Le langage de la rue

Au XVIIe siècle, l'argot était la « langue des gueux et des coupeurs de bourse, qui s'expliquent d'une manière qui n'est intelligible qu'à ceux de leur cabale » (Pierre Richelet, *Dictionnaire français*, 1680). Elle permettait avant tout à des locuteurs de communiquer sans être compris des non-initiés, et fut longtemps le langage secret de la pègre. La définition de Pierre Richelet, aujourd'hui dépassée, a prévalu jusqu'au milieu du XXe siècle ; aujourd'hui, avec le brassage culturel, on parle plutôt de langage populaire spontané propre à un groupe social ou à une population donnée.

L'argot tzigane

Le *Grand Dictionnaire universel du XIXe siècle* définit le romani comme la « langue secrète, d'origine indienne, utilisée par les bohémiens ». Un argot d'origine romani se développa chez les forains ou dans les villes et banlieues populaires de la région parisienne. L'argot français compte ainsi une centaine de mots d'origine romani. En voici quelques-uns.

Choucard(e) : beau, bien, bon, agréable.
Chourave (n. f.) : vol. Du romani *tchorav,* voler.
Chouraver (ou chourer) : voler.
Chouraveur : voleur.
Gadjo (n. m.), **gadji** (n. f.) **:** garçon, homme, ou fille, femme. En romani : autochtone non tzigane.
Maraver : battre, tuer. Du romani *marav,* « je frappe ».
Surin : arme blanche (couteau, poignard). Du romani *chouri,* poignard, couteau à longue lame.

« L'argot, c'est le verbe devenu forçat. »

Victor Hugo, *les Misérables*, 1862.

Le jargon des cours des Miracles

L'existence d'un « jargon des gueux » est attestée depuis la fin du XIIe siècle. Les bandits se protégeaient derrière un parler connu d'eux seuls. Au XVIIe siècle, au cœur des grandes villes, des confréries de truands vivaient dans des repaires insalubres appelés cours des Miracles. Millards (chargés du vol des denrées), marjauds (proxénètes), narquois (faux soldats mutilés), piètres (faux estropiés), malingreux (faux malades), coquillards (faux pèlerins se rendant à Saint-Jacques-de-Compostelle)..., tous peuplaient ces quartiers clos, gardés la nuit par des mouches (espions) et des hommes armés.

La vie et les méfaits de criminels connus étaient décrits dans le très populaire *Newgate Calendar,* ouvrage anglais sans cesse réédité aux XVIIIe et XIXe siècle.

Le largonji

Le largonji était une forme d'argot qui connut un grand succès auprès des voyous au XIXe siècle, avant de tomber en désuétude dans les années 1930. Pour parler largonji, on substitue un *l* à la première lettre du mot : l'initiale remplacée passe alors en fin de mot et doit être prononcée. Les expressions « en loucedé » (en douce) et « à loilpé » (à poil), que l'on prend à tort pour du verlan, sont toujours utilisées.

Le verlan

Le verlan (cryptage à l'envers ou « vers-l'en », parfois suivi d'une troncation) est une autre forme d'argot, dont on retrouve les premières traces sous Henri IV. Langage des milieux ouvriers et immigrés de la banlieue parisienne à partir de la Seconde Guerre mondiale, il s'est rapidement étendu à toutes les classes de la population dans les années 1970, et a été popularisé par la chanson de Renaud *Laisse béton* (1978). Le mouvement hip-hop l'a intégré à son vocabulaire au cours des années 1990. De nombreux termes appartiennent aujourd'hui au langage courant.

Ça comme	Comme ça	**Zarbi**	Bizarre
Ouam	Moi	**Véner**	Énervé
Keuf	Flic	**Portna**	N'importe
Pécho	Choper	**ouak**	quoi

L'argot klezmer

Dès le XVe siècle, les musiciens itinérants juifs d'Europe centrale (ci-dessus) parlaient le klezmer-loshn, l'argot des musiciens. Dérivé du yiddish, le klezmer-loshn était truffé d'anagrammes et de mots à sens redéfini. Il s'agissait d'un argot corporatiste, sorte de langage secret connu de la seule profession.

Geshvin	Vite	**Shtetl**	Village
Katerukhe	Chapeau	**Tirn**	Bavarder
Klive	Beau	**Yold**	Mari
Shekhte	Femme	**Zikres**	Yeux

Des samouraïs aux yakuzas

Le code *bushido* : les sept vertus

気 Courage — 義 Droiture

仁 Compassion — 忠 Loyauté

譽 Honneur — 礼 Respect

信 Honnêteté

Ces sept grandes vertus confucéennes constituaient la base du code d'honneur des samouraïs. Parmi les nombreuses œuvres japonaises qui leur sont consacrées, la plus connue des Occidentaux est sans doute le *Bushido Shoshinshu (le Code des samouraïs),* rédigé par Shigesuke Taira, samouraï et stratège militaire en exercice de la fin du XVIIe au début du XVIIIe siècle. Au Japon aujourd'hui, on s'inspire encore de ce texte emblématique, surtout dans le monde de l'entreprise. Les concepts de *giri* – la notion de devoir – et de *ninjo* – la capacité à ressentir de la compassion – ont traversé les siècles.

Née il y a plus de mille ans et basée sur une éthique confucéenne, la classe guerrière des samouraïs fut l'une des plus puissantes et des plus prestigieuses de la société japonaise. Un code de principes très stricts appelé *bushido,* la « voie du guerrier », régissait la vie et la mort de chacun de ses membres. Toutefois, avec les réformes menées par le gouvernement des Tokugawa au début du XVIIe siècle, les occasions de se battre se firent plus rares. Paix et prospérité favorisèrent l'émergence de la classe des marchands, qui remplaça peu à peu celle des combattants. En 1868, les réformes de l'ère Meiji balayèrent définitivement le système féodal. Les samouraïs et leurs valeurs inspirèrent cependant des institutions et des organisations nipponnes plus récentes, dont les célèbres yakuzas, membres du milieu japonais.

Un casque de samouraï arborant le *mon* du clan.

Les samouraïs obéissaient aux ordres d'un seigneur féodal, ou *daimyo*.

Les emblèmes familiaux ou *mon*

Dès le XIIe siècle, au Japon, les emblèmes familiaux (*mon* ou *kamon*) s'affichaient sur les champs de bataille. Ils ornaient les armures, les étendards ou les effets personnels des guerriers. Au contraire des blasons occidentaux, bien souvent des compositions assez complexes, les *mon* consistaient en un symbole stylisé simple entouré d'un cercle – des motifs militaires (la flèche), animaux (le papillon, pour le clan Taira) et surtout végétaux. La couleur n'avait pas d'importance. Un fils aîné héritait du *mon* de son père, tandis que ses cadets le déclinaient, de sorte que l'on recense environ 10 000 dessins à ce jour. Seuls ceux de l'empereur et de son premier conseiller ne pouvaient être modifiés. Après l'époque Muromachi (v. 1333-1574), les *mon* se démocratisèrent. La nouvelle classe des marchands en fit des logos commerciaux – un usage qui perdure aujourd'hui.

Les *mon* traditionnels des puissants

Logos commerciaux de type *mon*
De nombreuses entreprises japonaises modernes choisissent un *mon* pour logo.

Emblème de l'empereur — **Emblème du Premier ministre** — **Emblème des shoguns Tokugawa** — **Emblème du clan Taira** — **Yamaha** — **Mitsubishi** — **Toyota** — **Benihana**

L'héritage des samouraïs

Après les réformes des années 1860, diverses organisations s'approprièrent l'histoire des samouraïs, parmi lesquelles le Genyosha (Société de l'océan noir), fondé en 1881, dont l'objectif était de rassembler des centaines de sociétés secrètes. Très actives et violentes, ces organisations transformèrent les premières élections nipponnes de 1892 en un bain de sang ; en 1895, à la demande du gouvernement japonais, elles assassinèrent la reine de Corée. Au Genyosha succéda le Kokuryukai (Société du dragon noir), fondé en 1901, qui était favorable à l'expansion du Japon en Asie ; il fut responsable d'actes de violence

Certains nostalgiques se plaisent à endosser les tenues des samouraïs médiévaux.

contre les syndicats d'étudiants et de travailleurs, mais aussi contre les politiciens de gauche. D'une manière générale, cette organisation rejetait toute forme de démocratie, et ses membres s'allièrent aux joueurs et aux voyous yakuzas. Non politisés par tradition, ces derniers – qui forment l'un des premiers syndicats du crime au monde – se réclament des samouraïs pour donner une image « noble » de leurs activités d'extorsion de fonds, de racket, de prostitution et de trafic d'êtres humains.

Les yakuzas

Ils revendiquent un code d'honneur dérivé du *bushido*. Au sein de chaque *gumi* (bande), le respect de la hiérarchie est fondamental, et des rituels féodaux sont encore observés. Toutefois, les yakuzas ne sauraient être assimilés à une société secrète : ils font partie intégrante de la scène politique et économique japonaise. Certains de leurs locaux ont pignon sur rue, comme n'importe quelle entreprise. Les yakuzas sont faciles à reconnaître, même sans leur *mon* épinglé sur le revers de leur veste : vêtements, grosses voitures aux vitres teintées, attitude..., tout évoque les codes du grand banditisme, surtout dans un pays où même les dirigeants de grandes entreprises sont naturellement discrets.

Les traditions des yakuzas

Les yakuzas sont réputés pour les tatouages *(horimono)* spectaculaires qui couvrent leur corps. Arborés par des individus vivant en marge de la société, ces tatouages sont la marque d'une appartenance

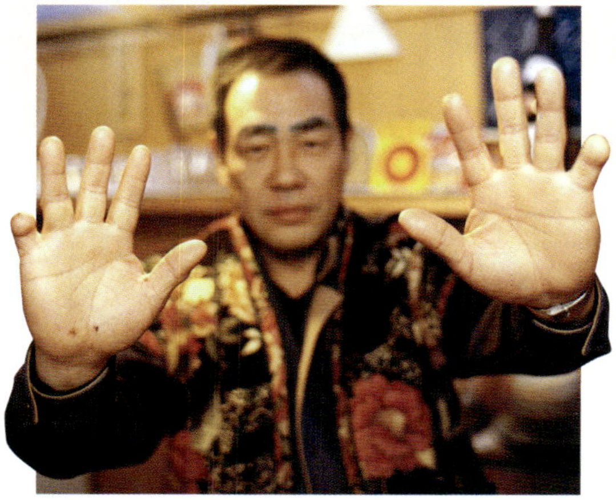

Pour expier une faute, le yakuza se coupe une phalange afin de la présenter à son *oyabun* (père).

au groupe, du courage physique, ou évoquent le choix du mal plutôt que du bien. Autrefois, le samouraï qui avait désobéi ou failli se suicidait en s'ouvrant l'abdomen, une pratique rituelle appelée *seppuku* ; aujourd'hui, le yakuza expie ses fautes en se coupant une phalange *(yubitsume)*. Les rites d'initiation revêtent une grande importance, notamment avec l'échange d'un certain nombre de coupes de saké – offrande aux dieux shintos vénérés par les yakuzas. Quant aux rituels impliquant l'échange de sang, ils disparaissent à cause des risques de contamination du virus du sida.

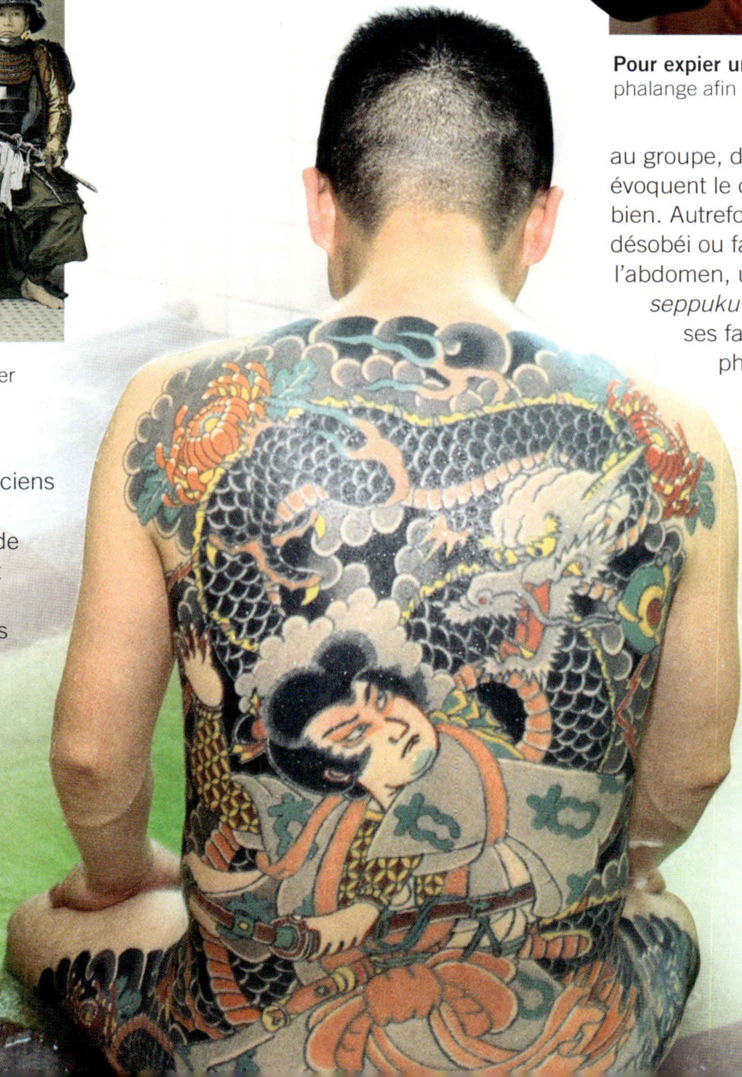

Chaque tatouage fait référence au clan et au *mon*. L'ensemble nécessite en général des centaines d'heures de travail. Les bains publics affichent souvent la mention « Tatouages interdits ».

Le rhyming slang londonien

Un cockney est un Londonien issu de la classe ouvrière et habitant les quartiers est de la ville. La légende veut qu'un cockney digne de ce nom soit né dans un périmètre où il est possible d'entendre sonner les cloches de l'église St Mary-le-Bow, au cœur de la City *(à gauche)*. Autrefois, lorsque Londres était la capitale mondiale du commerce, les cockneys travaillaient sur les quais et livraient aux habitants de la métropole les marchandises nécessaires à leurs besoins quotidiens.

La langue anglaise étonne toujours les visiteurs étrangers, tant par la diversité de ses accents que par le nombre de dialectes aux expressions imagées, dont le *rhyming slang* (« argot à rimes » des cockneys), typiquement londonien. Né pendant la révolution industrielle, cet argot est devenu un langage des rues à part entière.

Les origines du *rhyming slang*

Au XIXe siècle, les Londoniens venaient s'approvisionner sur trois grands marchés : Billingsgate (poisson), Covent Garden (*ci-dessous,* primeurs et fleurs) et Smithfield (viande), installés aux alentours des grandes prisons londoniennes. C'est dans ces lieux – mais aussi sur les quais – que l'on parlait le *rhyming slang.* Cette forme d'argot a souvent été décrite comme un langage codé mis au point par les malfaiteurs pour empêcher la police de comprendre ce qui se disait, notamment dans les pubs. Il semble que l'explication soit tout autre : les marchandes de quatre-saisons, les bouchers, les poissonnières, les débardeurs et les porteurs de marchandises – sans oublier les détenus – ne voulaient pas que leurs contremaîtres et surveillants comprennent le sens de leurs conversations.

Les porteurs se distinguaient par leur façon de transporter les marchandises en équilibre sur leur tête.

Comment fonctionne le *rhyming slang*?

Langage imagé en perpétuelle évolution, le *rhyming slang* suit un principe simple : il suffit de remplacer le mot à traduire par une paire de mots d'usage courant, comme, de nos jours, le nom d'une célébrité. Dans le langage parlé, on supprime souvent le second mot de la paire : par exemple, *stairs* (escalier) rime avec *apples and pears* (« pommes et poires ») ; on dira donc *apples* pour désigner un escalier. De même, le terme *flares* (pantalon pattes d'éléphant) a été associé au nom de l'ex-Premier ministre britannique Tony Blair pour devenir *tonys.* Le contexte de la conversation revêt une grande importance. Contrairement au verlan, le *rhyming slang* est pratiquement impossible à comprendre pour un étranger qui n'en connaît pas la terminologie de base. L'accent cockney et, bien sûr, les libertés prises avec la grammaire ajoutent à la confusion.

Quelques exemples

Adam and Eve	*believe* (croire)
***Apples (and pears)* (pommes et poires)**	stairs (escalier)
***Boat (race)* (régate)**	*face* (visage)
***Bottle of sauce* (bouteille de sauce)**	*horse* (cheval)
***Bread (and honey)* (pain et miel)**	*money* (argent)
***Butcher's (hook)* (crochet de boucher)**	*look* (regarder)
***Chew the fat* (mâcher le gras)**	*chat* (bavarder)
***China (plate)* (plat en porcelaine)**	*mate* (pote)
***Dog (and bone)* (chien et os)**	*telephone* (téléphone)
***Dustbin (lid)* (couvercle de poubelle)**	*kid* (gosse)
***Frog (and toad)* (grenouille et crapaud)**	*road* (route)
***Frying pan* (poêle)**	*old man* (vieil homme, ici désigne l'époux)
***Ham and eggs* (jambon et œufs)**	*legs* (jambes)
***Jam (jar)* (pot de confiture)**	*car* (voiture)
***Loaf (of bread)* (miche de pain)**	*head* (tête)
Mickey Mouse	*house* (maison)
***Mother's ruin* (ruine de la mère)**	gin
***North and South* (nord et sud)**	*mouth* (bouche)
***Ones and twos* (uns et deux)**	*shoes* (chaussures)
***Plates (of meat)* (assiettes de viande)**	*feet* (pieds)
***Pork (pies)* (tourte)**	*eyes* (yeux)
***Tea leaf* (feuille de thé)**	*thief* (voleur)
***Turtle doves* (tourterelles)**	*gloves* (gants)

LE CRIME ORGANISÉ

Pirates sillonnant les mers – dès l'Antiquité, Phéniciens ou Mycéniens se livraient à des actes de piraterie –, bandits de grand chemin cherchant à détrousser les voyageurs ou encore vagabonds à l'époque médiévale furent les premiers à se regrouper en organisations criminelles structurées. Mais ce n'est qu'au XIXe siècle, lorsque la révolution industrielle favorisa l'expansion des villes, que se développa le crime organisé international. Face sombre de notre société, il se caractérise par un ensemble de codes de comportement et de communication.

Pavillon de Barbe noire
Ce pirate anglais, réputé pour sa cruauté, parcourait les mers au début du XVIIIe siècle. Il mourut en 1718, au cours d'un combat terrible à l'issue duquel il fut décapité.

Les pirates

Les pirates, boucaniers et autres flibustiers qui sévissaient sur les premières routes commerciales étaient en majorité des détenus en fuite, des apprentis ou des déserteurs, à ne pas confondre avec les corsaires, des civils qui faisaient la guerre avec l'autorisation de leur gouvernement. Les pirates respectaient un code d'honneur et de loyauté au sein de l'équipage et partageaient leur butin suivant des accords définis au préalable.

La signature Toute exécution mafieuse était un événement destiné à mettre en garde d'éventuels adversaires, et les initiés connaissaient généralement la raison d'un tel acte : trahison, non-respect du territoire ou manquement au code d'honneur. Lorsqu'il assassinait un informateur, le tueur déposait un canari mort ou une carte à jouer non loin du corps, symbole de la faute commise par la victime.

La mafia italo-américaine

Aux États-Unis, les vagues successives d'immigration favorisèrent la formation de bandes mafieuses. Au sein même des communautés irlandaise, polonaise, russe et juive d'Europe centrale se trouvaient toujours quelques individus désireux de gagner facilement de l'argent au détriment de leurs semblables. Dans les années 1920, la mafia italo-américaine se développa pour finir par s'installer durablement sur le territoire. Comme son homologue européenne, elle est régie par un code d'honneur très strict. Elle possède un vocabulaire spécifique, dont certains termes sont entrés dans le langage courant.

Babbo : crétin ; qualifie un subalterne malchanceux.
Babania : héroïne.
Camorra : mafia napolitaine.
Capo bastone : « tête de battement », second du *capo crimine*.
Capo crimine : « patron du crime », à la tête d'une famille du crime.
Capodecina : chef local nommé par le chef de famille.
Capo di capi re : littéralement « patron roi des patrons » ; titre accordé à un aîné ou à un ancien membre respecté.
Capo di tutti i capi : « patron des patrons ».
Caporegime : « chef de régime », qui dirige une équipe d'une dizaine de *sgarriste* (soldats).
Consigliere : intermédiaire, conseiller du chef de famille.
Contrat : assassinat commandité.
Cosa nostra : littéralement « notre chose » ; expression codée permettant d'évoquer les activités de crime organisé en public ou en cas d'écoute.
Cosca : famille, clan mafieux.
Cupola : organe qui supervise l'action des différentes familles.
Don : chef de famille.
Omerta : loi du silence à respecter coûte que coûte, et dont la violation est passible de mort ; à partir des années 1960, les autorités américaines instaurèrent un système de négociation de peines et de protection des témoins à charge qui incita de nombreuses figures du milieu à coopérer (Joe Valachi et Henry King, entre autres).
Onore : « honneur » ; la moindre offense envers un membre de sa famille doit être vengée pour qu'il soit à nouveau respecté.
Parrain : chef d'une famille mafieuse.
Picciotto : « petit homme » ; homme d'honneur chargé de récolter le fruit du racket.
Pizzo : impôt mafieux, racket.
Repenti : mafieux qui accepte de collaborer avec la justice.
Sgarrista* ou *soldato : « soldat » ; membre de la mafia.
Sottocapo : second du chef de famille.
Uomo d'onore : homme d'honneur, membre de la mafia sicilienne (à un grade inférieur).

L'argot du milieu

Dans les années 1960, les bandes des frères Kray *(ci-dessus)* ou de Charles Richardson opéraient à Londres. Paris truqués, prostitution, extorsion de fonds, drogue, ces deux factions rivales contrôlaient toutes les activités illégales. Au même moment, en France, sévissait la French Connection, sous la houlette d'Antoine Guerini. Ces trafiquants de drogue étaient les principaux fournisseurs des organisations criminelles américaines. Nouvelle forme de criminalité, le grand banditisme bouleversa les structures du milieu ainsi que son langage, même si l'argot était toujours utilisé par les truands de l'époque.

Artichaut porte-monnaie
Bâton dix mille francs
Bavard avocat
Blase nom
Braquage attaque à main armée
Cador dur à cuire
Caïd chef d'un groupe de truands
Came drogue
Carotter soutirer frauduleusement
Casser cambrioler
Cave homme qui n'appartient pas au milieu
Chapeau de paille travaux forcés
Chapelet menottes
Châtaigne coup
Clandé clandestin
Condé accord tacite avec la police
Demi-sel petit voyou sans envergure
Diam diamant
Doulos chapeau
Faisan escroc
Flicaille police
Fourgue receleur
Fric argent
Grisbi argent monnayé
Indic indicateur
Marmite femme du souteneur
Menteuse langue
Morbaque morpion
Mouton espion, codétenu
Neige cocaïne
Pinceaux jambes
Planquouser cacher
Plongeur voleur à la tire
Poule maîtresse attitrée, femme aimée
Raisiné sang
Ruban route
Schnouf drogue
Soleil 1 million de francs
Vapes évanouissement
Maison poulaga police

LE CODE DES *HOBOS* AMÉRICAINS

Le parler *hobo*

Comme beaucoup d'itinérants, les *hobos* respectaient un code d'honneur et partageaient un langage secret qui, un peu comme l'argot *(voir p. 132)*, était destiné à tromper les policiers.

***Accommodation car* (wagon-lit) :** fourgon de queue.
Angelina : adolescent sans expérience, blanc-bec.
Banjo : petite poêle à frire.
***Barnacle* (bernacle) :** personne qui conserve longtemps un emploi.
***Big house* (grande maison) :** prison.
***Bone polisher* (polisseur d'os) :** chien méchant.
***Bull* (taureau) :** employé des chemins de fer.
***Cannonball* (boulet de canon) :** train rapide.
***Catch the westbound* (prendre le train de l'Ouest) :** mourir.
***Cover with the moon* (se couvrir de la Lune) :** dormir à la belle étoile.
Cow crate (charrette à vaches) : wagon à bestiaux.
***Crumbs* (miettes) :** poux.
***Easy mark* (marque facile) :** personne ou lieu procurant repas et abri.
***Honey dipping* (plonger dans le miel) :** travailler dans les égouts.
***Hot* (chaud) :** *hobo* fugitif.
Jungle : campement ou lieu de réunion.
***Knowledge bus* (bus du savoir) :** bus scolaire servant d'abri.
***Spear biscuits* (piquer des biscuits) :** fouiller les poubelles pour se nourrir.
***Yegg* (cambrioleur) :** Voleur professionnel itinérant.

À partir de la fin du XIXe siècle, des travailleurs européens et asiatiques immigrèrent en masse aux États-Unis ; la plupart d'entre eux participèrent à la construction des voies ferrées et des routes. Lorsque le chemin de fer permit de gagner l'Ouest américain, de nombreux travailleurs itinérants, appelés *hobos* – ou *ramblers* – affluèrent : ces hommes, qui vivaient d'expédients, sillonnaient le pays à la recherche de tâches saisonnières.

Après le krach boursier de 1929, la crise économique incita beaucoup d'Américains à monter à bord de wagons de marchandises, en quête d'un avenir meilleur dans les lointaines contrées de l'Ouest. Certains espéraient faire fortune en participant à la ruée vers le pétrole, d'autres fuyaient la misère du monde rural pour tenter leur chance en ville. Au milieu des années 1930, dans le cadre de la politique du New Deal – destinée à relancer l'économie et à sortir de la Grande Dépression –, le réseau routier se développa, incitant encore davantage de *hobos* à se déplacer d'un État à l'autre.

> « J'ai vagabondé çà et là, j'ai traîné presque partout. »
>
> WOODY GUTHRIE, *EN ROUTE POUR LA GLOIRE* (1943).

Les marques à la craie

Nul ne connaît l'origine de ce système codé, mais il permettait d'informer les *hobos* sur des sujets essentiels à leur survie : la possibilité d'obtenir des repas chauds, la présence de chiens dangereux... Ces marques étaient tracées sur les wagons, les panneaux indicateurs, les boîtes aux lettres ou les poteaux.

1 Rue où l'on peut mendier.
2 Travaux forcés.
3 Saloons en ville.
4 Ville ayant interdit l'alcool.
5 Police hostile aux itinérants.
6 Quitter le chemin de fer pour la route.
7 Police des chemins de fer non hostile.
8 Police des chemins de fer hostile.
9 Ville hostile ; partir au plus vite.
10 Ville ou habitants pieux.
11 Lieu habité par des personnes de cœur.
12 Femme folle ou chien méchant.
13 OK, quartier noir.
14 Vieux en prison.
15 Prison propre.
16 Bonne prison, mais prisonniers affamés.
17 Prison sale.
18 Attendre les personnes nommées.
19 Ville périphérique.
20 Prison convenant pour un hébergement de nuit.
21 Attention, police hostile !
22 Police non hostile aux itinérants.
23 Les gens ne donnent rien.
24 Homme mauvais vivant ici.
25 Policiers en civil.
26 Femme policier.
27 Danger !
28 Femme seule.
29 Deux femmes ; raconter une bonne histoire.
30 Danger, homme brutal !
31 Prendre un ticket ici.
32 Lieu de crime.
33 Barrière.
34 Chien dans le jardin.
35 On peut dormir dans la grange.
36 On peut obtenir de l'argent.
37 Rien à faire ici.
38 OK, chance d'obtenir à manger.
39 Gens pauvres.
40 On peut dormir ici.

Codes et délits

Essentielle à l'identification d'un coupable, la criminalistique – collecte, organisation et interprétation d'indices, recherche de mobiles, recours aux banques de données – constitue désormais une discipline apparentée à la cryptanalyse : correctement assemblées, les preuves récoltées peuvent permettre de mieux interpréter un délit et aider à en trouver l'auteur. Aujourd'hui, l'interaction entre le travail traditionnel de la police (enquête, vérifications, interrogatoires) et l'expertise médico-légale, notamment les tests ADN *(voir p. 174)*, constitue le principal outil pour résoudre une affaire criminelle.

La Main noire

La Mano Nera (« main noire ») était un gang américain composé d'immigrés italiens – précurseur de la Cosa Nostra américaine – qui sévit au début du XXe siècle. Ses membres envoyaient des lettres de menace à leurs victimes, leur signifiant qu'ils ne leur laisseraient la vie sauve qu'en échange d'une rançon. Ils signaient leurs missives d'une empreinte de main trempée dans l'encre noire. Entre 1910 et 1914, à Chicago, on déplora environ 100 meurtres signés par la Mano Nera, et plus de 55 attentats à la bombe. Dans les années 1920, durant la Prohibition, les mafieux se consacrèrent davantage à la contrebande d'alcool. Lorsque la dactyloscopie se développa, ils se contentèrent de dessiner grossièrement une main sur leurs lettres.

Ignazio Saietta (1877-1947), surnommé Lupo le Loup, était l'un des pontes de la Mano Nera. On soupçonne ce cruel tortionnaire – il avait pour habitude de brûler ses victimes – d'avoir assassiné une soixantaine de personnes. Pourtant, il ne fit que deux séjours en prison, l'un pour contrefaçon et l'autre pour racket.

Identifier les types criminels

En Allemagne, au début du XIXe siècle, le neurologue allemand Franz Joseph Gall mit au point une pseudoscience appelée phrénologie, qui stipulait que la configuration et les dimensions du crâne fournissaient des informations sur la personnalité, l'intelligence et les facultés morales des individus, et pouvaient donc servir à identifier des types criminels. Dans la même mouvance, à la fin du XIXe siècle, le criminologue français Alphonse Bertillon (1853-1914) inventa l'anthropométrie judiciaire – ou bertillonnage –, technique consistant à photographier et à mesurer très précisément les criminels. Bertillon s'intéressa également à la graphologie, interprétation de l'écriture comme reflet de la personnalité. Toutefois, les écritures peuvent être falsifiées, imitées ou difficiles à identifier : Alfred Dreyfus, par exemple, fut condamné par erreur pour trahison en 1894, Bertillon ayant affirmé qu'il était bien l'auteur du bordereau prouvant l'envoi de documents secrets aux Allemands.

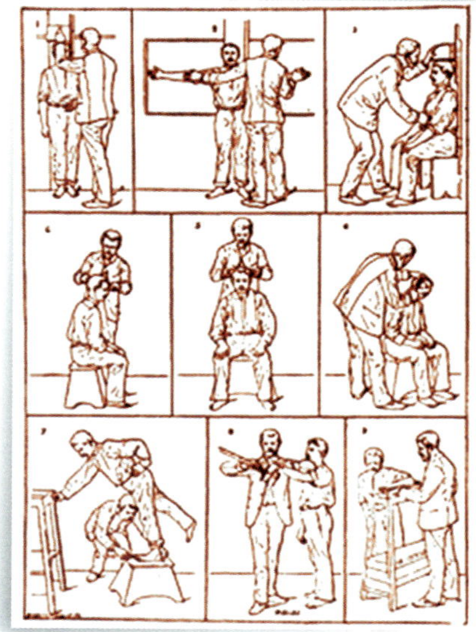

Page de l'ouvrage de Bertillon sur l'anthropométrie judiciaire, science qui repose sur les mensurations des suspects.

La dactyloscopie

L'analyse scientifique des empreintes digitales naquit au XIXe siècle, dans le cadre des premières recherches sur le code génétique. En 1886, la police londonienne refusa de considérer la dactyloscopie comme une méthode d'identification criminelle. Néanmoins, en 1892, un policier argentin, Juan Vucetich (1858-1925), prouva la culpabilité d'une meurtrière grâce aux empreintes laissées sur le lieu du crime. Le premier bureau de dactyloscopie ouvrit à Calcutta en 1897 ; sir Edward Richard Henry (1850-1931) et ses assistants, Azizul Haque et Hemchandra Bose, conçurent un système de classification, adopté en 1901 par Scotland Yard et la New York Civil Service Commission. En dix ans, le système Henry devint un outil clé de la détection et de l'identification criminelle, utilisé un peu partout dans le monde.

Aujourd'hui, les systèmes automatisés d'identification des empreintes digitales (AFIS) utilisent des ordinateurs pour analyser les sillons, les arches et les boucles puis les comparer avec les empreintes archivées.

« Il pourrait bien s'agir du chiffrement le plus complexe découvert par le FBI depuis la Seconde Guerre mondiale. »

BRUCE SCHNEIER, EXPERT EN CRYPTOGRAPHIE

Le chiffre d'Unabomber

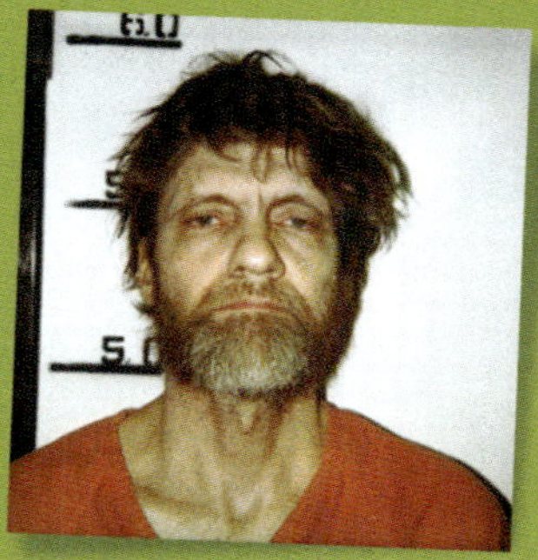

Le célèbre terroriste Theodore Kaczynski, arrêté en 1996 par le FBI dans sa cabane du Montana et condamné à perpétuité, est l'un des plus intrigants criminels du xxe siècle. Entre la fin des années 1970 et le milieu des années 1990, il envoya des colis piégés ou posa des bombes – dont une dans un avion, qui, par chance, n'explosa pas – pour éliminer des gens qu'il jugeait responsables de progrès technologiques – néfastes selon lui. Il tua trois personnes et en blessa vingt-trois autres. Son surnom, Unabomber, vient du nom de code que lui avait attribué le FBI avant son identification, soit « University and airline bomber ». Le terroriste, qui fut identifié grâce son frère, laissa un récit détaillé de sa campagne sous une forme codée.

Mathématicien prodige, Kaczynski fit ses études à Harvard et enseigna à Berkeley avant de se retirer pour mener une vie spartiate, écrire son manifeste *la Société industrielle et son avenir* et élaborer ses attentats terroristes. Parmi les nombreux documents retrouvés dans sa cachette figuraient des pages remplies de chiffres, de virgules et d'espaces. Les cryptanalystes du FBI et de la National Security Agency furent incapables de les déchiffrer, jusqu'à ce qu'ils découvrent un carnet leur fournissant deux indices qui allaient faciliter le décryptage *(à gauche et ci-dessous)*. Il fallut attendre 2006 pour que le message – une justification de ses actes – soit enfin décodé.

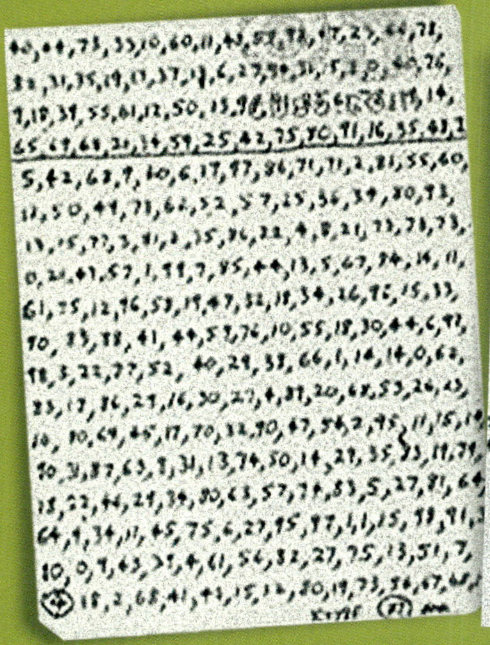

Le chiffre d'Unabomber figurait parmi des pages couvertes de nombres retrouvées dans sa cabane. Les enquêteurs n'y accordèrent guère d'attention jusqu'à la découverte d'un carnet de décryptage leur fournissant de précieux indices.

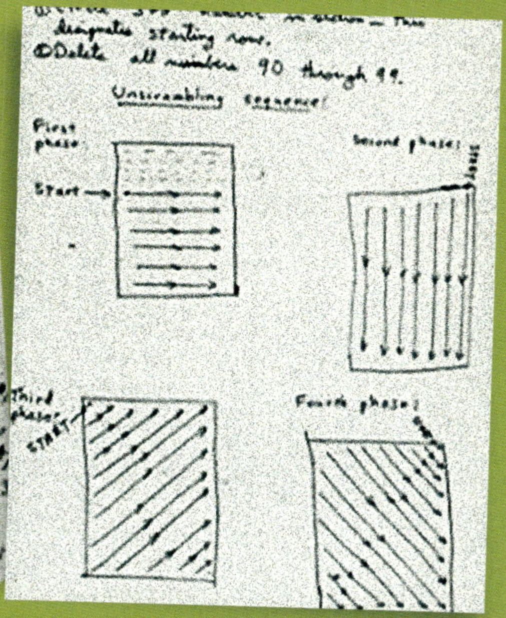

La « séquence de décryptage » comportait une série de « phases » indiquant comment les nombres devaient être lus, ajoutés, soustraits ou multipliés, puis appariés pour produire une nouvelle série de nombres.

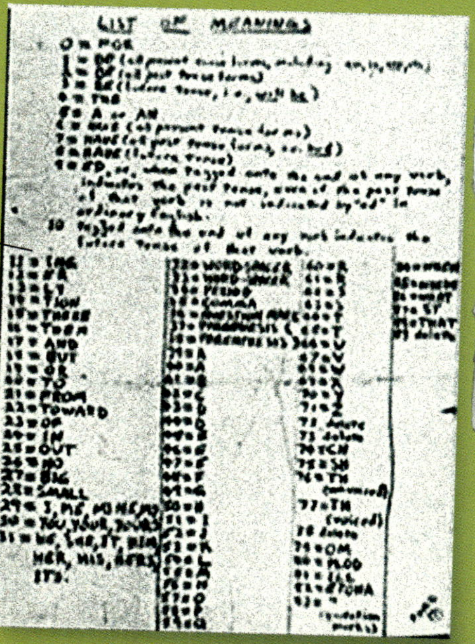

Liste de significations
La clé du chiffre s'organisait comme un dictionnaire : chaque nombre obtenu en suivant les « phases » d'Unabomber possédait un sens spécifique.

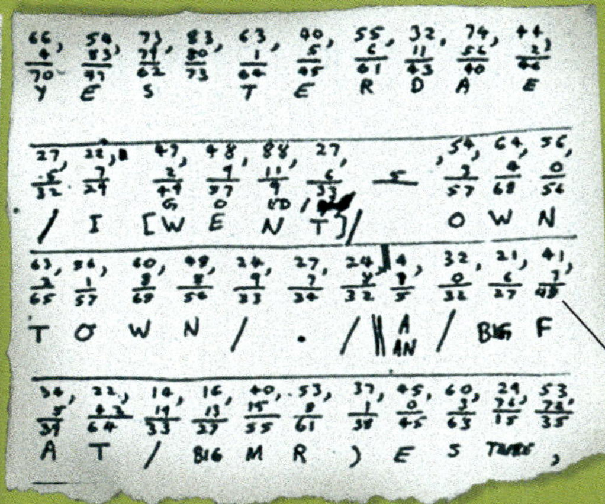

Le carnet fournit une « liste de significations » *(à gauche)*, associant les nombres à des lettres, des combinaisons courantes de lettres, des mots courts et des césures. C'est grâce à cette liste que le chiffre put être décrypté *(ci-dessus)*.

Feuille de décryptage
En associant les calculs mathématiques à leurs significations, on vit émerger peu à peu le récit détaillé des activités d'Unabomber.

Le tueur du Zodiaque

Les cinéastes ou auteurs de romans policiers mettent souvent en scène des tueurs en série jouant au chat et à la souris avec la police. En réalité, il est rare que de grands criminels prennent ce genre de risque. Contrairement au personnage d'Hannibal Lecter dans *le Silence des agneaux,* la plupart effacent soigneusement leurs traces. Bien que le premier *serial killer* moderne, Jack l'Éventreur, ait provoqué la police britannique en lui envoyant plusieurs lettres, très peu l'ont fait par la suite, à une exception près : le tueur du Zodiaque.

Les victimes connues

Le 27 septembre 1969, Bryan Hartnell et Cecilia Shepard furent agressés au bord du lac Berryessa. La description fournie par Hartnell, qui survécut, inspira l'illustration ci-dessus. Le Zodiaque possédait une arme à feu, mais il ligota ses victimes à l'aide d'une corde à linge en plastique avant de les poignarder. Puis il traça au stylo-feutre le symbole du cercle et de la croix sur la voiture d'Hartnell et ajouta : « Vallejo/12-20-68/7-4-69/Sept 27-69-6:30/ au couteau. »

Contrairement à ce qu'affirmait le Zodiaque, on ne lui attribue officiellement que cinq meurtres. Le premier date du 20 décembre 1968 : ce jour-là, il abattit deux amoureux, David Faraday et Betty Lou Jensen, sur la Lake Herman Road, à Benicia, en Californie. Le 4 juillet 1969, il tua un autre couple sur le parking du golf de Blue Rock Springs, près de Vallejo. Si Darlene Ferrin succomba, Michael Mageau survécut. Suivit le crime du lac Berryessa évoqué plus haut. Enfin, le 11 octobre 1969, il assassina Paul Lee Stine, chauffeur de taxi, en plein San Francisco.

« Je suis le tueur »

Le tueur du Zodiaque sévissait dans les parcs et les lieux de rendez-vous des amoureux de la région de San Francisco. En décembre 1968 et en 1969, trois agressions se soldèrent par cinq morts et deux blessés. Il semble que l'homme ait fait ses premières victimes dès 1966 et continué à tuer jusqu'en 1974 – peut-être même après. Au total, il aurait assassiné une quarantaine de personnes. Il adressa aux autorités une série de lettres et de cartes : quatre d'entre elles contenaient un message codé *(voir p. 142).* Le premier fut divisé en trois, chaque partie ayant été envoyée aux journaux locaux, le *Vallejo Times-Herald,* le *San Francisco Chronicle* et le *San Francisco Examiner,* le 31 juillet 1969. Les cryptogrammes étaient accompagnés d'une lettre manuscrite fournissant des détails non divulgués par la police. Le Zodiaque exigea la publication des messages et des lettres – presque identiques – dans lesquelles il revendiquait les meurtres de Lake Herman Road et de Blue Rock Springs. La police fit pratiquer divers tests, dont une analyse graphologique, et confia les messages codés à des cryptanalystes, sans résultat. Toutefois, le 8 août, deux lecteurs de Salinas, Donald Harden, un professeur de lycée, et sa femme, Bettye, réussirent à décoder la majeure partie du premier cryptogramme.

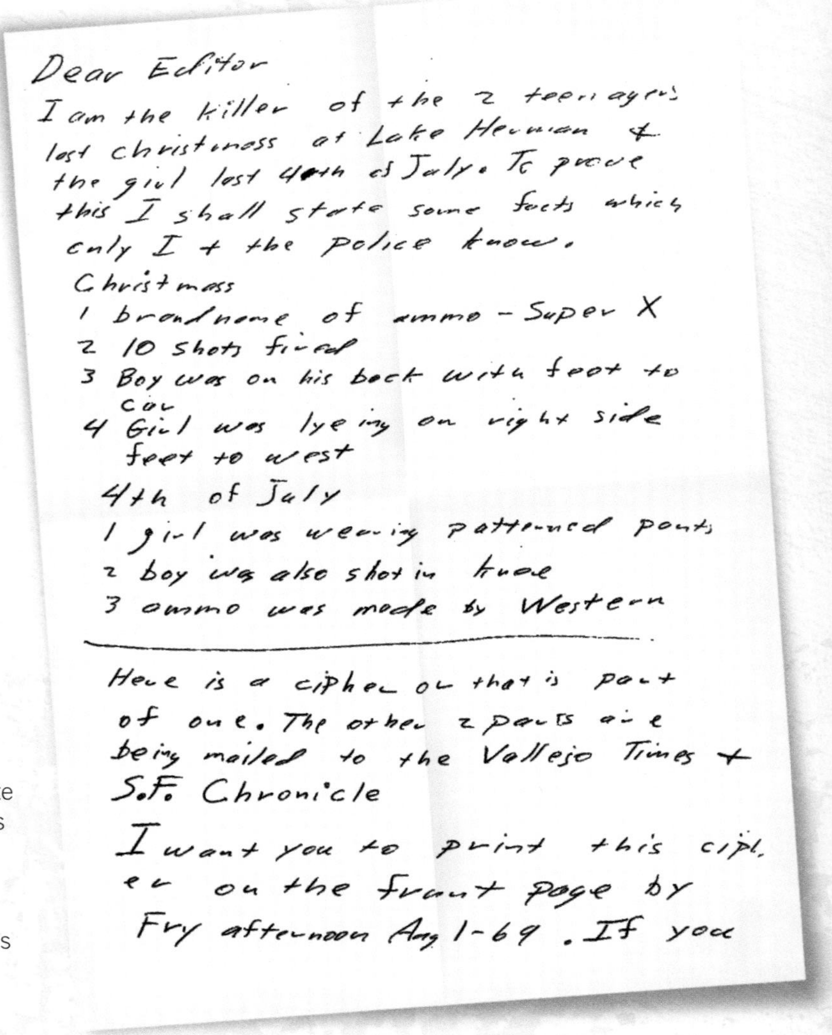

Dear Editor
I am the killer of the 2 teenagers last christmass at Lake Herman & the girl last 4th of July. To prove this I shall state some facts which only I + the police know.
Christmass
1 brandname of ammo - Super X
2 10 shots fired
3 Boy was on his back with feet to car
4 Girl was lyeing on right side feet to west
4th of July
1 girl was wearing patterned pants
2 boy was also shot in knee
3 ammo was made by Western
Here is a cipher or that is part of one. The other 2 parts are being mailed to the Vallejo Times + S.F. Chronicle
I want you to print this cipher on the front page by Fry afternoon Aug 1-69. If you

La lettre accompagnant un tiers du premier message codé envoyé au *San Francisco Examiner.* Chaque missive révélait plusieurs détails – pourtant tenus secrets – sur les meurtres.

Le déchiffrement des Harden

Le premier cryptogramme du Zodiaque comportait 408 caractères – 24 lignes de 17 lettres ou symboles inscrits sur une feuille coupée en trois. Ce cryptogramme, qui utilisait le principe du chiffrement par substitution, ne semblait suivre une certaine logique que partiellement. On y trouva des fautes d'orthographe, peut-être délibérées.

Les Harden partirent du principe que certains termes tels tuer et plaisir devaient figurer dans le message. Par ailleurs, le tueur se caractérisant par un ego démesuré, le pronom je devait sûrement être répété. L'analyse fréquentielle révéla l'utilisation d'homophones (des lettres du texte clair étaient remplacées par plusieurs lettres ou symboles).

Les mots clés identifiés par les Harden sont entourés en rouge. Après les avoir isolés, Donald et Bettye Harden décortiquèrent le reste du texte. Certains homophones sont surlignés en bleu : *je* (*I* en anglais) en fait partie. Il est représenté tour à tour par un triangle, un *p*, un *u* et un *k* à l'envers. Quant à la lettre *k*, elle est toujours symbolisée par le signe /.

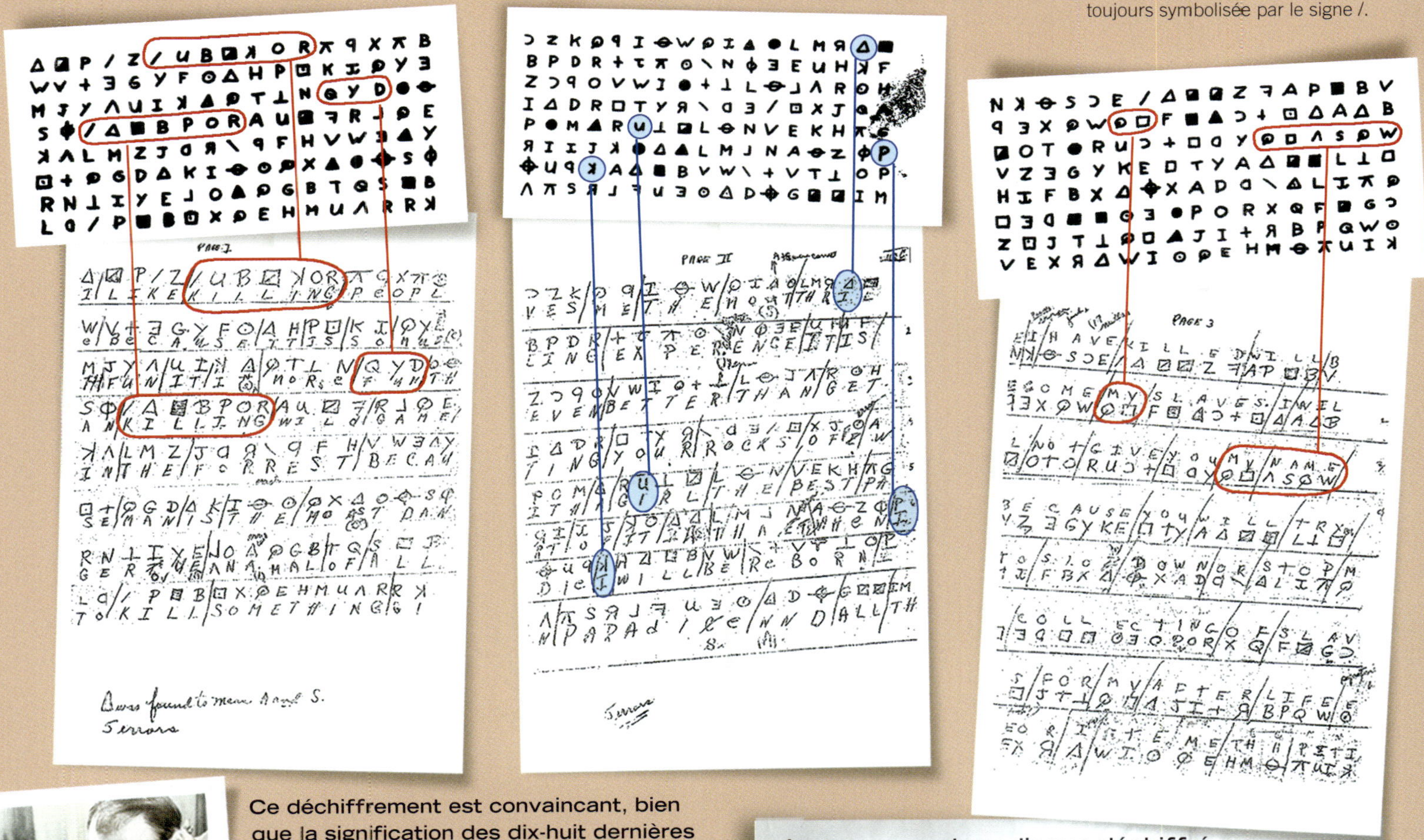

Donald Harden et sa femme, Bettye, recherchèrent les termes les plus prévisibles.

Ce déchiffrement est convaincant, bien que la signification des dix-huit dernières lettres du message demeure obscure. Il révèle des incohérences et des fautes d'orthographe – peut-être délibérées, comme dans les lettres qui les accompagnaient, sans doute pour donner l'impression d'un manque d'instruction – ainsi qu'un esprit troublé. L'histoire ne s'arrête pas là. Si, grâce aux Harden, un voile se leva sur la personnalité du Zodiaque, les cryptogrammes suivants *(voir p. 142)* ne furent jamais déchiffrés. Aujourd'hui, encore ils fascinent les cryptanalystes et autres théoriciens du complot.

Le message du zodiaque déchiffré par les Harden :

« J'AIME TUER DES GENS CAR C'EST TRÈS AMUSANT, PLUS QUE DE TUER DU GIBIER DANS LA FORÊT, PARCE QUE L'HOMME EST L'ANIMAL LE PLUS DANGEREUX DE TOUS. TUER EST POUR MOI L'EXPÉRIENCE LA PLUS PALPITANTE, C'EST ENCORE MIEUX QUE DE COUCHER AVEC UNE FILLE. LE MIEUX, C'EST QUE QUAND JE MOURRAI, J'IRAI AU PARADIS ET TOUS CEUX QUE J'AI TUÉS DEVIENDRONT MES ESCLAVES. JE NE VOUS DONNERAI PAS MON NOM PARCE QUE VOUS TENTERIEZ DE ME RALENTIR OU D'INTERROMPRE MA COLLECTION D'ESCLAVES POUR MA VIE DANS L'AU-DELÀ. EBEORIETEMETHHPITI »

L'héritage du Zodiaque

Ce symbole, signature du Zodiaque, est une référence à l'alchimie et à la nécromancie. Il évoque également le viseur d'une arme à feu.

Après le déchiffrement de son premier pictogramme par les Harden, le tueur du Zodiaque *(voir p. 140)* continua à sévir et à défier les représentants des forces de l'ordre (qu'il appelait les cochons bleus). L'homme s'adressait surtout aux journalistes du *San Francisco Chronicle*. Une quinzaine de lettres et de cartes de vœux permirent de dresser le portrait d'un tueur obsédé par le meurtre mais aussi par l'intérêt qu'il suscitait en décrivant ses crimes et funestes projets. Ces courriers recèlent en outre trois autres messages à ce jour indéchiffrés.

Les autres lettres

Par la suite, le Zodiaque se mit à rappeler dans ses lettres le nombre de meurtres qu'il revendiquait (37 victimes au total), l'opposant à l'échec de la police de San Francisco – tel un score : 37-0. Depuis plus de trente ans, rien n'a changé. Quelques suspects ont été appréhendés, en vain. Celui qui se surnommait le Zodiaque semble avoir sévi pendant environ deux ans. Ses autres messages codés n'ont jamais été déchiffrés.

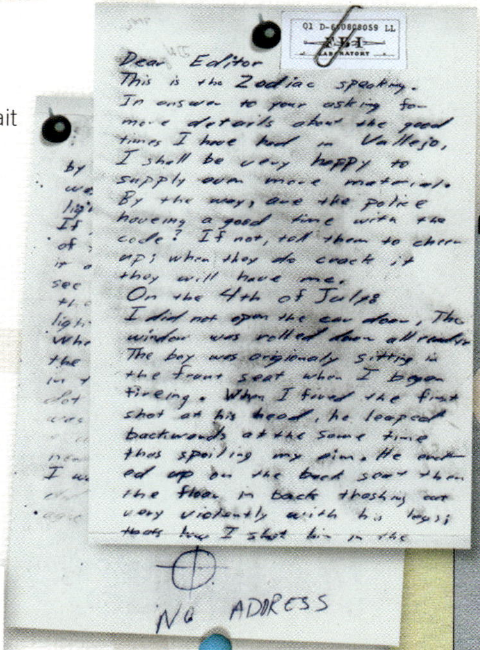

Dear Editor
This is the Zodiac speaking.
In answer to your asking for more details about the good times I have had in Vallejo, I shall be very happy to supply even more material. By the way, are the police haveing a good time with the code? If not, tell them to cheer up; when they do crack it they will have me.
On the 4th of July:
I did not open the car door, The window was rolled down all ready. The boy was origionaly sitting in the front seat when I began fireing. When I fired the first shot at his head, he leaped backwards at the same time thus spoiling my aim. He ended up on the back seat then the floor in back thrashing out very violently with his legs; thats how I shot him in the

NO ADDRESS

« Ici, le Zodiaque. » Le tueur révéla son nom de guerre dans une lettre datée du 4 août 1969 et adressée au *Vallejo Times-Herald*. Pour la première fois, il signait de son symbole, la croix cerclée.

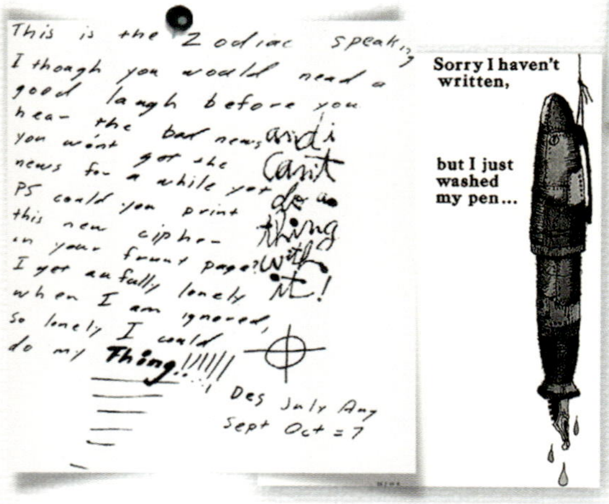

This is the Zodiac speaking
I though you would need a good laugh before you hear the bad news
you won't get the news for a while yet
PS could you print this new cipher in your frunt page?
I get awfully lonely when I am ignored, so lonely I could do my Thing!!!!!!
and I can't do a thing with it!
Des July Aug Sept Oct = 7

Sorry I haven't written,
but I just washed my pen...

« Désolé de ne pas avoir écrit ». Adressée au *San Francisco Chronicle* le 8 novembre 1969, cette carte sinistre comprenait un message chiffré de 340 caractères, comparable au premier cryptogramme. Cette fois, la méthode des Harden ne put en venir à bout.

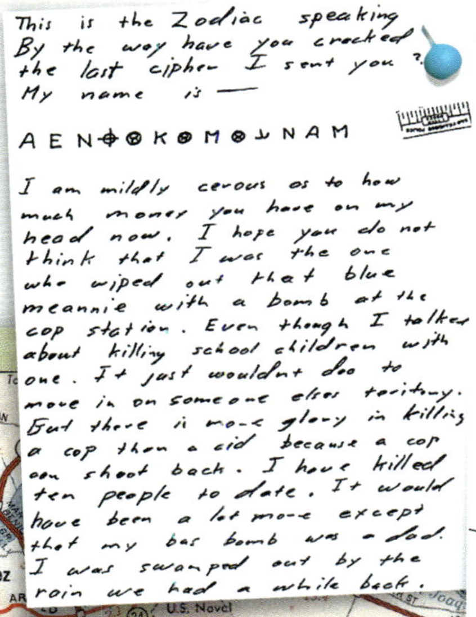
This is the Zodiac speaking
By the way have you cracked the last cipher I sent you?
My name is —
AEN⊕8K⊕M⊕⅃NAM
I am mildly cerous as to how much money you have on my head now. I hope you do not think that I was the one who wiped out that blue meannie with a bomb at the cop station. Even though I talked about killing school children with one. It just wouldnt doo to move in on someone elses teritory. But there is more glory in killing a cop than a cid because a cop can shoot back. I have killed ten people to date. It would have been a lot more except that my bus bomb was a dud. I was swamped out by the rain we had a while back.

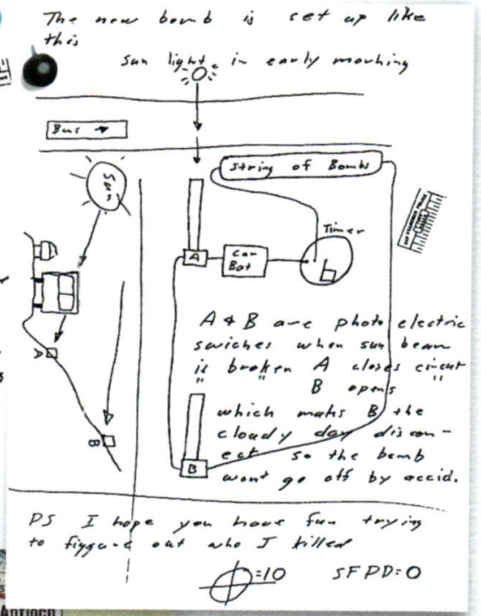
The new bomb is set up like this
Sun light in early morning
Bus
String of Bombs
Timer
Car Bat
A & B are photo electric swiches when sun beam is broken A closes circut " B opens "
which maks B the cloudy day dis-conect so the bomb wont go off by accid.
PS I hope you have fun trying to figgure out who I killed
⊕=10 SFPD=0

« Je m'appelle… »
Le *San Francisco Chronicle* reçut une lettre datant du 9 novembre 1969. Le tueur y décrivait l'un de ses projets : faire exploser un bus scolaire dans la baie de San Francisco. Cet attentat n'eut jamais lieu, mais il inspira l'intrigue du film *l'Inspecteur Harry*, avec Clint Eastwood, en 1971. Le 20 avril 1970, une nouvelle alerte à la bombe parvint au journal. Pour la première fois, le Zodiaque indiquait un score (Zodiac = 10, SFPD [police de San Francisco] = 0), ainsi qu'une information de taille : son nom sous une forme chiffrée. Il ne fut jamais décrypté.

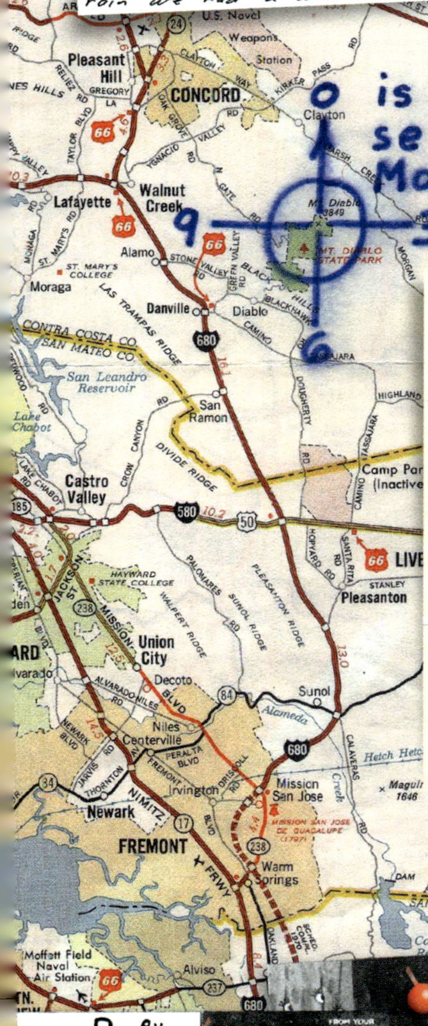

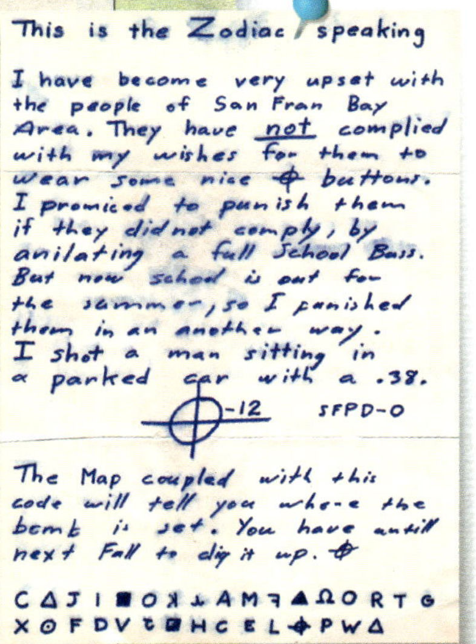
This is the Zodiac speaking
I have become very upset with the people of San Fran Bay Area. They have not complied with my wishes for them to wear some nice ⊕ buttons. I promiced to punish them if they did not comply, by anilating a full School Buss. But now school is out for the summer, so I punished them in an another way. I shot a man sitting in a parked car with a .38.
⊕-12 SFPD-0
The Map coupled with this code will tell you where the bomb is set. You have untill next Fall to dig it up. ⊕
CAJIBOK⅃AM⅂AΩORTG
XOFDV⅁BHCEL⊕PWA

L'ultime cryptogramme
À l'époque, arborer des badges aux symboles divers était très à la mode. Le 26 juin 1970, le tueur – qui considérait que son symbole valait mieux que certains sigles en vogue – adressa une lettre au *Chronicle* : il y prônait le port ce badges du Zodiaque. Il joignit également une carte – indiquant sans doute le lieu où il envisageait de commettre un attentat –, un nouveau score ainsi que son quatrième et dernier cryptogramme, qui ne fut lui non plus jamais décodé.

Le Zodiaque disparaît
Le *Chronicle* reçut d'autres lettres, envoyées les 24 et 26 juillet, lesquelles détaillaient de nouveaux crimes mais ne contenaient aucun message chiffré. Le 27 octobre 1970, Paul Avery, journaliste au *Chronicle,* reçut une carte d'Halloween morbide. Par la suite, le Zodiaque ne donna plus jamais signe de vie. Certains lui attribuèrent toutefois deux missives ultérieures. La première, adressée le 13 mars 1971 au *Los Angeles Times,* annonçait une nouvelle série de meurtres visant des policiers de Los Angeles. La seconde, envoyée quatre ans plus tard au *San Francisco Chronicle,* soulignait l'aspect satirique du film *l'Exorciste,* sorti en 1974. Toutefois, il semblerait qu'il s'agisse d'imitateurs peu convaincants.

Arthur Leigh Allen en 1969. Aujourd'hui, encore, il reste le suspect le plus plausible.

Arthur Leigh Allen, suspect numéro 1

Si les suspects ne manquaient pas, un seul attira vraiment l'attention des enquêteurs : Arthur Leigh Allen (1933-1992). Ce solitaire vivait chez ses parents. Il avait – entre autres – travaillé dans plusieurs écoles élémentaires. C'est une connaissance d'Allen qui, alertée par des propos troublants, contacta les autorités en 1971. L'homme fut interrogé à plusieurs reprises, et les preuves s'accumulèrent contre lui. Toutefois, la police scientifique ne disposait à l'époque que de moyens techniques limités. Malgré des similitudes manifestes, un rapport graphologique de 1971 établit que l'écriture d'Allen ne correspondait pas à celle du Zodiaque. Néanmoins, Allen se distinguait par un comportement étrange, buvait beaucoup, faisait des fautes d'orthographe et possédait des armes à feu. On avait retrouvé des couteaux tachés de sang dans sa voiture – il affimait s'en être servi pour égorger des poules. Il avoua avoir lu une nouvelle policière de Richard Connell à laquelle le Zodiaque faisait référence dans un cryptogramme. Il possédait en outre une montre Zodiac, un cadeau de sa mère en 1967. Il fut condamné pour violences sur enfant en 1974. Après sa mort, l'enquête se poursuivit, mais la police ne parvint jamais à prouver sa culpabilité.

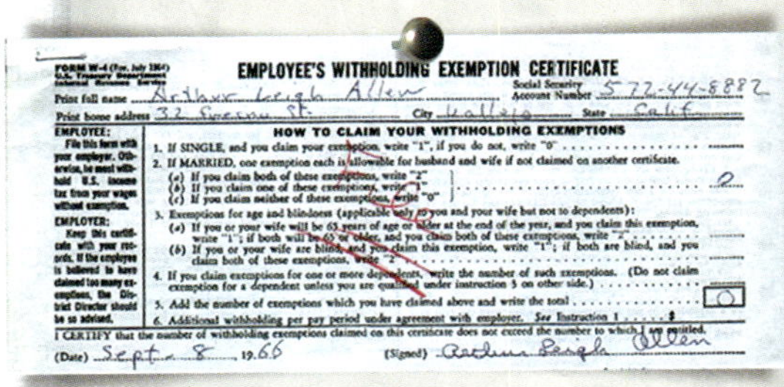
EMPLOYEE'S WITHHOLDING EXEMPTION CERTIFICATE
Print full name: Arthur Leigh Allen — Social Security Account Number: 572-44-8882
Print home address: 32 Fresno St. — City: Vallejo — State: Calif.
HOW TO CLAIM YOUR WITHHOLDING EXEMPTIONS
(Date) Sept. 8 1966 (Signed) Arthur Leigh Allen

Échantillon de l'écriture d'Allen utilisé pour l'analyse graphologique.

Les graffitis

Mode d'expression souvent très contesté, les graffitis sont utilisés depuis l'Antiquité pour délivrer des messages politiques et sociaux anonymes. À la fin du XXe siècle, l'invention des peintures en aérosol et le développement de l'architecture urbaine industrielle, caractérisée par d'immenses surfaces nues favorisèrent la réémergence de cette forme d'art, à la fois populaire et controversée. Associé à la culture hip-hop, le graffiti contemporain est né à New York : depuis, différentes écoles sont nées un peu partout dans le monde. Pour de nombreux groupes de jeunes, les graffs et les tags sont un moyen de délimiter leur territoire : ce qui est parfois vu comme un infâme barbouillage véhicule en fait quantité d'informations.

Un double code

Le plus souvent, apposer des graffitis est un acte puni par la loi. Les graffeurs prennent donc des pseudonymes, peints dans un style abstrait. Cet art visuel moderne se caractérise par l'enchevêtrement de lettres savamment déformées et peintes – parfois à très grande échelle – dans des couleurs vives. Ce style d'écriture difficile à déchiffrer rappelle l'art des posters psychédéliques mais retranscrit l'argot du rap et du hip-hop, formant un efficace double code.

Souvent, plusieurs personnes d'une même équipe travaillent à l'élaboration de ces fresques complexes, caractérisées par un lettrage combiné à des éléments abstraits ou figuratifs. Mais les fresques sont signées, élément qui évoque l'art plastique conventionnel.

Les graffs
L'art du graffiti se caractérise par l'enjolivement et la déformation de lettres et de mots, relevant de la pure abstraction pour les non-initiés.

Les tags
Ces griffonnages répétitifs servent à marquer le territoire d'une équipe de graffeurs. Les tags ont généralement la forme d'un court acronyme, écrit à la hâte.

L'orthographe
L'orthographe des graffs et des tags – qui influença l'écriture abrégée actuellement employée pour rédiger les SMS – date des années 1970.

De nombreux graffitis modernes cherchent, comme à l'origine, à véhiculer un message politique. En témoignent les images incisives du célèbre artiste alternatif anglais Banksy : soigneusement composées et exécutées à la hâte, ses œuvres sont volontairement provocatrices, cherchant la plupart du temps à dénoncer les iniquités. Ici, un soldat de la Garde royale, réalisé au pochoir, est surpris en train de dessiner le logo anarchiste.

LES CODES DE LA JEUNESSE

Moyens de reconnaissance ou signes d'appartenance à un groupe, les jeunes n'ont jamais cessé d'inventer de nouvelles codifications. Depuis la Seconde Guerre mondiale, de nombreux courants se sont succédé : zazous des années 1940, blousons noirs des années 1950, hippies des années 1960, punks des années 1970, grunges, gothiques ou encore clans de rappeurs ces dernières décennies.

Le punk

Plusieurs groupes de rock des années 1970 tels les Ramones ou les Sex Pistols, la créatrice de mode Vivienne Westwood ou encore l'écrivain Richard Hell furent des piliers de ce mouvement de contre-culture influent. Coiffures surprenantes, détournement de vêtements, tatouages et piercings caractérisaient le style punk, expression de l'anticonformisme et de l'anarchisme.

Les gothiques Vêtement noirs, bottes, accessoires mystiques et maquillage pâle caractérisent le style gothique, mouvement qui s'inspire – entre autres – de la littérature éponyme et du cinéma expressionniste allemand. Les gothiques romantiques ou aristocrates portent des tenues rappelant l'époque victorienne ; les cybergoths, eux, affichent un style futuriste, rappelant celui de nombreux héros de mangas.

EMO Ce mouvement récent a adopté la littérature et les musique des gothiques tout en rejetant leur code vestimentaire, trop contraignant.

Du verlan au SMS

Tout au long du XIX

Tout au long du XIXe siècle émergèrent de nouveaux langages, caractéristiques de certains groupes sociaux. Les ouvriers, mais aussi les membres de la pègre et les bagnards, élaborèrent des vocabulaires cryptés, expression de leur émancipation et de leur refus de se soumettre à la bourgeoisie. C'est de cette époque que datent le verlan *(voir p. 129)* – mais dont l'usage ne se généralisa qu'après la Seconde Guerre mondiale – mais aussi le javanais – l'insertion des syllabes ja- ou av- entre voyelles et consonnes – et le louchébem, le jargon des bouchers. Au début du XXe siècle, la mythologie des apaches (voyous parisiens) était truffée de *gonzes* (hommes), *caves* (naïfs), *surins* (couteaux), *bénards* (pantalons), *roussins* (policiers)… Après la Première Guerre mondiale, la jeunesse se réappropria les codes de ses aînés, la génération sacrifiée dans les tranchées de Verdun n'ayant jamais eu la possibilité de se constituer une identité contestataire. Depuis, les plus jeunes n'ont jamais cessé de faire évoluer leur lexique, une manière de se singulariser face au monde des adultes – et de rejeter l'ordre établi.

À la fin du XXe siècle, les nouvelles technologies de communication ont imposé de nouveaux codes, tel le langage SMS, un mélange d'écriture phonétique, d'abréviations et de rébus typographiques permettant de réduire et de simplifier au maximum la saisie de caractères – a2m1 (« à demain »), a12c4 (« à un de ces quatre »).

HIP-HOP

Le hip-hop

Le hip-hop, style de musique qui se développa aux États-Unis dans les années 1970, est rapidement devenu un véritable mode de vie, notamment dans les cités et au cœur des ghettos noirs défavorisés, où jeunesse rime souvent avec culture des gangs.

La musique hip-hop a conquis toute la planète, sous différentes formes – en Espagne, on la mêle parfois à du flamenco, tandis que le DJ japonais DJ Krush l'associe à de la musique traditionnelle et à des chants nippons. Les tags et graffitis *(voir p. 144)* ne sont qu'une facette du mouvement, qui combine en réalité plusieurs formes d'expression artistique : le rap, le breakdancing, le mixage musical sur platine, le scratch…, indissociables d'un code vestimentaire et langagier ; souvent, le vocabulaire des rappeurs est inintelligible pour les non-initiés.

HOODIE

Hoodies est le nom anglais des sweat-shirts à capuche, souvent portés par des voyous, outre-Manche – où, désormais, ce vêtement est associé à la petite criminalité.

Le langage hip-hop

Le mouvement hip-hop, et en particulier le rap, l'une de ses expressions musicales, a développé un langage spécifique, qui emprunte certains termes à des argots plus anciens tel le verlan.

Bicrave	Vendre (de la drogue)
Bolos	Bouffon, pauvre type
Caillasse	Argent
Chelou	Louche en verlan
Condé	Mot datant de 1844 signifiant flic, commissaire de police
Courave	Bagarre
Daron	Père
Daronne	Mère
Ferrailleur	Braqueur
Galette, skeud	Disque
Gros fer	Grosse voiture
Kiffer	Aimer, apprécier
Kisdé, dékis	Mot verlan signifiant policier en civil
Mektoub	Destin
Merco	Mercedes
Narvalo	Pote (ou fou, dément)
Outils	Armes
Pez	Argent
Poucave	Balancer, une balance
Rotka	Carotter, arnaque
Se miraver sur	Être à fond sur…

Le langage des signes des gangs

Les gangs communiquent souvent à l'aide de signes de la main, sans doute inspirés par ceux qu'échangeaient les membres des triades chinoises établis sur la côte ouest des États-Unis. Certaines positions des doigts signifient une allégeance à un gang *(crip)* particulier. Mafia crips, Latin kingz, Hoover crip, Killers sont des noms de gangs, East Side et West Side, leur localisation dans la ville *(ci-dessous)*.

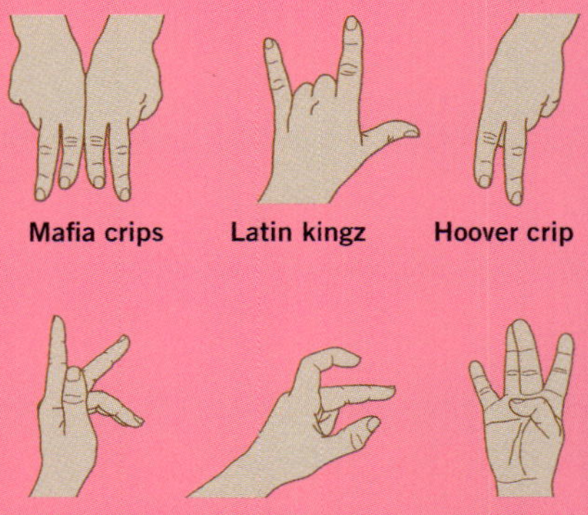

Mafia crips **Latin kingz** **Hoover crip**

Killers **East Side** **West Side**

Les mouvements japonais

Des gangs de jeunes motards appelés *bosozoku* se sont créés dans les villes japonaises au cours des années 1980. Leurs membres, souvent des individus en situation d'échec scolaire, chevauchent de petites motos les jambes écartées. Affublés de noms singuliers – les Don Quichotte, les Tarentules –, ces groupes affichent des symboles d'extrême droite comme la croix gammée, davantage dans l'intention de choquer que de revendiquer une réelle appartenance politique.

Quant aux *yankees* – dénomination héritée de l'occupation américaine durant la Seconde Guerre mondiale –, ils se caractérisent par leur révolte contre une société ultradisciplinée. On les identifie à leur longue chevelure permanentée, souvent blonde, leur goût pour le noir, le blanc ou les couleurs primaires, les chemises hawaiiennes, le satin et les paillettes. Les hommes portent des talons aiguilles.

Les lolitas
Leurs tenues vestimentaires rappellent celles des gothiques, dont elles s'inspirent très largement. Ce mouvement se distingue par des codes comportementaux complexes.

La subversion numérique

Ces trente dernières années, l'explosion des technologies de communication a modifié le mode opératoire des terroristes et des criminels, et imposé de nouveaux défis aux forces de l'ordre. Collecte d'informations, surveillance, falsification d'identité, fraude : dans tous ces domaines, les possibilités offertes par le numérique sont innombrables… Les télécommunications traversent aisément les frontières, politiques comme physiques. Bien que les téléphones cellulaires et les communications Internet soient techniquement repérables, le volume du trafic est tel qu'un contrôle systématique par les autorités est quasi impossible.

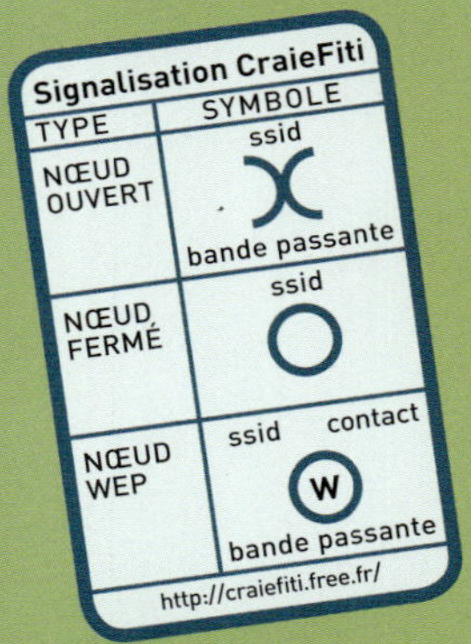

Le CraieFiti

Dans certaines villes, des cercles et arcs tracés à la craie sur les murs et la chaussée indiquent les endroits d'où il est possible de se connecter à Internet gratuitement via un réseau sans fil (Wi-Fi). Cette pratique, appelée CraieFiti (de « craie » et « graffiti ») en France, est également connue sous le nom anglais de *warchalking*. Ce type de connexion peut poser quelques problèmes : en 2008, on a estimé à 100 millions le nombre de cartes de crédit potentiellement consultables par des pirates, qui profitent du développement des terminaux Wi-Fi dans les restaurants ou les chaînes de magasins afin de traiter les opérations de paiement. Les informations, vendues aux enchères sur Internet, sont souvent utilisées pour des achats en ligne.

Le terrorisme

Les terroristes ont toujours multiplié les efforts pour préserver la confidentialité de leurs communications. Les cellules anarchistes russes du XIXe siècle *(à gauche)* codaient leur message à l'aide d'un carré de Polybe *(voir p. 78)*. Plus récemment, des groupes terroristes – notamment l'IRA et l'ETA – ont eu recours au téléphone, via des lignes spéciales sécurisées par des mots de passe, pour contacter des membres de la police (ou les médias) et les prévenir d'attentats à la bombe imminents. Aujourd'hui, on sait aussi que l'organisation, la mise en œuvre et l'exécution des attaques du 11 septembre 2001 impliqua l'utilisation intensive de téléphones mobiles – des téléphones à cartes prépayées, qu'il est facile de se procurer et qui sont quasiment impossibles à repérer. Le même constat fut établi après les attentats de Madrid et Londres. Aujourd'hui, des engins explosifs peuvent même être déclenchés au moyen d'un simple téléphone mobile. E-mails et Internet sont également devenus les principaux vecteurs de communications subversives, surtout avec l'avènement de logiciels de cryptage de type PGP *(voir p. 274)*, qui sont capables de résister aux investigations des services de sécurité.

Une déficience dans le système de traitement des appels téléphoniques et l'absence de surveillance des répondeurs de téléphones mobiles ont conduit au drame d'Omagh (Irlande du Nord) en 1998, un terrible attentat à la voiture piégée.

La surveillance

La technologie numérique a modifié nos comportements. Dans les lieux publics, nos déplacements sont suivis par des caméras de surveillance, mais ils peuvent aussi être repérés grâce aux téléphones mobiles. De même, toutes nos activités en ligne sont connues de nos fournisseurs d'accès ; le réseau professionnel est également surveillé : par exemple, 45 % des compagnies américaines ont accès aux mails et aux sites Internet consultés par leurs employés. De nombreuses informations sont compilées à partir de diverses sources – factures, cartes de fidélité, puce dans les étiquettes, cartes de crédit, dossiers médicaux, etc. – faisant de nous les simples « bits » d'une immense base de données...

L'Angleterre possède la plus importante couverture vidéo par habitant au monde. La salle des opérations spéciales de la police métropolitaine de Londres *(ci-dessus)* a été mise en service en 2007. Elle permet la surveillance des événements publics et le repérage d'éventuels incidents se déroulant en ville.

Attaque sur le langage

Le faible coût et la facilité d'envoi des SMS ont permis une large généralisation de ce mode de communication. Au début, on ne pouvait transmettre qu'un nombre limité de signes (160 environ, voire moins). Certaines abréviations utilisant la phonétique, des nombres ou des signes ont donc été créées par les utilisateurs.

lol (*laughing out loud* en anglais)	Rire
mdr	Mort de rire
2m1	Demain
Koi 2 9	Quoi de neuf?
@+	À plus

Un langage appelé Leet (ou l33t, et parfois 1337) est utilisé sur certains forums Internet. L'une de ses particularités est de ne pas avoir de grammaire – en fait, la règle est l'absence de règle ! Le texte, délibérément abscons, ne peut être déchiffré que par les habitués. Les jeux en ligne, qui obligent à beaucoup de rapidité, ont favorisé le développement de ce langage – pendant que l'on tape sur son clavier, impossible de jouer !

Noob *(Newbie)*	Petit nouveau, débutant
np *(« no problem »)*	Pas de problème
sry m8 *(« sorry mate »)*	Désolé mon pote

07

Cherchant à décrypter les mystères de la nature, l'homme a élaboré au fil du temps de nombreux systèmes pour décrire ce qui avait échappé jusque-là à toute tentative d'explication.

Déchiffrer le monde

Depuis les époques les plus reculées, mathématiciens et autres scientifiques forgent des clés pour comprendre le monde, jetant les bases de notions telles que la mesure du temps, la physique et le son, la mécanique, la chimie, la biologie, la cartographie...

DÉCRIRE LE TEMPS

La mesure du temps

Avant l'invention de l'horloge mécanique, il existait plusieurs systèmes de mesure du temps diurne, dont le cadran solaire *(voir ci-dessus)* et la clepsydre *(voir à droite)*. Les premières horloges fonctionnaient à l'aide de ressorts ou de poids et de balanciers soigneusement calibrés.

Nombre de cultures harmonisaient leurs mois et leur calendrier annuel avec un cycle lunaire, solaire ou luni-solaire (les mois lunaires étaient intégrés à l'année solaire). Chaque système requérait l'intercalation de jours ou de mois supplémentaires, à intervalles réguliers, afin de faire coïncider les jours aux lunaisons et aux années solaires.

Bien avant l'avènement de l'écriture, les hommes savaient mesurer le temps en observant le mouvement des corps célestes. Le jour est l'unité fondamentale des calendriers, qui pour la plupart se basent à notre époque sur une semaine de sept jours, mais cela n'a pas toujours été le cas. Les mois correspondent aux phases lunaires et débutent généralement à l'apparition de la nouvelle lune ; certains calendriers – hindou et chinois par exemple – font commencer le mois à la pleine lune. Le début de l'année est fixé de manière variable, à partir de l'observation des équinoxes et des solstices, ou encore du lever ou du coucher de certains astres – le Soleil essentiellement.

v. 2500 av. J.-C., Égypte
Solaire. 12 mois de 30 jours, plus 5 jours. Le jour débute au lever du soleil. Point de départ : 18 février 746 av. J.-C. Calendriers zodiacaux sur parchemin *(voir ci-dessus)*.

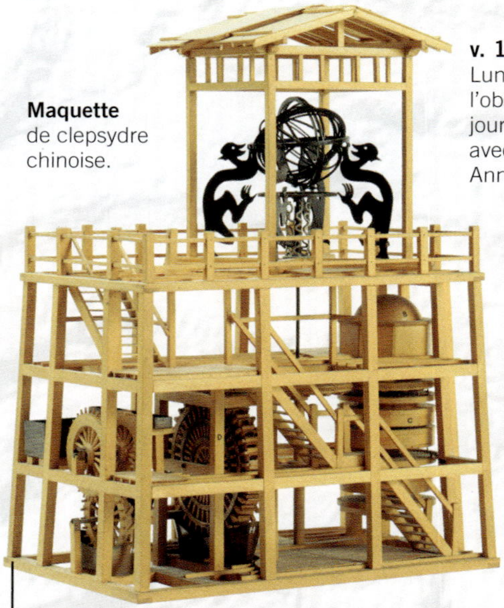

Maquette de clepsydre chinoise.

v. 1300 av. J.-C., Chine
Luni-solaire. Fondé sur l'observation astronomique. Les jours débutent à minuit, les mois avec la nouvelle lune de Pékin. Années de 12 ou 13 mois de 29 ou 30 jours, groupées par cycles de 60 ans. Point de départ : 8 mars 2637 av. J.-C.

v. 500 av. J.-C., Inde
Solaire. 12 mois de 29 à 32 jours. Le jour commence au lever du soleil et se divise en 30 *muhurtas* de 48 minutes. Points de départ déterminés par les années de règne, mais aussi par la mort de Bouddha (v. 544 av. J.-C.) ou de Mahavira (v. 538 av. J.-C.), père du jaïnisme.

3000 av. J.-C. — **1000 av. J.-C.** — **500 av. J.-C.**

v. 3000 av. J.-C., Europe
Solaire. Premiers cercles de pierres tel Stonehenge *(voir ci-dessus)*, et alignements marquant la position du soleil au lever, au coucher et aux solstices.

v. 1500 av. J.-C., Babylone
Lunaire. 12 mois de 29 et 30 jours, alternativement. Le jour débute au lever du soleil. Un 13e mois est intercalé de temps à autre pour rattraper les saisons. Sous les Achéménides, les mois étaient intercalés à intervalles fixes sur une période de 19 ans (cycle métonique). Pas de semaine de 7 jours, mais les noms de mois babyloniens restent utilisés par les Arabes et les Hébreux. Point de départ inconnu.

713 av. J.-C. Rome
Luni-solaire. En 713 sont ajoutés 2 mois au calendrier lunaire romain de 10 mois (355 jours) ; 1 mois est intercalé périodiquement pour coïncider avec l'année solaire. Sous la République, le point de départ était calculé par les consuls ; plus tard, il correspondra à la fondation de Rome (753 av. J.-C.).

v. 500 av. J.-C., Grèce
Luni-solaire. Nombreux calendriers régionaux. Athènes utilisait un calendrier luni-solaire, un calendrier solaire civil avec 10 mois arbitraires et un calendrier agricole fondé sur les constellations. Le calendrier luni-solaire comptait 12 mois de 29 ou 30 jours, avec 1 mois supplémentaire intercalé tous les 3 ans. Les mois étaient divisés en trois phases de 10 jours. Le calendrier civil avait 365 ou 366 jours et 10 mois (6 de 37 jours et 4 de 36).

v. 250 av. J.-C., Mayas Point de départ du calendrier du compte long : 8 septembre 3114 av. J.-C. En fin de cycle, la Terre est détruite puis recréée. L'actuel cycle du compte long se termine le 21 décembre 2012. Une année du calendrier *haab* totalise 365 jours sans intercalation, avec 18 mois de 20 jours, plus 5 jours ajoutés au dernier mois. Le *tzolkin*, ou « compte calendaire », est un cycle de 52 années solaires de 260 jours, qui semble avoir été en usage dans toute la Méso-Amérique. Le Codex de Madrid contient quelque 250 almanachs relatifs aux cérémonies de la pluie, aux semailles, aux nouvelles années, au sacrifice des captifs, à la chasse et à l'apiculture.

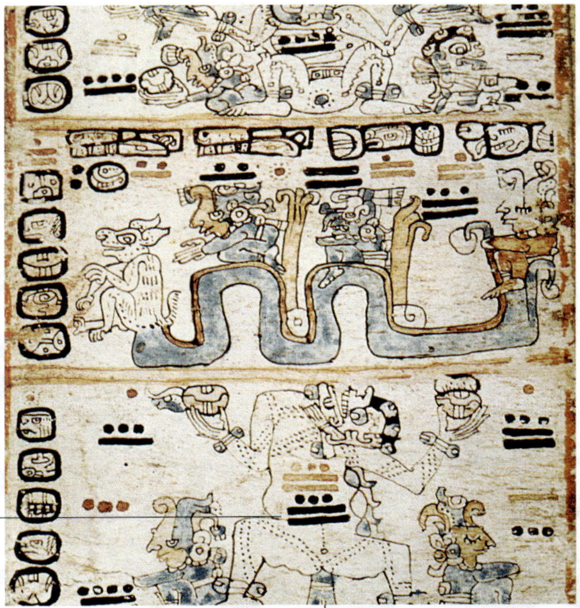

La vie et la mort
La tête du dieu de la mort est renversée, et il a des épis de maïs dans les mains. Ceux-ci prendront vie grâce au dieu de la pluie, Chac.

Le Codex de Madrid
Cette page (29 sur 56) présente deux almanachs agricoles.

v. 250 av. J.-C. Mayas
Trois calendriers étroitement liés : compte long, *haab* et *tzolkin (voir ci-dessus).*

532 Époque romaine
À partir de la naissance du Christ *(Anno Domini).*

1789 France
Calendrier républicain *(voir p. 197).*

0 — 1000

45 av. J.-C., Rome
Solaire. Jules César réforme le calendrier romain. L'année compte 365 jours avec une année bissextile tous les 4 ans. Le jour commence à minuit. La longueur moyenne d'une année est de 365,25 jours, de sorte que les dates juliennes sont en décalage par rapport aux saisons.

359, Hébreux
Luni-solaire. Débute le 7 octobre 3760 av. J.-C.

v. 250 av. J.-C., Celtes
Luni-solaire. 12 mois de 29 ou 30 jours, avec 1 mois intercalé tous les 2 ans et demi. Les mois sont divisés en deux périodes de 14 ou 15 jours.

1753, chronomètre de Harrison
La première véritable horloge *(à droite)* fut mise au point par l'Anglais John Harrison, en réponse à un concours subventionné par l'Amirauté et le gouvernement britannique, qui souhaitaient améliorer les méthodes de détermination de la longitude. Cette invention sauva des milliers de navires et de marins.

Les calendriers modernes

Chaque calendrier possède un point de départ. La date choisie peut être arbitraire ou correspondre à un événement historique ou légendaire. Il ne s'agit pratiquement jamais de la date d'adoption du calendrier mais d'une date hypothétique à partir de laquelle on compte les jours.

Dans les calendriers suivants, le 1er janvier 2008 de notre ère correspond à :

Musulman	1428 AH. L'année a débuté le 10 janvier 2008.
Julien	2007, année commencée le 14 janvier 2008.
Chinois	4644 ou 4704, ou cycle 78 ou 77, année 24 (ding-hai). L'année a débuté le 7 février 2008.
Hindou	1929 (ère Saka, standardisée par le gouvernement indien). L'année a débuté le 21 mars 2008.
Iranien	1386. L'année a débuté le 21 mars 2008.
Éthiopien	2000. L'année a débuté le 11 septembre 2008.
Copte	1724. L'année a débuté le 9 septembre 2008.
Juif	5768. L'année a débuté au coucher du soleil le 29 septembre 2008.
Japonais	2668 ou Heisei 20. L'année a débuté le 1er janvier 2009.
Bouddhiste	2552. L'année a débuté le 1er janvier 2009.

Le calendrier grégorien

Le calendrier julien de l'époque romaine étant en avance par rapport aux saisons, le pape Grégoire XIII entreprit, en 1582, la première grande réforme dans ce domaine depuis l'Antiquité. Ce calendrier est l'un des plus utilisés aujourd'hui.

La date de Pâques

Le calcul de la date de la fête chrétienne, déterminé en 325 lors du concile de Nicée, est beaucoup plus simple qu'il n'y paraît : Pâques tombe le premier dimanche suivant la première pleine lune après l'équinoxe de printemps (c'est-à-dire après le 21 mars).

DESCRIPTION DE LA FORME

La géométrie est l'étude et la codification des formes, surfaces, volumes et angles – un moyen de définir le monde physique qui nous entoure. Cette discipline se développa dès 3000 av. J.-C., parallèlement aux mathématiques. Elle fascinait les Grecs, qui croyaient que les formes et les nombres particuliers, tels le nombre d'or et pi, possédaient une réalité immatérielle propre. Au XVIIe siècle, René Descartes révolutionna la discipline avec le concept des « coordonnées cartésiennes », qui permettaient de déterminer la position d'un point sur un plan. La géométrie moderne est un élément clé dans les domaines de la relativité, de la symétrie et asymétrie et de la mécanique quantique. L'évolution de cette science mathématique est étroitement liée à celle de l'algèbre *(voir p. 158)*.

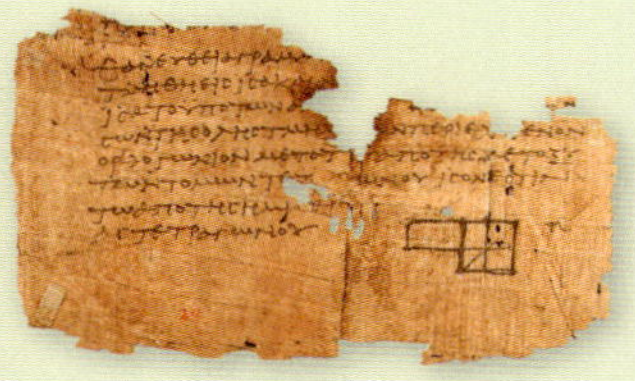

Euclide

Sans toutefois être le père de la géométrie, le Grec Euclide (actif v. 300 av. J.-C.) écrivit le livre de géométrie et de mathématiques le plus important de tous les temps. Dans *Éléments*, il résuma les travaux de tous les penseurs grecs antérieurs et approfondit leurs recherches, les poussant dans diverses directions – facteurs, perspective, optique, etc. Il faudra attendre le XIXe siècle pour que les mathématiciens se libèrent et que naisse la géométrie non euclidienne.

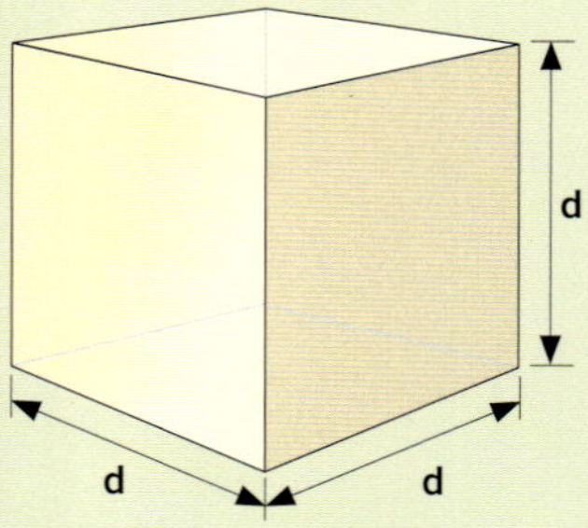

Le carré et le cube

Le carré : forme géométrique symétrique simple, comprenant quatre côtés d'égale longueur qui se joignent à angle droit. Pour calculer sa superficie, il suffit de multiplier la longueur de deux côtés :
Superficie = d x d (ou d^2)

Le cube : forme tridimensionnelle, donnant lieu à plusieurs formules simples :
Superficie = 6 x d^2
Volume = d x d x d (ou d^3)

Géométrie

Dans la Grèce antique, la définition et la recherche des propriétés relatives aux formes à deux et trois dimensions aboutirent à plusieurs principes fondamentaux, qui continuent à gouverner de nombreux aspects des mathématiques actuelles. Pythagore et ses disciples sont à l'origine de plusieurs formules essentielles (*voir p. 155*). Les démonstrations géométriques de l'époque établissent les propriétés des carrés, cubes, triangles et cercles, ainsi que leur expression algébrique.

Le nombre d'or

Découvert par les pythagoriciens, le nombre d'or traduit une proportion harmonique fondamentale qui non seulement reflète la gamme diatonique de l'harmonie musicale, mais se révèle également utile dans le domaine de l'esthétique, notamment en architecture et en composition picturale. Le nombre d'or est fondé sur la relation entre le carré, le cercle et le rectangle :

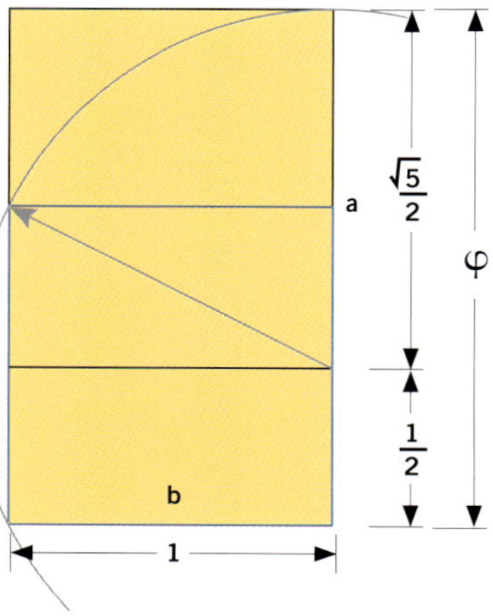

Dessinez un carré de côté b, puis tracez une ligne à partir du milieu d'un côté jusqu'au coin opposé ; prenez cette mesure comme rayon d'un cercle pour construire ensuite un rectangle de grand côté a. Leur proportion est définie par la lettre grecque phi (φ) et s'exprime de différentes façons : a est à b ce que a + b est à a ou

$$\frac{a+b}{a} = \frac{a}{b} = \varphi$$

Le pavillon de la Serpentine Gallery (Hyde Park, Londres), conçu par Frank Gehry, fut inauguré en juillet 2008. Il s'agit d'une fascinante démonstration d'architectonique.

Le théorème de Pythagore

Ce théorème fondamental jeta les bases de plus de trois cents démonstrations relatives aux triangles et établit un lien direct avec la trigonométrie, qui déduit diverses grandeurs de seulement deux paramètres connus des triangles.

« Le carré de l'hypoténuse d'un triangle rectangle est égal à la somme des carrés des deux autres côtés. »

PYTHAGORE, CITÉ PAR EUCLIDE, V. 300 AV. J.-C.

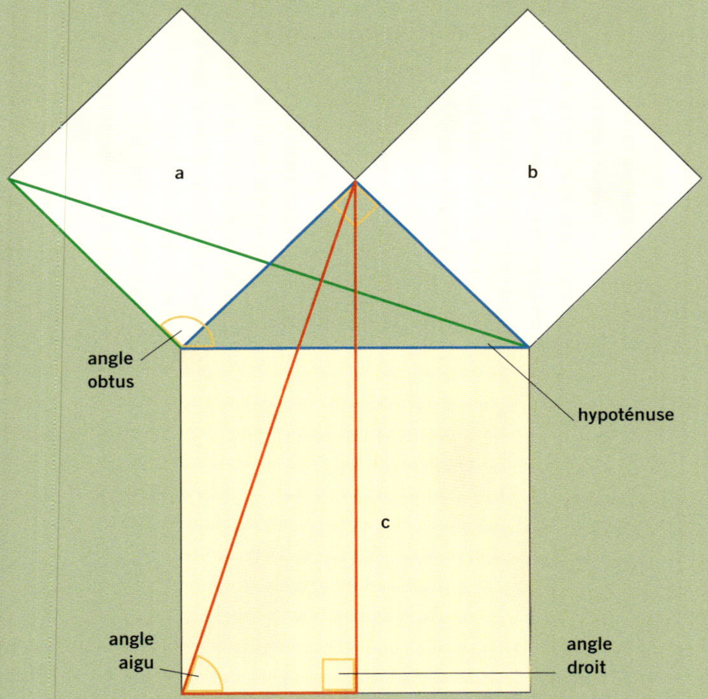

Triangles Le théorème examine les propriétés des triangles, éléments clés de la géométrie, et leur rapport avec l'algèbre. Les Grecs définirent les quatre principaux types de triangles :

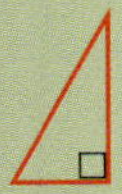

Triangle rectangle
L'un des angles du triangle est droit (90°). En trigonométrie, ce triangle est le plus important de tous.

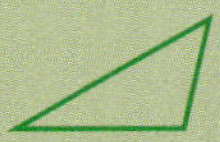

Triangle quelconque
Triangle dont chaque côté est de longueur différente, et dont chaque angle est différent. Ce triangle ne possède pas de symétrie.

Triangle isocèle
Dans un triangle isocèle, deux des trois côtés sont de même longueur. Par conséquent, deux des angles du triangle sont identiques.

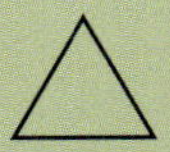

Triangle équilatéral
Chaque côté du triangle est de même longueur, et chaque angle du triangle est identique. C'est le triangle le plus symétrique.

Pythagore démontra également que si la longueur de deux côtés d'un triangle rectangle était connue, alors la troisième pouvait être calculée.

Les propriétés transcendantes de pi (π)

Pi illustre parfaitement la fascination des Grecs pour les propriétés mystiques des nombres. C'est un nombre transcendant – qui n'a pas de valeur juste –, étroitement associé aux cercles, et dont on doit la découverte à Archimède de Syracuse (287-212 av. J.-C.). Pi est le rapport entre deux données immédiatement mesurables du cercle : son diamètre et son rayon. On peut le définir de différentes façons, notamment de manière géométrique.

La valeur réelle de pi ne peut jamais être écrite en entier, mais voici le nombre jusqu'à sa cinquantième décimale :

= 3,141592653589793238
462643383279502884197
16939937510…

Les plus récents super-ordinateurs ont pu calculer pi jusqu'à 1,24 billion de chiffres après la virgule !

La fonction de pi dans la géométrie et l'algèbre du cercle peut se démontrer à l'aide des formules algébriques suivantes :
Circonférence du cercle = π x d (diamètre).
Superficie du cercle = π x (d÷2)²

Quand le diamètre d'un cercle est égal à 1, sa circonférence est d'environ 3,14 (pi).

FORCE ET MOUVEMENT

À quoi équivaut un mètre ? Que représente un kilogramme ? À quelle vitesse une balle tombe-t-elle au sol ? Comment standardisons-nous les mesures ? Et que savons-nous du rapport entre la vitesse, la distance et le temps ? Branche de la physique, la mécanique étudie les forces, les mouvements et les mesures, et formule les principes mathématiques qui les définissent. Pour décoder et expliquer ces mystères, on a dû établir un langage très précis, langage qui ne cesse d'évoluer.

Eurêka !
Une fois encore, les premiers éléments permettant de comprendre le fonctionnement de l'Univers et des forces qui l'actionnent furent découverts par les Grecs. Alors que les Pythagoriciens étudiaient l'harmonie, la proportion et l'astronomie, Archimède de Syracuse (v. 287-212 av. J.-C.) se concentrait sur des problèmes plus pragmatiques. Il inventa des machines de guerre, le levier, des miroirs paraboliques – les miroirs ardents – concentrant les rayons du soleil sur une cible et la vis dite d'Archimède, qui permettait de pomper de l'eau. Il comprit que le volume d'un corps irrégulier était équivalent au volume d'eau qu'il déplaçait, idée qui, selon la légende, lui serait venue dans son bain. Il élabora d'autres concepts telle la masse volumique (densité), égale à la masse divisée par le volume.

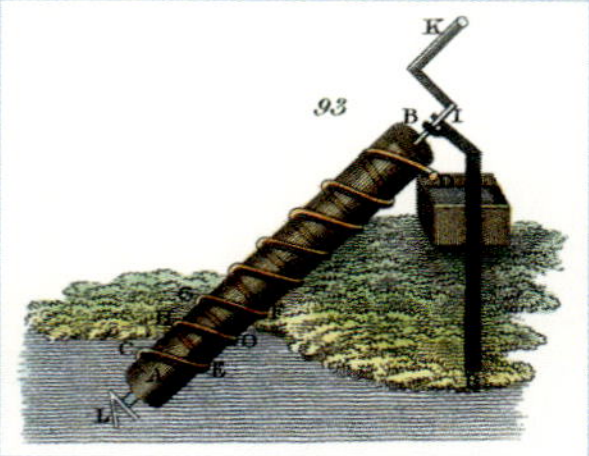

Toujours en usage dans certaines régions du monde pour remonter l'eau d'irrigation, la vis d'Archimède repose sur le principe de la spirale.

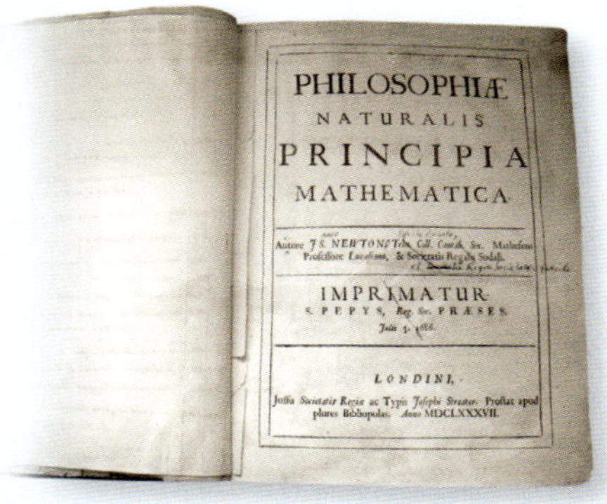

Le célèbre ouvrage de Newton s'inspire de concepts découverts par des scientifiques comme Galilée et Kepler.

Newton et le *Principia Mathematica*

Précurseur des descriptions scientifiques portant sur la gravitation, l'optique et la lumière, Isaac Newton publia en 1687 un ouvrage déterminant à propos des forces et du mouvement, *Philosophiæ Naturalis Principia Mathematica (Principes mathématiques de la philosophie naturelle).* Il y formula des équations décrivant l'impact de la gravitation sur les masses et les lois du mouvement.

Première loi : l'inertie

« Tout corps persévère dans l'état de repos ou de mouvement uniforme en ligne droite dans lequel il se trouve, à moins que quelque force n'agisse sur lui. » Cela signifie qu'une balle de tennis lancée continuera à se déplacer indéfiniment dans la même direction, à moins qu'une force externe n'agisse dessus. Si on lance une balle sur la Terre, la gravitation l'attire vers le sol, et la résistance à l'air la ralentit ; si on la lançait dans l'espace, elle continuerait à se déplacer dans la même direction, sans jamais ralentir ni changer de trajectoire.

Deuxième loi : la dynamique de translation

L'accélération subie par un objet est proportionnelle à la résultante des forces qu'il subit, et inversement proportionnelle à sa masse. Par exemple, tirer dans un ballon le fait accélérer relativement vite, mais si l'on tire un boulet de canon avec la même force, celui-ci accélérera beaucoup plus lentement car sa masse est plus importante.

Troisième loi : les actions réciproques

« À chaque action correspond une réaction égale mais opposée. » Cette loi de Newton, la plus souvent citée, cache un sens plus subtil que les autres. Si vous exercez une force sur un objet, celui-ci exercera la même force sur vous. Lorsque vous vous appuyez contre un mur de brique, le mur de brique résiste avec la même force en retour – dans le cas contraire, vous passeriez à travers le mur.

Ces trois lois, ajoutées aux équations de gravitation du *Principia*, forment les premiers systèmes de la mécanique du mouvement, et, ensemble, constituent la mécanique newtonienne. Il faudra attendre de nombreuses années avant que d'autres lois sur le mouvement (comme les lois d'Einstein, à l'origine de la mécanique relativiste) soient développées.

Les travaux d'Albert Einstein

Connu essentiellement pour sa formulation de la théorie de la relativité générale, Albert Einstein (1879-1955) est le plus célèbre scientifique des temps modernes. D'après lui, la seule constante de l'Univers est la vitesse de la lumière par rapport à un observateur, d'où quelques idées déstabilisantes telle celle du temps qui passe plus ou moins rapidement selon la vitesse de déplacement des individus.

Einstein découvrira le phénomène de l'effet photoélectrique (EPE), lui-même à l'origine de la révolution nommée mécanique quantique. Cet effet démontre le principe de l'équivalence masse-énergie. Les lois de Newton stipulent qu'un objet possède soit une énergie cinétique, lorsqu'il se déplace, soit une énergie potentielle – correspondant à la force qu'il a fallu fournir pour le placer à un endroit (objet soulevé dans le champ de gravité, ressort étiré, etc.). Einstein ajoute que toute masse renferme de l'énergie, même au repos.

E – Énergie
Il s'agit de l'énergie présente dans l'objet. Elle se mesure en joules.

c² – Vitesse de la lumière au carré
« c » est la vitesse de la lumière ; il s'agit d'une constante fondamentale égale à 299 792 km/s dans le vide.

m – Masse
Il s'agit de la masse de l'objet, mesurée en kilogrammes.

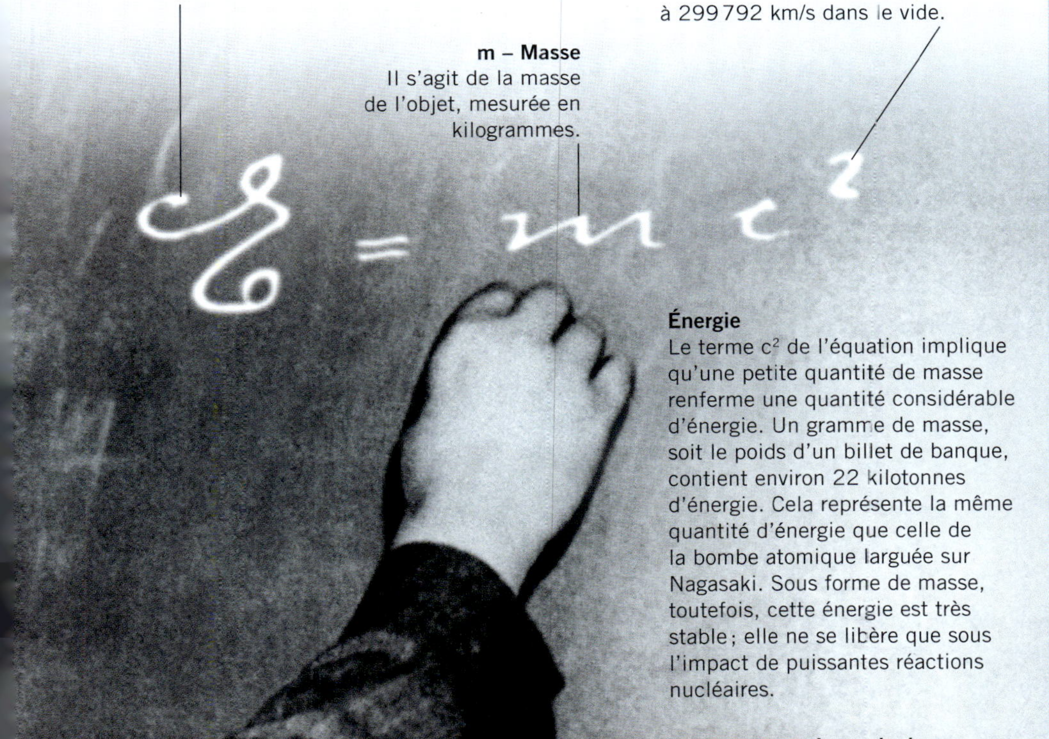

Énergie
Le terme c² de l'équation implique qu'une petite quantité de masse renferme une quantité considérable d'énergie. Un gramme de masse, soit le poids d'un billet de banque, contient environ 22 kilotonnes d'énergie. Cela représente la même quantité d'énergie que celle de la bombe atomique larguée sur Nagasaki. Sous forme de masse, toutefois, cette énergie est très stable ; elle ne se libère que sous l'impact de puissantes réactions nucléaires.

Les calculs complexes sont en réalité très anciens. Les Incas mirent au point un calculateur appelé *quipu*, qui se composait de cordelettes multicolores nouées. On pense qu'il servait à consigner des données, des calculs mathématiques et des messages secrets.

Les unités de mesure

De tout temps, on a trouvé des moyens intéressants et plus ou moins insolites de définir la longueur, la masse, le temps et toute autre mesure essentielle. Les unités de mesure les plus courantes, tels le mètre et la seconde, ont aujourd'hui des définitions scientifiques universelles – par exemple, si toutes les horloges du monde venaient à être détruites, on pourrait sans problème en refabriquer. Ces définitions sont souvent extrêmement compliquées mais très précises.

Seconde Durée de 9 192 631 770 périodes de la radiation émise lors de la transition entre les deux niveaux hyperfins de l'état fondamental de l'atome de césium 133.

Mètre Longueur du trajet parcouru dans le vide par la lumière pendant une durée de 1/299 792 458 de seconde. Cette mesure se base sur des valeurs immuables : la vitesse de la lumière dans le vide et les émissions lumineuses d'un isotope du krypton.

Newton (N) Force requise pour donner à une masse de 1 kg une accélération de 1 m/s².

Joule Énergie dépensée quand une force de 1 N déplace une masse de 1 kg sur 1 m sur Terre.

Année-lumière Utilisée en astrophysique : distance parcourue par la lumière dans le vide en une année de 365,25 jours, soit 9 460 730 472 580,8 km.

Mole Utilisée en chimie, la mole équivaut à peu près à 6,022 x 10^{23} atomes. Elle aide à relier le nombre de nucléons de l'atome à sa masse. Par exemple, 1 mole d'atomes de carbone pèse 12,0 g, et l'atome de carbone contient 12 nucléons.

Kilogramme Seule unité de mesure étalon définie d'après un objet plutôt que par des lois fondamentales, comme la vitesse de la lumière. Le prototype international du kilogramme, ou unité de masse étalon, est un cylindre solide fait dans un alliage de platine-iridium, conservé au Bureau international des poids et mesures, à Sèvres. Un kilogramme est défini comme la masse de ce cylindre ; sa valeur peut changer d'une année à l'autre en fonction du gaz qui s'y pose et des molécules qui quittent sa surface.

L'unité de masse étalon est conservée sous cloche afin de minimiser les variations de poids dues aux conditions atmosphériques.

MATHÉMATIQUES : L'INDESCRIPTIBLE

De toutes les sciences, les mathématiques sont les plus abstraites. Elles servent à transcrire le processus de phénomènes physiques jusqu'alors indescriptibles. Si les mathématiciens ont développé leur propre langage codé – fait de signes, de symboles et de chiffres – pour exprimer leurs idées *(voir aussi p. 154 et 156)*, leur préoccupation première est de décrypter la structure et le fonctionnement de l'Univers qui nous entoure à l'aide du calcul pur. La cryptographie et les mathématiques sont donc étroitement liées : du principe de fonctionnement d'Enigma aux derniers systèmes bancaires en ligne, les mathématiques permettent de décrire le fonctionnement des codifications et d'en développer de nouvelles.

« Ce qu'il y a de plus incompréhensible dans l'Univers, c'est qu'il soit compréhensible. »

ALBERT EINSTEIN, 1936.

L'algèbre
C'est un moyen mathématique et logique de découvrir des quantités inconnues en examinant la fonction de quantités connues, habituellement exprimées sous forme d'équations. Le terme vient de l'arabe *al-jabr.* On le trouve dans l'*Abrégé du calcul par la restauration et la comparaison (ci-dessus)* écrit vers 820 par l'Iranien al-Kharezmi, mathématicien auquel on doit aussi le mot algorithme. Les principes de l'algèbre, toutefois, remontent aux premiers systèmes de numérotation, 4000 ans auparavant *(voir p. 26).*

De nos jours, l'algèbre ressemble à un langage codé et, de fait, n'est autre qu'une transcription par signes. Pendant des siècles, l'algèbre s'exprimait sous forme de phrases. Par exemple, l'énoncé d'un problème pouvait être : « Le nombre 25 est la somme du nombre 3 et d'une valeur inconnue. 25 moins 3 donnent 22. Donc, la valeur inconnue est 22. » Une fois transcrit en notation algébrique, le problème s'exprime ainsi :

$$25 = 3 + x$$
$$25 - 3 = x$$
$$x = 22$$

Le calcul infinitésimal

C'est probablement la découverte mathématique la plus importante de tous les temps. Formulé par Newton et Leibniz, il peut être vu comme l'étude des petites différences finies et de l'infinitésimal. Ci-dessous figure un problème philosophique très célèbre, qui a déconcerté des générations de penseurs, et sa solution, issue du calcul. Il s'agit d'un des paradoxes du philosophe grec Zénon.

Les théories de Newton ont été écrites (en latin) sans l'aide de signes mathématiques.

Achille et la tortue

Achille s'apprête à faire la course avec son amie la tortue. Afin de rendre les choses plus faciles pour la tortue, Achille lui laisse une avance de 100 m. Mais comment peut-il dépasser la tortue ? Le temps qu'Achille parcoure 100 m, la tortue a avancé un peu, disons de 10 m. Le temps qu'Achille effectue les 10 m qui les séparent, la tortue a encore avancé de 1 m. Le temps qu'Achille ait parcouru ce mètre, la tortue a progressé de quelques centimètres. Il reste toujours à Achille une toute petite distance à rattraper ; comment fait-il donc pour doubler la tortue ?

La solution

Ce que Zénon ignorait, c'est que l'on peut trouver une solution mathématique à ce problème. Disons pour simplifier que la tortue a 1 m d'avance et court deux fois moins vite qu'Achille ; la distance totale que doit parcourir Achille est :

$$1 + \frac{1}{2} + \frac{1}{4} + \frac{1}{8} + \frac{1}{16} + \cdots$$

Et ce jusqu'à l'infini. Mais un nombre infini de très courtes distances est-il l'infini ? Non. En faisant la somme de cette série infinie, on obtient exactement 2 m. C'est grâce au calcul que l'on peut déterminer la somme de ces séquences infinies.

Dans la nature, le principe des séquences infinies est illustré par le nautile.

La révolution du XIXe siècle

Au début du XIXe siècle, on assista à une véritable explosion de l'activité mathématique en Europe, tandis qu'un groupe d'éminents mathématiciens – dont Joseph Lagrange, Pierre Simon Laplace, Joseph Fourier et Bernhard Riemann – révolutionnait la géométrie, la théorie des nombres et la physique. Dépassant les préceptes d'Euclide, ils formulèrent de nouveaux types de géométrie, notamment la géométrie elliptique (ou riemannienne), selon laquelle les lignes parallèles finissent toujours par se couper, et établirent des équations précises pour le mouvement des planètes. Le plus influent fut peut-être James Maxwell (1831-1879), dont les équations décrivant l'électromagnétisme aidèrent Einstein à développer sa théorie de la relativité.

Les équations de Maxwell

Parmi les grandes découvertes de l'histoire de la science figurent les équations de Maxwell, qui décrivent l'électromagnétisme (l'interaction des champs électriques et magnétiques). Non seulement ces équations codifient un phénomène complexe, mais elles font usage de plusieurs procédés mathématiques ; écrire des équations en entier prenant trop de temps, on introduit différents symboles pour représenter des opérateurs plus compliqués.

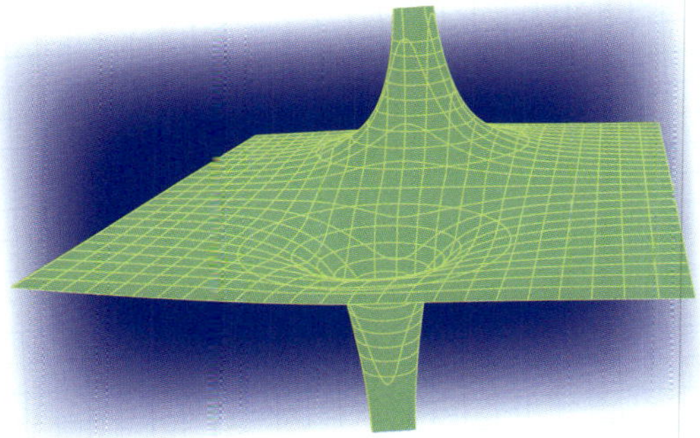

E Le champ électrique E représente le champ électrique du système. Dans l'image de synthèse ci-dessus, on voit le champ électrique créé par un ion positif (pic proéminent ou source) et celui créé par un ion négatif (pic en creux ou puits).

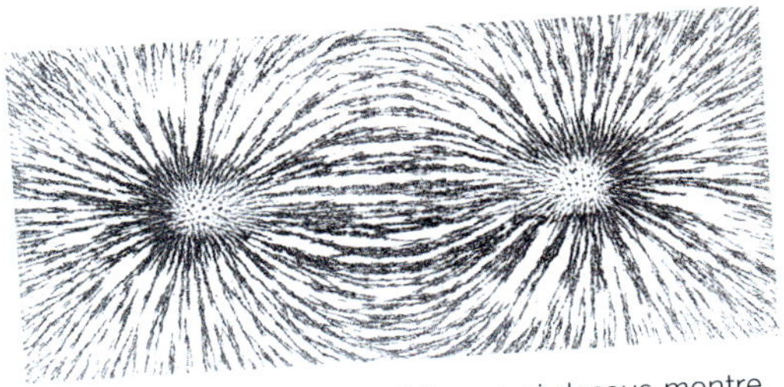

B Le champ magnétique L'image ci-dessus montre de la limaille de fer s'organisant autour d'un barreau aimanté : elle s'aligne sur les lignes de champ magnétique qui entourent l'aimant, révélant ainsi à quoi ce champ ressemble.

$$\nabla \cdot B = 0$$

$$\nabla \cdot E = \frac{\rho}{\epsilon_0}$$

$$\nabla \times E = -\frac{\partial B}{\partial t}$$

$$\nabla \times B = \mu_0 J + \mu_0 \epsilon_0 \frac{\partial E}{\partial t}$$

$\nabla \cdot$ **La divergence** est un opérateur complexe indiquant en essence si un champ est une source ou un puits relativement à une certaine propriété. Dans le champ électrique E ci-dessus, il y a une source (la charge positive) et un puits (la charge négative). Mathématiquement, la divergence du champ E s'exprime ainsi :

$$\operatorname{div} E = \nabla \cdot E = \frac{\partial E_1}{\partial x_1} + \frac{\partial E_2}{\partial x_2} + \cdots + \frac{\partial E_n}{\partial x_n}.$$

$\nabla \times$ **L'opérateur rotationnel** Il exprime la tendance qu'a un champ à circuler ou tourner autour d'un point donné. Bien que simple d'apparence, l'opérateur s'avère très compliqué à calculer. L'équation ci-contre exprime que la variation dans le temps du champ magnétique B crée un champ électrique E – c'est le principe de l'électroaimant.

$\frac{\partial}{\partial t}$ **La dérivée partielle par rapport au temps** Le fait d'appliquer cet opérateur au champ magnétique B signifie qu'au lieu de considérer B, on s'intéresse à la varition de B avec le temps.

ϵ_0 μ_0 **La permittivité et la perméabilité du vide** sont des constantes physiques fondamentales de l'électromagnétisme. La vitesse de la lumière s'exprime en fonction de ces deux constantes.

Langage de pro

Depuis Newton, un lexique de symboles a été développé pour décrire toutes sortes de fonctions.

i **Nombre imaginaire** i est défini comme la racine carrée de -1. Dans certaines équations, la solution est un nombre complexe, c'est-à-dire un nombre normal doté d'une partie imaginaire, comme 12 + 3i.

$\sum$ **Somme** Ce signe indique que l'on prend la somme de l'expression qui suit.

$\begin{pmatrix} a & b \\ c & d \end{pmatrix}$ **Matrice** Une matrice permet de transformer des nombres et des vecteurs en les plaçant dans des grilles. On peut créer une matrice qui fait tourner une ligne dans l'espace à 90° autour de l'axe X.

∞ **Infini** Dans des branches particulièrement compliquées des mathématiques, on découvre que l'infini peut prendre diverses tailles : par exemple, certains infinis sont plus grands que d'autres !

$\propto$ **Proportionnalité** Ce symbole indique que deux choses sont proportionnelles. Si l'on écrit : « Vitesse de la voiture α Taille du moteur », cela veut dire que plus on augmente la taille du moteur, plus la vitesse de la voiture augmentera.

$\therefore$ $\because$ $\blacksquare$ **Donc, parce que et CQFD.** Les preuves mathématiques utilisent souvent les mots « donc » et « parce que », que l'on peut simplifier sous forme de symboles. Placé au bout du symbole, le carré signifie CQFD (ce qu'il fallait démontrer), c'est-à-dire que la démonstration est terminée.

$\mathbb{N}\,\mathbb{Z}\,\mathbb{R}$ **Les ensembles des nombres entiers naturels, relatifs et réels** Dans la théorie des ensembles, qui traite des propriétés de groupes de nombres, certains ensembles apparaissent régulièrement. Les nombres entiers naturels sont les nombres 1, 2, 3, etc. Les entiers relatifs comprennent tous les nombres entiers, comme -1, 0, 1, 2, etc. Les nombres réels sont l'ensemble des nombres finis sans partie imaginaire, tels 15 ou -19,2.

LE TABLEAU PÉRIODIQUE

L'alchimie médiévale *(voir p. 52)* qui, outre la quête de la pierre philosophale et du moyen de transformer des substances fondamentales en or, s'efforçait d'examiner les propriétés des substances chimiques, est l'ancêtre de la chimie moderne. Le développement de cette dernière, au XVIIIe siècle, se traduisit par une approche plus rigoureuse de la classification des éléments composant l'Univers. Ce travail impliquait la mise au point d'un nouveau langage codé, qui devait associer noms et propriétés mais également être suffisamment souple pour permettre d'exprimer des fonctions. Les scientifiques élaborèrent divers tableaux : celui que l'on utilise aujourd'hui, développé en 1869 par le chimiste russe Dmitri Mendeleïev, fit considérablement progresser la compréhension de la chimie. Ce tableau est dit périodique car les éléments d'une même colonne ont des propriétés similaires. Il réunit une formidable quantité d'informations sur la chimie des éléments et révèle leurs principales propriétés sous forme codée et synthétique.

L'*Encyclopédie*

Rédigée sous la direction du philosophe Denis Diderot (1713-1784), l'*Encyclopédie* était un vaste projet éditorial visant à explorer « toutes les branches de la connaissance humaine ». Le premier volume parut en 1751 ; vingt-sept autres suivirent, publiés sur une vingtaine d'années. L'aventure se heurta à maints obstacles, les idées radicales de Diderot – exposées dans les rubriques politiques et sociales – manquant souvent de faire échouer le projet. En revanche, les articles sur les sciences et les arts se distinguaient par leur contenu résolument novateur.

La table des affinités

On trouve dans l'*Encyclopédie* une table des affinités, peut-être l'une des premières tentatives de classification des composés chimiques en fonction de leur réaction *(voir ci-dessous)*. À l'époque, la table ne distinguait qu'une trentaine d'éléments chimiques – beaucoup n'étaient en fait que des composés. Contemporain de Diderot, le jeune chimiste Antoine de Lavoisier (1743-1794) élabora lui aussi un système de classification fondé sur les propriétés et réactions des éléments connus. La table de Diderot s'inspire en partie des symboles alchimiques des divers éléments.

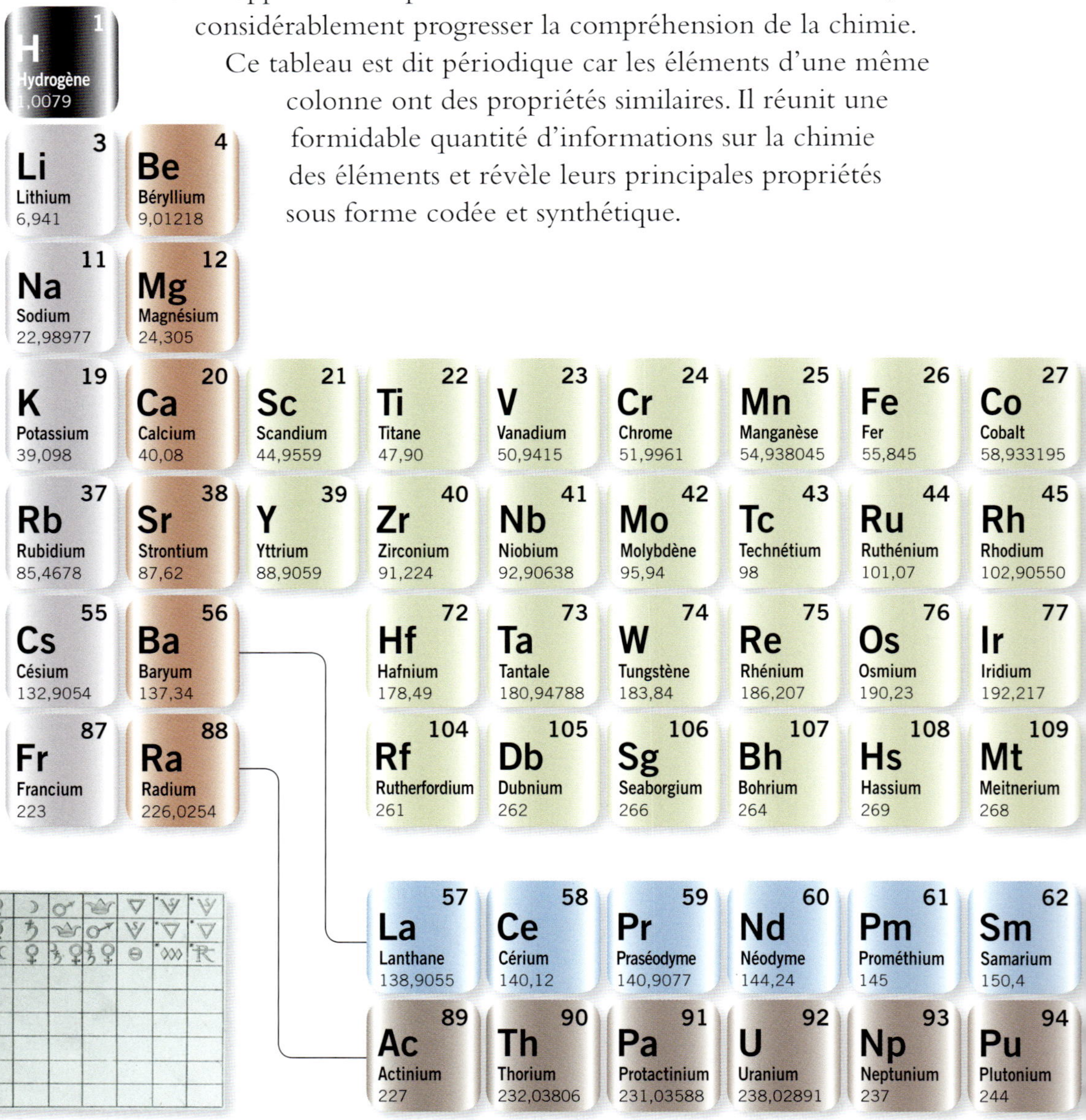

La classification périodique des éléments

Chacun des atomes du tableau est classé en fonction du nombre d'électrons sur sa couche de valence (couche la plus éloignée du noyau, comportant les électrons impliqués dans les réactions chimiques) ; deux éléments ayant le même nombre d'électrons de valence réagissent de façon similaire. Lorsque Mendeleïev créa son tableau, il laissa des vides pour les éléments non encore découverts.

Les gaz rares forment le dernier groupe du tableau. Ils se caractérisent par une couche de valence pleine ; ne pouvant accueillir d'autres électrons, ils se lient très peu dans la plupart des réactions chimiques. On les emploie beaucoup pour l'éclairage – ainsi l'argon est utilisé dans les ampoules pour éviter que les filaments brûlent ; il sert aussi à créer des atmosphères inertes lors de la préparation de produits chimiques sensibles. Très léger et non réactif, l'hélium est parfait pour gonfler les ballons et les dirigeables.

Légende

Métaux alcalins · Métaux alcalino-terreux · Métaux de transition · Métaux pauvres · Autres non-métaux · Gaz rares · Lanthanides · Actinides

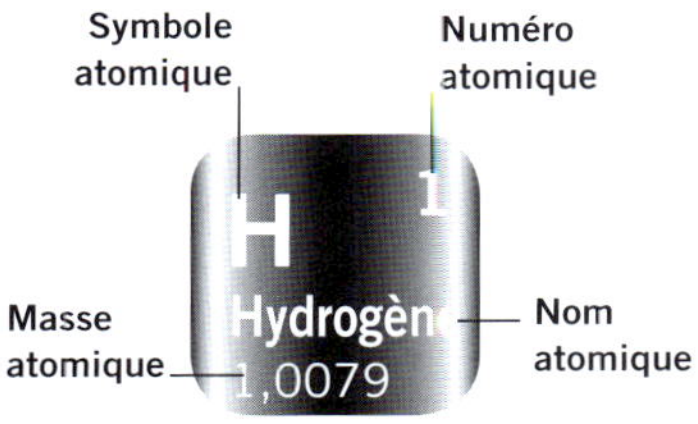

								2 **He** Hélium 4,00260
			5 **B** Bore 10,81	6 **C** Carbone 12,011	7 **N** Azote 14,00674	8 **O** Oxygène 15,9994	9 **F** Fluor 18,999840	10 **Ne** Néon 20,179
			13 **Al** Aluminum 26,98154	14 **Si** Silicium 28,086	15 **P** Phosphore 30,97376	16 **S** Soufre 32,06	17 **Cl** Chlore 35,453	18 **Ar** Argon 39,948
28 **Ni** Nickel 58,6934	29 **Cu** Cuivre 63,546	30 **Zn** Zinc 65,409	31 **Ga** Gallium 69,723	32 **Ge** Germanium 72,64	33 **As** Arsenic 74,92160	34 **Se** Sélénium 78,96	35 **Br** Brome 79,904	36 **Kr** Krypton 83,80
46 **Pd** Palladium 106,42	47 **Ag** Argent 107,8682	48 **Cd** Cadmium 112,411	49 **In** Indium 114,818	50 **Sn** Étain 118,710	51 **Sb** Antimoine 121,760	52 **Te** Tellure 127,60	53 **I** Iode 126,90447	54 **Xe** Xénon 131,30
78 **Pt** Platine 195,084	79 **Au** Or 196,966569	80 **Hg** Mercure 200,59	81 **Tl** Thallium 204,3833	82 **Pb** Plomb 207,2	83 **Bi** Bismuth 208,98040	84 **Po** Polonium 209	85 **At** Astate 210	86 **Rn** Radon 222
110 **Ds** Darmstadtium 271	111 **Rg** Roentgenium 272	112 **Uub** Ununbium 285	113 **Uut** Ununtrium 284	114 **Uuq** Ununquadium 289	115 **Uup** Ununpentium 288	116 **Uuh** Ununhexium 292	117 **Uus** Ununseptium Inconnu	118 **Uuo** Ununoctium 118

(nom provisoire d'un élément chimique non découvert)

63 **Eu** Europium 151,96	64 **Gd** Gadolinium 157,25	65 **Tb** Terbium 158,92535	66 **Dy** Dysprosium 162,500	67 **Ho** Holmium 164,93032	68 **Er** Erbium 167,259	69 **Tm** Thulium 168,93421	70 **Yb** Ytterbium 173,04	71 **Lu** Lutétium 174,967
95 **Am** Américium 243	96 **Cm** Curium 247	97 **Bk** Berkélium 247	98 **Cf** Californium 251	99 **Es** Einsteinium 252	100 **Fm** Fermium 257	101 **Md** Mendélévium 258	102 **No** Nobélium 259	103 **Lr** Lawrencium 262

Les autres codes de la chimie

Les formules utilisées pour exprimer certaines substances composées sont un moyen abrégé de décrire la structure moléculaire de la substance en associant les symboles des éléments qui la composent et des chiffres indiquant la proportion de chaque élément. Voici certaines des plus courantes.

Ammoniac, NH_3 Un atome d'azote et trois atomes d'hydrogène.
Gaz carbonique, CO_2 Un atome de carbone et deux atomes d'oxygène.
Craie, calcaire, marbre, $CaCO_3$ Un atome de calcium, un atome de carbone et trois atomes d'oxygène.
Soude caustique, NaOH Un atome de sodium, un atome d'oxygène et un atome d'hydrogène.
Acide chlorhydrique, HCl Un atome d'hydrogène et un atome de chlore.
Sel, NaCl Un atome de sodium et un atome de chlore.
Acide sulfurique, H_2SO_4 Deux atomes d'hydrogène, un atome de soufre et quatre atomes d'oxygène.
Carbonate de soude, Na_2CO_3 Deux atomes de sodium, un atome de carbone et trois atomes d'oxygène.
Eau, H_2O Deux atomes d'hydrogène et un atome d'oxygène.

La structure moléculaire

Les structures chimiques se représentent de différentes manières.

Benzène, C_6H_6
La molécule de benzène est un cercle d'atomes de carbone liés à des atomes d'hydrogène.

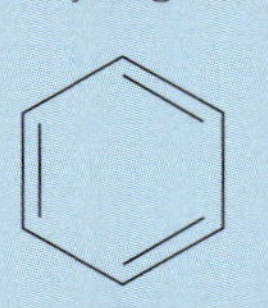

Formule topologique
Seules les liaisons entre atomes sont montrées.

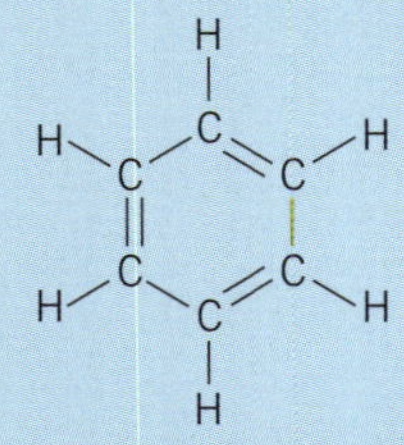

Structure moléculaire
Tous les atomes sont représentés.

Caféine, $C_8H_{10}N_4O_2$

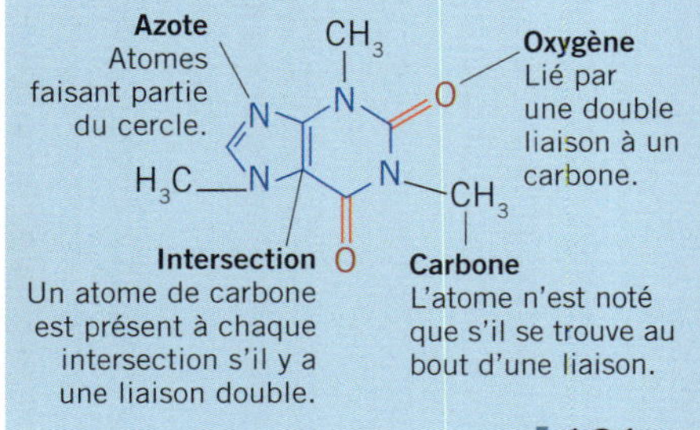

DÉFINIR LE MONDE

Le désir de décrire l'environnement en le schématisant est très ancien et commun à de nombreuses cultures. Et partout, des moyens étonnamment similaires ont été mis en œuvre pour codifier graphiquement des éléments tels que les rivières, les côtes, les montagnes, les mers et les établissements humains.

Échelle et orientation

Les anciens systèmes de cartographie se distinguaient les uns des autres par leur échelle et leur orientation : jadis, en effet, on calculait souvent la première en nombre de journées de voyage, tandis que la seconde dépendait des besoins du commanditaire. La plupart des cartes musulmanes étaient par exemple orientées au sud. Étonnamment, le langage symbolique qu'élaborèrent les premiers cartographes pour désigner des éléments spécifiques est encore facilement compréhensible aujourd'hui.

Le monde à l'envers

Le géographe arabe al-Idrisi dressa cette carte du monde connu pour le roi Roger de Sicile vers 1154. Les royaumes musulmans s'étendaient des frontières chinoises à la côte Atlantique. Des voyageurs-géographes tel Ibn Battuta mais aussi de nombreux négociants arabes parcouraient les continents bien au-delà des limites du monde musulman, arpentant l'Afrique et l'Asie orientale.

La Table de Peutinger

La Table de Peutinger, copie d'une carte romaine du IIIe siècle, se compose de onze parchemins qui, mis bout à bout, forment une bande de près de 7 m de long. Il ne s'agit pas ici d'une représentation réaliste de la réalité ; en revanche, y sont indiqués tous les grands réseaux routiers et la façon de se rendre d'un endroit à un autre. Au Moyen Âge, des cartes similaires guidaient les pèlerins chrétiens jusqu'à Jérusalem.

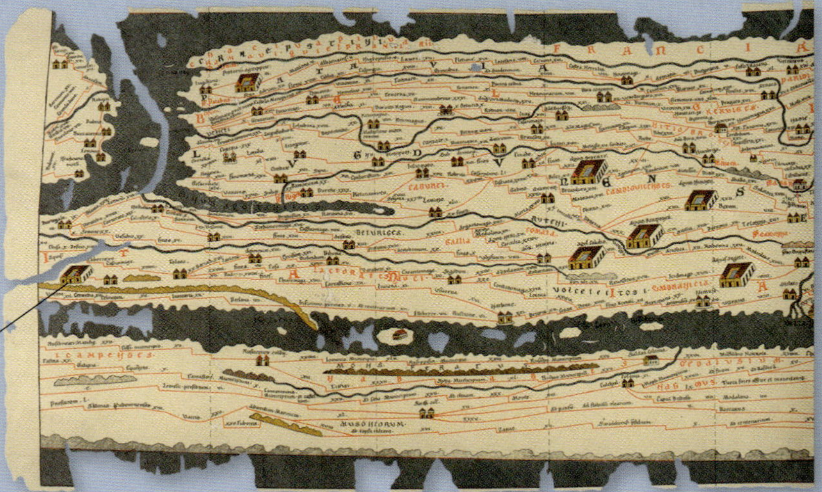

Outre les voies romaines, la carte signale les principales agglomérations qui jalonnent le chemin du voyageur au moyen d'une icône récurrente : une ville murée dont la taille varie en fonction de son importance.

Les grands massifs sont représentés sous la forme de chaînes, mais sans indication de hauteur ni de superficie. Ils s'accompagnent souvent de petits arbres symbolisant la forêt dense.

Des détails en quantité Les côtes de la Méditerranée et du Sud-Est asiatique sont truffées de détails ; la botte caractéristique de l'Italie se distingue clairement.

Les lacunes Il semble évident que le cartographe n'avait qu'une vision partielle du nord-ouest de l'Europe. Les îles Britanniques sont très déformées, et plusieurs îlots inexistants ont été ajoutés dans l'Atlantique.

Les portulans

Lorsque les Européens commencèrent à arpenter le monde en quête de marchés à développer et de terres à coloniser, ils réalisèrent de nouvelles cartes marines destinées aux explorateurs, telle la carte ci-contre, extraite d'un atlas portulan de 1540. Si l'accent était mis sur la topographie et les établissements côtiers, les voies inconnues et les terres inexplorées étaient souvent laissées en blanc, voire imaginées ou émaillées d'illustrations fantaisistes.

La dense forêt équatoriale du Brésil avait à peine été explorée lorsque cette carte fut dressée. Une petite vignette, toutefois, en signale l'existence.

CODER LE PAYSAGE

La cartographie est l'un des systèmes de codification les plus sophistiqués qui soient : avec une souplesse et une richesse inégalées, elle permet de décrire les complexités du monde qui nous entoure. Les cartes sont avant tout unificatrices : elles montrent où se trouve un endroit par rapport à d'autres. Toutefois, elles peuvent indiquer une quantité considérable d'informations grâce à diverses techniques graphiques – grilles, couleurs, ombrage, traits et symboles – et à différentes typographies.

Les levers de terrain
Les premiers relevés détaillés servirent à dresser des cartes nautiques, à une époque où le tracé exact des côtes, des marées et des courants devenait essentiel pour faciliter la navigation. Au Royaume-Uni, le service cartographique de Grande-Bretagne – créé en 1747 afin d'améliorer l'efficacité des bombardements d'artillerie destinés à mater la rébellion des Highlands – développa l'arpentage. S'ensuivit un lever détaillé de toute la Grande-Bretagne, toujours en cours. On utilisa les mêmes techniques pour établir le grand relevé trigonométrique de l'Inde *(voir ci-dessous),* sur lequel travaillèrent des équipes d'autochtones *(voir ci-dessus)* formés à la cartographie.

Pour établir le relevé de l'Inde, on usa de la triangulation à différentes échelles afin de déterminer la configuration de la surface du terrain et de ses élévations (collines et montagnes).

Une description du paysage

Au cours des cinq cents dernières années, toutes sortes de conventions graphiques ont été établies pour décrire le monde qui nous entoure. La précision d'une carte est bien sûr liée à son échelle. Toutefois, la technologie par satellite a récemment permis de montrer le relief de la Terre dans ses détails les plus infimes.

L'ère moderne Les premières cartes régionales à grande échelle décrivaient le paysage, la végétation et les constructions à l'aide de pictogrammes standardisés, précurseurs de nos symboles cartographiques.

La figuration du relief
Pour créer un effet de relief, les cartographes ont longtemps estompé et hachuré leurs tracés. Les éléments topographiques spécifiques furent ensuite nommés avec précision, et les altitudes indiquées. Grâce au nivellement, l'approche topographique est devenue plus rigoureuse : les courbes de niveau sont des lignes qui joignent tous les points d'une même altitude et forment des boucles de plus en plus rapprochées (*voir ci-contre*).

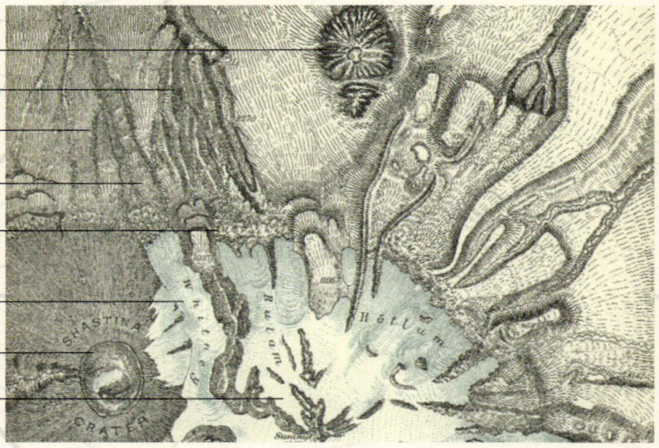

La télédétection Les rayons infrarouges émis par des satellites et réfléchis par la surface de la Terre ont affiné la description de la topographie terrestre. Les signaux eux-mêmes sont codés : divers algorithmes doivent les interpréter pour produire des modèles numériques de terrain (MNT), éléments essentiels de la cartographie de précision. Ci-contre, on peut voir une région du Tibet, en couleurs artificielles.

Les lignes d'une carte

Pour localiser des éléments, un système de codage de référence, composé d'un ensemble de lignes, est dessiné sur la carte. Le quadrillage (graticules) est formé par les méridiens (longitude), reliant les pôles Nord et Sud, et les parallèles (latitude), encerclant le globe. Les coordonnées des emplacements sont exprimées en degrés et minutes (ou, plus récemment, en degrés décimaux). Les cartes peuvent aussi être divisées par un simple quadrillage géométrique.

Dans l'exemple ci-contre, l'emplacement de Séville peut se définir par ses coordonnées géographiques (37,24°N 5,59°O) ou apparaître, sur la grille de l'éditeur, en 7C.

Latitude
Angle formé par un point donné sur le globe par rapport à l'équateur.

Longitude
Angle mesuré entre un point donné sur le globe et le méridien de Greenwich.

Méridien de Greenwich 0°
La longitude se mesure par rapport à cette ligne.

Grille de l'éditeur
Indiquée en chiffres et lettres rouges, elle sert de code de référence pour localiser les éléments de la carte.

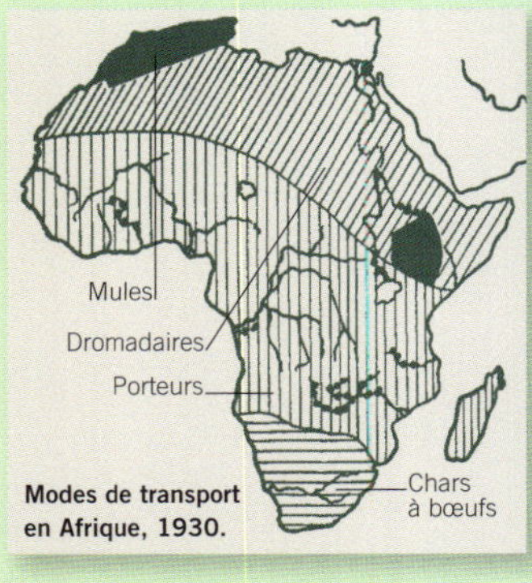

Modes de transport en Afrique, 1930.

Les cartes thématiques et schématiques

Les cartes peuvent indiquer différentes répartitions *(voir ci-dessus)*, comme l'occupation des sols. On parle alors de cartographie thématique. Très employées dans les domaines des transports et des communications (train ou métro, entre autres), les cartes schématiques *(voir ci-dessous)* donnent des informations géographiques souvent sous une forme simplifiée et très stylisée. Ces deux types de cartes ont leur propre langage codé, explicité dans une légende.

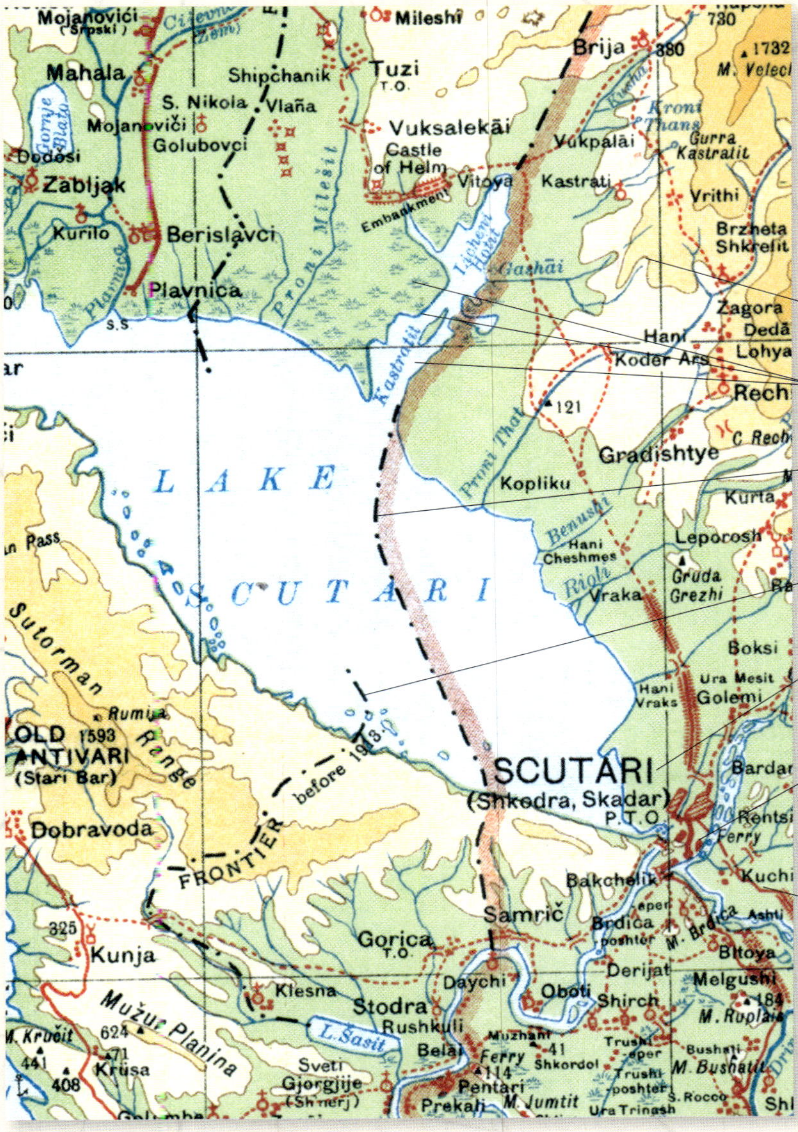

La cartographie moderne

La plupart des cartes utilisent divers symboles, couleurs et lignes pour transmettre des informations. Les conventions varient en fonction des besoins ; les cartes routières, par exemple, valorisent le réseau routier et les voies de communication.

Topographie
La forme du terrain est indiquée à l'aide de contours et de couleurs.

Eau
Mers, lacs, côtes, marais et rivières sont souvent représentés en bleu.

Lignes de démarcation
Bien qu'invisibles au sol, les frontières nationales ou administratives sont souvent indiquées.

Éléments historiques
Ici, une frontière historique est ajoutée.

Métropoles
Elles apparaissent généralement en gros caractères ; la forme de la ville peut être représentée.

Agglomérations
Elles sont souvent indiquées par un symbole. Ici, des points rouges permettent de connaître leur importance.

Routes
Elles sont représentées sur cette carte par des pointillés ou des lignes continues, selon leur taille.

Autres éléments figurant sur la carte :

- ♁ Église
- Mosquée
- ¤ Fortification
-)(Pont

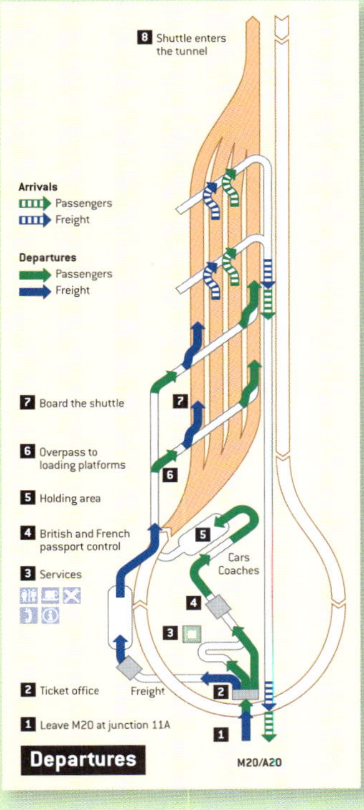

LA NAVIGATION

S'orienter, éviter les récifs et autres dangers a toujours été un véritable défi pour les marins. Nul ne sait comment les premiers explorateurs parvinrent à se diriger sur l'océan Pacifique, il y a des milliers d'années, pour coloniser les îles de l'actuelle Océanie. Depuis une trentaine d'années, la navigation par satellite a pris le pas sur les instruments et codes de navigation ; néanmoins, l'ensemble des techniques élaborées au fil des siècles depuis deux mille ans pour aider les navigateurs témoignent de la formidable capacité des hommes à résoudre des problèmes apparemment insurmontables.

Les phares

On peut diviser les phares en trois catégories : les phares de grand atterrissage, qui signalent les tournants des routes de navigation ; les phares d'atterrissage secondaire ou de jalonnement des côtes, qui balisent le tracé d'une route très passagère ; enfin les phares d'entrée de port, qui se dressent à l'entrée des ports et des estuaires.

Les différents feux

Feu fixe (F)

Feu à éclats (FL)

Feu scintillant continu (Q)

Feu scintillant interrompu (IQ)

Feu isophase (ISO)

Feu à éclats groupés (FL)

Feu à occultations (OC)

Feu alternatif (AL)

Feu à éclats longs (LFL)

Dès le XIIIe siècle, les habitants du bassin méditerranéen dessinaient des cartes destinées à la navigation. Malgré leur petit format, elles renseignaient les marins sur la topographie du littoral et sur les différents points de repère susceptibles de les guider. Les portulans *(à gauche)* indiquaient les distances séparant les villes côtières à l'aide d'une échelle.

Les cartes marines

À l'instar de la signalisation maritime (phares, balises et bouées), les cartes marines comportent des éléments indispensables à la navigation. Les premières cartes précises des côtes furent dressées au XVIIe siècle. C'est à cette époque que fut créé le corps des ingénieurs cartographes français. Entre 1814 et 1844, Charles François de Beautemps-Beaupré et son équipe réalisèrent ainsi un lever très détaillé des côtes françaises. Aujourd'hui, les cartes marines officielles françaises sont produites et diffusées par le Service hydrographique et océanographique de la marine (SHOM). Des éditeurs privés en publient également des versions simplifiées destinées, par exemple, aux plaisanciers.

Déterminer la longitude

Contrairement à la détermination de la latitude, celle de la longitude posa longtemps problème aux marins, car elle impliquait une mesure du temps précise depuis un point fixe. Jusqu'au XVIIIe siècle, la navigation se faisait « à l'estime » – on déduisait la position du navire en utilisant les instruments que l'on possédait à bord (compas), en estimant la vitesse du navire et en tenant compte du vent et des courants. L'approximation de ce type de navigation fut à l'origine de nombreux naufrages, raison pour laquelle le gouvernement britannique lança un concours ayant pour objectif l'invention d'un chronomètre précis *(voir p. 152)*. À partir du milieu du XVIIIe siècle, on put enfin déterminer la position exacte d'un navire en mer, une opération aujourd'hui réalisée instantanément grâce au satellite.

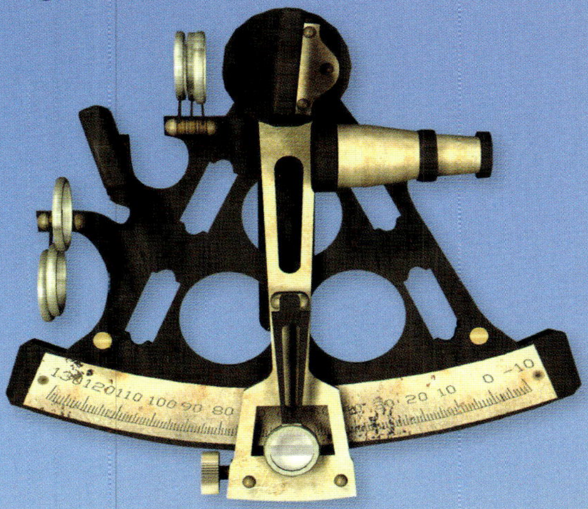

Le sextant mesurait précisément l'angle d'un astre par rapport à l'horizon afin de déterminer la latitude.

Naviguer à l'instinct
Les premiers navigateurs pratiquaient essentiellement le cabotage et transmettaient oralement leur savoir-faire. Les Vikings furent parmi les premiers à s'aventurer en pleine mer ; il y a plus de mille ans, ils atteignirent l'Amérique du Nord, l'Islande et le Groenland actuels, sans doute grâce à une excellente connaissance des vents et des courants. De nos jours encore, les pêcheurs identifient d'instinct de nombreuses zones situées au large.

Les bouées de signalisation maritime

Depuis 1977, les pays possédant une façade maritime respectent les règles de balisage définies par l'Association internationale de la signalisation maritime (IALA-AISM), avec quelques variantes pour les pays dits de « zone B » (Amérique, Japon, Corée et Philippines). Les bouées sont des balises flottantes, souvent équipées de feux, qui facilitent la navigation et signalent un danger ou un chenal. Leur emplacement, leur forme et leur couleur constituent un message codé.

Les marques latérales balisent les chenaux. Voyant rouge pour la marque bâbord, voyant vert pour tribord. Feux rouge/vert, pas de rythme spécifique.

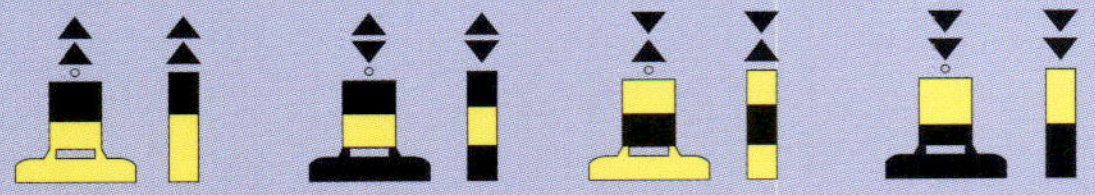

Les marques cardinales permettent de savoir où se trouvent le chenal le moins dangereux et les eaux les plus sûres. Feu blanc, phases variables.

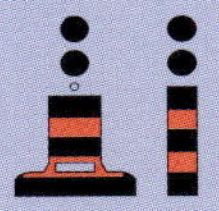

Marque de danger isolé : présence d'un danger isolé au milieu des eaux navigables (ou eaux saines). Feu blanc, à éclats groupés.

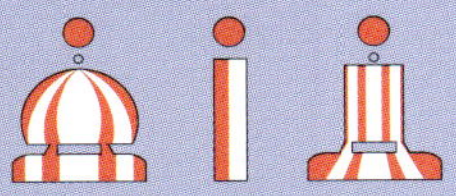

Eaux saines : aucun danger. Feu blanc, isophase, à occultations, ou à éclats longs toutes les dix secondes.

Marques spéciales : indiquent une zone spécifique (réservée à la plaisance par exemple). Feu coloré, pas de rythme déterminé.

Lorsque deux bateaux se croisent, chacun doit virer à tribord. La nuit, les navires disposent de trois feux de navigation : vert à tribord, rouge à bâbord, et un feu blanc sur le mât pour indiquer sa direction.

LA TAXINOMIE

Archaeopteryx lithographica (éteint)

La taxinomie est une science ayant pour objet la classification de toutes les formes de vie sur terre. Dès l'Antiquité, les hommes tentèrent de répertorier les innombrables organismes vivants présents dans la nature pour comprendre les liens pouvant unir les plantes, les animaux, les champignons et autres bactéries. Mais ce n'est qu'au début du XVIIIe siècle que le naturaliste suédois Carl von Linné établit un mode de classification des organismes fondé sur les similarités physiques : appelé nomenclature binomiale, ce système ouvrit la voie aux théories de Darwin au XIXe siècle. De nos jours, l'analyse du code ADN (*voir p. 170-175*) permet une meilleure connaissance des espèces.

Les travaux d'Aristote

Les tentatives d'explication des liens unissant les diverses formes de vie sont très anciennes. Au IVe siècle av. J.-C., le philosophe grec Aristote (382-322 av. J.-C.) fut sans doute le premier à établir une classification des êtres et organismes vivants. Ses écrits sont à l'origine de termes tels que substance, genre ou encore espèce. Aristote avait déterminé plusieurs critères de classement : mode de reproduction, habitat, présence ou non de « sang rouge »… Ses travaux inspirèrent des naturalistes comme Linné, qui, en digne représentant de l'esprit des Lumières, avait certainement lu ses écrits.

Le manuscrit de Voynich

Selon les experts, ce manuscrit codé acheté en 1912 par un marchand de livres anciens, Wilfrid Voynich, fut rédigé entre le XVe et le XVIe siècle – on l'attribua longtemps au savant anglais Roger Bacon (1214-1294), hypothèse aujourd'hui abandonnée. Si le texte n'a jamais été déchiffré – l'alphabet utilisé n'est semblable à aucun autre –, on pense toutefois qu'il s'agit d'une analyse des plantes mais aussi d'autres organismes vivants. Peut-être était-ce une pharmacopée, voire un manuel de médecine, d'alchimie ou d'herboristerie. La plupart des dessins représentent des végétaux (400 environ, parmi lesquels 16 ont été identifiés), mais y sont également figurés des femmes nues au bain ou encore des diagrammes astrologiques.

Linné utilisa ses dessins de plantes pour créer le papier peint de sa maison.

Linné et la taxinomie

Le naturaliste suédois Carl von Linné (1707-1778) s'inspira des travaux de ses pairs pour élaborer une classification codifiée de toute forme de vie. Son *Systema Naturae (les Systèmes de la nature),* dont la première édition date de 1735, fut régulièrement mis à jour. Le système de hiérarchisation des organismes qu'il créa est encore utilisé aujourd'hui. On doit à Linné la catégorisation par règne, embranchement, classe, ordre, famille, genre et espèce : cette nomenclature binomiale singularise chaque être vivant – l'homme *(Homo sapiens)* se distingue ainsi du chimpanzé commun *(Pan troglodytes)*. Grâce aux progrès de la biologie du développement, cette organisation a toutefois été largement modifiée.

Linné est considéré comme le père de la taxinomie moderne.

Geospiza fortis. Géospize à bec moyen dit pinson de Darwin

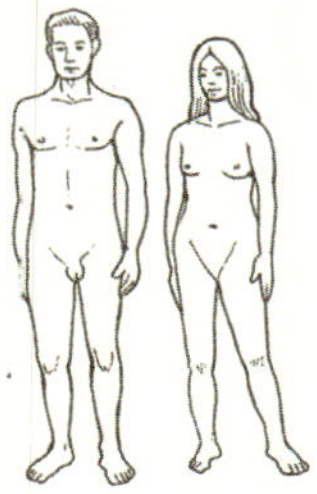

Homo sapiens

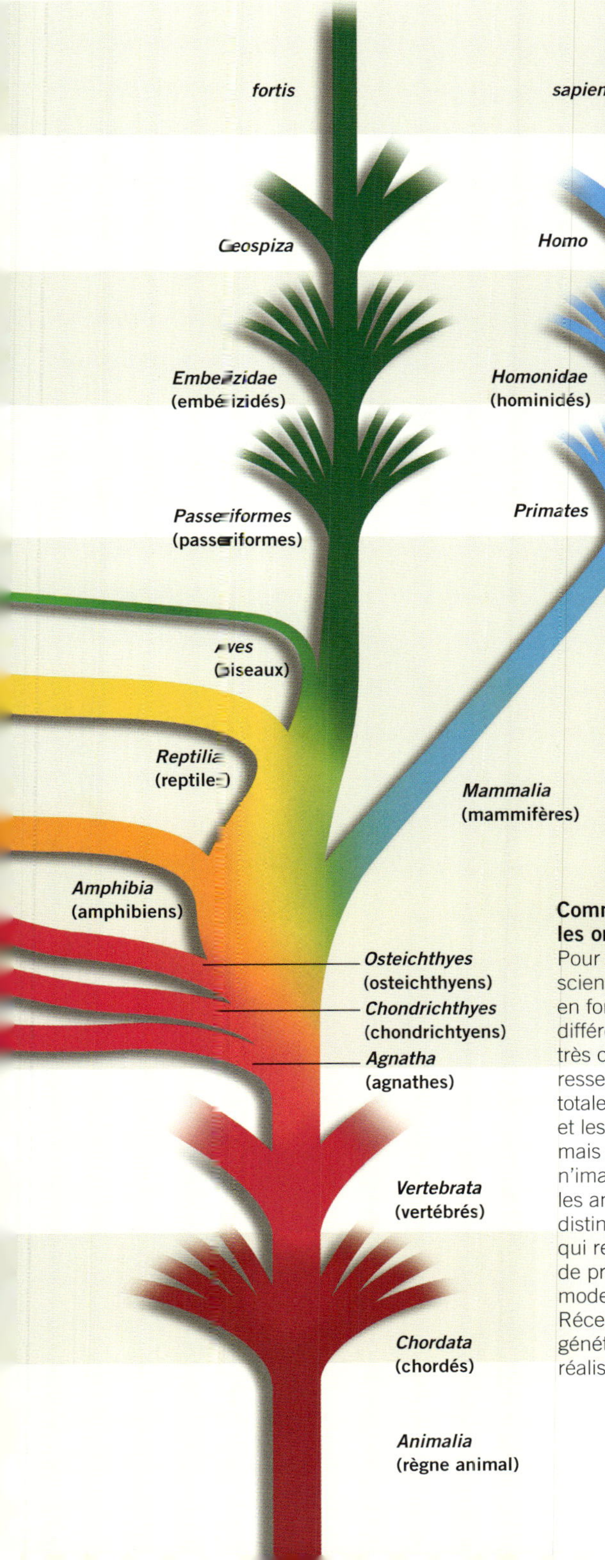

La classification de trois animaux d'après la structure de Linné. On peut voir ici les sept catégories du naturaliste à partir desquelles on a formé un arbre phylogénétique, qui permet de montrer les liens entre les différents groupes.

Archaeopteryx lithographica *(en haut, à gauche)* est, pour l'heure, le seul représentant de son ordre. Bien que classé comme oiseau *(Aves)*, il partage de nombreuses caractéristiques avec les petits dinosaures *(Reptilia)*. Il est sans doute apparenté à l'ancêtre des oiseaux.

Comment la science classifie-t-elle les organismes ?
Pour schématiser, on peut dire que les scientifiques répartissent les organismes en fonction de leurs similarités et de leurs différences. Mais la tâche s'avère en réalité très complexe. Deux animaux peuvent se ressembler tout en ayant subi une évolution totalement différente. Par exemple les oiseaux et les chauves-souris possèdent des ailes mais ne sont pas proches ; de même, on n'imagine pas que les dinosaures puissent être les ancêtres des oiseaux. Il convient donc de distinguer les similarités pertinentes de celles qui relèvent du hasard. Il faut pour cela étudier de près l'anatomie, le développement et le mode de reproduction ainsi que les fossiles. Récemment, on a pu établir une classification génétique *(voir p. 170-175)* grâce aux progrès réalisés dans ce domaine.

Darwin et la taxinomie

Quand Charles Darwin (1809-1882) développa sa théorie de l'évolution par la sélection naturelle, les classifications de Linné et de ses successeurs se révélèrent utiles pour élaborer un arbre du vivant *(ci-dessous)* reliant divers organismes et lignées. Dans *l'Origine des espèces*, publié en 1859, Darwin démontra non seulement que les organismes pouvaient être classifiés de façon taxinomique, mais aussi qu'ils partageaient une généalogie commune. Darwin permit aux systématiciens de comprendre que l'on pouvait utiliser les liens évolutionnistes pour établir des rapprochements entre les espèces. Il en résulta un portrait encore plus détaillé des formes de vie sur terre.

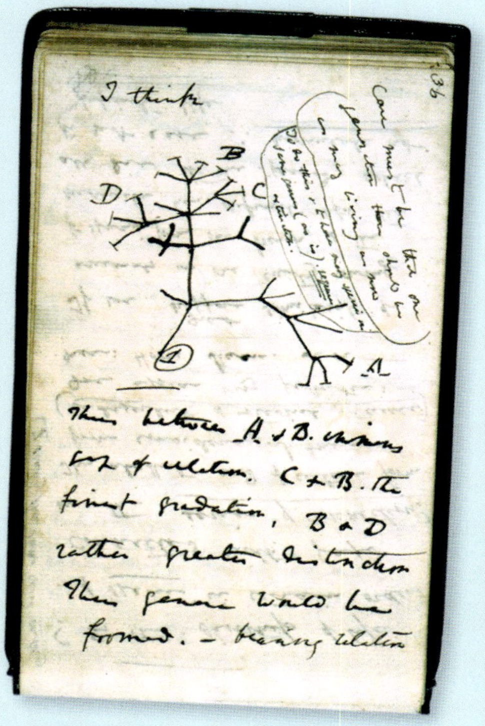

L'avenir de la taxinomie

Depuis les premières tentatives de classification d'Aristote, la taxinomie a beaucoup évolué. La découverte du Nouveau Monde, la classification de Linné ou encore les progrès de la biologie au cours des deux derniers siècles nous ont permis de comprendre plus précisément l'évolution des organismes qui nous entourent. Cependant, la science fait constamment de nouvelles avancées. Grâce à la génétique, par exemple, nous savons désormais que l'homme et le chimpanzé partagent 98,5 % de leurs gènes, ce qui tend à confirmer des origines communes ; toutefois il est permis de s'interroger sur cette question puisque les similarités génétiques entre la banane et l'être humain sont également nombreuses...

LE CODE GÉNÉTIQUE

De tous les codes existants, le code génétique est peut-être le plus fondamental. Contenu dans l'ADN de chaque organisme vivant, il fournit une liste d'informations et d'instructions sur nos modes de fonctionnement et de reproduction. La façon dont est organisé l'ADN d'un organisme détermine par exemple s'il s'agit d'un être humain, d'un chimpanzé ou d'une banane, et s'il est plus ou moins susceptible de développer une maladie cardiovasculaire, un diabète ou un cancer du sein. Depuis un demi-siècle, les scientifiques se sont efforcés de « casser » le code génétique afin de comparer les hommes à leurs congénères, mais aussi aux autres animaux.

Watson et Crick

Au début des années 1950, deux chercheurs du Cavendish Laboratory de l'université de Cambridge, James Watson *(à gauche)* et Francis Crick *(à droite)*, se donnèrent pour objectif de déterminer la structure de l'ADN. À l'époque, on ne savait pas encore exactement comment l'ADN était structuré et organisé, ni qu'il était un élément déterminant de notre code génétique. Watson et Crick tentèrent de comprendre sa structure en manipulant des maquettes d'atomes. Ils découvrirent ainsi comment les quatre bases azotées composant les nucléotides (adénine, thymine, cytosine et guanine) s'assemblaient. Ils remarquèrent aussi que la structure moléculaire de chacune de ces bases était telle que l'adénine faisait toujours face à la thymine, tandis que la cytosine était appariée à la guanine. Ils décidèrent alors d'empiler ces bases les unes sur les autres pour observer la structure dans son ensemble. Il en résulta la fameuse double hélice, souvent comparée à un escalier en colimaçon. Watson, Crick et leur collègue Maurice Wilkins reçurent le prix Nobel de médecine en 1962. Malgré quelques controverses – notamment sur l'influence des recherches précédemment menées par Rosalind Franklin, ou les déclarations de Watson sur la race et le genre –, ils sont toujours considérés comme les découvreurs de l'ADN.

Comment fonctionne le code génétique

Les instructions qui déterminent la construction et le fonctionnement de notre corps sont logées à l'intérieur de chacune des milliards de cellules de notre organisme. Le noyau d'une cellule – hormis les cellules reproductrices – contient une série identique de structures appelées chromosomes, elles-mêmes composées d'acide désoxyribonucléique (ADN). C'est le nombre de chromosomes et la variété des gènes de chaque chromosome qui fait d'un homme un être humain et non un gorille ou une banane. Par exemple, les humains possèdent 46 chromosomes, les gorilles 48 et les bananes 33. En outre, bien que tous les membres d'une même espèce aient le même nombre de gènes dans le même nombre de chromosomes, de nombreux gènes sont à l'origine de variations (couleur des yeux, des cheveux, etc.), et c'est leur combinaison spécifique qui fait de nous un être humain unique.

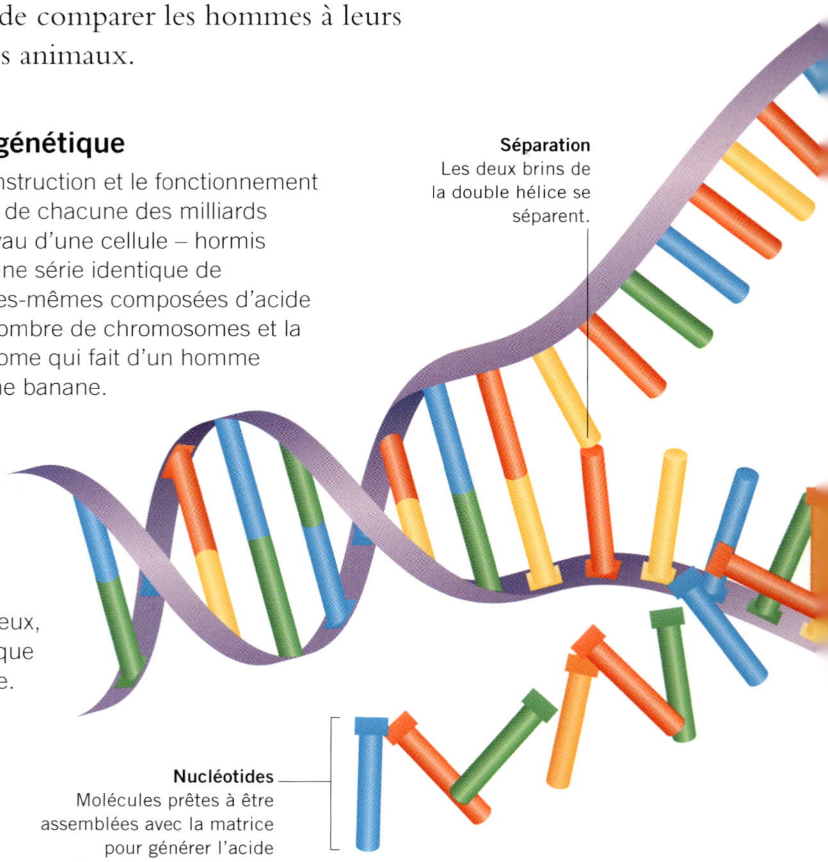

Les chromosomes sont composés d'ADN, présent dans le noyau des cellules vivantes. La structure en double hélice de l'ADN contient le codage de la vie.

L'ADN se compose de quatre molécules : l'adénine (A), la thymine (T), la cytosine (C) et la guanine (G), qui forment les éléments du code génétique. Ces quatre bases azotées sont liées à un support pour former des nucléotides, puis assemblées par paires (adénine et thymine, cytosine et guanine). Dans l'ARNm, la thymine est remplacée par l'uracile.

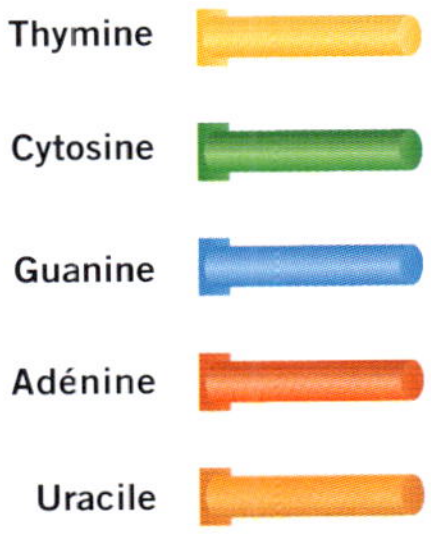

Gènes et protéines

Tout être vivant décompose les nutriments puis synthétise les protéines dont il a besoin en fonction des informations fournies par ses gènes. Un gène est un segment d'ADN comptant entre 500 et 10 000 paires de bases, qui fournissent le code d'une protéine. L'ordre des paires de bases forme une matrice – ou code – qui détermine la façon dont sont fabriquées les protéines de notre organisme ; c'est là la tâche première de nos gènes. Les protéines sont produites de manière continue afin de réguler nos fonctions organiques et de construire ou réparer les tissus et les muscles.

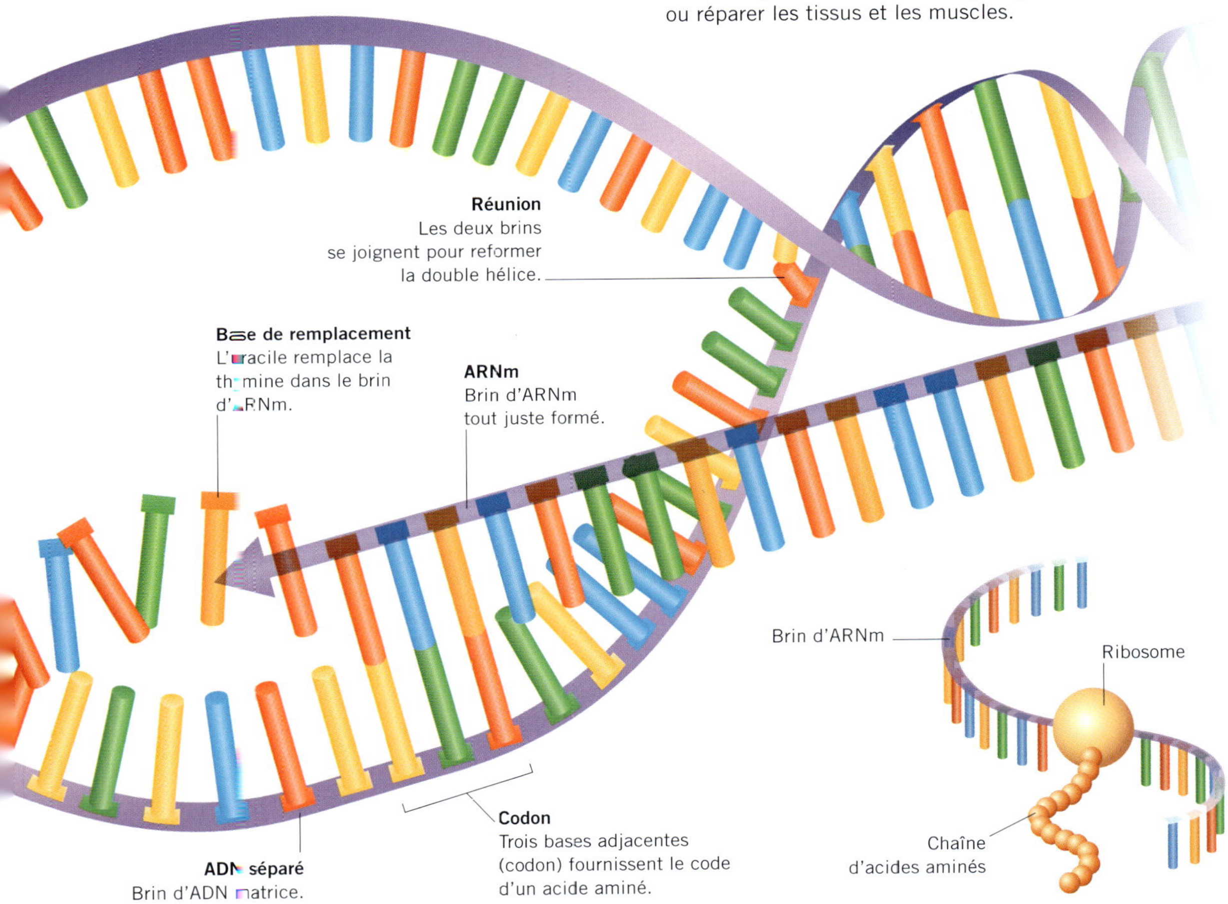

Transcription du code Quand les gènes sont lus, les deux côtés d'un segment d'ADN se séparent. L'un des brins fait office de matrice. Les nucléotides s'alignent de manière séquentielle et s'apparient le long de ce brin matrice, formant un brin d'ARN messager (ARNm). La séquence des bases sur le brin d'ARNm correspond ainsi à la séquence du brin d'ADN préalablement apparié avec la matrice – l'ARNm utilise la base uracile au lieu de la thymine pour s'apparier avec l'adénine. Ce processus prend le nom de transcription. Le brin d'ARNm ainsi formé se détache et migre hors du noyau vers une structure cellulaire appelée réticulum endoplasmique, le siège de la synthèse des protéines.

Traduction du code Les protéines sont essentiellement constituées de longues chaînes d'acides aminés. Chaque acide aminé – il en existe 20 types – est représenté par trois bases adjacentes (un codon) sur le brin d'ARNm. Comme il existe quatre bases différentes, il peut y avoir 64 codons distincts. Pendant la synthèse des protéines, un organite cellulaire appelé ribosome progresse le long du brin pour lire ou traduire les codons. Un autre type de molécule ARN, l'ARN de transfert (ARNt), se fixe aux acides aminés requis et les transfère au ribosome, afin d'élaborer la protéine, acide aminé par acide aminé, selon le code initialement inscrit dans l'ADN.

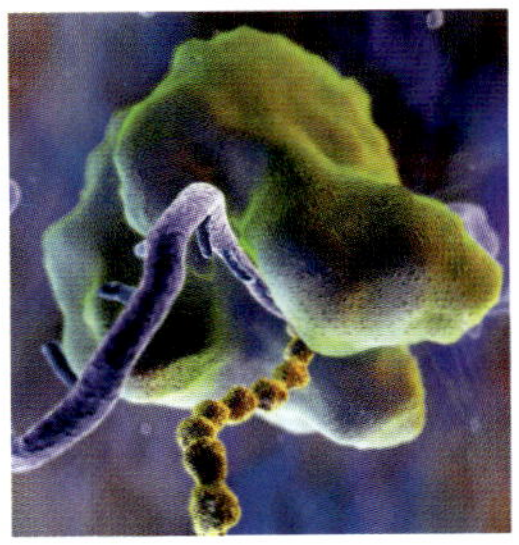

Ribosome lisant un brin d'ARNm et fixant les acides aminés les uns aux autres pour produire une protéine.

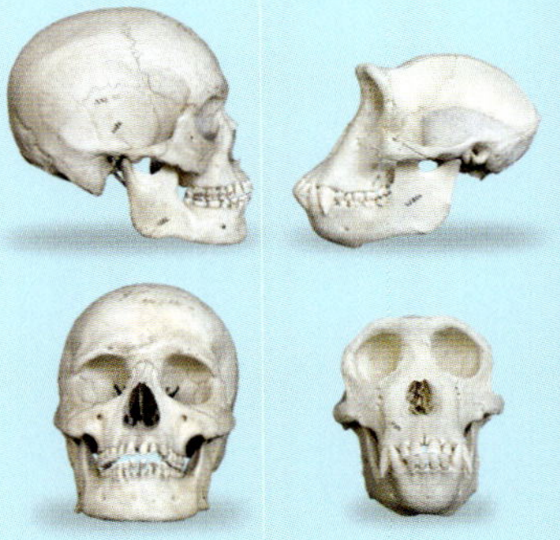

Les êtres humains et leurs proches parents

L'une des plus importantes informations livrées par l'étude du code génétique est la façon dont les êtres humains sont apparentés aux animaux qui leur sont proches. En comparant les crânes d'un homme *(ci-dessus à gauche)* et d'un chimpanzé *(ci-dessus à droite)*, on remarque quelques similitudes, mais surtout de nombreuses différences. Et, pourtant, la comparaison de notre code génétique et de celui des chimpanzés a révélé que nous partageons environ 98,5 % de nos gènes ; le 1,5 % qui nous différencie fait de nous des hommes. Les études génétiques permettent également de déterminer l'époque à laquelle vivait le plus récent ancêtre commun à l'homme et à un animal lui étant apparenté : les recherches menées dans ce domaine ont révélé que l'ancêtre de l'homme et du chimpanzé évoluait sur terre il y a 5 à 7 millions d'années, datation corroborée par les données fossiles dont nous disposons.

L'HÉRITAGE GÉNÉTIQUE

Bien avant que Watson et Crick découvrent la structure de l'ADN et ouvrent la voie du projet Génome humain (*voir p. 170, 174*), les scientifiques mais aussi les agriculteurs avaient déjà compris une partie de la configuration du code génétique et de son fonctionnement. La reproduction sélective du bétail et des cultures vivrières afin d'obtenir des variétés plus résistantes et plus productives remonte à la nuit des temps. Mais elle s'accéléra au XVIIIe siècle, alors que l'agriculture européenne cherchait à améliorer ses rendements pour nourrir une population en pleine expansion. Au XIXe siècle, dans le sillage du baron Frankenstein et de Charles Darwin, les scientifiques commencèrent à spéculer sur la façon d'appliquer ces techniques de génie génétique aux êtres humains.

Code génétique et révolution agricole

L'idée de code génétique, à défaut d'une compréhension exacte de son fonctionnement, était au centre de la première révolution agricole moderne.

Au XVIIe siècle, aux Pays-Bas puis en Angleterre, se développèrent des pratiques telle la rotation des cultures ; on prit conscience que des cycles de culture adéquats permettaient d'optimiser la fertilité et la productivité. De longues recherches empiriques jalonnées de croisements et d'hybridations allaient permettre de produire des fleurs et des légumes très divers – des variétés jusque-là inconnues furent par ailleurs importées du Nouveau Monde et d'Asie – mais aussi de nouvelles races d'animaux de boucherie *(ci-dessus)*.

Les Hollandais cherchèrent également à optimiser leurs investissements en récupérant les terres côtières inondables, et expérimentèrent la rotation des cultures pour améliorer la fertilité des sols et ne plus se soumettre à la traditionnelle jachère.

Au milieu du XVIIIe siècle, de nouveaux systèmes combinant élevage et cycles de culture furent mis en œuvre dans le nord-ouest de l'Europe, entraînant ainsi une croissance massive de la production alimentaire, qui à son tour favorisa la révolution industrielle.

La mâchoire Habsbourg
Au sein des familles royales européennes, plusieurs siècles de mariages consanguins contribuèrent au développement de certaines particularités physiques tel le prognathisme (saillie en avant de la mâchoire). On le vérifie par exemple chez les Habsbourg : Charles II d'Espagne (1661-1700, *à gauche*) aurait souffert d'un cas très prononcé de prognathisme, qui l'empêchait de manger correctement.

Hémophilie : la maladie des rois

Comprendre comment les gènes se transmettent de génération en génération nous a permis d'en savoir plus sur les affections héréditaires. Prenons pour exemple la reine Victoria, qui souffrait d'hémophilie. Portée par le chromosome X, cette pathologie entraîne une déficience de la coagulation. Les femmes ont deux chromosomes X ; si l'un des deux porte le gène de l'hémophilie, le chromosome X sain empêche la manifestation des symptômes. Mais les hommes ayant un chromosome X et un chromosome Y, s'ils héritent d'un chromosome X affecté, ils souffriront de la maladie. Victoria portait à son insu un chromosome X affecté et le transmit à plusieurs de ses enfants et petits-enfants, dispersés dans diverses familles royales européennes. À la quatrième génération, ses descendants cessèrent de transmettre l'hémophilie.

Alfred (1844-1900) épousa la princesse Marie de Russie.

Victoria Princesse royale (1840-1901), épousa Frédéric de Prusse.

Alice (1843-1878) épousa le prince Louis de Hesse-Darmstadt. Porteuse de l'hémophilie. Mère de la tsarine Alexandra de Russie.

Louise (1848-1939), épousa le marquis de Lorne.

Les neuf enfants de la reine Victoria épousèrent des aristocrates ou des rois. Trois d'entre eux portaient le gène de l'hémophilie de leur mère, et deux le transmirent à neuf autres membres de leurs familles respectives, dans différentes cours d'Europe.

Les Romanov
Le plus connu des descendants hémophiles de la reine Victoria est Alexis, le fils aîné du tsar Nicolas II de Russie et de son épouse Alix (petite-fille de Victoria). Toute la famille périt à l'issue de la révolution bolchévique en 1918. Les ossements du tsar Nicolas, d'Alix et de trois de leurs enfants furent retrouvés dans une fosse commune en 1991. En 2007, des os furent soumis à un test ADN : il s'agissait bien de ceux d'Alexis et de sa sœur Maria.

Les dépouilles non retrouvées des Romanov *(à gauche)* furent à l'origine de nombreuses spéculations. Toutefois, d'après les tests ADN, aucun d'entre eux n'aurait survécu.

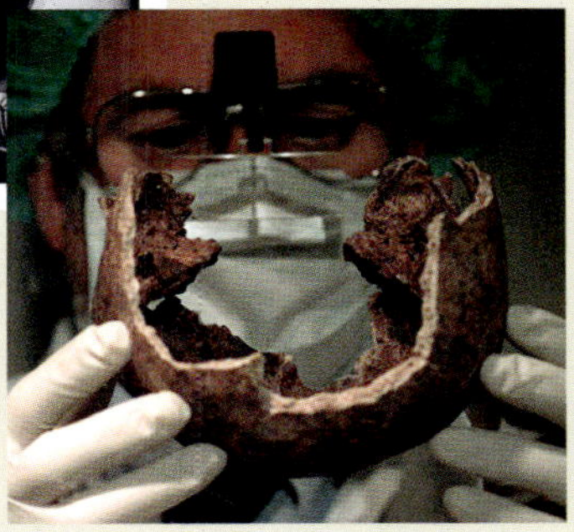

Un médecin légiste examine un crâne attribué à Anastasia Romanov – ce que confirmera ultérieurement le profil génétique.

Prince Albert (1819-1861).

Béatrice (1857-1944) épousa le prince Henri de Battenberg. Porteuse de l'hémophilie.

Reine Victoria (1819-1901). Porteuse de l'hémophilie.

Albert Édouard (Bertie) Prince de Galles (1841-1910), épousa la princesse Alexandra de Danemark.

Hélène (1846-1923) épousa le prince Christian de Schleswig-Holstein.

Arthur (1850-1942) épousa la princesse Louise de Prusse.

Léopold (1853-1884) épousa la princesse Helena de Waldeck-Pyrmont. Hémophile.

Eugénisme et vivisection

Lorsque, en 1896, l'écrivain Herbert George Wells publia *l'Île du Dr Moreau* – œuvre de fiction dans laquelle il traitait de la vivisection appliquée au développement humain et animal –, il ne faisait que reprendre un cauchemar évoqué par Mary Shelley dans *Frankenstein*: la possibilité que des scientifiques omnipotents puissent un jour contrôler la destinée de l'espèce humaine. À l'époque, on s'interrogeait sur le bien-fondé d'expériences telles que la vivisection ; toutefois, on en savait suffisamment sur l'hérédité pour qu'une pseudoscience bien plus dangereuse, l'eugénisme, acquît une certaine crédibilité. Wells lui-même y était favorable, affirmant s'intéresser à « la stérilisation de l'échec, et non à la sélection des réussites pour la reproduction ».

L'euthanasie vue par les nazis
Bien avant la création des camps d'extermination, ils déclarèrent vouloir accorder une « mort clémente » aux « dégénérés », arguant que le maintien en vie de chacun de ces individus coûtait 60 000 reichsmarks à l'État : « Compatriotes, c'est aussi votre argent. »

L'EMPREINTE GÉNÉTIQUE

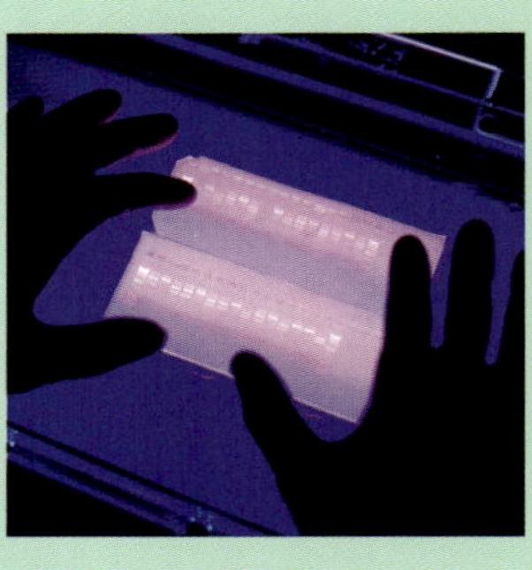

ADN et criminalité

L'utilisation du profil génétique dans le cadre de la criminalistique connaît un essor considérable depuis les années 1980. Le code ADN fournit une « empreinte » spécifique à chaque individu. La salive, les cheveux, la sueur ou toute autre sécrétion laissée sur les lieux du crime sont détectés, analysés et comparés avec des échantillons prélevés sur des suspects (ou enregistrés sur des bases de données de plus en plus fournies). Ces profils ADN se révèlent extrêmement fiables.

Le premier recours à l'empreinte génétique dans le cadre d'une enquête criminelle eut lieu en 1987 dans le Leicestershire, au Royaume-Uni. Deux cas de viol et de meurtre similaires, perpétrés en 1983 et en 1986, poussèrent la police à accuser un jeune homme de 17 ans, Richard Buckland, qui, sous la pression, reconnut être l'auteur de l'un des assassinats. Des universitaires proposèrent de comparer l'ADN des résidus prélevés sur les lieux de chacun des crimes. Ils prouvèrent que le meurtrier était une seule et même personne, mais pas Buckland. Des échantillons furent extraits sur 5000 hommes de la région, sans résultat. Toutefois, l'un des donneurs avoua avoir donné un autre nom que le sien, celui de Colin Pitchfork, un boulanger local. Pitchfork fut donc arrêté, testé à son tour et déclaré coupable avant d'être condamné à perpétuité.

La portée des découvertes de Watson et Crick en Angleterre (*voir p. 170*) dépassa de loin la simple détermination du rôle de l'ADN dans la génétique. Le projet Génome humain vit le jour dans les années 1980 à Cambridge, mais aussi aux États-Unis, en Chine, en France, en Allemagne et au Japon, à une époque où les progrès de l'informatique rendaient possibles les calculs requis pour fournir une carte complète du génome humain à l'aide du séquençage. Une première ébauche de la séquence du génome humain fut annoncée en 2000, et le dernier chromosome cartographié en 2006. L'impact de ce décodage fut considérable : non seulement le profil ADN – unique – de chaque individu put être utilisé dans la recherche criminelle *(à gauche)*, mais l'achèvement de la carte souleva également toutes sortes de questions éthiques relatives à la santé, à la génétique, à l'ingénierie, aux passeports biométriques et à la sécurisation des bases de données.

Préparation de l'ADN à des fins d'analyse

De l'ADN extrait de chromosomes est coupé en fragments. Ceux-ci sont séparés et clonés pour préparer plusieurs solutions, chacune contenant des brins d'ADN identiques, longs de 4000 paires de bases maximum. Les solutions sont alors chauffées afin de séparer les deux brins et d'utiliser l'un d'eux comme matrice. On copie celle-ci en ajoutant des enzymes, des amorces, les quatre bases A, G, C, T *(voir p. 170)*, et des versions « spéciales » de chaque base. Ces bases spéciales stoppent le processus de copie lorsqu'elles sont incorporées à un brin en développement, puis sont marquées pour apparaître dans certaines conditions. La copie commence à l'amorce (qui se fixe toujours au même point du brin matrice), et continue par paires de bases jusqu'à ce qu'une base spéciale soit incorporée. On obtient une solution contenant des milliards de copies de la matrice, de longueur variable, toutes commençant au même point et se terminant par une base spéciale marquée.

Comparaison de deux brins d'ADN à l'aide d'une autoradiographie réalisée par électrophorèse sur gel. Ici, des solutions distinctes sont préparées pour chaque base (C, A, T, G) et sont traitées dans des bandes de gel parallèles. Les fragments identiques d'ADN de deux échantillons sont placés côte à côte afin d'identifier les éventuelles différences de position de leurs bases, qui excluent une même origine.

La lecture du code

Le mélange est ensuite trié en fragments d'égale longueur par électrophorèse sur gel. Pour cela, on dépose la solution de fragments d'ADN à l'extrémité négative d'une bande de gel soumise à un champ électrique. Comme l'ADN possède une charge négative, il migre dans le gel vers l'extrémité positive, plus ou moins rapidement en fonction de sa taille : plus le fragment est petit, plus vite il avance. Les fragments d'égale longueur migrent ensemble. Ces fragments identiques se repèrent grâce aux marqueurs fixés sur leurs bases spéciales (sous l'effet du laser, A pourra être vert fluorescent, G rouge…). Dans les systèmes automatisés, des détecteurs lisent les couleurs à mesure que les fragments migrent, tandis qu'un ordinateur enregistre la séquence. Une autre solution consiste à couper le champ électrique, les groupes de fragments restant à leur place dans le gel.

Le mystère Cohen

Les scientifiques peuvent faire remonter l'ascendance génétique à des dizaines de milliers d'années, obtenant parfois des résultats étonnants. Selon une hypothèse, le nom juif Cohen était associé à une caste de prêtres juifs, les Cohanim, descendants d'Aaron, frère de Moïse. En 1998, des chercheurs analysèrent l'ADN de centaines de Cohen de sexe masculin afin d'établir un lien génétique entre le nom et l'hérédité paternelle. Les résultats confirmèrent l'existence de ce lien, mais d'après les analyses, cette lignée remonterait à 3000 ans et serait originaire de la péninsule Arabique, non du Levant.

Énigmatique ornithorynque De récentes études sur le génome de cet étrange animal ont révélé qu'il réunit des caractéristiques mammaliennes, reptiliennes et aviaires.

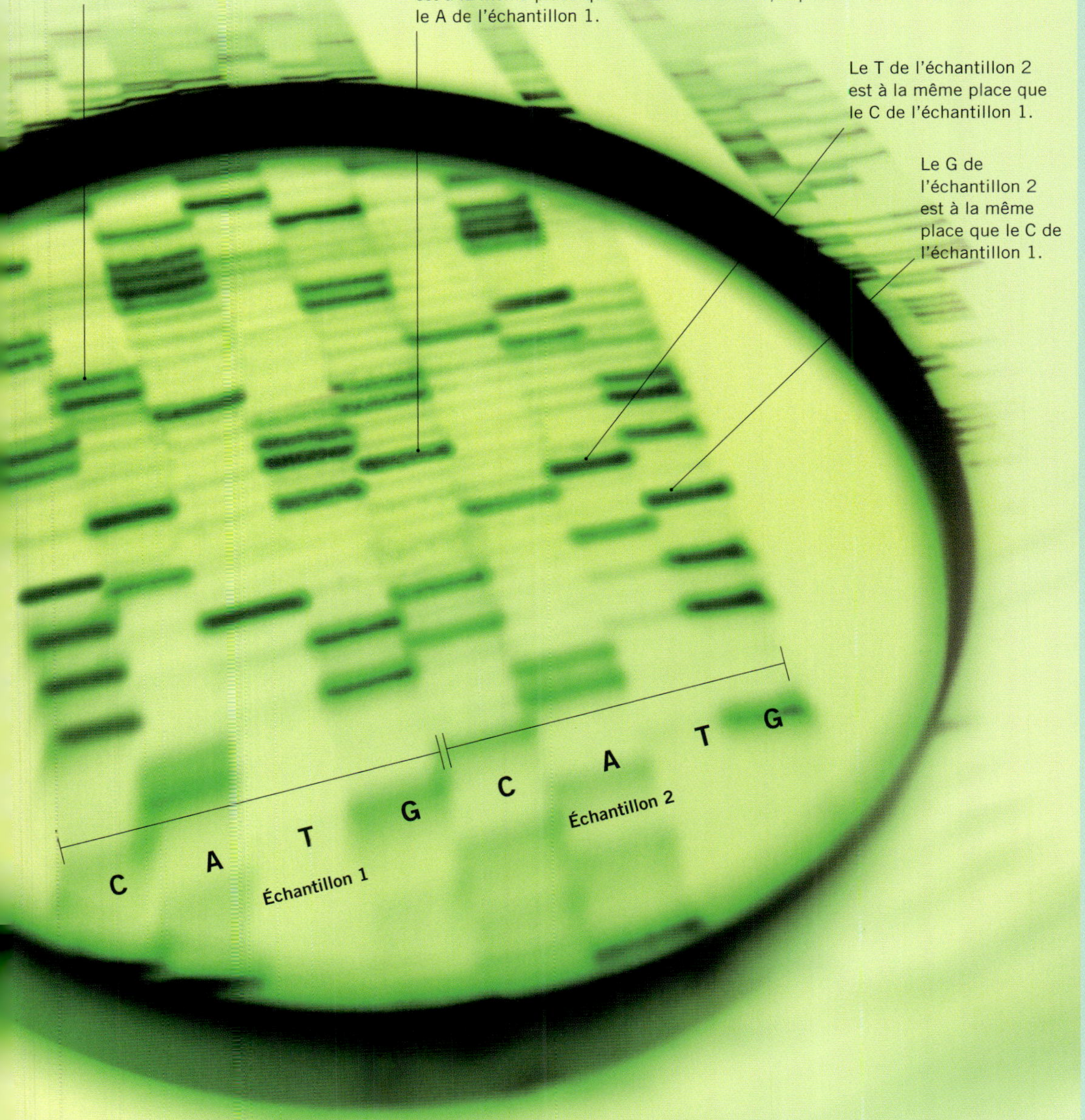

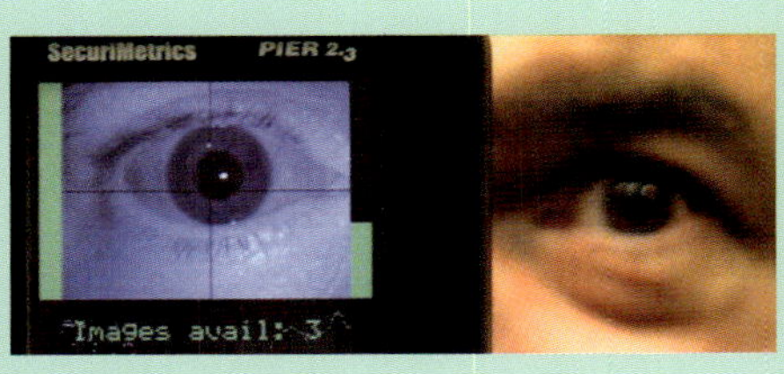

ADN et vie privée

Si l'analyse des empreintes digitales à des fins policières a marqué le début de l'utilisation de la génétique comme source fiable d'identification *(voir p. 138)*, le profil ADN a révolutionné d'autres aspects de la sécurité. Ainsi, les passeports biométriques, délivrés par une quarantaine de pays, se caractérisent par des puces contenant une photo numérisée du détenteur, et, de plus en plus souvent, ses empreintes digitales ou encore la photographie de l'iris de son œil *(ci-dessus)*. Certaines autorités aimeraient y inclure aussi des données ADN, ce qui rendrait la contrefaçon impossible. De même, la police et les forces de sécurité prônent la création de bases de données ADN nationales, reliées aux puces des documents d'identité, démarche que les défenseurs des droits civils dénoncent comme une atteinte à la vie privée.

Assurances et santé

Le décodage du génome humain a fait naître la crainte que les compagnies d'assurance refusent de couvrir les individus génétiquement susceptibles d'être atteints de diabète, de maladies cardiovasculaires, de la maladie d'Alzheimer ou du cancer. Ainsi, beaucoup redoutent de procéder à des tests ADN qui révéleraient ces marqueurs génétiques. Cela pose des questions éthiques, et un nombre croissant de lois portent sur la confidentialité génétique.

Génie génétique

L'utilisation de la technologie génétique pour manipuler des organismes vivants a suscité de vives controverses ces dernières années. Si l'objectif des cultures transgéniques est de subvenir aux besoins d'une population croissante, beaucoup s'inquiètent des effets à long terme. La manipulation génétique des animaux et des humains, augurée en 1996 par le clonage de Dolly *(à droite)*, a soulevé nombre de débats.

08

Tous les groupes culturels élaborent des codes (verbaux, littéraires, graphiques) pour communiquer leurs idées et délivrer des messages. Ces symboliques sont tellement ancrées dans l'histoire de chaque peuple qu'on en oublie souvent l'origine.

Codes et civilisations

Architecture, sculpture, vitraux, peinture, tissage... véhiculent des notions complexes, souvent à travers des allusions ou des références iconographiques. Beaucoup ont gardé leur sens lorsque la foi ou les valeurs dont elles sont issues ont perduré, mais, très souvent, leur signification nous échappe aujourd'hui.

CODES DE CONSTRUCTION

Jusqu'à l'avènement du modernisme, au début du xxᵉ siècle, l'architecture occidentale resta dominée par deux traditions opposées, chacune dotée d'un langage et d'un style propres : d'un côté, la tradition classique de la colonne et du linteau, élaborée durant l'Antiquité et conservée sous une forme simplifiée dans l'architecture romane – les architectes humanistes de la Renaissance la renouvelleront quelques siècles plus tard ; de l'autre, le gothique, un style gracieux et délié qui s'épanouit dans toute l'Europe médiévale.

Les marques de maçon
De l'époque romaine à la fin du Moyen Âge, les appareillages de pierres étaient gravés d'inscriptions – parfois un monogramme, plus souvent un symbole – dont le but et la signification n'ont jamais été clairement établis. Il semble qu'il y en ait eu de deux sortes, constituant un double code : certaines indiquaient l'emplacement des pierres, d'autres, telles des signatures, permettaient d'identifier le maçon, et peut-être d'évaluer le travail effectué par un ouvrier particulier.

L'orientation
Classiques ou gothiques, la plupart des basiliques chrétiennes adoptent un plan cruciforme ; l'abside est orientée à l'est. Les mosquées, elles, sont dotées d'un mihrab (ou niche), indiquant la direction de La Mecque (ou *qibla*).

Le gothique
La reconstruction de l'abbaye de Saint-Denis, près de Paris, réalisée sous les auspices de l'abbé Suger (1081-1151), donna naissance à un style architectural qui conquit rapidement toute l'Europe. Il se caractérise entre autres par la voûte sur croisée d'ogives et l'arc-boutant, qui permettent de faire pénétrer davantage de lumière dans l'édifice. L'art du vitrail se développa à cette époque. Exclusivement réservé aux églises et cathédrales, comme celle de Salisbury *(ci-dessus)*, le style, simple et peu orné, s'enrichit peu à peu ; au xvᵉ siècle, on l'appliqua à toutes sortes de constructions, et l'architecture gothique développa son propre vocabulaire *(à droite)*.

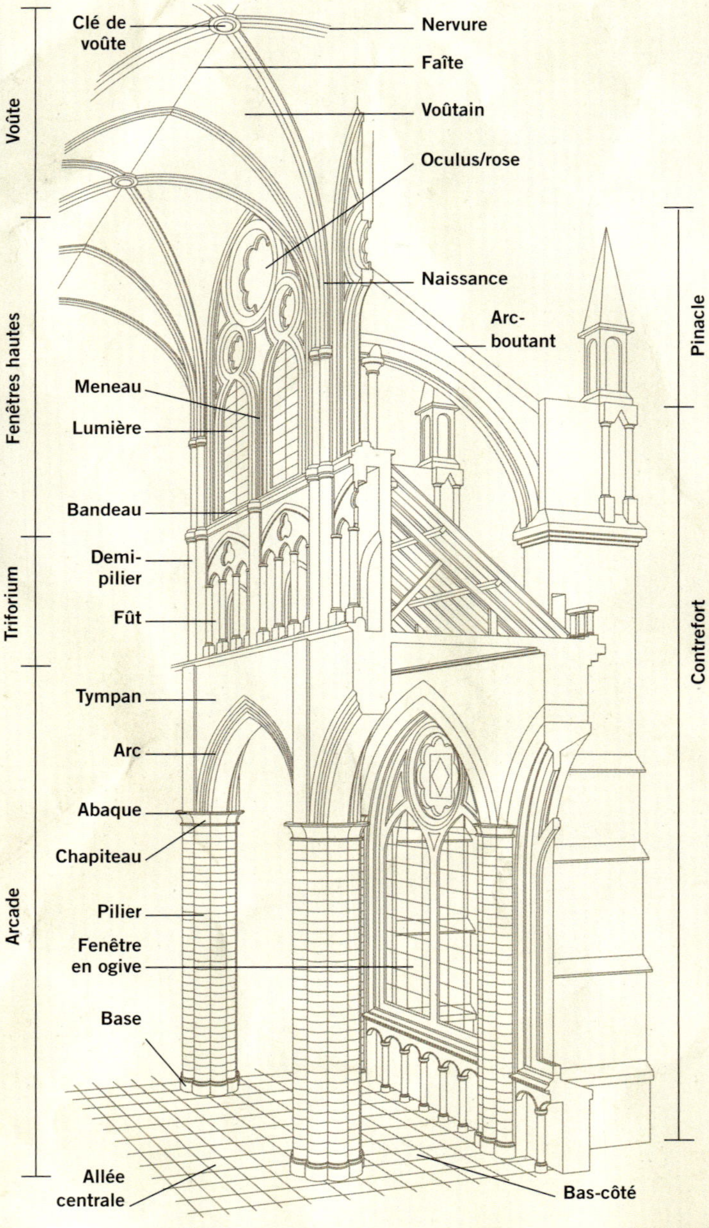

Le classicisme

La Renaissance hérita des canons de l'architecture grecque et romaine via deux canaux : les nombreux vestiges des bâtiments antiques et les écrits de Vitruve (v. 80-15 av. J.-C.). Dans son traité en dix livres *De Architectura*, l'architecte romain aborde différents sujets, de la construction des temples au génie civil, en passant par l'architecture paysagiste. Ses écrits furent édités et vulgarisés par Leon Battista Alberti (1404-1472), avant d'être repris par divers architectes italiens, dont Serlio, Vignola et Andrea Palladio. En 1500, l'architecture classique s'était imposée en Italie. Elle conquit ensuite la France, la Grande-Bretagne puis l'Amérique. Dans son ouvrage, Vitruve décrit les proportions, caractéristiques et utilisations des éléments architecturaux classiques, dont les plus importants étaient les colonnes grecques, ou ordres, et leur bon usage dans l'organisation d'un bâtiment.

Caractérisé, entre autres, par une façade parfaitement proportionnée et une élégante coupole circulaire, le Panthéon, l'un des bâtiments classiques les mieux préservés de Rome, servit de modèle à d'autres monuments tels le Panthéon de Paris ou la basilique Saint-Pierre du Vatican.

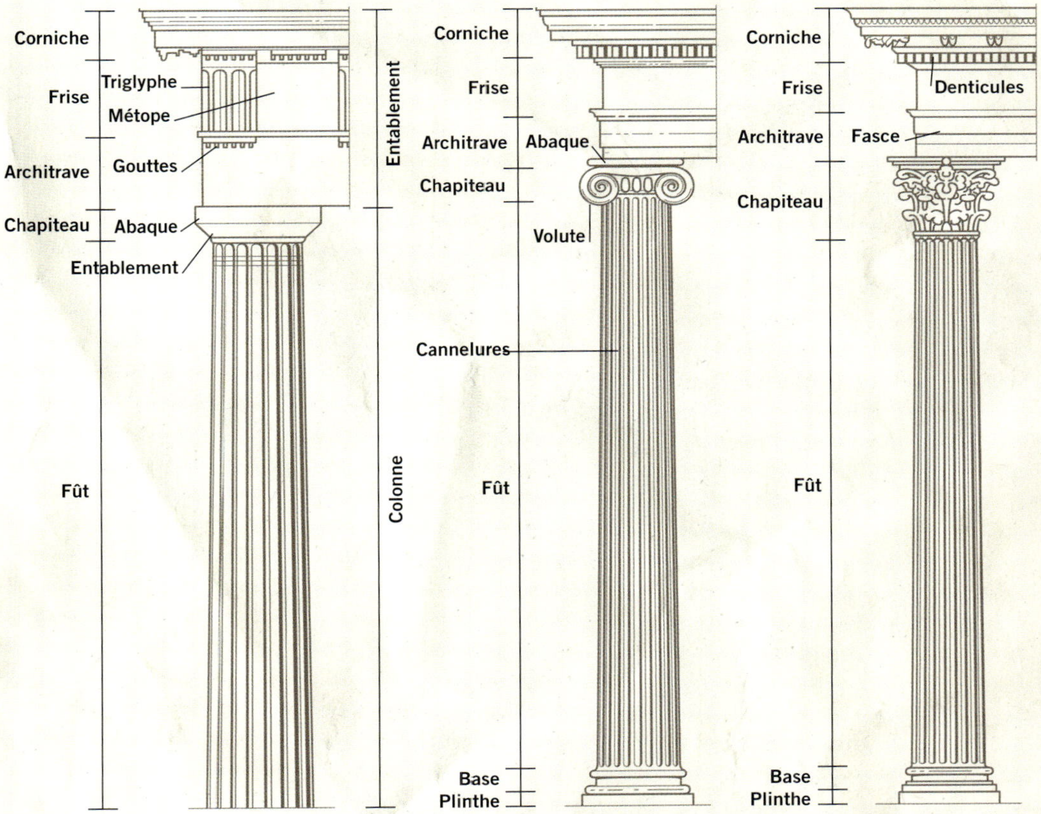

Dorique La plus ancienne colonne, dépourvue de base dans la version grecque. Simple et dépouillée, elle était plutôt réservée aux édifices publics.

Ionique Elle se distingue par des chapiteaux à volutes et un fût orné de cannelures. Elle décorait plutôt les bibliothèques, les cours de justice, les universités et les écoles.

Corinthienne Colonne la plus riche, elle se caractérise par des chapiteaux décorés de feuilles d'acanthe. Elle ornait les bâtiments gouvernementaux et les lieux de divertissement.

Discours du songe de Poliphile

Ce mystérieux et magnifique livre illustré, attribué au moine franciscain Francesco Colonna et considéré comme l'un des textes les plus influents de la Renaissance, fut imprimé à Venise en 1499. Il relate le songe érotique de Poliphile, et décrit avec force détails l'architecture des monuments (proportions insensées, structures improbables...) que le protagoniste découvre au fur et à mesure de ses pérégrinations, comme des bâtiments en forme d'éléphant portant un obélisque...

De style gothique, la cathédrale de Séville fut construite aux XVe et XVIe siècles, à l'emplacement de la grande mosquée almohade, dont le minaret fait office de clocher.

Le mysticisme taoïste

L'art paysager

Le taoïsme célèbre la majesté de la nature, particulièrement à travers la représentation du monde. Délicats lavis rehaussés de traits à l'encre, les tableaux paysagers, soigneusement composés, ne cherchent pas à dépeindre la topographie réelle mais à refléter la toute-puissance de la nature. Les compositions se caractérisent généralement par des lignes sinueuses évoquant les forces énergétiques élémentaires, souvent sous la forme d'affleurements rocheux, de rivières et de cascades. Les hommes et leurs constructions semblent écrasés par l'environnement naturel. Ces œuvres sont souvent accompagnées de textes poétiques.

Le philosophe et mystique chinois Lao-Tseu (VIe siècle av. J.-C.) est considéré comme le père du taoïsme, religion essentiellement animiste cherchant l'unité dans les contraires : ciel/terre, ordre/chaos, homme/femme. Malgré les vagues de répression, le taoïsme a perduré sous de multiples formes, influençant le néoconfucianisme mais aussi l'imagerie propagandiste de la période communiste. Presque tous les aspects de l'art taoïste – couleur, forme, matériaux, calligraphie – véhiculent une symbolique compréhensible par les initiés.

Le symbole du yin et du yang qui figure au centre de ce relief impérial illustre l'interaction des puissances célestes (divines) et terrestres (temporelles).

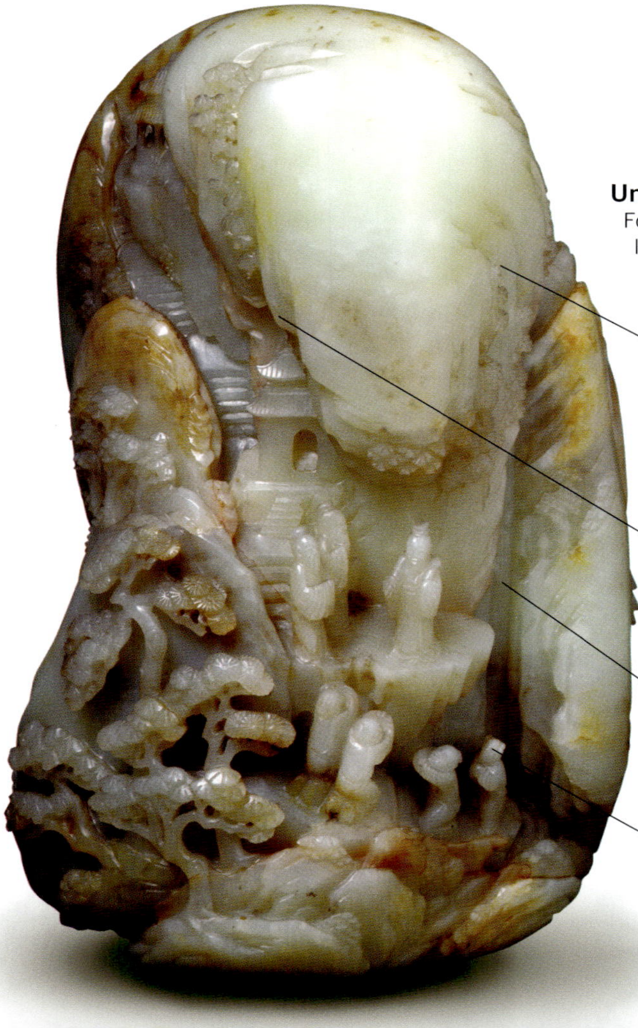

Un symbolisme multiple

Fondée sur un symbolisme à plusieurs niveaux, la sculpture est peut-être la discipline artistique la mieux adaptée pour exprimer les principes du taoïsme.

Matériau
Considéré comme le matériau le plus fin pour la sculpture non monumentale, le jade constituerait un lien direct avec le monde des dieux, de la création et des dragons.

Forme
La forme de rein est volontairement organique et ambiguë. Phallique de profil, elle évoque également la vulve avec ses profondes incisions.

Marques naturelles
Les veines du jade sont conservées, voire mises en valeur par le sculpteur pour suggérer les lignes d'énergie, tant élémentaires qu'immatérielles.

Représentation figurative
Les petits pèlerins, à la forme phallique, semblent tétanisés par la réalité féminine du gouffre et la majesté du paysage qui les entoure.

Les cieux
Le trigramme du *Yijing* représentant les cieux ou la Création figure sur chaque épaule.

Les grues, messagères des dieux.

Les dragons
Pour le taoïsme, ces créatures fantastiques servaient d'intermédiaires entre le ciel et la Terre.

La lune
Puissant trigramme du *Yijing* symbolisant également l'eau.

L'ourlet
Il est orné de fleurs : lotus (homonyme d'harmonie), pivoines (symboles de santé et d'honneur) et orchidées (évocation de la sagesse et de la vertu).

Le soleil
Opposé à la lune, ce trigramme du *Yijing* symbolise aussi le feu.

Robe d'apparat

Le symbolisme taoïste inspirait souvent les décorations des costumes royaux, comme en témoigne cette robe du XIVe siècle, couverte de messages codés révélateurs du statut de son propriétaire.

Écriture secrète

La communication des formules, charmes et sortilèges mystiques taoïstes, bien que nimbée de mystère, inspira toutes sortes de styles calligraphiques. Leur forme cursive était conçue pour n'être reconnaissable que par une élite initiée.

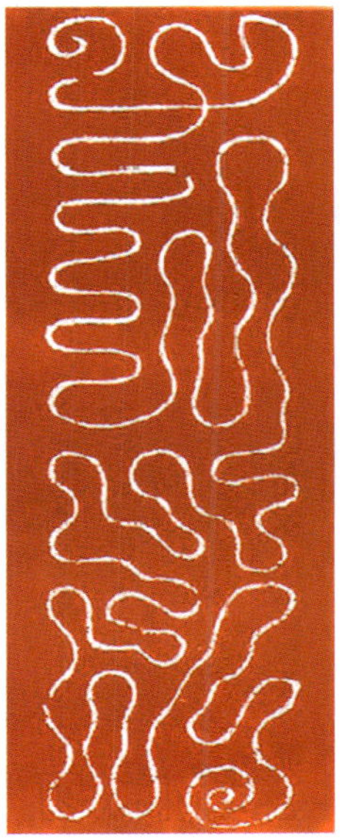

Figure magique
Une ligne unique et sinueuse *(à droite)* décrit une formule magique. Les méandres reflètent l'élément intuitif yang de la pensée taoïste.

Écriture d'herbe (écriture cursive simplifiée)
Cette représentation très stylisée des pictogrammes chinois *(à gauche)* possédait une signification magique. Ici, le caractère *shou* (« longue vie ») a été dessiné de manière déguisée avant d'être imprimé. La date de l'œuvre, 1863, et l'artiste, Yen Chih, figurent sur l'image.

Le *Yijing*

Fondement du taoïsme, le *Yijing* est un texte mystique constitué d'une série de formules sibyllines dont le décodage permet, entre autres, de pratiquer la divination. Des tiges d'achillée ou trois pièces de monnaie sont lancées pour former des trigrammes *(voir ci-dessous)* aux multiples significations symboliques, qui permettent de formuler une prophétie.

☰	Ciel, création ; énergie, conflit, force ; jade, glace ; père ; tête ; le cheval
☴	Vent, bois ; douceur ; cuisses ; le coq
☵	Gouffre, lune ; eau ; labeur ; oreilles ; le cochon
☶	Montagne, début/fin, naissance/mort ; graine ; immobilité ; main ; oiseaux à bec noir, le chien
☷	Terre, réceptif, nourrissant, généreux ; mère ; ventre ; la vache
☳	Tonnerre, éveil ; forces terrestres ; bambou vert ; pied ; le dragon
☲	Soleil, feu, lumière, tenace, conscience ; œil ; le faisan
☱	Lac ; joyeux, exubérant ; concubine ; bouche ; le mouton

Schémas divinatoires
Les 8 trigrammes sont ensuite combinés en hexagrammes schématiques, que les devins interprètent suivant les codes du *Yijing*.

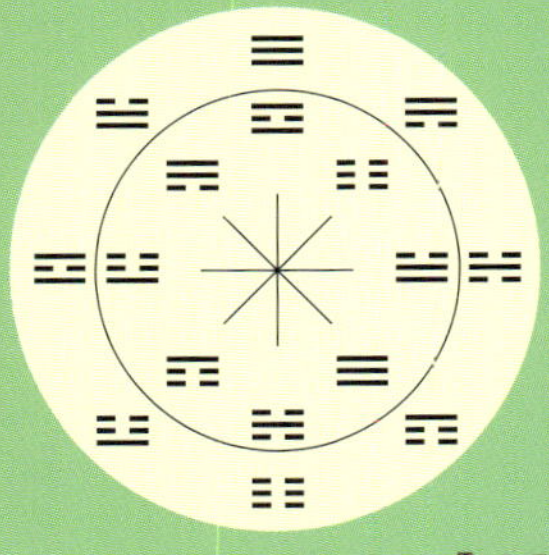

L'imagerie sacrée d'Asie du Sud

Les grandes religions du sous-continent indien – hindouisme, bouddhisme, jaïnisme et sikhisme – possèdent des éléments iconographiques communs, dont certains remontent à la période védique (vers 1000 av. J.-C.). Très complexes, ces représentations se prêtent à toutes sortes d'interprétations. Pour les hindous, les symboles religieux sont souvent considérés comme l'incarnation du divin, ce qui leur donne un caractère sacré.

Symboles divins

Malgré la prédominance de la tradition hindoue, les différentes religions d'Asie du Sud ont donné naissance à de nombreux symboles. Le bouddhisme, apparu plus tardivement, emprunta certains éléments à l'hindouisme (l'empreinte de pied et le lotus par exemple) pour répondre à ses propres exigences aniconiques *(voir p. 185)*. Les symboles ci-dessous comptent parmi les plus courants de la tradition religieuse sud-asiatique.

Lampe *(dipa)*
Symbole commun avec l'islam, représentant l'illumination.

Trident
L'arme à trois dents évoque la puissance de Shiva.

Noix de coco
La noix de coco *(kalasha)* entourée de feuilles de mangue et disposée dans un pot constitue une offrande rituelle ; elle symbolise la fécondité.

Conque
Étroitement associée à Vishnou, la conque est perçue comme un appel à la bataille, aussi bien spirituelle que temporelle.

Pratiques sacrées

Les habitants du sous-continent indien observent fidèlement la règle religieuse. Des pratiques comme décorer sa peau ou dessiner des *kolam (voir plus bas)* sont considérées comme des actes sacrés et des expressions d'allégeance religieuse.

Linga et *naga*

Le *linga* est un symbole phallique hindou évoquant le pouvoir créateur du dieu Shiva et la procréation. Il repose généralement sur un piédestal représentant l'organe sexuel féminin, ou *yoni*. S'ils obéissent à des règles très strictes en termes de forme et de taille, les *linga* tendent parfois vers une stylisation qui les rend difficiles à identifier. Ce *linga (page de gauche)*, édifié à Lepakshi, en Inde, est protégé par un cobra à sept têtes, ou *naga*. Associés à Shiva, les *naga* symbolisent la mort ou la puissance cosmique ; manifestation du dieu védique Agni (feu), ils deviennent des gardiens ; liés à Vishnou, ils incarnent la connaissance, la sagesse et l'éternité. Les *naga* sont des êtres divins à part entière ; on les figure sous la forme d'êtres humains, de serpents, parfois même une combinaison des deux.

Shiva
Shiva est représenté avec son trident aux côtés de son épouse, Parvati, et de Ganesha, le dieu à tête d'éléphant.

Décoration rituelle
Shiva et Parvati portent respectivement un *tilak* et un *bindi* sur le front *(voir ci-contre)*.

***Om* (ou *aum*)** La représentation d'une syllabe sanskrite permettant de prononcer le son originel, indissociable de la création du monde, est un concept fondamental. Symbole sacré de l'hindouisme, le *om* rythme le début de nombreuses prières, mantras et rituels, et surmonte la plupart des autels *(à gauche)*.

Tilak et *bindi*

Les marques sur le front, ou *tilak,* sont courantes en Asie du Sud. Les adeptes d'une divinité particulière – ou tous les hommes durant les rituels – arborent un *tilak* tracé avec la cendre d'un feu sacrificiel, de la bouse de vache, du curcuma ou du charbon. Les adorateurs de Shiva prélèvent de la cendre provenant cette fois d'un bûcher funéraire pour dessiner trois barres, un trident ou encore un croissant de lune. Les disciples de Vishnou utilisent eux du bois de santal lorsqu'ils forment le symbole en forme de U qui évoque l'empreinte du pied de la divinité. Chez les femmes, le signe le plus répandu est le *bindi,* un point entre les sourcils, siège du troisième œil. Traditionnellement porté par les femmes mariées (hormis les veuves), le *bindi* est aujourd'hui devenu un motif décoratif. À l'occasion des noces et de certaines fêtes, les Indiennes teignent également la raie de leurs cheveux avec de la poudre vermillon (couleur associée à la fertilité et à la force) appelée *kumkum.*

Les *kolam*

Autrefois, tous les matins, les femmes d'Inde du Sud utilisaient de la farine de riz pour dessiner des motifs géométriques très complexes sur le seuil de leur maison. Œuvres d'art composées de signes de bon augure et de symboles divins, ces *kolam* s'effaçaient au cours de la journée avant d'être à nouveau tracés le lendemain, à l'aube. Idéalement, on devait réaliser le *kolam* d'un seul geste, sans interruption ; l'apprentissage de ses innombrables variantes favorisait la concentration et la dextérité. Au moment des fêtes religieuses, d'immenses *kolam* colorés, souvent réalisés par plusieurs femmes, ornent les temples. Aujourd'hui, le *kolam* prend plus souvent la forme d'un dessin simplifié peint devant la porte de la maison ou du temple.

Considérée comme un rite religieux, la réalisation quotidienne de *kolam* nécessite une intense concentration.

Le langage du bouddhisme

Les *mudras* bouddhistes

Les *mudras* sont des positions codifiées et symboliques des mains, propres à l'iconographie hindouiste et bouddhiste. Ils symbolisent plusieurs aspects des enseignements du Bouddha et favorisent la compréhension de certaines représentations. Un sutra du VIIe siècle énumère 130 *mudras*, chacun – malgré des variantes régionales – traduisant un message précis.

Dhyani-mudra
Geste de méditation.

Dharmachakra-mudra
Mise en mouvement de la Roue de la Loi.

Vitarka-mudra
Geste d'enseignement.

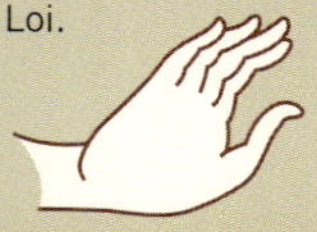

Abhaya-mudra
Absence de crainte et protection.

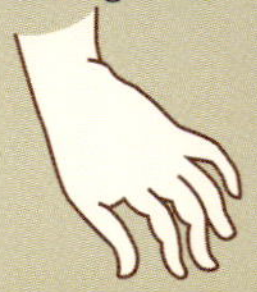

Varada-mudra
Compassion et réalisation des souhaits.

Le bouddhisme est né dans les contreforts de l'Himalaya – région où de nombreux sites sont associés à la vie du Bouddha historique Siddharta Gautama (v. 563-483 av. J.-C.) –, en Inde du Nord ; par conséquent, une partie de son langage symbolique est identique à celui des autres religions d'Asie du Sud, notamment l'hindouisme. À partir du Ier siècle, grâce à la persévérance des missionnaires, l'enseignement du Bouddha fut connu dans le nord de l'Himalaya, au Tibet, en Chine et au Japon, avant de gagner le Sri Lanka, l'Asie du Sud-Est et l'archipel malais. Tandis que le bouddhisme s'enracinait peu à peu au sein de ces différentes cultures, des écoles de pensée régionales mais aussi des styles et des symboles locaux se développèrent. Toutefois, malgré cela, l'iconographie religieuse est restée la même dans tout le monde bouddhiste.

Le Bouddha couché
Le Bouddha est représenté dans quatre positions : assis *(en haut à gauche)*, debout, marchant et couché. Cette dernière posture évoque sa mort, alors qu'il a atteint l'illumination, libératrice du cycle des réincarnations. Souvent de taille gigantesque, sculptés à même la roche, les bouddhas couchés tel celui-ci – photographié près de Vientiane, au Laos – sont surtout visibles au Sri Lanka et en Asie du Sud-Est.

Roue de la Vie et Roue de la Loi

Motif central du bouddhisme, la Roue de la Vie *(bhavacakra)* symbolise l'éternité et la continuation de l'être – le *samsara* (errance perpétuelle), le cycle des réincarnations que seule rompt l'illumination. Les huit rayons de la Roue de la Loi *(ci-contre)* représentent quant à eux les principes fondamentaux du bouddhisme, appelés la Voie octuple.

Les mandalas

Le mot mandala vient du sanskrit et signifie cercle, disque ou achèvement. Diagrammes géométriques ésotériques figurant l'ordre du monde, ces dessins au symbolisme élaboré sont des supports à la méditation. Au centre figure généralement le Bouddha – ou l'un de ses symboles tel le lotus – encerclé de plusieurs carrés, eux-mêmes entourés de cercles évoquant le monde et les voies de l'illumination. Une centaine d'heures sont nécessaires pour fabriquer un mandala, travail auquel on s'astreint au cours de la formation monastique et des rites d'initiation tantriques. Souvent réalisés avec des matériaux éphémères (sable coloré, poussière de pierres précieuses…), les mandalas évoquent le mouvement de la vie et la fragilité du monde.

La symbolique bouddhiste

À l'origine, il était déconseillé de représenter le Bouddha. On utilisait alors un certain nombre de symboles pour évoquer sa vie et son enseignement ; beaucoup sont issus de l'iconographie hindoue ***(voir p. 182)*****.**

Le svastika Le mot svastika (du sanskrit « tout est bien ») est commun aux religions bouddhiste et jaïniste et apparaît dans maintes autres cultures. Le svastika orienté à droite est un porte-bonheur, symbole du Soleil, de la lumière et de Vishnou, le sauveur de l'Univers. Le svastika orienté à gauche est l'emblème de Kali, la terrifiante déesse de la mort et de la destruction, mais aussi des forces des ténèbres.

Les empreintes
Au départ, le bouddhisme était aniconique, Gautama ne souhaitant pas être représenté ; seules étaient figurées ses empreintes de pied.

Le lotus *(padma)*
Pour les bouddhistes, le lotus évoque le Bouddha en personne, ou les quatre éléments : terre (racines), eau (tige), air (feuilles), feu (fleur). On l'utilise souvent pour représenter les progrès de l'âme, depuis la boue (le matérialisme) jusqu'à la lumière (l'illumination) en passant par l'eau (l'expérience). Le nombre de pétales est porteur de sens (des huit pétales de la Voie octuple aux 1 000 ou 10 000 de l'Être suprême), comme les couleurs.

Blanc Bodhi, la pureté, la Voie octuple.
Rouge Avalokitesvara, la compassion.
Bleu Manjusri, la sagesse, la victoire de l'esprit sur les sens.
Rose Le lotus du Bouddha historique.

Le Bouddha est souvent représenté assis sur un lotus, adossé à une feuille.

L'iconographie islamique

Dès l'aube de l'humanité, les hommes ornèrent vanneries et tissages de motifs décoratifs géométriques. Des variantes élaborées et complexes se développèrent rapidement, tel le seuil de pierre sculpté du palais d'Assourbanipal à Ninive (v. 645 av. J.-C.), qui imite un tapis : des cercles entrelacés forment un motif de marguerites, préfiguration de la décoration aujourd'hui caractéristique de l'islam. Ces représentations abstraites sont communes à toutes les techniques artistiques et à tous les supports.

Des motifs à l'infini

Les mosquées sont souvent recouvertes de carreaux, pierres, stucs et briques formant des motifs imbriqués. Aucune explication satisfaisante n'a été donnée sur la façon dont ces motifs extrêmement denses et complexes, souvent composés de polygones ou d'éléments ornementaux variant à l'infini, furent autrefois conçus. On ne sait s'ils ont été d'abord imaginés par des mathématiciens pour le compte d'artisans, ou si ces derniers les élaborèrent eux-mêmes. Certains motifs étaient déjà connus ; néanmoins, ils apparaissent avec une telle fréquence dans le monde musulman qu'on les associe dorénavant à la culture islamique. Ensemble, ils constituent un extraordinaire recueil de possibilités géométriques.

Iconoclasme islamique

Avec l'avènement de l'islam au VIIe siècle, les motifs géométriques prirent une importance considérable : simple vocation ornementale au départ, ils devinrent l'expression d'une symbolique élaborée. Cela est dû en partie à l'interdiction islamique de représenter les créatures vivantes ; en outre, la répétition incessante et impersonnelle de motifs géométriques constitue un moyen de figurer l'immensité et l'omniprésence d'Allah. « Tu définiras l'Infini en créant une structure symétrique parfaitement ordonnée, qui se répétera à jamais et sera émaillée de mots divins » est une citation attribuée à Djalal al-Din Rumi (1207-1273), fondateur des derviches tourneurs.

Symétrie
Dans l'islam, la symétrie est synonyme de perfection. La façon dont les artisans arabes parvenaient à calculer la position de ces motifs et à les représenter sur les coupoles et les voûtes continue à déconcerter les mathématiciens d'aujourd'hui.

Motifs floraux
Si la représentation des hommes était interdite, l'incorporation de motifs floraux très stylisés constituait un moyen de rendre hommage à la création d'Allah.

Les symboles dans l'Islam

L'islam rejette les symboles et s'oppose à toute tentative de représentation, raison pour laquelle les artistes ont perfectionné – entre autres – l'art de la calligraphie décorative, sur les poteries, textiles et manuscrits, notamment les *unwan* (« portails ») des Corans ornementés. Les symboles associés à l'islam relèvent soit d'une incorporation tardive, soit d'une tradition populaire et, dans les deux cas, sont désapprouvés par l'orthodoxie musulmane.

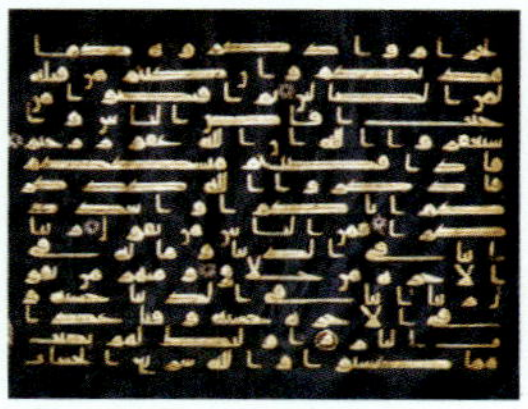

Dhu al-Faqar
L'épée à deux pointes donnée par le prophète Mahomet à Ali revêt une importance symbolique considérable, notamment pour les chiites. De manière générale, les épées servent, comme sur le drapeau saoudien, à rappeler à tous les musulmans le devoir de jihad, ou la « lutte pour la cause de Dieu ».

La khamsa (« cinq ») Également connue sous le nom de main de Fatima, la khmasa est très répandue dans le monde arabe. Comme le poisson et l'œil, auxquels elle est parfois associée, la main est l'un des plus anciens symboles de protection : elle daterait de la période préislamique. Elle préserverait entre autres du mauvais œil tant redouté.

L'œil Autre ancien symbole de protection très présent en Turquie et dans l'est du bassin méditerranéen, l'œil, souvent constitué de perles de verre bleues, éloigne lui aussi le mauvais œil. La turquoise et sa couleur auraient également des vertus protectrices.

Vert La couleur verte est étroitement associée à l'islam ; seuls les descendants du prophète Mahomet peuvent la porter.

Le croissant de lune Aujourd'hui indissociable de l'islam, ce symbole était à l'origine celui de la déesse païenne de la lune. Au même titre que l'étoile, il intégra l'iconographie de la Vierge Marie et fut repris par les Byzantins comme emblème de Constantinople. En 1453, les Turcs ottomans se l'approprièrent en même temps qu'ils conquéraient la ville. Les musulmans utilisent un calendrier lunaire : cela explique peut-être l'importance de l'astre, que l'on peut voir au sommet des mosquées et sur de nombreux drapeaux.

L'étoile Souvent associée au croissant de lune, l'étoile occupe également une place prépondérante dans l'iconographie géométrique islamique, tant pour sa valeur symbolique que pour l'infinité de ses variantes. Elle constitue souvent le point central d'un motif répétitif, au sommet d'une coupole ou au centre d'une tenture.

LES MYSTÈRES NORDIQUES

Les kennings

La tradition orale des sagas – qui ne furent transcrites que vers le IXe siècle – relatant les aventures mythiques des Vikings et de leur panthéon est particulièrement riche en kennings. Ce mot vient de *kenna* (savoir en vieux norrois). Les kennings sont des périphrases très utilisées dans la poésie nordique, des expressions qui étaient immédiatement comprises par les auditeurs ou les lecteurs.

Chagrin de la forêt : la hache.
Chemin de la baleine : la mer.
Essaim d'abeilles enragées : lancer de flèches.
Feu du lit du serpent : l'or, car les dragons étaient censés détenir de l'or.
Filles d'Ægir : les vagues, ou les neuf filles du dieu de la mer.
Fléau de Baldur : le gui, seul organisme vivant capable de tuer le fils d'Odin, Baldur.
Guérisseur des maux du loup : grand guerrier qui laisse le champ de bataille jonché de cadavres destinés à être dévorés par les loups.
Houe à blessures : l'épée.
Il nourrit les corbeaux : « Il tua beaucoup d'hommes. » (Inscription en runes fréquente sur les tombes de guerriers.)
Larmes de la déesse des chars : l'or (ou l'ambre) – la déesse est Freyja, déesse de l'amour et de la mort, dont le char était tiré par des chats sauvages.
Sculpter l'aigle de sang : méthode de torture.
Valkyries : nom des femmes, présentes à chaque bataille, chevauchant des loups et servies par des aigles et des corbeaux, signifiant « celles qui choisissent les morts ». La « toile de bataille » qu'elles tissent parfois se compose des entrailles des morts.
Vêtements d'hiver de la terre : la neige.

Des derniers siècles avant Jésus-Christ jusqu'à leur conversion au christianisme (vers l'an 1000), les peuples d'Europe du Nord – Scandinaves, Vikings ou Varangiens –, âpres négociants, guerriers et colonisateurs, se distinguaient par une culture très spécifique. Associée au monde celtique, leur civilisation, chantée dans des sagas hautes en couleur, se caractérisait par une écriture unique en son genre, composée de runes. Commerçants et itinérants, ces peuples entrèrent en contact avec maintes cultures, notamment en Eurasie, et furent les premiers Européens à s'établir en Amérique du Nord. Tombés dans l'oubli, leurs us et coutumes restent nimbés de mystère. Les qualités prétendument magiques des runes – que l'écrivain J.R.R. Tolkien fit connaître au grand public en les intégrant à ses romans *(voir p. 262)* – imprégnèrent l'imagerie chrétienne anglo-saxonne, mais aussi certaines pratiques divinatoires.

On utilisa les runes jusqu'à l'an 1100 environ. À la fin du XIXe siècle, le regain d'intérêt pour le nationalisme germanique, largement empreint de mythologie nordique, fut récupéré par les nazis. La rune Sig, par exemple, fut choisie comme insigne SS.

Les runes

Les runes forment un système d'écriture en usage en Europe du Nord dès 150 environ, avec des variations de forme selon les pays et les époques, mais aussi de fortes connotations magiques. Au Ier siècle de notre ère, l'historien romain Tacite décrivit la façon dont le peuple germanique prédisait l'avenir à l'aide de bâtonnets gravés de symboles – on peut les comparer aux *omikuji*, ces oracles inscrits sur des papiers dans les temples japonais. On ne sait pas si les symboles utilisés étaient des runes, mais des références postérieures telle cette pratique divinatoire de « jeter les runes » permettent de le penser. Quoi qu'il en soit, les signes devaient être interprétés par un prêtre ou toute autre personne capable de comprendre la signification du code.

Une légende raconte que le dieu Odin resta suspendu neuf jours et neuf nuits à Yggdrasil, l'arbre-monde, pour apprendre la sagesse et connaître le secret des runes. Celles-ci étaient donc clairement associées aux sorts, à la puissance ou à la protection.

Des inscriptions en runes figuraient sur les tombes et les monuments commémoratifs, entre autres. De nombreux objets trouvés en Scandinavie ne sont gravés que de quelques lettres : peut-être s'agit-il d'abréviations ou de codes exprimant un vœu, une malédiction, une prière…

Le chaudron de Gundestrup

Découvert dans une tourbière du Jutland, au Danemark, ce chaudron d'argent datant du Ier siècle av. J.-C. est couvert de scènes énigmatiques. Si, comme on le suppose, il avait un usage rituel, chaque élément décoratif devait comporter des références codées compréhensibles par les seuls initiés. Mais, même si le message reste indéchiffrable, l'objet nous livre plusieurs indices sur les origines culturelles et les contacts très étendus de ceux qui le façonnèrent.

Dieu cornu
Un serpent dans la main droite et un torque dans la gauche, ce personnage figurerait Cernunnos, dieu de la fertilité.

Initiation
Un dieu – ou un géant – plonge un guerrier dans un chaudron tandis que d'autres partent au combat.

Griffon
Motif commun aux mondes perse et scythe, il est considéré comme un émissaire entre ici-bas et le royaume des dieux.

Une origine énigmatique

En dépit de nombreuses controverses, on pense que le chaudron serait un trophée de guerre ramené du monde celte ; certains pensent qu'il aurait été fabriqué par des artisans thraces (autour de la mer Noire). On a relevé diverses influences eurasiennes, et quelques-uns des personnages ont été identifiés.

Dieu barbu
Ce personnage apparaît plusieurs fois et pourrait représenter Manannan, le dieu de la mer.

INSTRUCTION RELIGIEUSE MÉDIÉVALE

Les évangélistes

Les emblèmes des quatre évangélistes ne sont pas toujours représentés avec les saints hommes auxquels ils ont été attribués. Ils symbolisent les quatre principes fondamentaux de la foi et sont parfois associés à quatre des douze tribus d'Israël.

Matthieu : ange, incarnation ; tribu de Ruben.
Marc : lion, résurrection ; tribu de Juda.
Luc : bœuf, sacrifice ; tribu d'Éphraïm.
Jean : aigle, ascension ; tribu de Dan.

Quiconque visite aujourd'hui une église s'intéresse à sa valeur historique ou artistique, mais ne sait pas forcément que presque toutes les sculptures et tous les détails décoratifs sont porteurs de sens. Dès l'an 400, à Nola (Italie), saint Paulin orna la basilique vouée à saint Félix de nombreux tableaux afin d'enseigner le message du Christ aux paysans illettrés. Toutes les églises de la chrétienté médiévale étaient ainsi décorées de fresques, mosaïques, sculptures, retables et vitraux parfois spectaculaires (*voir p. 192*). Les fresques relataient essentiellement des épisodes de la Bible ou des visions du Jugement dernier, et constituaient de véritables livres d'images très instructifs. Les retables figuraient le plus souvent des saints adorant le Christ ou la Vierge, ou encore des martyrs. De cette tradition émergea une iconographie complexe, lourde de sens cachés et généralement incompréhensible pour l'observateur contemporain.

Les saints et leurs attributs

Jadis, on identifiait les saints grâce à leurs attributs, et il arrivait que seuls ceux-ci soient figurés. Aujourd'hui, on reconnaît encore saint Georges et saint Michel au dragon qu'ils terrassent, sainte Marie-Madeleine à ses cheveux dénoués et à son vase d'onguent, ou encore le géant saint Christophe, patron des voyageurs, à l'Enfant Jésus qu'il porte sur ses épaules. Bien d'autres toutefois sont tombés dans l'oubli. Les représentations de saints s'accompagnent souvent de la palme, symbole du martyre.

On reconnaît souvent les saints à leurs vêtements. Ces statues du portail nord de Notre-Dame de Paris représentent (de gauche à droite) saint Maurice, figuré en soldat romain avec une lance ; saint Étienne, le premier martyr, en dalmatique de diacre et tonsuré ; saint Clément, troisième évêque de Rome, en chasuble et portant crosse et mitre ; saint Laurent, également en diacre.

Agneau et croix Saint Jean-Baptiste.
Ancre Saint Clément, jeté à la mer avec une ancre autour du cou. Patron des marins, des bateliers et des enfants.
Bourses (au nombre de trois) Saint Nicolas, qui offrit de l'argent à trois pucelles afin de les sauver de la prostitution. Patron des prêteurs sur gages, des navigateurs, des avocats et des écoliers.
Chien et bubons Saint Roch, qui avait le pouvoir de guérir la peste. Patron des invalides, des chirurgiens et des agriculteurs.
Clés Saint Pierre l'apôtre, gardien des portes du paradis.
Coquille Saint Jacques le Majeur, associé au pèlerinage de Saint-Jacques-de-Compostelle. Patron des pèlerins et des pharmaciens.
Flèches Saint Sébastien, soldat romain martyr dont le corps fut transpercé de flèches. Patron des athlètes et des policiers.
Gril Saint Laurent, martyrisé sur un gril. Patron des cuisiniers, des libraires et des bibliothécaires.
Manteau coupé en deux Saint Martin, jeune soldat romain qui partagea son manteau avec un mendiant. Patron des soldats, des couturiers et des marchands.
Roue Sainte Catherine d'Alexandrie, martyrisée sur une roue hérissée de pointes. Patronne des mathématiciens, des érudits, des avocats et des jeunes filles.
Seins coupés Sainte Agathe, qui eut les seins tranchés avant d'être brûlée. Patronne des vierges.
Tour percée de trois fenêtres Sainte Barbe, patronne de ceux dont le métier est lié au feu.
Yeux Sainte Lucie, qui eut les yeux arrachés avant d'être martyrisée. Patronne des aveugles.

Vision de l'enfer

Dans les tableaux très détaillés des artistes flamands tels Jérôme Bosch et Pieter Bruegel l'Ancien, on trouve de nombreux symboles faisant référence à des concepts mystiques et théologiques associés à des proverbes et à des traditions populaires – un moyen très efficace de rendre une idée compréhensible par un observateur illettré. Sur le panneau droit de son *Jardin des délices* (v. 1500), Bosch a représenté les damnés payant le prix de leurs vices.

Instruments de musique populaires
La cornemuse évoque la discordance, la débauche et l'ignorance.

Sacrilège
Le chevalier dévoré par une meute est coupable de sacrilège. Il tient un calice dans son poing.

Avarice
L'avare est hissé sur la clé de son coffre-fort.

Patineur
Un escroc patine sur une fine couche de glace.

Instruments de musique
Symboles d'amour charnel et de luxure.

Oiseau
Une marmite sur la tête, il dévore et rejette ses victimes. Il représente l'avidité.

Vanité
La femme orgueilleuse est condamnée à contempler ses traits sur l'arrière-train d'un monstre.

Paresse
Des démons tourmentent le paresseux dans son lit.

Homme glouton
Il est forcé à vomir dans un trou.

Vengeance
Les chasseurs deviennent les victimes : un lapin géant tire l'un d'eux tandis que des chiens dévorent son compagnon.

Joueurs
Battus par un jeu de trictrac.

L'Église
L'avarice du clergé est représentée par un cochon déguisé en religieuse, séduisant un homme pour lui soutirer ses biens.

Les vitraux

Avec l'avènement du style gothique dans l'architecture ecclésiastique du XIIe siècle *(voir p. 178)*, on privilégia l'art du vitrail au détriment des fresques des édifices romans et des mosaïques byzantines. Ces fascinantes représentations de l'histoire des Évangiles et des saints s'adressaient à une assemblée de fidèles souvent illettrés. Les vitraux filtraient la lumière qui pénétrait dans l'édifice, diffusant ainsi une clarté éthérée, en parfaite harmonie avec l'esthétique gothique. Ils servaient en outre de support à la compréhension des mystères de la religion chrétienne : telles des fresques, certains illustraient des épisodes familiers (la Nativité, le Jugement dernier), d'autres des concepts théologiques beaucoup plus complexes. La rosace nord de la cathédrale de Chartres *(ci-contre)* est l'un des plus beaux et des plus anciens exemples de vitrail.

Vierge Marie
La Vierge occupe le centre du vitrail. Elle porte l'Enfant Jésus sur ses genoux. Des lis – traditionnellement associés à la Trinité mais aussi à la mère du Christ – entourent le médaillon ; la fleur ornait également les armoiries de la reine Blanche de Castille, qui fit don de cette rosace.

Rosettes
(Ornements dont la forme rappelle celle de la rose.) Dès l'Antiquité et dans de nombreuses cultures, la rose symbolisait la perfection et l'unité ; à l'instar du lis – qui orne ici les rosettes –, elle est souvent associée à la Vierge.

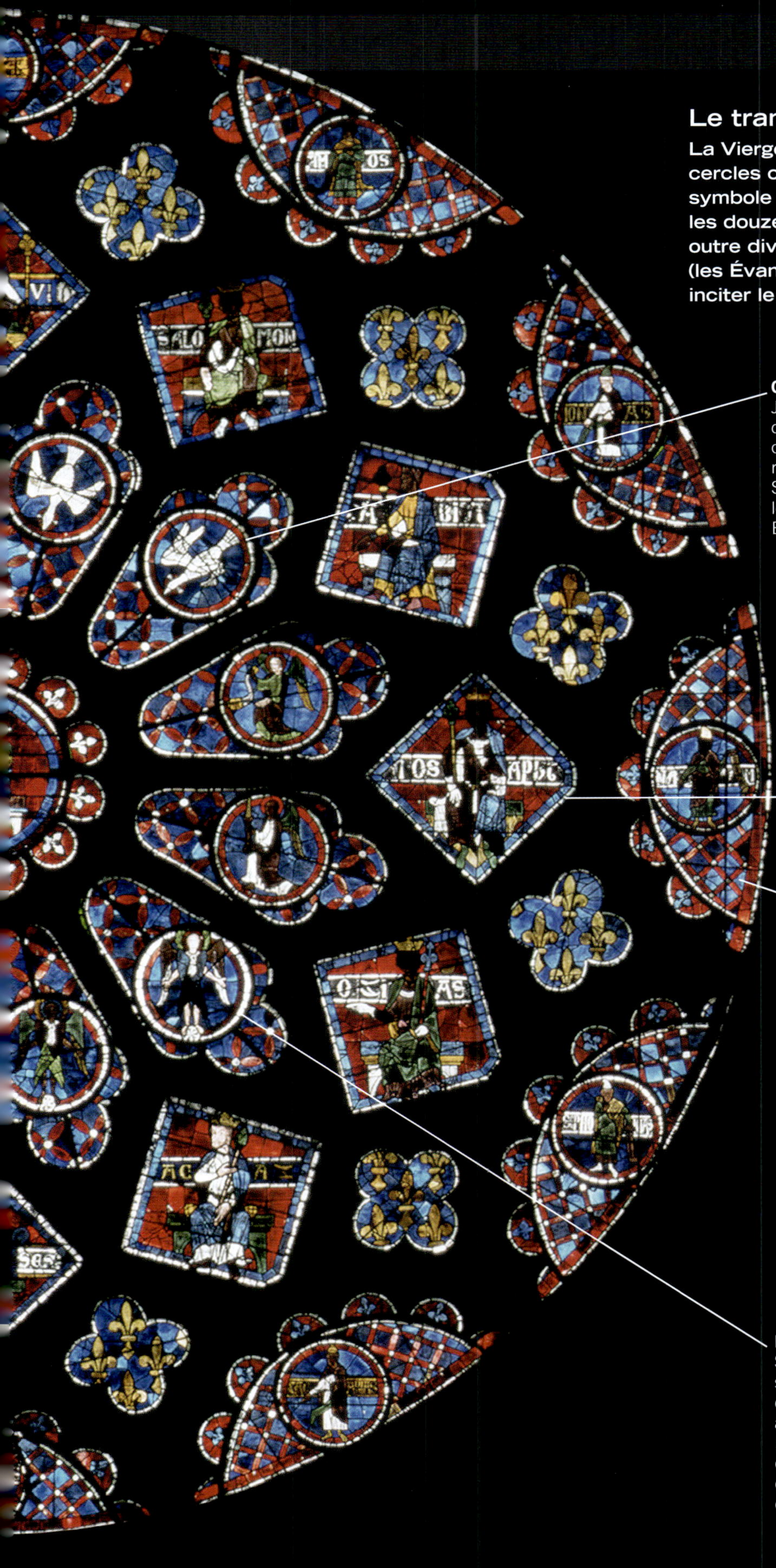

Le transept nord : la Vierge en majesté

La Vierge trône au centre de la rosace, entourée de quatre cercles comprenant douze éléments. Le chiffre douze, symbole important dans la théologie médiévale, évoquait les douze apôtres et les douze tribus d'Israël. Il était en outre divisible par deux (dualité), trois (la Trinité), quatre (les Évangélistes) et six. Chaque panneau fut conçu pour inciter le regard à se diriger vers le médaillon central.

Quatre colombes
Juste au-dessus de la Vierge, les colombes blanches représentent l'Esprit-Saint inspirant les quatre Évangiles.

Les rois d'Israël
Les panneaux carrés représentent les douze rois d'Israël. Selon saint Matthieu, il s'agissait des ancêtres de Joseph.

Les prophètes
Douze prophètes de l'Ancien Testament, tous nommés et entourés de fleurs de lis, bordent le vitrail. Ils incitent l'œil du spectateur à quitter l'extérieur de la rosace pour se diriger vers son centre.

Les anges
Sur les huit panneaux situés juste au-dessous de la Vierge à l'Enfant sont figurés plusieurs archanges et anges dotés de leurs attributs distinctifs.

L'ICONOGRAPHIE DE LA RENAISSANCE

Bouillonnement spirituel, politique et artistique, la Renaissance fut une époque de profonds changements : redécouverte de l'Antiquité, renouveau de l'humanisme et des arts, sciences florissantes, qui s'accommodaient assez mal des exigences sacrées de l'Église. Celle-ci n'en demeura pas moins un important mécène, mais parallèlement émergea une nouvelle classe de princes, aussi puissants que fortunés, prompts à faire étalage de leur richesse et de leur érudition en commandant d'ambitieux projets artistiques. C'est dans cet espace de création que se constitua un nouveau dictionnaire séculier – et parfois profane – de symboles et de références destinés aux artistes, architectes et poètes.

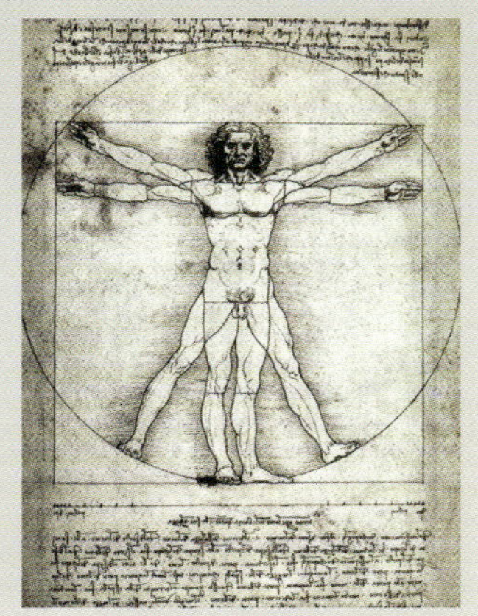

L'*Homme de Vitruve*
Homme de la Renaissance par excellence, à la fois humaniste, peintre, sculpteur, scientifique et inventeur, Léonard de Vinci s'intéressait autant aux sciences qu'à l'art. Très en avance sur son temps, il ébaucha les premières machines de guerre *(voir p. 76)*. Aujourd'hui, il est surtout connu pour ses peintures telles *la Joconde* (1503-1506) ou *la Cène* (1494-1498), où il introduisit la notion de perspective, assez innovante à l'époque dans l'art pictural. Afin de reproduire aussi fidèlement que possible le corps humain, il tenta de comprendre son fonctionnement en étudiant l'anatomie. Il conçut une image dans laquelle la forme humaine pouvait être représentée selon un archétype proportionnel, une expression codée des proportions idéales, tenant à la fois dans un carré et un cercle parfait. Il s'inspira pour cela des principes de proportion décrits par l'architecte romain Vitruve *(voir p. 179)*.

Le message caché des Rois mages

Jusqu'à la Contre-Réforme – qui s'insurgea contre cette pratique –, la peinture religieuse délivrait parfois des messages personnels ou politiques éloquents, dont certains sont incompréhensibles aujourd'hui. *Le Cortège des Rois mages* (1459-1460), de Benozzo Gozzoli, qui orne la chapelle du palais des Médicis à Florence, serait la représentation allégorique de la réunification des Églises latine et grecque lors du concile de Bâle-Ferrare, en 1438-1439, présidé par les Médicis. Le paysage n'est pas une Terre sainte imaginaire, mais une vue exotique de la Toscane, gouvernée par la puissante famille durant trois siècles. Au premier plan apparaît Gaspard, sous les traits de Laurent de Médicis. Sur les panneaux latéraux figurent les portraits de l'empereur byzantin en Balthazar (en haut, à droite), de l'ancien empereur romain germanique Sigismond en Melchior, et du pape Pie II en simple membre de l'escorte.

Balthazar prend ici les traits de l'empereur byzantin Jean VIII Paléologue, qui gagna l'Italie en 1438, lors du concile œcuménique de Ferrare, pour tenter de réconcilier les chrétientés orientale et occidentale.

Puissances politiques
Les princes italiens des puissantes familles Malatesta et Sforza figurent en tête de la suite de Laurent.

Le peintre
Gozzoli veilla à inclure son autoportrait parmi la foule.

Pierre le Goutteux
Pierre Ier de Médicis, comme d'autres membres de la famille, suit le cortège à pied, derrière son fils Laurent.

Gaspard
Le portrait du jeune Laurent de Médicis, dit le Magnifique, est ici idéalisé. Monté sur un cheval blanc, il est représenté sous les traits d'un jeune homme alors qu'à l'époque il n'était âgé que de dix ans.

Les Ambassadeurs

Ce portrait de diplomates français fut réalisé en 1533 par Hans Holbein le Jeune. À gauche, Jean de Dinteville, commanditaire du tableau, reçoit la visite de Georges de Selve, évêque de Lavaur ; à l'époque, tous deux étaient ambassadeurs en Angleterre. Le peintre exécuta cette œuvre truffée de symboles et de messages codés au moment où Henri VIII d'Angleterre, s'apprêtait à rompre avec la Rome catholique, qui s'opposait à son divorce d'avec Catherine d'Aragon.

Le globe montre, entre autres, le territoire français et ses intérêts diplomatiques. Polisy, dans l'Aube, lieu où se situe le château des Dinteville, y est mentionné.

Le crucifix
En partie dissimulé par la tenture, il rappelle la place centrale du Christ dans la vie civile et politique de l'époque.

Le globe céleste
La latitude de ce globe serait celle de Rome plutôt que de Londres, trahissant ainsi la foi catholique des personnages.

Le cadran solaire
Il indique le 11 avril 1533, date à laquelle l'Angleterre se sépara de Rome.

Le livre
La tranche du livre sur lequel est accoudé Selve nous renseigne sur son âge. L'inscription est *« Aetatis svae 25 »*. Il aurait donc 25 ans.

Le luth
Cet instrument, généralement symbole d'harmonie, se caractérise par une corde cassée, évocation possible de la discorde entre protestants et catholiques.

Le livre de chants
Sur la page de gauche, traduite du latin en allemand par Martin Luther, on distingue des hymnes communs aux Églises protestante et catholique *(Viens, Esprit-Saint et Les Dix Commandements)*.

L'équerre
Elle maintient ouvert à la page « Division » un traité d'arithmétique allemand à l'usage des marchands, qui formaient à l'époque une bourgeoisie en pleine émergence. Attribut majeur de l'architecte, l'équerre est symbole de rectitude et de probité.

La dague
Elle porte la date de naissance de Dinteville en abréviations latines.

Le crâne
Anamorphosé, le crâne évoque la devise de Dinteville : *« Memento mori »* (« Souviens-toi de la mort »).

La mosaïque cosmati
Le sol est la reproduction fidèle de celui de l'abbaye de Westminster. Ce type de mosaïque était très courant dans les églises romaines.

LE LEGS DES LUMIÈRES

Entre 1600 et 1900, de nombreuses découvertes dans les domaines de la religion, des sciences et de la politique bouleversèrent la vie des Européens et façonnèrent le monde moderne. Il en émergea un nouveau rationalisme, qui allait exercer une influence considérable sur l'art. De nouvelles lois furent promulguées pour contrôler les institutions, tandis que l'on mettait au point des codes permettant de décrire scientifiquement le monde *(voir p. 154-161)*.

Une nouvelle simplicité

Dans l'Europe du XVIIe siècle, la Réforme protestante et la Contre-Réforme catholique s'opposèrent à toute tentative d'iconographie élaborée. Pour les protestants, cela se traduisit par l'interdiction de l'imagerie pieuse, pour Rome, par un effort de dépouillement en matière d'art. Le peintre italien Caravage conféra à ses scènes religieuses une simplicité et un réalisme exacerbés par un éclairage théâtral, des costumes contemporains et des personnages issus de la classe ouvrière. *Le Souper chez Emmaüs* (1601, *ci-dessus*) pourrait ainsi se dérouler dans une auberge napolitaine.

Quiconque visite Rome peut s'interroger sur l'apparente incongruité de certains symboles figurant sur les peintures, sculptures et monuments de la capitale italienne. Il s'agit souvent des emblèmes familiaux du Saint Père en exercice, les plus connus étant les abeilles associées au pape Urbain VIII.

Hogarth : des pièces morales

Au cours du XVIIe siècle, un nouveau style artistique se développa, privilégiant une figuration naturaliste du monde moderne. En Angleterre, le peintre et graveur William Hogarth (1697-1764) fut l'un des principaux représentants de cet art séculier. Virulent critique politique et social, il émaillait ses tableaux, toujours très travaillés, d'allusions à des événements contemporains et historiques. Ses diverses études de mœurs, dont *le Mariage à la mode* (v. 1743, *ci-dessous*), anticipent les techniques narratives de la bande dessinée et du cinéma. L'artiste peignit en effet plusieurs séries de tableaux, lesquels se suivaient pour raconter une histoire.

Dettes
Le majordome en loques retourne affronter les créanciers avec les factures impayées.

Débauche
Les instruments de musique et la chaise renversée trahissent les festivités nocturnes.

Nez cassé
Un buste classique avec le nez brisé est signe d'impuissance.

L'épée et le chien
Symbole de dévotion et de luxure, l'épée brisée révèle l'infidélité de l'époux, tout comme le chien qui flaire le mouchoir d'une inconnue.

Le néoclassicisme

Au milieu du XVIIIe siècle, les fouilles archéologiques furent à l'origine d'un grand engouement pour les valeurs classiques – le stoïcisme en particulier. Dans le domaine des arts, un style néoclassique se développa, notamment au sein de la France révolutionnaire et de l'Amérique nouvellement indépendante. Le peintre Louis David (1748-1825) mit en scène des épisodes de la mythologie gréco-romaine *(le Serment des Horaces, ci-dessus)* mais aussi des scènes de l'histoire de son temps en les peignant de manière très réaliste, telle une frise antique.

Le sommeil de la raison engendre des monstres *(à gauche)* À l'opposé du nouveau rationalisme, des artistes romantiques comme William Blake et Johann Heinrich Füssli proposèrent des œuvres à la fois oniriques et visionnaires. Ci-contre, la gravure de l'artiste espagnol Francisco de Goya, réalisée en 1797, fait partie d'une série – les *Caprices* – dénonçant, au nom de la Raison, les absurdités causées par la société et l'intolérance.

Le Code Napoléon Après la dissolution du Directoire, en 1799, Napoléon favorisa la mise en place, en France et dans les territoires conquis, d'institutions destinées à créer une société fondée sur la richesse et le mérite plutôt que sur la tradition et la transmission des privilèges. D'inspiration laïque, le Code Napoléon influença profondément le développement de la pensée politique occidentale ; il fut adopté en Égypte, au Japon, dans l'Empire ottoman, mais aussi dans les États indépendants d'Amérique latine au XIXe siècle.

La révolution décimale

Outre l'extrême rationalisation de la société française instituée par le Directoire postrévolutionnaire – qui mena une grande partie de l'aristocratie à la guillotine –, d'autres mesures beaucoup moins extrêmes aspirèrent à codifier le monde encore davantage. On généralisa la décimalisation, et le gouvernement encouragea la recherche d'un ordre scientifique appliqué à la vie quotidienne, dont l'établissement du système métrique pour les poids et les mesures.

Le calendrier républicain

Un nouveau calendrier révolutionnaire fut mis en place à partir du 1er janvier 1792. Les douze mois du cycle lunaire et solaire furent renommés en fonction des saisons, et le calendrier commençait à l'équinoxe d'automne. Les mois comptaient trois semaines de dix jours, chaque jour étant divisé en dix heures, faites de 100 minutes de 100 secondes chacune. On fabriqua des pendules décimales et l'on organisa la datation afin qu'elle corresponde à l'an zéro de la République.

Automne	
Vendémiaire (vendange)	à partir du 22/23/24 sept.
Brumaire (brume)	à partir du 22/23/24 oct.
Frimaire (frimas)	à partir du 21/22/23 nov.
Hiver	
Nivôse (neige)	à partir du 21/22/23 déc.
Pluviôse (pluie)	à partir du 20/21/22 janv.
Ventôse (vent)	à partir du 19/20/21 fév.
Printemps	
Germinal (germination)	à partir du 20/21 mars
Floréal (floraison)	à partir du 20/21 avril
Prairial (prairie)	à partir du 20/21 mai
Été	
Messidor (moisson)	à partir du 19/20 juin
Thermidor (ou Fervidor, chaleur)	à partir du 19/20 juillet
Fructidor (fruit)	à partir du 18/19 août

Les codes victoriens

En Grande-Bretagne, durant l'ère victorienne – époque marquée par d'importants bouleversements sociaux –, la liberté d'expression était muselée. On assista alors à un véritable engouement pour les messages codés, que seuls les initiés pouvaient déchiffrer. Mais on se passionna aussi pour les signes et les symboles, que l'on intégrait à toutes les créations, des œuvres d'art aux travaux d'aiguille, des pierres tombales aux aménagements de jardin.

Les symboles mortuaires

Après la mort du prince Albert, époux tant aimé de la reine Victoria, en 1861, les Britanniques développèrent un culte des morts. Les pierres tombales de nombreux cimetières sont couvertes de messages codés.

Ancre Croix déguisée à l'époque des persécutions contre les premiers chrétiens, elle est demeurée un symbole d'espoir. Munie d'une chaîne, elle indique la foi salvatrice.
Chérubins Tombes d'enfants.
Colonne brisée Chagrin et deuil.
Lampe Savoir, espoir, conseil, immortalité.
Mains Jointes, elles symbolisent l'amour et l'amitié ; celle qui tient l'autre (les femmes ont des manchettes en dentelle) évoque le conjoint décédé le premier, qui mène l'autre vers le paradis ; une main avec un cœur représente la charité ; une main montrant le sol est un symbole maçonnique ; des mains dont les pouces se touchent désignent une famille juive.
Paon Immortalité.
Sablier Caractère éphémère de la vie.

Les bijoux

Par le choix des gemmes mais aussi leur forme, les bijoux victoriens étaient porteurs de messages codés : l'ancre symbolisait l'espoir et la ténacité ; le lierre, les souvenirs inoubliables ; deux mains jointes, l'amitié. Certaines images très anciennes furent remises au goût du jour : le papillon, symbole de l'âme ; le serpent, évocation de l'éternité (la bague de fiançailles de la reine Victoria était en forme de serpent) ; la mouche, incarnation de l'humilité…

Les gemmes de cette broche forment un acrostiche :
Diamant
Émeraude
Améthyste
Rubis
(*dear* signifiant « chère »)

Agate Santé.
Améthyste Dévouement, apaisement des passions violentes.
Cornaline Porte-bonheur.
Chalcédoine Chasse la tristesse.
Diamant Pureté, constance.
Émeraude Espoir, amour sincère.
Grenat Constance, fidélité.
Jaspe Courage, sagesse.
Onyx Bonheur conjugal.
Opale Inconstance.
Perle Pureté, innocence, larmes.
Pierre de lune Chance.
Rubis Passion.
Saphir Repentance, loyauté.
Sardonyx Bonheur conjugal.
Topaze Amitié.
Turquoise Prospérité, altruisme.

Le langage des fleurs

À l'époque victorienne, un langage des fleurs très complexe se généralisa. L'art de confectionner des bouquets décoratifs véhiculant un sens caché était considéré comme une qualité précieuse chez une jeune fille. Si l'on élaborait des *tussie-mussies* (bouquets parfumés entourés de dentelle) depuis le XVe siècle, la signification de certaines fleurs remontait à l'Antiquité. Au XIXe siècle, on enrichit ce langage en y incorporant de nouveaux sens.

La couleur avait également une signification : le jaune symbolisait la jalousie ; le blanc, la pureté ; le rouge, la passion (ou la colère) ; le violet, le caprice ; et le bleu, la fidélité.

Anémone Abandon.
Bégonia Prudence.
Bleuet Humilité, constance.
Camélia Perfection, admiration.
Chèvrefeuille Affection dévouée.
Coucou Pensée.
Géranium Vous êtes puéril.
Giroflée Fidèle dans l'adversité.
Herbe Amour homosexuel.
Jonc Foi en l'éternité.
Jonquille Respect.
Laurier Changement dans la mort.
Nigelle de Damas Je ne comprends pas.
Pétunia Ressentiment.
Pois de senteur Adieu.
Primevère Je ne peux vivre sans vous.
Souci Chagrin.
Trèfle à quatre feuilles Soyez mienne.

L'art victorien

À l'époque victorienne, les peintures narratives étaient très en vogue. Le spectateur devait déchiffrer la scène, en général porteuse d'un message moral, en identifiant divers indices codés. Les préraphaélites excellaient dans cet art pictural très détaillé, notamment William Holman Hunt (*l'Éveil de la conscience*, 1853). Vu l'inconvenance de ces histoires de maris infidèles et de femmes déchues, les tableaux se devaient d'être parfaitement respectables en apparence.

Le tableau
Le procès de la femme adultère des Évangiles, ou une Marie Madeleine repentante, thèmes pour le moins surprenants dans le boudoir d'une femme entretenue.

La pendule
La jeunesse est éphémère et cette femme sera bientôt abandonnée. Cependant, l'objet est orné de cupidons: son destin n'est pas inévitable.

Les fleurs sur le piano
Sans doute des anémones, symboles d'abandon, ou encore des ancolies, symboles d'inconstance et d'adultère.

Le papier peint
Vigne et maïs, symboles de communion, laissés sans surveillance, à la merci des oiseaux.

La chanson
Sur le piano, la partition d'une chanson dans laquelle une femme médite sur l'innocence de l'enfance.

Les bagues
La femme porte des bagues mais pas d'alliance.

La tenue
Le jupon apparent, très choquant à l'époque victorienne, montre que la femme n'est pas respectable.

Hunt avait loué une pièce dans une maison close de Londres, évocation de la vie citadine, des mondanités, de la puissance de l'argent. Les vêtements de l'homme et la décoration tapageuse de la chambre introduisent la notion de classe sociale. Par contraste, le jardin que l'on voit dans le miroir est inondé de soleil et regorge de roses blanches. Il représente la pureté, l'innocence, le paradis perdu.

Le chapeau sur la table
L'homme n'est pas chez lui; il ne fait que passer.

Le poème de Tennyson
Poème sur les larmes de l'innocence perdue et du chagrin.

Le chat qui joue avec l'oiseau
Image classique d'une femme à la merci d'un homme prédateur.

Un gant
Il gît au sol, symbole d'une femme séduite et abandonnée.

Les brins de laine
La vertu domestique résumée par des mensonges et réduite au chaos.

TEXTILES, TAPIS ET BRODERIES

Motifs récurrents

Certains motifs sont communs à toute l'Eurasie, même si leur interprétation varie parfois. Dans le domaine des tapis, l'influence de l'islam est manifeste, avec des déclinaisons autour du mihrab (dans une mosquée, niche indiquant la direction de La Mecque), des lampes de mosquée, des inscriptions religieuses, etc., mêlées de symboles traditionnels plus anciens.

Animaux Les animaux sauvages évoquent la chasse, les animaux domestiques stylisés illustrent la vie des ethnies ; aux côtés d'hommes qui marchent, ils font référence au nomadisme.

Boteh Ce motif de goutte figure sur les cachemires et les tapis. Signe de protection et de joie, il peut aussi symboliser l'Arbre de vie ou conjurer le mauvais œil.

Peigne Il figure la dot, dont le tapis peut faire partie, et rappelle aux musulmans qu'Allah prône la propreté.

Aiguière Elle symbolise les libations avant la prière.

Svastika Symbole de chance dans une grande partie de l'Asie, il est représenté sous diverses formes stylisées.

Jadis – et encore dans certaines régions du monde –, presque tous les motifs textiles possédaient une signification. Les couleurs et les dessins évoquaient un statut, une religion ou encore l'appartenance à un village, à une tribu, à une caste, etc. Par ailleurs, chaque élément du motif avait un sens très précis, aux origines parfois lointaines et souvent obscures.

Les tapis

À l'exception de la tradition amérindienne, unique en son genre, les tapis confectionnés dans la zone qui s'étire de l'est des Balkans à la Chine occidentale ont en commun un répertoire relativement standard de motifs ; ils se composent le plus souvent d'un cadre central entouré de bordures. Le jardin divisé en parcelles, symbole du paradis et de ses quatre rivières, est l'un des thèmes les plus courants. Encore récemment, les tapis fabriqués dans un village ou par une ethnie comportaient des références que tout initié pouvait comprendre, là où un étranger ne voyait que des motifs géométriques.

Couleur Des couleurs primaires sont souvent juxtaposées.

Forme abstraite Les représentations d'animaux ou d'hommes sont souvent réduites à des formes géométriques.

Amérique du Nord Une vaste palette de couleurs caractérise la tradition des Indiens d'Amérique du Nord, qui combinent souvent abstraction géométrique et formes animales stylisées *(ci-dessus)*.

Caucase Les tapis caucasiens diffèrent beaucoup selon les tribus ; ils allient l'abstraction géométrique aux motifs décoratifs répétitifs *(ci-dessous)*.

Göl Motif polygonal abstrait, peut-être un emblème tribal.

Herati Losange entouré de feuilles dentelées. On appelle ce motif le poisson en Perse.

Méandre Motif de bordure symbolisant l'éternité et l'unité, avec des fleurs ou des fruits, souvent une vigne, signe d'abondance.

Broderie chinoise
Elle se distingue par des motifs denses et nombreux, parmi lesquels des plantes, des animaux, des symboles de chance (svastikas) et des médaillons.

Dragons
Certains animaux sont associés au zodiaque chinois, le plus important étant le dragon.

Nuages
Ce motif fréquent évoque l'immatériel.

Imagerie chinoise

Reposant sur des signes et des jeux de mots, la symbolique chinoise, très complexe, forme un langage commun à tous les arts de l'empire du Milieu, mais surtout à la broderie et à la céramique. Le canon était extrêmement rigide : le dragon à cinq orteils symbolisait l'empereur. Il était réservé à la seule famille royale, tout comme la couleur jaune. Un carré brocé sur l'uniforme indiquait le rang des officiers et soldats. Certains symboles animaliers sont liés au zodiaque chinois, d'autres sont prisés pour leur sonorité, telle la chauve-souris *(fu)*, homonyme de bonheur (« chauve-souris rouge » a la même sonorité que « grand bonheur »). D'autres relèvent de croyances populaires : le canard mandarin, qui s'unit à un partenaire à vie, évoque un mariage heureux. Le végétal, enfin, occupe une place importante dans le répertoire symbolique.

Champignon : longue vie.
Narcisse : Nouvel An.
Orchidée : érudition, vertu.
Pêche : longévité.
Pivoine : « fleur de la fortune et de l'honneur » (femme heureuse en mariage).

Les trois amis de l'hiver
(association réservée aux vieux amis) :
Prune : courage, floraison par temps froid.
Bambou : résistance.
Pin : endurance et fidélité.

Bordures et ourlets
Incluent souvent des papillons porte-bonheur et des fleurs.

Les châles

Au début du XIXe siècle, la mode des châles gagna toute l'Europe. Les modèles en cachemire étant souvent inabordables, ceux en soie furent massivement importés de Chine et des Philippines. Ils connurent rapidement un immense succès, quoique leurs motifs ne soient pas toujours au goût des Occidentales. Rapidement, la chauve-souris (bonheur) se transforma en papillon (joie) ; le crapaud magique crachant des pièces d'or et le cafard, symbole d'abondance à partager, furent tout bonnement ignorés ; les rats, qui amassent les richesses, devinrent des écureuils, et le champignon « oreille de nuage » (longévité) prit la forme d'un simple nuage...

Après 1911, lorsque la guerre civile en Chine poussa les Espagnols à confectionner eux-mêmes des châles, les Andalouses réinterprétèrent les symboles chinois selon leurs propres codes : la pivoine devint rose (amour) ; la courge (longue vie et nombreuse descendance) se changea en vigne, et les gerbes d'herbe ou de riz en blé.

Les patchworks codés

Au XIXe siècle, les esclaves qui fuyaient le Sud américain pour gagner les États confédérés et le Canada furent aidés par certaines institutions et personnes, dont les quakers. Ce réseau, qui prit plus tard le nom de *Underground Railroad*, utilisait divers termes codés : les lieux sûrs étaient des « gares », les guides des « chefs de train » et les esclaves eux-mêmes la « cargaison ».

Dans les années 1990, une vague rumeur commença à circuler selon laquelle les patchworks (ou *quilts*) auraient été un élément essentiel de l'*Underground Railroad* : ils dissimulaient des cartes, véhiculaient des messages et des informations cachées – « maison sûre », « continuez vers le nord », etc. Depuis le début des années 1980, un engouement pour le patchwork faisait de cette technique une activité très lucrative. Lorsque la théorie des codes fut divulguée, on publia de nombreux livres à ce propos, et des kits de patchworks codés firent leur apparition sur le marché ; les antiquaires, quant à eux, n'hésitaient pas à demander des sommes exorbitantes pour des *quilts* prétendument codés. Toutefois, aucune preuve ne vint corroborer cette théorie ; on n'a jamais retrouvé de récit d'ancien esclave mentionnant ces fameux patchworks, et bon nombre de motifs sujets à interprétation datent en réalité des années 1920. Enfin, les quelques rares patchworks originaux qui subsistent n'ont rien à voir avec les productions excessivement élaborées auxquelles on les associe aujourd'hui.

Personne ne pourra prouver l'inauthenticité de ces patchworks codés, mais une chose est certaine : ce qui n'était rien d'autre qu'une belle histoire est rapidement devenu un commerce parfaitement organisé.

09

Commerce, finances, industrie et bien des formes d'artisanat ont créé des langages et des systèmes codés pour simplifier le fonctionnement des entreprises.

Codes et commerce

Dans le monde moderne, le commerce use et abuse de codes de toutes sortes, des catalogues aux marques et codes-barres en passant par les dates limites de vente... Conçus pour faciliter la circulation des informations entre fournisseurs, revendeurs et consommateurs, ils constituent un gage de qualité, de fiabilité et de bonne gestion des stocks. Hélas, comme tous les systèmes de codage, ils ne sont pas infaillibles.

LES CODES COMMERCIAUX

Les codes postaux
Aux États-Unis, l'introduction des premiers codes postaux date de 1943 : ils n'étaient alors utilisés que dans les grandes villes, divisées en quartiers, eux-mêmes symbolisés par un ou deux chiffres. En 1963, le système s'étendit à toute la nation, sous forme de code ZIP (Zoning Improvement Plan ou Plan d'amélioration du découpage en zones) à neuf chiffres. Ce dispositif fut progressivement repris par de nombreux pays, en Europe notamment.

En France, le code postal fut mis en place en 1964. Depuis 1972, il se compose de cinq chiffres : les deux premiers correspondent au numéro du département dans lequel est situé le bureau distributeur du courrier de la commune ; les trois chiffres suivants indiquent le bureau distributeur au sein du département. Dans le cas de villes comme Paris, Marseille et Lyon, les deux derniers chiffres indiquent l'arrondissement. Certains codes postaux tel le Cedex (Courrier d'entreprise à distribution exceptionnelle) sont réservés aux sociétés : il leur garantit une livraison prioritaire de leur courrier.

Alors que les premiers systèmes de numérotation et d'écriture permettaient de tenir des registres de commerce *(voir p. 20, 26)*, l'idée de suivre un stock, des frais administratifs et une comptabilité détaillée n'apparut qu'avec le développement des systèmes bancaires, de la Bourse et du commerce international, au XVIIe siècle. De nos jours, la codification commerciale est omniprésente, qu'elle s'applique à une déclaration fiscale ou à l'achat d'une savonnette à l'épicerie du coin.

Des codes télégraphiques à usage industriel

Le télégraphe électrique *(voir p. 94)*, inventé dans la première moitié du XIXe siècle, a très largement facilité les échanges commerciaux internationaux. Au début du XXe siècle, les télégrammes étant facturés au nombre de caractères, les entreprises cherchèrent – par souci d'économie –, à rédiger des messages abrégés. Plusieurs systèmes furent mis au point, dont le code télégraphique chiffré de Sittler et le *Second Phrase Code* de Bentley, exploités des deux côtés de l'Atlantique. Ils permettaient aux sociétés de coder des mots ou des expressions couramment utilisés dans leur secteur (textile, navigation, etc.), et de chiffrer des messages confidentiels, afin de faire échouer les tentatives d'espionnage industriel.

Les téléimprimeurs

Le téléimprimeur est un appareil émetteur-récepteur de télégraphie composé d'un clavier alphanumérique. Au XIXe siècle, le développement des téléimprimeurs automatiques permit d'envoyer et de recevoir des dépêches tapées non chiffrées en morse. Le code Baudot, inventé en 1874, comprimait les messages en bandes de 5 bits avec un clavier de cinq touches ; chaque touche correspondait à 5 bits d'un caractère. Toutefois, la combinaison ne couvrait pas l'ensemble des caractères internationaux (les minuscules, par exemple). Il fut remplacé par le télé-typesetter (système TTS) à 6 bits et l'alphabet télégraphique international n° 2 (ITA2), précurseurs de langages informatiques universels comme le code ASCII à 8 bits et l'Unicode à 16 bits *(voir p. 273)*.

D'après la légende, c'est à Thomas Alva Edison (1847-1931) que l'on doit un grand nombre d'inventions, de l'ampoule électrique au téléphone… Cet ancien opérateur télégraphiste mit au point le téléscripteur, appareil qui, par perforation, imprimait des messages commerciaux codés sur des bandes de papier.

Les *tiffin*

À Bombay, tous les jours, des millions d'employés se font livrer leur « panier » repas, ou *tiffin*, au bureau. Une première équipe se rend chez les employés pour collecter les *tiffin* au domicile puis les charge dans des trains ; une deuxième équipe les décharge, une troisième les livre dans les différents bureaux. Les récipients vides sont ensuite ramassés et renvoyés au domicile de chacun. Miracle d'organisation, efficace à 100 % semble-t-il, ce système emploie des milliers de coursiers *(dabbawallas)* et utilise une codification aussi complexe qu'obscure. Chaque récipient est marqué d'un cercle de couleur ou d'une fleur et porte un code distinctif, tel celui déchiffré ci-dessous.

K-BO-10-19/A/15

K : code d'identité du *dabbawalla*.
BO : quartier dans lequel le *tiffin* doit être ramassé.
10 : quartier de destination
19/A/15 : adresse, bâtiment et étage de livraison.
Le code fonctionne dans le sens inverse pour le retour des récipients vides.

Ce système est si efficace que l'ancien président américain Bill Clinton mais aussi, Bill Gates, le fondateur de Microsoft, ont tous deux demandé à ce qu'on leur en expose le fonctionnement.

Chargement des « paniers » repas *(tiffin)* destinés à être livrés dans les bureaux de Bombay.

Dès le XIXe siècle, des immigrés chinois ouvrirent des blanchisseries aux États-Unis et en Europe. Leurs paquets de linge étaient soigneusement emballés et marqués à l'aide de codes.

Les étiquettes de blanchisserie

Les codes utilisés par les blanchisseurs pour retrouver à qui appartient chaque vêtement semblent bien souvent très mystérieux. En fait, ils n'obéissent à aucune règle stricte. Au XIXe siècle, de nombreux Chinois émigrés aux États-Unis et en Europe ouvrirent des blanchisseries. Ignorant bien souvent les langues nationales, ils mirent au point leur propre code de classement. Aujourd'hui, en Inde, on attribue à chaque client une sorte de code personnel, sous la forme d'un motif composé de points imprimé ou perforé sur une partie peu visible du vêtement.

Le code-barres

Avant d'être exploités commercialement, les codes-barres servaient à identifier et à suivre les wagons de chemin de fer. Breveté en 1952, le concept du code-barres appliqué à des produits dont on veut gérer le stockage ne fut utilisé à grande échelle qu'au cours des années 1980. En 1974, dans l'Ohio, on vendit le premier article marqué d'un code-barres – un lot de paquets de chewing-gums.

Ce système de suivi des ventes informatisé a profondément bouleversé le commerce de détail : en effet, par l'intermédiaire des cartes de fidélité, les grandes enseignes peuvent tout connaître des habitudes d'achat de chaque consommateur, et ainsi lancer des campagnes de marketing parfaitement ciblées.

Le système du code-barres

0 0001101	**3** 0111101	**6** 0101111	**9** 0001011
1 0011001	**4** 0100011	**7** 0111011	
2 0010011	**5** 0110001	**8** 0110111	

La symbologie la plus courante en Amérique du Nord est le CUP (Code universel des produits), inventé dans les années 1970. Entièrement numérique, il peut codifier jusqu'à 12 chiffres et contient 95 bits en tout ; Les barres de garde (au début, au milieu et à la fin) séparent des groupes de 6 chiffres. Chaque chiffre est codé en 7 bits (ce système se rapproche de celui de Francis Bacon, *voir p. 82*).

Comment fonctionne le code-barres

De gauche à droite
Dans la partie gauche, le code-barres se lit de gauche à droite : barre noire = 1, espace blanc = 0.

De noir à blanc
Dans la partie droite, le code-barres se lit encore de gauche à droite, mais le système est inversé : barre noire = 0, espace blanc = 1.

Le CUP américain a été vite amélioré grâce à l'ajout d'un treizième chiffre. EAN 13 (European Article Numbering) est le nom donné à ce système de code-barres largement répandu, notamment en Europe. Le treizième chiffre est une clé de contrôle calculée en fonction des douze chiffres précédents.

Marques et logos

Aujourd'hui, l'un des codes les plus élaborés est sans conteste celui des marques et des logos, dont le principe même fut inspiré par le marquage indélébile du bétail et des esclaves. Au début du XIXe siècle, la production, la consommation de masse et la concurrence s'intensifiant, le concept de marque émergea. On commença à associer le produit à un fabricant, et donc à une qualité, une éthique, un style propres… Au Japon, ce sont les *mon,* emblèmes familiaux datant de l'époque médiévale, qui furent souvent choisis comme logos par des sociétés nipponnes *(voir p. 130).* Mais créer et pérenniser une marque ne se résume pas au seul choix d'un emblème identifiable : l'image, souvent abstraite, doit également évoquer tout un ensemble de valeurs.

Cette combinaison des initiales d'Albrecht Dürer constitua l'un des premiers exemples de colophon.

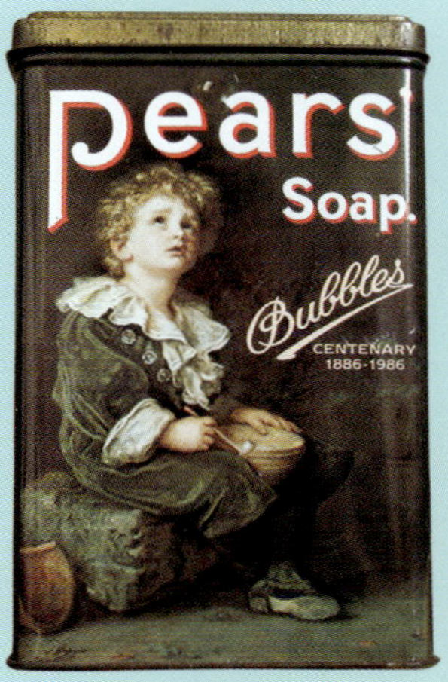

Les savonnettes du passé

En Angleterre, le savon Pears', en choisissant une illustration du peintre Millais, fut l'une des premières marques à se doter d'une image immédiatement identifiable. En France, en 1912, la société Cadum commanda au peintre Le Feuvre l'illustration d'un poupon symbolisant la propreté et la douceur. Ce bébé joufflu assis sur un drap devant une baignoire, entre une savonnette et une éponge, devint rapidement célèbre dans tout l'Hexagone.

Le colophon

L'invention de l'imprimerie favorisa la fabrication de livres à grande échelle. En Europe, l'artiste et imprimeur allemand Albrecht Dürer (1471-1528) eut l'idée d'apposer une signature sur ses œuvres imprimées. Longtemps, imprimeurs et éditeurs distinguèrent leurs publications à l'aide d'une simple image – dessin ou symbole parfois accompagnés d'une devise – appelée colophon. Ce dernier indiquait par ailleurs le nom de l'auteur, le titre de l'œuvre, le lieu et la date d'impression et mentionnait parfois le privilège princier autorisant l'édition.

Le colophon a aujourd'hui disparu, remplacé par les pages de titre et l'achevé d'imprimer. Seules quelques éditions de luxe intègre un colophon à la fin de l'ouvrage : il s'agit le plus souvent d'indications destinées aux bibliophiles, comme le papier utilisé.

Si elle n'a pas inventé le livre de poche, la maison d'édition anglaise Penguin Books, fondée en 1936 à Londres, a su s'imposer grâce à un nom, un logo et un code couleur – orange pour la fiction, vert pour les ouvrages policiers, bleu pour les biographies, rose pour les récits de voyage – immédiatement reconnaissables.

Du concept à l'image

La plupart des sociétés cherchent à codifier à l'extrême le message que véhiculent leurs produits. Par exemple, la célèbre bouteille de Coca-Cola, au design caractéristique, symbolise ainsi l'ensemble de la marque, commercialisée à l'identique dans le monde entier, uniformisation qui permet en outre de réduire considérablement les coûts de communication.

Marque et qualité

En France, le dépôt des marques se fait auprès de l'Inpi (Institut national de la propriété industrielle), pour une durée de dix ans renouvelable. Il arrive que le nom d'un produit passe dans le langage courant – Frigidaire ou Coton-Tige, par exemple, sont en fait des noms déposés. Aujourd'hui, l'engouement pour les marques de renom a engendré une explosion des contrefaçons, vendues parfois au vu et au su de tous *(à droite)*.

Du goupe à la marque…

Si certains artistes et labels musicaux cherchent à être reconnus gâce à une typographie qui leur est propre, d'autres ont opté pour un code visuel simple. En 1970, au plus fort du succès des Rolling Stones, le chanteur du groupe, Mick Jagger, commanda le célèbre logo représentant une bouche tirant la langue, aujourd'hui connu de tous. Toutefois, certains allèrent encore plus loin dans l'épure : la pochette du quatrième album de Led Zeppelin ne comportait ni titre ni photo, uniquement quatre symboles mystérieux, chacun figurant un membre du groupe. Le guitariste Jimmy Page insista même pour qu'aucun numéro

Page Jones Bonham Plant

de catalogue n'apparaisse sur la pochette. Il changea cependant d'avis en apprenant que les disquaires ne pourraient pas commander l'album sans référence !

À l'époque où son succès commençait à décliner, l'artiste Prince se fit désigner par un symbole. À l'époque, il était en conflit avec sa maison de disques, à laquelle son nom de scène appartenait, telle une marque.

Poinçons et estampilles

Depuis plus de mille cinq cents ans, des marques sont apposées sur les articles de prix afin d'en garantir la qualité. Grâce à elles, les marchands pouvaient s'assurer de la valeur ou du titre des produits. Elles furent créées sous l'Empire byzantin au IVe siècle : sur de nombreux ouvrages en argent – métal extrêmement précieux à l'époque –, on distingue cinq petites empreintes. Bien que les opinions divergent quant à leur signification, il semblerait que ces marques soient les ancêtres de nos poinçons. Depuis, les systèmes d'évaluation des métaux de valeur – argent, or – se sont considérablement développés et affinés. Ces derniers siècles, la pratique de l'estampille s'est également étendue à la porcelaine fine mais aussi, plus récemment, aux armes à feu.

Les carats

Le terme carat désigne à la fois la masse des perles et des pierres précieuses et la pureté de l'or. L'or 24 carats doit être pur à 100 %, l'or 22 carats à 91,6 %, l'or 20 carats à 83,3 % et l'or 18 carats à 75 %. On apposera un poinçon sur un article en or à partir de 18 carats, pas en dessous. Lorsqu'il s'applique à une pierre précieuse, le carat indique simplement un poids équivalent à 0,2 g et n'a rien à voir avec la qualité de la pierre. Il s'agit d'un carat métrique, d'usage universel ; il peut être divisé en 100 unités de 2 mg chacune. Un diamant de 24 carats, par exemple, pèse 4,8 g.

Les poinçons

Quelques siècles après Byzance, en 1275, la France fut le premier pays européen à standardiser l'estampillage de l'argent (puis de l'or en 1313) avec le poinçon de maître d'ouvrage. Aujourd'hui, les métaux précieux doivent comporter deux poinçons : le poinçon du fabricant (ou de maître d'ouvrage), en forme de losange dans lequel un distingue les initiales du professionnel et un symbole, et le poinçon d'État, qui garantit le titre de l'ouvrage – une tête d'aigle pour l'or 750 millièmes, une tête de Minerve pour l'argent 925 millièmes, un trèfle pour l'alliage d'or 375 millièmes et la lettre V pour le vermeil. Ces poinçons varient d'un pays à l'autre. En Grande-Bretagne, par exemple, les ouvrages en métal précieux sont marqués du poinçon d'un bureau de garantie *(ci-contre, en haut)* dépendant d'une ville particulière, du poinçon du fabricant et d'une « marque de date », souvent sous la forme d'une lettre en bas de casse.

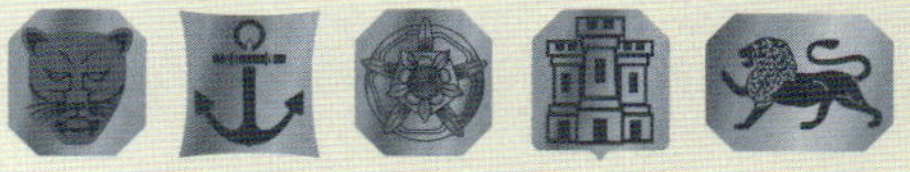

Les quatre plus anciens bureaux de garantie britanniques sont représentés par les symboles suivants : la tête de léopard (Londres), l'ancre (Birmingham), la rose du Yorkshire (Sheffield) et le château (Édimbourg). Le lion passant correspond à l'argent sterling.

Les poinçons britanniques se composent généralement *(de gauche à droite)* du poinçon du fabricant, du poinçon du bureau de garantie, du poinçon commun *(voir ci-dessous)* ainsi que de marques additionnelles comme le lion passant et la « marque de date ».

Une ébauche de standardisation

Au fil des siècles, chaque pays développa son propre système d'estampillage, et il fallut attendre 1973 pour qu'une ébauche de standardisation soit mise en œuvre. Trente nations, essentiellement européennes, ratifièrent la Convention de Vienne sur le contrôle et le poinçonnement des ouvrages en métal précieux, s'engageant à utiliser le poinçon commun pour les articles en or, argent et platine. Toutefois, à ce jour, aucun système international complet n'a pu être mis en place, à cause des différences de normes entre chaque pays.

Poinçons communs pour l'or, l'argent et le platine
Les nombres indiquent le titre : 750 parts d'or pour 1 000, 925 parts d'argent pour 1 000 et 950 parts de platine pour 1 000.

La porcelaine fine

Au XVIe siècle, les céramiques de qualité étaient importées de Chine ; il s'agissait essentiellement de pièces Ming, estampillées de caractères chinois. Les faïenceries de Delft, en Hollande, commencèrent à imiter les motifs chinois quand les échanges commerciaux entre les deux pays s'interrompirent, vers 1620. Lorsque l'alchimiste Johann Friedrich Böttger découvrit un moyen de reproduire le lustre et la qualité de la porcelaine chinoise, des manufactures s'ouvrirent à Meissen (Saxe) en 1710, et le savoir-faire se diffusa rapidement en France et en Grande-Bretagne. Un commerce fort lucratif se développa alors. Contrairement aux poinçons des métaux précieux, les estampilles sur les céramiques n'indiquent pas la pureté du matériau. Elles prouvent juste à l'acheteur que la pièce a été réalisée par une manufacture de renom telle que Saint-Cloud, Chantilly, Sèvres ou Limoges. En outre, elles peuvent fournir des indications sur la date de fabrication – la plupart des manufactures modifiaient régulièrement leurs estampilles –, voire sur l'identité de l'artisan. Beaucoup plus ornementées que les poinçons, les marques authentifiant la porcelaine sont de quatre sortes : incisées, estampées, peintes ou imprimées. Les marques incisées paraissent plus spontanées que les marques estampées, et les marques peintes moins complexes mais plus distinctives que les marques imprimées. La plupart des marques du XIXe siècle sont imprimées, généralement en bleu sous la glaçure.

L'immense popularité de la porcelaine chinoise incita les manufactures européennes non seulement à copier sa qualité, sa couleur et son lustre mais aussi à apposer une marque de fabrique. La manufacture de Chantilly élabora des estampilles inspirées des caractères chinois. Très vite, toutefois, on leur préféra des symboles locaux, telles les épées croisées identifiant la porcelaine de Bow.

Estampilles chinoises de l'époque Ming

Chantilly

Bow

La manufacture de Meissen (Saxe) fut la première à percer le secret de la porcelaine de Chine. À l'époque, l'engouement pour les œuvres chinoises la poussa à produire de nombreuses pièces évoquant cet empire lointain, tel ce joueur de guitare. Au milieu du XVIIIe siècle, de nombreuses autres manufactures ayant appris la technique, des styles très divers se développèrent.

Les estampilles de la porcelaine

Chaque manufacture élabora ses propres estampilles. Certaines utilisèrent des tampons, mais la plupart faisaient signer les artisans. Les estampilles n'étaient pas standardisées et pouvaient varier dans le temps. En outre, les dates n'y figuraient que rarement : il a donc fallu élaborer des catalogues pour permettre aux collectionneurs de s'y retrouver.

Worcester imitant les signes chinois

Minton

Derby

Chelsea

À l'instar des insignes royaux, la couleur et le style des estampilles peuvent aider à dater une pièce.

Les armes à feu

Les poinçons d'épreuve sont de petits symboles estampés sur le métal d'une arme à feu, souvent sur le canon, et que l'on ne peut voir qu'une fois l'arme démontée. Ils garantissent que l'arme a subi un test de sécurité.

Les codes professionnels

Pendant des siècles, les bâtisseurs et techniciens du bâtiment cherchèrent le moyen de communiquer au mieux des indications à différents interlocuteurs intervenant dans le même secteur d'activité, en particulier les architectes, qui durent trouver un moyen de codifier leurs plans afin que ceux-ci puissent être aisément interprétés par les maîtres maçons et les ouvriers. Peu à peu, l'usage d'éléments encastrés, comme la plomberie et les circuits électriques, obligea à la création de nouveaux codes schématiques. Ces cent cinquante dernières années, l'explosion des nouvelles technologies favorisa l'émergence de compétences artisanales inédites, obligées de se familiariser avec des langages codés souvent complexes.

La cathédrale Saint-Paul
À la suite du grand incendie de Londres en 1666, sir Christopher Wren s'attela, entre 1675 et 1710, à la réédification de la cathédrale Saint-Paul, projet extrêmement ambitieux. Outre des plans et des élévations très élaborés *(ci-contre à droite)*, il fit construire une maquette *(ci-dessus)* permettant aux ouvriers d'avoir une vue d'ensemble du bâtiment.

Plans architecturaux

S'il ne nous est parvenu que très peu de plans relatifs à la construction d'édifices romans et gothiques, la Haute Renaissance vit se développer une approche architecturale systématique, s'appuyant sur des plans et des élévations détaillés, souvent associés à des maquettes. L'une des réalisations les plus stupéfiantes du début de l'ère moderne fut la reconstruction de Londres à la suite du grand incendie de 1666. Des architectes comme sir Christopher Wren, James Gibbs et Nicholas Hawksmoor élaborèrent des plans détaillés d'églises et d'autres bâtiments dans l'optique de restaurer la ville.

Élévation Les plans de la coupole sont ici représentés en écorché.

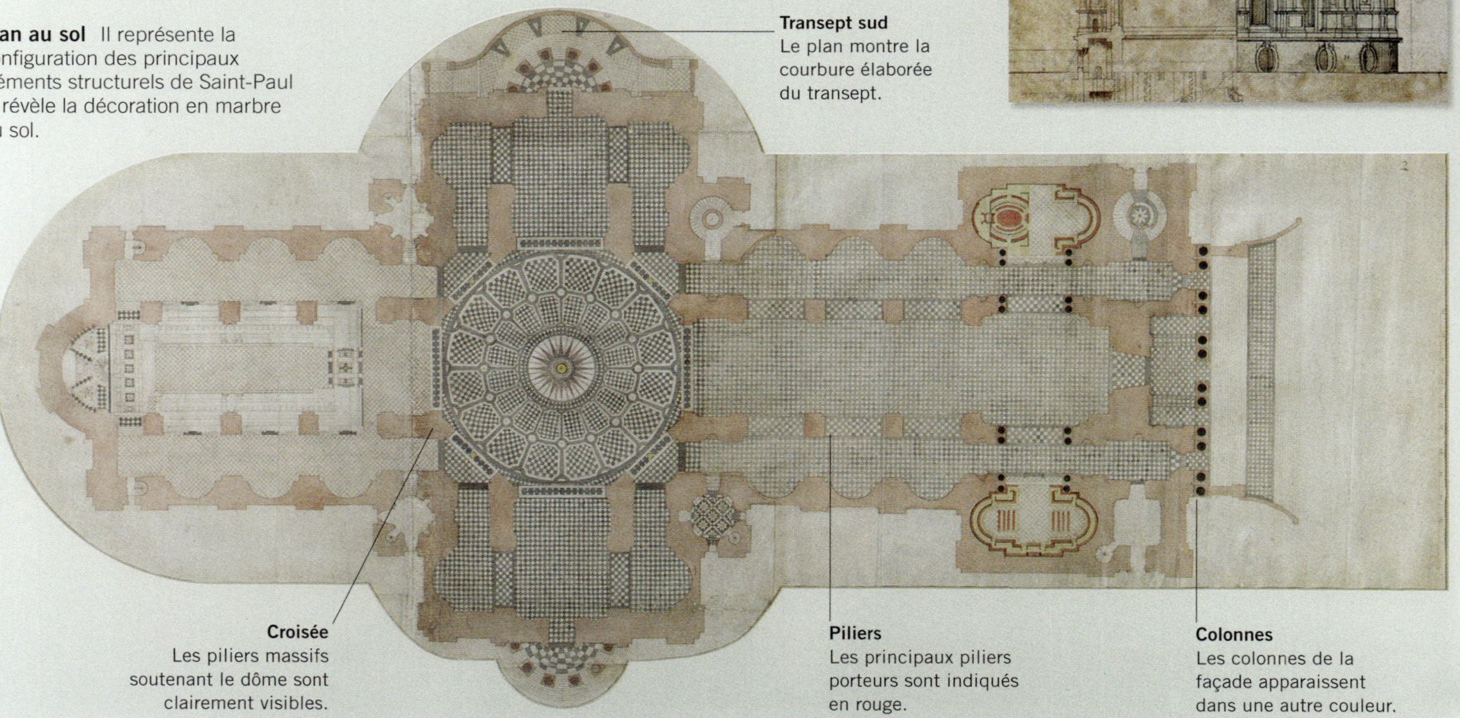

Plan au sol Il représente la configuration des principaux éléments structurels de Saint-Paul et révèle la décoration en marbre du sol.

Transept sud
Le plan montre la courbure élaborée du transept.

Croisée
Les piliers massifs soutenant le dôme sont clairement visibles.

Piliers
Les principaux piliers porteurs sont indiqués en rouge.

Colonnes
Les colonnes de la façade apparaissent dans une autre couleur.

Les circuits vitaux

Les circuits électriques et les systèmes d'écoulement des eaux varient d'un pays à l'autre, en fonction des normes et des lois de conformité locales, mais il existe un vocabulaire universel, composé de symboles fondamentaux, qui permet de décrire la conception, la mise en place et le fonctionnement de ces circuits vitaux.

L'électricité

L'essentiel, en électricité, est de créer un circuit dans lequel les pôles positif et négatif sont placés en parallèle. Plusieurs symboles fondamentaux permettent d'élaborer un circuit.

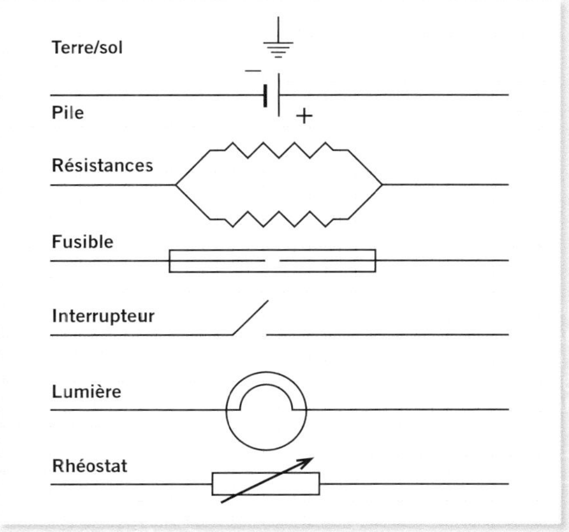

La plomberie

Les systèmes d'écoulement des eaux, notamment ceux qui sont intégrés à un chauffage central, doivent être définis avec précision. Si la plupart des schémas de plomberie affichent d'innombrables jonctions et raccords, chacun doté de ses propres symboles, l'essentiel est de savoir ce que transporte chaque tuyau.

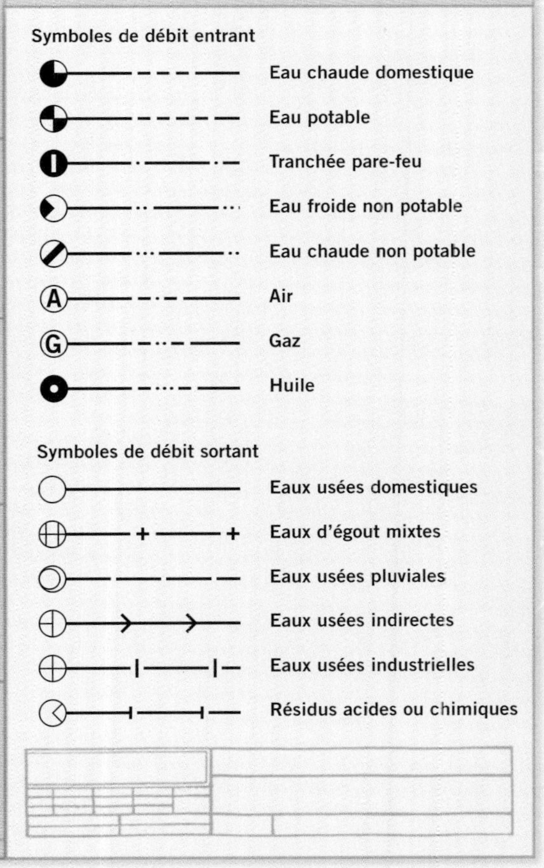

En plomberie domestique et industrielle, il faut pouvoir identifier le sens d'écoulement, les points de contrôle (valves, robinets) et la fonction de chaque tuyau.

La sténographie

Au milieu du XIXe siècle, le développement des technologies de communication fut à l'origine d'une seconde révolution industrielle. L'invention de la machine à écrire et de la télégraphie entraîna une très forte demande de compétences dans le domaine du secrétariat, notamment le traitement rapide et efficace des messages. La méthode de sténographie Pitman, inventée en 1837, permettait aux secrétaires de consigner rapidement des informations orales avant de les taper. Employée essentiellement au Royaume-Uni et en Amérique du Nord, elle est entièrement phonétique. En 1860, en France, les frères Duployé mirent au point leur propre méthode (d'usage courant dans l'Hexagone au début du XXe siècle). Il y a peu, des sténographes retranscrivaient encore les débats parlementaires à l'Assemblée nationale et au Sénat, méthode aujourd'hui abandonnée au profit des enregistrements audiovisuels.

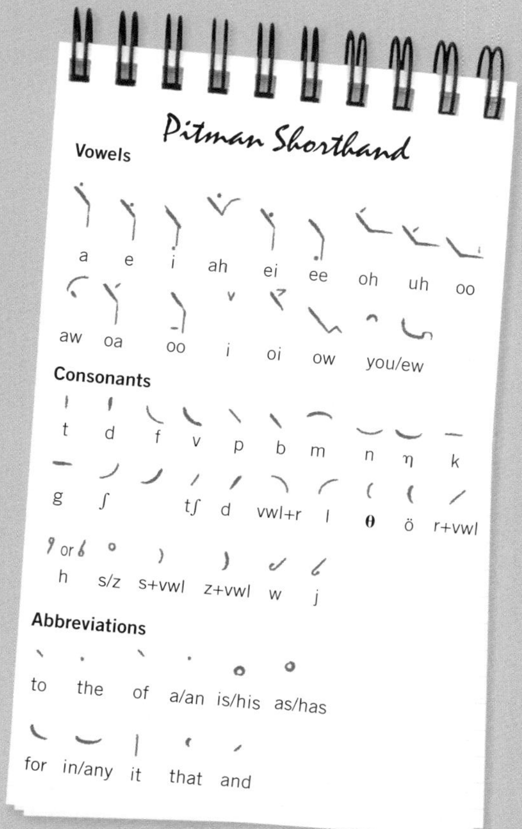

La méthode Pitman

MONNAIE ET FAUX-MONNAYEURS

Dès l'Antiquité, l'accroissement des relations commerciales internationales détrôna le troc traditionnellement pratiqué en faveur d'une nouvelle forme d'échange : la production était achetée grâce à un bien précieux de référence, de l'or par exemple. Le problème du contrôle des valeurs monétaires n'émergea véritablement qu'au XVIIᵉ siècle, avec les maisons de commerce intercontinentales, qui ne souhaitaient plus transporter de lingots pour payer leurs achats. Les lettres de crédit – à l'origine de notre papier-monnaie – se développèrent parallèlement aux Bourses et aux marchés d'échange, mais avec elles se posa le problème de la codification de la monnaie de papier, afin de garantir sa valeur et d'empêcher la contrefaçon.

La contrefaçon des billets de banque a toujours été considérée comme un crime grave.

Les premières monnaies métalliques

C'est en Lydie, au VIIᵉ siècle av. J.-C., que l'on produisit les premières pièces connues. Fabriquées en électrum, un alliage naturel d'or et d'argent pêché dans le fleuve Pactole – d'où l'expression populaire « toucher le Pactole » –, elles étaient frappées des insignes d'une autorité publique – portrait du souverain ou symbole de la ville émettrice – et d'une devise.

Les premiers billets

En Chine, la lettre de change était utilisée dès le VIIIᵉ siècle, pour éviter d'avoir à transporter une grande quantité de pièces trop lourdes. Quant au papier-monnaie, il fait son apparition au XIᵉ siècle sous la dynastie Song. Au XIIIᵉ siècle, des billets imprimés circulaient dans tout l'empire.

La fausse monnaie

Tant que la valeur nominale des pièces dépendait de leur composition métallique, la contrefaçon de monnaie resta une activité très prospère. Les faussaires rognaient l'or ou l'argent, ou les refondaient dans un alliage moins cher. Aujourd'hui, les cannelures sur le bord des pièces peuvent empêcher ce type de rognure.

Sonnantes et trébuchantes

Dans certains pays, comme le Royaume-Uni ou les États-Unis, du fer a été ajouté aux pièces en cuivre *(ci-dessus)* afin de rééquilibrer leur coût de fabrication. Les pays de la zone euro utilisent des pièces métalliques constituées d'un alliage de cuivre, de laiton, de nickel et de cupronickel ; les centimes sont en or nordique (50, 20 et 10 centimes) ou en acier cuivré (5, 2 et 1 centimes).

Les faux billets

La sécurité des billets a longtemps reposé sur la qualité du papier (issu d'une seule source fiable et parsemé de filigranes élaborés), de la gravure, de l'encre et de l'impression en taille-douce. À la fin du XXᵉ siècle, malgré le développement de techniques de cryptage (papier à inclusion, mélange de couleurs et d'encres, bandes métallisées...) de plus en plus sophistiquées, les faussaires sévissaient toujours, profitant eux aussi du progrès technologique...

Les dollars

Ils changent rarement d'aspect ou de format et possèdent un nombre limité de codes de sécurité. Toutefois, les billets de 5 et 10 dollars émis en 2008 en comptent davantage.

Micro-impression
Des éléments difficiles à reproduire, du fait de leur taille (dont une série de 5 jaunes), parsèment les billets.

Fil métallique de sécurité
Une suite de motifs, USA et 5, disposés en alternance, est visible des deux côtés. Le fil apparaît en bleu sous les ultraviolets.

Les motifs en filigrane
Un 5 remplace désormais l'ancien portrait en filigrane de Lincoln, et de plus petits 5 émaillent le motif.

L'euro

C'est en 1999 que fut fixée la valeur de l'euro, monnaie mise en circulation en 2002 dans les seize pays de la zone euro. Il s'agit de la plus importante émission de monnaie au cours de ces dernières années. Les billets comportent plus de vingt signes de sécurité.

Somme de contrôle
Chaque billet possède un numéro de série, débutant par une lettre (identifiant le pays émetteur) et se terminant par un chiffre entre 1 et 9. En remplaçant la lettre initiale par son rang dans l'alphabet, puis en faisant la somme de tous les chiffres, on obtient un nombre à deux chiffres. Si l'on divise ce nombre par neuf, le chiffre après la virgule doit correspondre à la somme des deux chiffres du nombre précédemment obtenu.

Transvision
Le chiffre est imprimé de manière incomplète de chaque côté du billet, mais apparaît entièrement à la lumière, par transparence.

Gravure en taille-douce
Sur certaines parties du billet, l'encre est appliquée en relief, repérable au toucher.

Filigranes
Outre du papier filigrané traditionnel, on utilise un filigrane numérique qui rend la photocopie quasiment impossible, ainsi que des filigranes à l'encre, uniquement visibles aux infrarouges ou ultraviolets.

Bande magnétique
Un fil métallique de sécurité, visible à la lumière, indique la valeur du billet suivie du mot euro.

Encres de couleur
Sur les grosses coupures, la couleur ou la perception des encres changent selon les angles ; des encres magnétiques caractérisent les petits billets.

Hologrammes
Les billets se distinguent par une bande (5 à 20 euros) ou une pastille (50 euros) holographique.

Rares sont les pays à publier le nombre ou la valeur des faux billets retirés du marché, mais dès la première année de mise en circulation de l'euro – considéré comme une monnaie quasi infalsifiable –, plus d'un demi-million de faux billets ont été saisis.

Cartes de crédit

Les cartes de crédit – sous une forme simplifiée – existent depuis le début des années 1930, mais leur usage ne s'est généralisé que dans les années 1970. La technologie permettant de les sécuriser est relativement récente.

Hologrammes Ils sont très difficiles à falsifier ; on les trouve également sur les billets.

Bandes magnétiques La « piste 2 » contient des informations personnelles qui, associées à un code confidentiel, permettent d'accéder au compte du détenteur.

Antécédents bancaires Les systèmes automatisés peuvent examiner les mouvements bancaires antérieurs de l'utilisateur afin de vérifier la validité d'une transaction.

Cartes à puce Dotées de circuits intégrés, elles fonctionnent selon le même principe que les cartes SIM des téléphones mobiles. Elles peuvent être utilisées pour obtenir, échanger et conserver électroniquement des données. Certaines comportent des fonctions cryptographiques (3DES ou RSA, par exemple), avec signature numérique.

Le code PIN (numéro d'identification personnel)

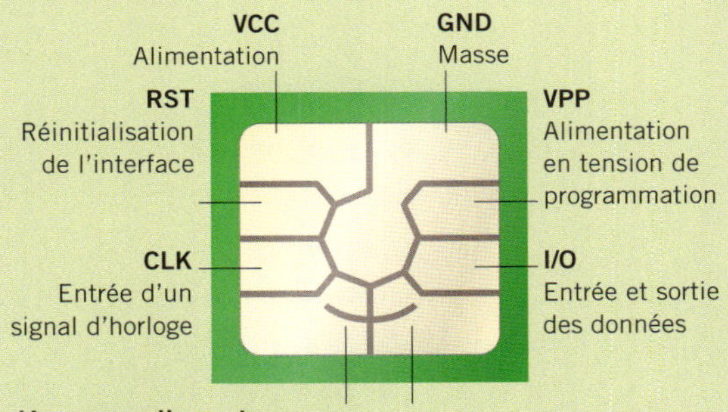

Une nouvelle carte à puce, appelée carte sans contact, fonctionne par radio-identification (une émission-réception de fréquences).

RFU ***(Reserved for futur use)***
Les deux plots de contact restants sont réservés à d'autres applications (algorithmes de cryptage)

Les codes confidentiels à quatre chiffres constituent le moyen d'authentification le plus couramment employé lors de transactions par cartes de crédit. Mais quelle est leur fiabilité ? Chaque nombre à quatre chiffres peut générer 10 000 combinaisons, ce qui est relativement peu comparé à la plupart des mots de passe. Toutefois, seuls trois essais sont autorisés lorsque l'on saisit un code confidentiel, ce qui limite les « attaques en force » (lorsque tous les nombres possibles sont restés). Celui qui vole une carte n'a donc qu'une chance sur 3 333 de trouver le bon code…

Les codes de l'édition

Le livre

Le livre relié n'a quasiment pas changé depuis l'invention des caractères mobiles et de l'imprimerie par Johannes Gutenberg (1398-1468), en 1450. La plupart des techniques mises en œuvre par Gutenberg pour éditer sa célèbre Bible *(ci-dessus)* sont encore utilisées aujourd'hui. Qu'il s'agisse d'un album de bandes dessinées broché agrafé, d'un livre de poche de qualité médiocre à la reliure collée, d'un roman, d'une encyclopédie, d'un dictionnaire ou encore d'un atlas, nous lisons et manipulons ces ouvrages sans avoir conscience qu'ils sont le produit d'une interaction entre les codes de domaines très différents (écriture, commerce, fabrication, catalogage…).

Aujourd'hui, la majorité des produits manufacturés sont caractérisés par des codes : le nom de marque, le numéro de lot (il permet la traçabilité de produits comme les médicaments), les dates de conditionnement et de péremption (qui figurent notamment sur les produits alimentaires), le numéro de série (très utile pour la sécurité du consommateur et la garantie des produits électroniques et mécaniques) et le code-barres, grâce auquel il est possible – entre autres – de contrôler les stocks. Le livre ne fait pas exception à cette règle : il se distingue par un grand nombre de codes parfois peu connus du grand public, par exemple les signes de correction d'épreuves.

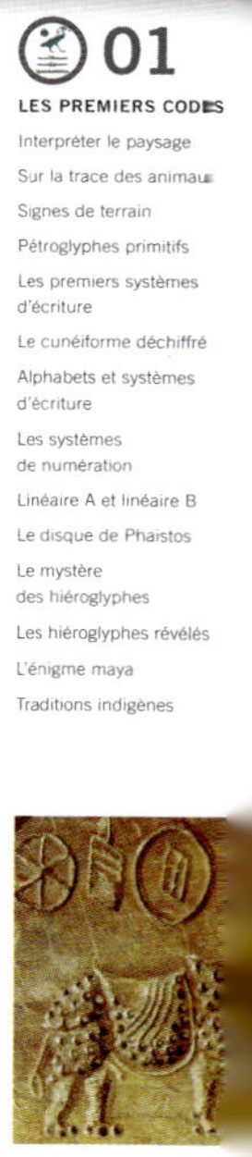

La page d'ours
Outre le titre, le nom de l'éditeur, des auteurs et de ceux qui ont collaboré à la réalisation de l'ouvrage, elle contient aussi les mentions légales et le copyright.

Éditeur

Mention d'édition
Elle stipule le nombre d'éditions et/ou de réimpressions de l'ouvrage, ainsi que leurs dates.

Le symbole ©
(copyright) indique que le contenu et le design de l'ouvrage sont la propriété de l'éditeur.

Le Livre des codes, publié par Sélection du Reader's Digest, est l'adaptation française de *The Book of Codes*, publié en 2009 par Weldon Owen Inc., 415 Jackson Street, San Francisco, CA 94111, États-Unis. www.weldonowen.com

Publié par University of California Press
Berkeley et Los Angeles, Californie

ÉDITION ORIGINALE
Copyright © 2009 Weldon Owen Inc.

ÉDITION FRANÇAISE
Réalisation éditoriale : Céline de Quéral
Traduction-adaptation : Élisabeth Luc, Delphine Nègre-Bouvet, Emmanuelle Pavan
Révision : Marie-Édith Bernard, Alice Breuil, Claire Le Cam, Valérie Lecoeur
Conseiller scientifique : Paloma Cabeza-Orcel
Montage PAO : François Giraudet
Nous remercions particulièrement Edith Cottrell (révision), Marc-François Fouquier, Vincent Le Chevallier et Valérie Lecoeur (traduction)

Sous la direction de l'équipe éditoriale de Sélection du Reader's Digest
Directeur éditorial : Éric Jouan
Directrice éditoriale adjointe : Elizabeth Glachant
Directrice artistique : Dominique Charliat
Responsable d'édition : Anne Grégoire
Lecture-correction : Béatrice Argentier-Le Squer, Catherine Decayeux, Emmanuelle Dunoyer

PREMIÈRE EDITION

© 2009, Sélection du Reader's Digest, SA,
5 à 7, avenue Louis-Pasteur, 92220 Bagneux
Site Internet : www.selectionclic.com
© 2009, NV Reader's Digest, SA,
20, boulevard Paepsem, 1070 Bruxelles, Belgique
© 2009, Sélection du Reader's Digest, SA,
Räffelstrasse 11, « Gallushof », 8021 Zurich, Suisse
© 2009, Sélection du Reader's Digest (Canada), Limitée,
1100, boulevard René-Lévesque Ouest,
Montréal, Québec H3B 5H5

Pour nous communiquer vos suggestions ou remarques sur ce livre, utilisez notre adresse e-mail : **editolivre@readersdigest.tm.fr**

ISBN : 978-2-7098-2076-9

Tous droits de traduction, d'adaptation et de reproduction, sous quelque forme que ce soit, réservés pour tous pays.

Achevé d'imprimer : juillet 2009
Dépôt légal en France : août 2009
Dépôt légal en Belgique : D-2009-0621-79

Imprimé en Chine
Printed in China

Achevé d'imprimer
Il est placé au début ou à la fin d'un livre. Il indique la date de dépôt légal – l'obligation de déposer deux exemplaires de l'ouvrage à la Bibliothèque nationale – et le lieu d'impression.

Reliure
Il existe deux principaux types de reliure : avec et sans couture. La reliure sans couture est souvent utilisée pour les livres brochés, dont les feuillets sont rognés puis collés directement sur le dos.

Folios ou feuillets
La majorité des livres aujourd'hui sont composés de pages imposées, pliées, rassemblées en cahiers de seize pages (ou de multiples de seize) et rognées.

Jaquette

Plat

Quatrième de couverture

L'ISBN
(International Standard Book Number) ou numéro international normalisé du livre permet d'identifier chaque livre publié. Depuis 2007, il se compose de treize chiffres, répartis en cinq segments. L'ISSN est réservé aux publications périodiques. Le code-barres contient l'ISBN, précédé des codes 978 ou 979 et suivi d'un clé de contrôle à un chiffre.

Code-barres
Un code-barres (*voir p. 204*) incluant l'ISBN *(voir ci-contre)* figure sur la quatrième de couverture.

Dos

Tranche de gouttière

Première de couverture

Parcourir un livre Dans un livre illustré élaboré comme celui-ci, un certain nombre d'éléments conventionnels sont utilisés. Chacun d'entre eux constitue une sorte de langage.

Typographie
Les polices de caractères sont choisies en fonction de l'impact recherché. En variant le corps, on hiérarchise l'information.

Mise en pages
Une grille ou un gabarit permet de structurer le travail de mise en pages du graphiste.

Titre courant
Il indique le chapitre en cours ou répète le titre de la double page.

Italique
Généralement utilisé pour les renvois.

Les lignes d'étiquettes
associent le texte correspondant à une illustration ou à un schéma.

Folio
Le numéro de page.

Les abréviations latines

Encore aujourd'hui, on recourt bien souvent à l'utilisation d'abréviations latines.

cf. *confer*, se reporter à
e.g. *exempli gratia*, par exemple
et al. *et alii*, et d'autres
etc. *et cætera*, et le reste
ibid. *ibidem*, au même endroit
id./idem le même
i.e. *id est*, c'est-à-dire
infra, ci-dessous, plus bas
supra, ci-dessus, plus haut
N.B. *nota bene*, à noter
sq. *sequiturque*, ce qui suit, pour citer les pages suivantes
vs *versus*, contre
op. cit. *opere citato*, ouvrage déjà cité
loc. cit. *loco citato*, à l'endroit déjà cité

Le sommaire décrit la structure de l'ouvrage. D'autres outils y sont aussi listés, comme ici le glossaire (un lexique des mots techniques de l'ouvrage), l'index (une table alphabétique des mots clés et leur référence dans l'ouvrage) et le crédit photographique, qui permet de connaître la source des images reproduites dans l'ouvrage.

Correction des épreuves Tout texte brut nécessite un travail de correction. Les lecteurs-correcteurs maîtrisent un ensemble de signes conventionnels pour la correction des textes sur épreuve – certains signes remontent à l'époque de l'invention de l'imprimerie. Généralement, une épreuve en placard, c'est-à-dire imprimée uniquement sur le recto et avec des grandes marges, est utilisée pour ce travail. L'erreur est toujours indiquée dans le texte et la correction dans la marge.

Composer en majuscules — Avant-propos

Sortir la ligne — Nous sommes tous des cryptavlystes compétents. — **Remplacer v par n**

Supprimer l'alinéa

Notre vie est régie par un considérable — **Insérer un mot** (nombre)

Remplacer b par d — be codes, qui déterminent nos actions, nous fournissent des informations et transmettent aux autres des messages nous concernant.

Insérer une virgule — Avant même d'apprendre à parler les enfants commencent par décoder leur entourage

À supprimer — immédiant. Ils savent instinctivement interpréter les expressions du visage les et gestes, sont sensibles aux intonations. — **Transposer les mots**

Comprendre une langue est un processus complexe, qui implique

Espacer — la maîtrise nonseulement d'un ensemble de sons mais aussi des règles qui les régssent et des gestes et mimiques qui en renforcent — **Insérer une lettre**

Mot à supprimer — le sens. Tout au long de notre vie, nous nous continuons à décoder notre environnement, les hommes et les fem mes qui nous entourent, et ce souvent sans en avoir réellement conscience. — **Supprimer et souder**

Nous apprenons également à « écouter » ce qui n'est pas dit explicitement,

À composer en minuscule (bas de casse) — car le langage est autant utilisé pour Dissimuler que pour échanger. L'ambivalence sémantique du mot code – système de règles ou méthode de communication secrète – n'est pas anodine. — **Passer à la ligne**

10

La vie en société repose sur de multiples codes de comportement tacites qui paraissent parfois absurdes mais sont généralement acceptés par tous. Outre le répertoire des us et coutumes et des

Des codes et des hommes

bonnes manières, toute une série d'autres signes inhérents à la condition humaine échappent souvent à notre contrôle et révèlent à autrui ce que l'on préférerait parfois cacher.

LE LANGAGE CORPOREL

À l'instar de la parole, ce qu'expriment le visage et le corps – clin d'œil, froncement de sourcils, geste de la main… – constitue un formidable mode de communication. L'observation attentive du comportement révèle également tout un ensemble de messages cachés, souvent inconscients et instinctivement compris par l'autre ; il est en effet facile de détecter l'ennui ou l'intérêt que l'on suscite, la gêne ou encore la dissimulation. La science consistant à décoder ce que les individus révèlent d'eux-mêmes est aujourd'hui très largement utilisée par les psychothérapeutes, et intervient également lors des entretiens d'embauche, des interviews ou des interrogatoires.

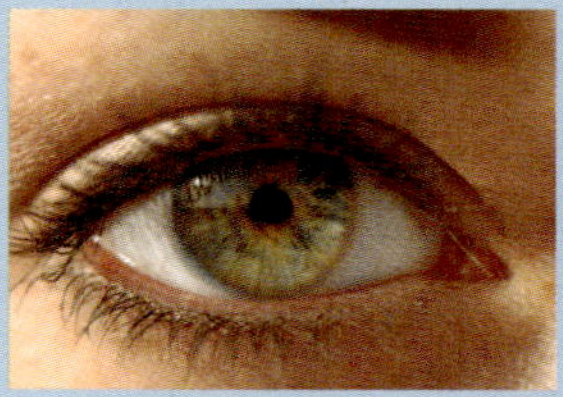

Contrôler son corps

Si nous cherchons souvent à maîtriser les messages qu'envoie notre corps, certaines réactions, comme le fait de rougir, de transpirer, de pleurer ou de réagir à la douleur, s'avèrent incontrôlables. L'œil est susceptible d'envoyer de nombreux signaux : une pupille dilatée peut exprimer l'intérêt ou l'attrait, tandis que l'incapacité à soutenir un regard trahit la gêne ou la malhonnêteté.

Les grimaces

Depuis l'Antiquité, les artistes s'intéressent aux expressions faciales et aux postures pour exprimer certaines émotions. Le sculpteur autrichien Franz Xaver Messerschmidt (1736-1783) fut l'un des premiers à tenter de cataloguer la diversité des expressions humaines en créant une cinquantaine de bustes d'après des études réalisées dans des asiles de Munich. Ces études reflètent l'intérêt du siècle des Lumières pour les différents aspects du comportement humain.

Communication consciente et inconsciente

Si l'on divise le langage corporel en deux parties – d'un côté, les expressions faciales, de l'autre la posture et la gestuelle –, il apparaît clairement que nous sommes beaucoup plus conscients de nos sourires, grimaces et autres froncements de sourcils que de la façon dont notre corps dévoile nos émotions (même si, à l'âge adulte, notre cerveau est tellement conditionné que ces expressions peuvent être difficiles à contrôler). On peut aussi « lire » les mouvements des mains et des bras qui, souvent, sont des gestes inconscients reflétant l'avis de l'interlocuteur sur un sujet donné. Cette gestuelle est d'ailleurs beaucoup plus courante chez les Latins, comme les Espagnols ou les Italiens.

Exemples de langage corporel inconscient :

Bras et jambes croisés serrés Désintérêt, ennui ; posture défensive.
Corps penché en avant, mains sous le menton Attention, intérêt, enthousiasme.
Main jouant avec la cravate ou les cheveux (hommes) Nervosité, manque d'assurance.
Jambes confortablement croisées, pied se balançant (femmes) Flirt, intérêt sexuel.
Yeux regardant à gauche Malaise manifeste, mensonge ; mauvais interlocuteur.
Yeux regardant à droite Intérêt, considération ; bon interlocuteur.
Tête en l'air, yeux vides Faible intérêt, esprit ailleurs.
Tête penchée d'un côté, yeux plissés Intérêt, considération positive.
Mâchoire contractée, dents serrées Frustration et colère.

Les indices au poker

Le poker est un jeu de hasard nécessitant néanmoins une certaine habileté : le joueur doit en effet être capable de dissimuler ses émotions, de deviner ce que peuvent penser ses adversaires et d'interpréter certains signes révélateurs. Dans le film *Casino Royale* (2006), James Bond fait usage de son exceptionnelle intuition pour déterminer à quel moment Le Chiffre, un dangereux malfaiteur, est en train de bluffer – il cligne des yeux – ou possède une très mauvaise main – il saigne d'un œil. Voici quelques signes, plus subtils, fréquemment observés autour des tables de jeu.

Les mains tremblantes
Au moment de la mise, des mains qui tremblent indiquent, chez les nouveaux joueurs, qu'ils ont un bon jeu et qu'ils sont excités à l'idée de gagner. Mais cela peut aussi être du bluff.

Les yeux baissés
Quand un joueur regarde ses jetons après le flop, cela veut souvent dire qu'il pense gagner. En revanche, s'il fixe le flop – en quête de quelque chose –, c'est qu'il risque de perdre. Les yeux baissés peuvent aussi trahir le bluff ; la plupart des professionnels portent des lunettes de soleil afin de ne rien révéler.

L'attitude figée
Signe de tension croissante : les joueurs arrêtent de mâcher leur chewing-gum quand ils bluffent ; de même, un joueur peut cesser de respirer en faisant son jeu.

La parole
Les joueurs qui ont une bonne main sont plus bavards et détendus. Un comportement agité ou une conversation forcée peuvent trahir une faiblesse.

La mise
Un empressement à miser peut révéler beaucoup. S'ils ont une bonne main, les joueurs sont généralement pressés de miser. Autre signe révélateur : un joueur qui prend son temps pour annoncer, puis qui mise aussitôt. Toutefois, le fait d'attendre avant de miser peut cacher diverses ruses et déstabiliser les autres joueurs.

Paroles d'éventails

Dans l'Espagne du XIXe siècle, les jeunes filles de bonne famille ne sortaient jamais sans un chaperon, chargé de surveiller leur comportement et de veiller à leur bonne éducation. Il leur était interdit, quand elles conversaient avec un homme, de s'écarter de sujets conventionnels tels le temps, l'art, la littérature et la politique. C'est pourquoi les jeunes Espagnoles créèrent leur propre mode de communication à l'aide de leurs éventails, afin de flirter et de se faire courtiser à la dérobée. Bien sûr, la plupart de ces gestes étaient intuitifs, mais à la fin du siècle, les fabricants commencèrent à publier des guides du langage des éventails.

Éventail agité lentement au-dessus de la poitrine : Je suis célibataire.
Éventail agité prestement, par gestes nerveux, au-dessus de la poitrine : J'ai un petit ami ou un partenaire.
Éventail ouvert et fermé, puis posé sur la joue : Je t'aime bien.
Éventail posé sur la tempe, les yeux levés vers le ciel : Je pense à toi jour et nuit.
Éventail posé sur le bout du nez : Quelque chose ne sent pas bon par ici *(l'homme lui déplaît, peut-être en en courtisant une autre).*
La femme marche de côté en frappant l'éventail dans sa paume : Attention, mon chaperon arrive.
Éventail ouvert et fermé puis pointé : Attends-moi ici, je reviens.
Éventail couvrant la bouche et regard suggestif : Je t'envoie un baiser.
Éventail porté fermé et suspendu à la main gauche : Je cherche un petit ami.
Éventail agité très rapidement : J'ai des doutes à ton sujet…
Éventail fermé très rapidement : Parle à mon père…
Éventail fermé placé sur le cœur : Je t'aime beaucoup.
Éventail ouvert placé sur le cœur : Je veux t'épouser.
Éventail donné à un homme : Mon cœur t'appartient.
Éventail repris à un homme : Je ne veux plus rien de toi.
Éventail ouvert couvrant une partie du visage : Toi et moi, c'est terminé.
Éventail laissé tombé : Je souffre mais je t'aime.
Éventail frappant la main gauche : Je t'aime bien.
Regard vers l'extérieur : J'y réfléchis…
Éventail frappant la main droite : Je te déteste.
Éventail frappant la robe : Je suis jalouse.
Éventail fermé posé sur la joue gauche : Je suis à toi.

LES SIGNAUX D'URGENCE

En certaines occasions, la communication visuelle est plus efficace que les échanges verbaux. Parfois encore, les gestes permettent d'expliciter le langage parlé. Depuis la nuit des temps, les chasseurs ont besoin de se transmettre des informations sans faire de bruit, tout comme les militaires, qui ne doivent surtout pas se faire entendre de leurs ennemis, quelquefois très proches *(voir p. 17)*. Diverses circonstances obligent à utiliser des signaux simples et clairs, surtout lorsque la sécurité de tous en dépend. Certains codes peuvent en effet sauver des vies, dans des situations exceptionnelles mais aussi au quotidien.

Au secours !

En cas de naufrage ou d'accident d'avion dans une zone isolée, il existe un code de signalisation international destiné aux équipes de recherche. Les gestes sont simples à effectuer. Par ailleurs, la plupart des navires et des avions sont équipés de fusées de détresse pour attirer l'attention des secours, ainsi que d'une couverture de couleur à disposer sur le sol afin de transmettre un message précis.

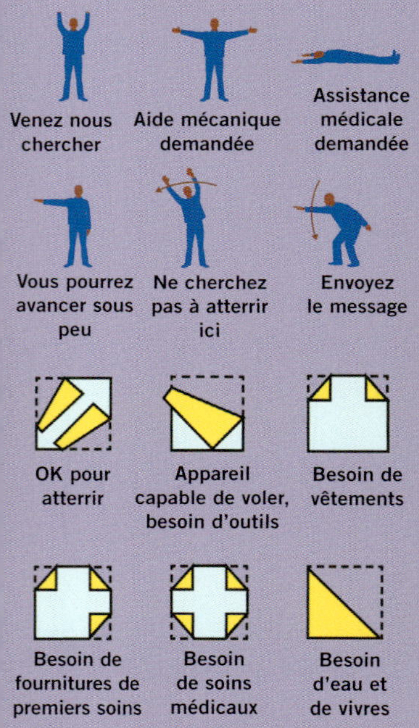

Signaux depuis le sol vers le ciel

┘	Tout va bien
L	Pas compris
V	Assistance demandée
X	Assistance médicale demandée
F	Besoin de nourriture et d'eau
N	Non
Y	Oui
↑	Allez dans cette direction

Signaux depuis le ciel vers le sol

Message reçu, compris :
En plein jour : balancement des ailes.
De nuit : allumage des lumières vertes.

Message reçu, mais pas compris :
En plein jour : l'avion vole en cercle vers la droite.
De nuit : allumage des lumières rouges.

Les secours en montagne

Ces signaux internationaux consistent en messages sonores ou lumineux et sont connus de tous les services de secours en montagne.

Message	Signal	Signaux sonores ou lumineux
S.O.S.	Rouge	Trois signaux courts, trois longs, à répéter à une minute d'intervalle
Besoin d'aide	Rouge	Six signaux rapides, à répéter à une minute d'intervalle
Message compris	Blanc	Trois signaux rapides, à répéter à une minute d'intervalle
Retour à la base	Vert	Succession prolongée de signaux

Signaux de plongée

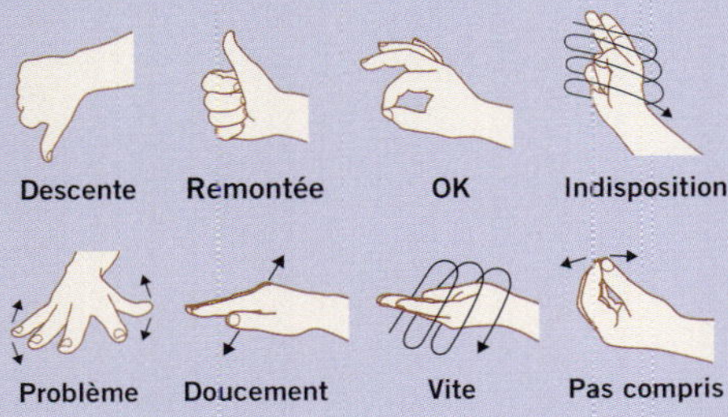

Parler sous l'eau est impossible, un système de communication clair entre les plongeurs est donc indispensable. Plusieurs signes de la main permettent de transmettre les messages les plus courants.

Sur la route

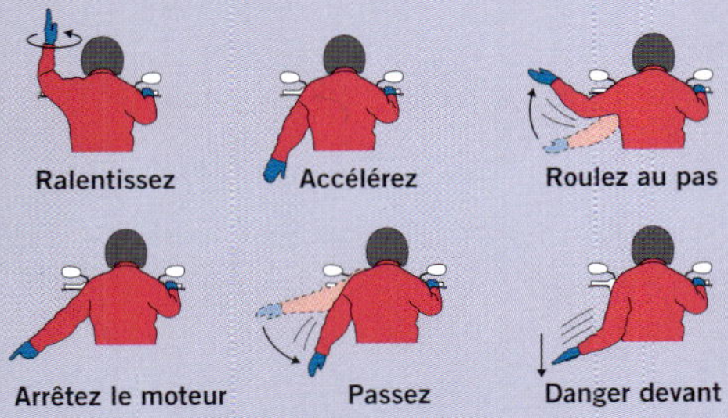

De nos jours, les signaux gestuels sont rarement utilisés par les automobilistes, mais ils sont indispensables aux cyclistes et aux motocyclistes.

Sur un chantier

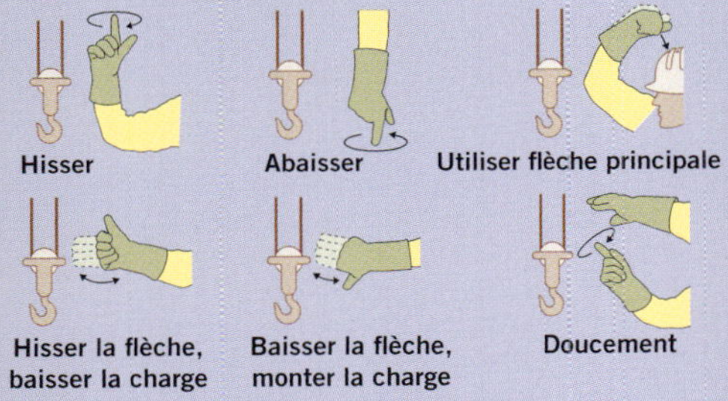

Lors du transport de lourdes charges, les conducteurs d'engins de levage communiquent avec les ouvriers à l'aide de gestes de commandement.

LES CODES DU SPORT

Dans un grand nombre de sports, on utilise des codes visuels afin de transmettre des messages aux autres participants, aux spectateurs ou aux marqueurs. Lorsque la distance ou la langue constituent un obstacle à la compréhension immédiate, les arbitres et les joueurs ont recours à une gestuelle exagérée. Aujourd'hui, les technologies modernes peuvent s'avérer utiles pour livrer des informations, mais elles n'ont toutefois pas l'efficacité de systèmes de signes connus de tous.

Le tic-tac

Typiquement britannique, – mais progressivement remplacé par le téléphone mobile –, le tic-tac est un langage des signes utilisé par les bookmakers (qui portent alors des gants blancs, grâce auxquels leurs gestes sont bien visibles) pour s'échanger des informations au milieu de la clameur des parieurs.

4-1

5-2

6-4

7-4

Sports de terrain

De nombreux sports collectifs ont développé un répertoire de signaux adaptés à leurs besoins. La mondialisation des sports, notamment du football, oblige dorénavant l'arbitre à adopter un système de signes universel. De même, lorsque les joueurs ne parlent pas la même langue, les instructions ou messages délivrés à l'aide de gestes permettent de clarifier les décisions du juge – voire de les comprendre sur un stade où le bruit rend la moindre parole inaudible.

Si les règles du cricket demeurent impénétrables pour nombre d'entre nous, les gestes de l'arbitre le sont tout autant pour les non-initiés. Ils permettent toutefois aux arbitres, situés au centre du terrain, de communiquer leurs décisions aux pointeurs et aux spectateurs. Ces signaux correspondent à un code établi depuis longtemps, mais il arrive qu'un arbitre y ajoute sa touche personnelle.

No ball **(lancer irrégulier)**

Six *runs*

Wide **(balle trop loin du batteur)**

Out/wicket **(élimination d'un batteur)**

Quatre *runs*

Bye (coup valable)

Le langage codé du baseball
Au baseball, où le jugement de l'arbitre est d'une extrême importance, les gestes doivent être immédiatement compréhensibles et sans équivoque. Le fait que l'arbitre doive se tenir sur la « ligne de tir » derrière le lanceur ou le receveur *(à gauche)* rend d'autant plus important l'usage d'une signalisation claire.

Compte

Balle en jeu

Prise

Prise ou retrait

Sauf

Temps d'arrêt, fausse balle ou balle morte

Au football, les gestes ont un peu moins d'importance que dans d'autres sports : les règles de ce jeu sont en effet simples et sans équivoque. Généralement, les joueurs comme les spectateurs savent immédiatement pourquoi un penalty ou un coup franc a été accordé ; les gestes de l'arbitre servent à maintenir le rythme du jeu.

Penalty

Coup franc

Corner

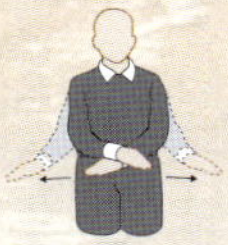

But refusé

Hors jeu

Reprise du jeu

Au rugby, les décisions se prennent souvent après concertation entre l'arbitre et les juges de touche. L'arbitre doit pouvoir transmettre rapidement la décision conjointe aux deux équipes, ainsi qu'aux marqueurs et aux spectateurs.

Essai

Coup franc

Coup de pied de pénalité

Rétention du ballon

Plaquage haut

En avant

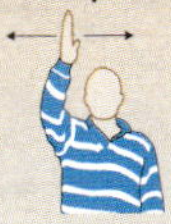

Lancer en touche dévié

Avantage

LE SAVOIR-VIVRE

Il arrive que des situations courantes telles que les salutations, l'échange de cadeaux, la façon de se tenir à table mais aussi la manière de se vêtir ou de parler soient source de malentendus. Pour éviter cela, le savoir-vivre est une codification visant à définir la façon de se comporter en société et donc éviter de commettre des impairs – la plupart du temps en s'adressant avec respect à autrui. Il existe également des codes plus élaborés réservés à certains milieux, comme les cours royales. Le savoir-vivre en société a évolué au fil des siècles pour devenir un code accepté de tous, les bonnes manières. Bien que ses règles soient moins complexes et rigides depuis le siècle dernier, certaines pratiques sociales persistent – les formules de politesse par exemple.

Les us et coutumes à la cour de Versailles

À Versailles, l'étiquette était particulièrement stricte. Toute situation était assujettie à certains codes que le roi Louis XIV entendait faire respecter.

Entrée Nul ne frappait à la porte du roi. On la grattait à l'aide de l'auriculaire gauche. De nombreux hommes se laissaient d'ailleurs pousser l'ongle à cet effet.
Contacts Une femme ne pouvait tenir la main ou le bras d'un homme : elle la posait sur le bras plié de celui qui l'accompagnait.
S'asseoir On ne croisait jamais les jambes en public. Quand il s'asseyait, un gentilhomme glissait le pied gauche devant le droit et posait ses mains sur les bras du siège avant de s'installer.
Salutations Lorsqu'ils croisaient une connaissance, les hommes levaient leur chapeau au-dessus de leur tête.

La codification rigide des attitudes et du langage pouvait varier selon les circonstances : le rang d'un personnage déterminait la manière de s'adresser à lui mais aussi l'attitude à adopter en sa présence – droit de s'asseoir par exemple…

Quelques comportements choquants

Dans presque tous les pays non occidentaux – des îles du Pacifique au Proche-Orient –, on se déchausse avant d'entrer dans une maison. Garder ses chaussures à l'intérieur d'un lieu de culte (mosquée ou temple) est une offense particulièrement grave. On ne doit jamais orienter ses pieds vers La Mecque dans une mosquée, ou en direction du sanctuaire au sein d'un temple bouddhiste. En Inde, la tête est considérée comme le siège de l'âme, aussi poser la main sur la tête d'un autre – d'un enfant en particulier – est mal perçu. Les Coréens, eux, sont choqués lorsqu'ils voient quelqu'un se moucher.

Les salutations

Américains et Européens échangent en général une poignée de main, même avec un inconnu. Les Asiatiques, en revanche, respectent des coutumes plus complexes. Par exemple, la façon de s'incliner des Japonais traduit leur respect pour autrui et leur humilité. Les hommes s'inclinent les bras tendus, les paumes collées aux jambes. Les femmes, elles, se penchent en gardant les mains liées devant elles. L'ampleur du geste est importante, car elle diffère selon le statut social. En Thaïlande, le salut traditionnel, ou *wai*, se fait en joignant les mains, comme pour prier.

L'échange de cadeaux

Dans certains pays, comme au Japon ou dans la plupart des îles du Pacifique, l'échange de présents est essentiel, et ne pas se plier à cette coutume peut être considéré comme une offense. Ailleurs, notamment en Europe du Nord, il est souvent malvenu d'offrir un cadeau trop coûteux, jugé ostentatoire. En Chine, le paquet doit être donné et reçu des deux mains. Il est d'usage de le refuser trois fois avant de l'accepter, pour ne pas sembler avide. On ne l'ouvre pas en présence de la personne qui l'a offert, sauf si celle-ci insiste. Presque partout en Asie, l'emballage a autant d'importance que le contenu. En Chine, on choisira du papier rouge ou jaune, et l'on évitera le blanc et le bleu. Dans le sud de l'Asie, un emballage vert, rouge ou jaune porte bonheur, mais le noir et le blanc sont proscrits.

Dites-le avec des fleurs

On se rend bien souvent à une invitation avec un bouquet pour la maîtresse de maison. Il faut néanmoins savoir que les fleurs possèdent une connotation différente selon les cultures. Aux États-Unis, lis et glaïeuls sont associés aux funérailles. Au Japon, les camélias portent malheur, et les chrysanthèmes jaunes et blancs ornent les compositions mortuaires, tout comme en Chine. En Suisse, les œillets blancs sont associés au deuil. Au Japon, les fleurs offertes par bouquets de quatre ou de neuf portent malheur, tandis qu'en Chine, ce sont les nombres pairs – hormis le quatre – qui sont de mauvais augure. Dans de nombreux pays européens, les bouquets de treize fleurs sont également à éviter.

Au XIXe siècle, les manuels anglais de savoir-vivre codifiaient les comportements en société. Ils décrivaient par le menu les règles à respecter lors de l'organisation d'une soirée : formulation des invitations, décoration de la table, ordre des plats ou plan de table, entre autres.

«La table est le seul endroit où l'on ne s'ennuie jamais pendant la première heure.»

ANTHELME BRILLAT-SAVARIN

Noblesse oblige

En 1954, Nancy Mitford publia un essai sur l'aristocratie anglaise dans lequel les expressions susceptibles de situer un individu sur l'échelle sociale étaient recensées. En France, les manuels de savoir-vivre insistent toujours sur la façon de s'exprimer en société. Voici donc quelques erreurs à éviter.

À proscrire...	Au profit de...
Bonjour, messieurs-dames	Bonjour, madame, bonjour, monsieur
Je m'excuse	Je vous prie de m'excuser
De rien	Je vous en prie
Manger	Déjeuner, dîner
Faites	Je vous en prie
De suite	Tout de suite
En colère après lui	En colère contre lui
Nous avions convenu	Nous étions convenus
Des fois	Parfois
Au niveau de	En ce qui concerne
Je pars à Paris	Je pars pour Paris

LES VÊTEMENTS NOUS PARLENT

Aujourd'hui, en Occident, les vêtements que nous portons – costume trois pièces ou survêtement, tailleur ou jean… – nous permettent de véhiculer un message identitaire, et ce de manière très consciente. Dans nombre de sociétés traditionnelles, les motifs, les étoffes et le choix des vêtements correspondent à un vocabulaire très strict, un langage codé permettant d'appréhender l'identité, le statut et même l'origine de l'individu. Les habits ou ornements corporels peuvent également avoir une connotation religieuse ou culturelle très marquée.

La tradition maya

Le brassage des cultures en Amérique latine, où se mêlent influences catholiques ibériques et traditions amérindiennes, est à l'origine d'un étonnant répertoire de signes et de symboles, observables en particulier sur les vêtements. Au Guatemala, où vivent le plus grand nombre de descendants de Mayas, une scène ordinaire de marché permet de recueillir toutes sortes d'informations en grande partie liées au choix des vêtements.

Différenciation sexuelle
Si, aujourd'hui, les Guatémaltèques s'habillent le plus souvent à l'occidentale, les hommes et les femmes de certaines communautés portent des blouses et des jupes tissées dont le style et la coupe diffèrent selon le sexe.

Les uniformes
Les raisons de porter un uniforme sont multiples. Ces costumes permettent d'identifier une fonction ou un rang (militaires, membres des forces de l'ordre, clergé…), répondent à un souci d'hygiène (médecins, cuisiniers…), affichent une appartenance (écoles, clubs de sport…), une affiliation (supporters, groupes musicaux), ou sont parfois imposés par certaines entreprises – dans la restauration par exemple. L'uniforme envoie un message très précis sur le rôle de l'individu.

Les ornements corporels – peintures, tatouages ou scarifications – sont aussi anciens que courants. Dès le Ier siècle, l'historien romain Tacite décrivait les dessins des anciennes tribus britanniques *(voir ci-dessus).* Les membres de nombreuses ethnies d'Amérique du Nord et d'Afrique peignaient également leur corps. Quant à la pratique du tatouage, elle était aussi très répandue, notamment chez les Maoris de Nouvelle-Zélande.

Les interdits vestimentaires

Outre les vêtements sacerdotaux, l'habillement et l'apparence d'une personne peuvent être dictés par des lois religieuses. Les sikhs de sexe masculin doivent par exemple porter un turban, et ne pas se couper les cheveux ni se raser. Les musulmanes, quant à elles, couvrent leur corps et parfois même leur visage en public *(voir ci-dessus)*.

Les communautés amish du nord-est des États-Unis, qui rejettent toute forme de modernité, portent des vêtements d'une grande sobriété. Les boutons sont remplacés par des agrafes, des pressions ou des épingles. Les motifs imprimés sont bannis. Les femmes se vêtent généralement de robes bleues toutes simples, à mi-mollet, enfilent un tablier blanc chez elles, une cape et un bonnet noirs lorsqu'elles sortent. Les hommes arborent un pantalon noir, des bretelles, un gilet et un chapeau. Une fois mariés, ils se laissent souvent pousser la barbe. En été, les enfants amish, mais aussi certains adultes, vont pieds nus.

Les amish se déplacent en carriole à cheval et n'aiment pas être photographiés.

L'HÉRALDIQUE

La couleur

En héraldique, la couleur est, avec la figure, un élément essentiel. À chacune des couleurs a été attribué un nom particulier.

Deux métaux (couleurs claires) :
Argent : blanc
Or : jaune

Cinq émaux (couleurs profondes) :
Azur : bleu
Gueules : rouge
Sable : noir
Sinople : vert
Pourpre : violet.

En héraldique, on ne superpose jamais deux métaux ou deux émaux.

À la fois code social et système de signes, l'héraldique est l'étude des armoiries. Au Moyen Âge, sur les champs de bataille, ces dernières ornaient les boucliers des chevaliers, permettant ainsi de les distinguer. Dès le XIIe siècle, nobles et roturiers pouvaient en porter, à condition toutefois qu'elles respectent le code du blason ; à l'époque, elles se caractérisaient par des couleurs vives et des figures stylisées. Au fil des siècles, l'héraldique a influencé de nombreux autres codes de la société moderne, tels les drapeaux, les logos et même la signalisation routière.

La tradition des armoiries

En France, l'erreur tendant à associer les armoiries à la noblesse remonte sans doute à la Révolution : en 1790, l'Assemblée constituante annonça en effet la suppression des armoiries en même temps qu'elle décidait de l'abolition de la noblesse, des titres, des ordres de chevalerie, des décorations et de tous les « signes de féodalité ». Or à l'époque, plus des deux tiers des armoiries en usage n'étaient pas celles d'aristocrates. Ce n'est qu'en 1808 que Napoléon rétablit les armoiries, peu après avoir créé la noblesse impériale. Ces événements font la spécificité de l'héraldique française, qui est une science essentiellement tournée vers le passé, au contraire de celles des pays voisins, où ces signes et codes visuels font partie de la vie quotidienne.

Petit glossaire d'héraldique

Le code peut être difficile à déchiffrer. Le blason de l'Alsace par exemple, se décrit ainsi : « Parti, au premier, de gueules à la barre d'argent côtoyée de deux cotices fleuronnées du même et au second aussi de gueules à la bande d'or accompagnée de six couronnes du même, trois en chef et trois renversées en pointe. » Voici néanmoins quelques mots clés permettant de mieux comprendre ce langage.

Adossé Deux figures dos à dos.
Anille Figure stylisée constituée de deux C accolés dos à dos, parfois réunis par une traverse horizontale.
Bande/barre Pièce traversant l'écu en diagonale.
Billette Petit rectangle, généralement vertical.
Blasonnement Description des armoiries en langage héraldique.
Brisure Modification apportée à des armoiries par une personne n'ayant pas le droit de les porter pleines.
Cotice Bande diminuée de largeur.
Dextre Côté droit de l'écu.
Fasce Pièce délimitée par deux lignes parallèles qui traversent l'écu horizontalement.
Fleuronné Pièce ou partition dont les lignes de bordure sont ornées de fleurons d'architecture ou de fleurs de lis.
Huchet Nom héraldique du cor de chasse.
Macle Petite figure géométrique en forme de losange évidé.
Plein Écu d'un seul émail, dépourvu de figure.
Quintefeuille Fleur stylisée, à cinq pétales pointus.
Sénestre Côté gauche de l'écu.
Vair Fourrure représentée par des clochettes d'argent et d'azur en alternance, sur plusieurs rangées horizontales.

Les armoiries des divers collèges de l'université de Cambridge comprennent souvent les figures héraldiques de leur fondateur ou saint patron.

La diffusion des armoiries

Au XIIe siècle, chacun avait le droit de posséder des armoiries ; toutefois, seuls certains privilégiés en arboraient – nobles, magistrats, marchands et riches artisans. Au XIIIe siècle, les villes, les corps de métiers et les communautés religieuses commencèrent également à se doter d'armoiries, pratique qui devint très courante au milieu du XVIIe siècle. En 1696, un édit royal ordonna le recensement de toutes les armoiries portées en France. Elles furent publiées dans un recueil, l'*Armorial général*.

Le répertoire des figures héraldiques

Animaux, végétaux, objets ou formes géométriques, les figures héraldiques se caractérisent par une grande diversité. Avec les couleurs, elles forment, à l'intérieur des écus, des compositions rigoureuses, selon un code que l'on appelle le blason. Au fil du temps, de nouvelles figures ne cessent d'enrichir un répertoire qui, au XIIe siècle, n'en comptait qu'une vingtaine.

Les figures se répartissent en deux catégories : les figures géométriques et les meubles.

- **Les figures géométriques proviennent de la division de l'écu en subdivisions. On distingue alors pièces et partitions.**

– Les pièces les plus fréquentes sont la fasce, le pal, la bande, la barre, le sautoir, le chevron, la croix, la bordure, le chef, le franc-quartier.

– Les partitions (divisions de l'écu par des lignes) les plus fréquentes sont le parti, le coupé, le tranché, l'écartelé, le taillé.

- **Figures variables, les meubles sont stylisés : formes géométriques (besants, annelets, losanges, étoiles, billettes), animaux, végétaux (fleurs de lis, arbres, fleurs, fruits), objets usuels (armes, outils, vêtements). On recense également des bâtiments, des parties du corps humain, des lettres de l'alphabet, et même de véritables scènes transformant les armoiries en petits tableaux.**

L'écusson impérial de la dynastie des Romanov, avec son aigle à deux têtes, est particulièrement élaboré.

Le bestiaire du blason

Un tiers des armoiries ont pour figure principale un animal. Le lion est de loin le plus courant, toujours figuré de profil, plus souvent à la verticale qu'à l'horizontale. Quand sa tête est vue de face, il prend le nom de léopard. Ensuite vient l'aigle, roi des airs et rival du lion. En héraldique, ces deux animaux sont plus ou moins antinomiques. Cerf, sanglier, ours et loup sont également fréquemment représentés. Les animaux domestiques sont plus rares et moins nobles : bovins et chiens dans les armoiries roturières, moutons au sein des armoiries des villes et des communautés religieuses. L'absence notable du cheval est difficilement explicable. On recense plusieurs volatiles : corbeaux, coqs, cygnes, échassiers, canards, paons et autruches ; colombes et pélicans ornent souvent les blasons ecclésiastiques. Dans les armoiries européennes, l'oiseau le plus fréquent est la merlette – figure archétypale et stylisée, toujours de profil et souvent répétée au sein d'un écu. Sans pattes ni bec, il ressemble à une figure géométrique. Son équivalent chez les poissons est le bar, très stylisé et de forme allongée. Diverses créatures hybrides et animaux fabuleux sont utilisés en héraldique, mais plus rarement qu'on le pense. De plus, leur apparition dans le bestiaire du blason est tardive : sirènes, centaures, basilics (dragons à tête de coq), dragons, licornes (avec des pieds de taureau et une corne sur le front), griffons (mi-aigles, mi-lions), salamandres, cocatrix (une tête de coq sur un corps de serpent), sphinx, hydres, chimères (avec un corps de chèvre, une tête de lion et une queue de dragon).

LES TENUES DE CÉRÉMONIE

Véritable langage, plus ou moins compréhensible mais qui s'impose a priori à tous, le vêtement livre des informations immédiates – l'origine sociale, la profession, l'appartenance religieuse… – que chacun doit être à même de décoder. Tout au long des siècles, il a également permis de créer des distinctions : dans la Rome antique, par exemple, seuls les généraux vainqueurs portaient une toge pourpre brodée d'or ; de même, en Chine, le motif du dragon à cinq griffes était réservé aux empereurs. Les plus hautes strates de la société ont toujours accordé une grande importance au code vestimentaire, qui permettait de distinguer les puissants. Aujourd'hui, c'est au cours des cérémonies officielles que ce code est bien souvent le plus strict, d'autant qu'il se perpétue au fil des siècles.

Les lois somptuaires

Certaines lois, appelées lois somptuaires, ont longtemps réglementé la manière de s'habiller, imposant à chaque catégorie sociale un code vestimentaire strict. À la fin du Moyen Âge, ces lois visaient à empêcher la bourgeoisie urbaine en plein essor de se vêtir comme les membres de la noblesse. Au XVIe et au XVIIe siècle, des édits interdisaient aux bourgeois de porter des broderies, de la dentelle, des ornements en or ou en argent, et les couches populaires n'avaient pas le droit d'arborer un vêtement ou un accessoire en velours. Toutefois, les plus riches refusaient bien souvent de se plier à ces obligations, préférant payer une amende que de se priver d'un luxueux costume.

Durant l'ouverture de la session parlementaire en Grande-Bretagne, chacun se distingue par un vêtement bien spécifique.

Le prince Philip, duc d'Édimbourg
Le prince consort porte l'uniforme de son grade militaire le plus élevé, avec toutes ses décorations.

La reine Élisabeth II
La reine porte le manteau parlementaire en velours écarlate orné de dentelle d'or et doublé du plus fin velours. Elle est parée de la couronne impériale d'apparat, en or sertie de diamants, de perles, de saphirs, d'émeraudes et de rubis. Cette couronne fut réalisée pour le couronnement de George VI, en 1937.

Les juges
Lors des cérémonies, juges et conseiller de la reine se distinguent par une longue perruque, des bas de soie, des hauts-de-chausses noirs et un jabot de dentelle. Les juges de la Haute Cour de justice arborent un manteau écarlate avec un col de fourrure – seul le président de l'institution le porte avec une chaîne en or.

Ascot, le chic anglais

Depuis le XVIIIe siècle, le Royal Ascot, prestigieuse course hippique *(à droite)* qui se déroule tous les ans à Ascot, en Grande-Bretagne, est un véritable concours d'élégance. Jaquettes en flanelle grise et hauts-de-forme sont de rigueur pour les hommes, tandis que les femmes arborent capelines – dans ce domaine, toutes les excentricités sont permises – et toilettes printanières.

Une tenue pour chaque circonstance
Même si la réalité est tout autre, les convenances imposent normalement de s'habiller élégamment lorsque l'on se rend à l'Opéra, de porter un smoking au casino et un costume sombre habillé au théâtre… Pour un mariage, si l'on ne connaît pas la tenue du marié, mieux vaut choisir un ensemble élégant de couleur sombre. Et quand un carton d'invitation précise « tenue de ville », les hommes doivent arborer un costume deux pièces adapté à la saison (plutôt sombre l'hiver, plutôt clair l'été).

Les dames d'honneur
Les suivantes de la reine portent une robe longue de cérémonie de couleur blanche.

Le sergent d'armes
Gardien de la masse d'armes (symbole de l'autorité) de la Chambre des communes, il porte un haut-de-chausses, un long manteau et une épée.

L'huissier du bâton noir ou *Black Rod*
Ce membre de la Chambre des lords est chargé de convoquer la Chambre des communes lors de l'ouverture de la session parlementaire. Il porte une canne d'ébène, un long manteau noir, un foulard et des chaussures pointues.

Les lords
Depuis le XVe siècle, lors des cérémonies, les pairs du royaume de la Chambre des lords portent une robe rouge ornée de bandes d'hermine de 7,5 cm et de dentelle d'or. Le nombre de bandes d'hermine et d'or révèle le rang de celui qui les arbore : quatre rangs pour un duc, trois rangs et demi pour un marquis, trois pour un comte, deux et demi pour un vicomte, et deux pour un baron.

Au XIXe siècle, le smoking était porté dans les fumoirs anglais, réservé aux hommes. L'ensemble se compose d'un veston à revers de soie porté sur une chemise blanche, d'un nœud papillon et d'un pantalon noirs.

La queue-de-pie
Cette tenue de soirée comprend un pantalon noir ou bleu à bordures de soie noire, une veste courte devant et à longues basques derrière. On la porte en général avec une chemise, un gilet et un nœud papillon blancs.

Chapeau ! Jusqu'au milieu du XXe siècle, un homme sortait rarement sans son chapeau, surtout lorsqu'il se rendait au bureau. Porté avec un complet à fines rayures, le chapeau melon était l'accessoire indispensable du gentleman des années 1890 à 1920. De nos jours, les règles de la bienséance n'imposent plus le port du chapeau ; en revanche, le costume est toujours de mise dans de nombreux milieux professionnels, notamment la banque.

DÉCODER L'INCONSCIENT

L'inconscient n'est autre que l'activité mentale qui se produit au-delà de ce dont on a conscience. Le définir demeure un problème en psychologie et en psychiatrie. Toutefois, il est aujourd'hui admis que l'esprit conscient n'est qu'un vernis perceptuel et que les pensées ne disparaissent donc pas : elles sont stockées dans l'inconscient. Or, si l'on n'est pas conscient de ce type de pensées, comment savoir qu'elles existent ? L'inconscient s'exprime – souvent de façon obscure – dans le comportement, ce qui peut se traduire par des symptômes physiques, voire une maladie psychosomatique. Au XXe siècle, le psychanalyste Sigmund Freud (1856-1939) et le psychiatre Carl Jung (1875-1961) furent les deux grandes figures de l'étude de l'inconscient.

L'esprit à travers l'Histoire

On peut considérer que le concept moderne d'inconscient est apparu au début du XXe siècle à Vienne. Pourtant, depuis des siècles, écrivains, artistes, théologiens et philosophes tentaient de définir la psyché. Shakespeare traita de l'esprit inconscient dans bon nombre de ses pièces – Freud se livrera d'ailleurs à une psychanalyse de *Hamlet*. Les rouages invisibles de l'esprit humain ont également toujours intéressé les philosophes, de Socrate à Kant, et au-delà. Des médecins grecs et romains de l'Antiquité, comme Galien (v. 129- v. 200), s'attachèrent à décoder les traits caractéristiques de la personnalité à travers l'interaction de quatre humeurs corporelles. À la Renaissance, cette théorie des humeurs connut un regain d'intérêt.

Naissance de la phrénologie

Des siècles durant, les malades mentaux furent traités comme des bêtes curieuses. Certains hôpitaux psychiatriques – on ne les appelait pas encore ainsi – étaient même devenus une attraction très en vogue. Au XIXe siècle, on établit le rapport entre le cerveau et le fonctionnement de l'esprit humain. La phrénologie devint une méthode de décodage de la conscience humaine mais aussi du caractère : les phrénologues se basaient sur les bosses et les creux du crâne humain pour établir une sorte de carte permettant de définir la personnalité du sujet.

Les humeurs

Bile jaune colérique

Bile noire atrabilaire ou mélancolique

Mucosité flegmatique ou lymphatique

Sang passionné et sanguin

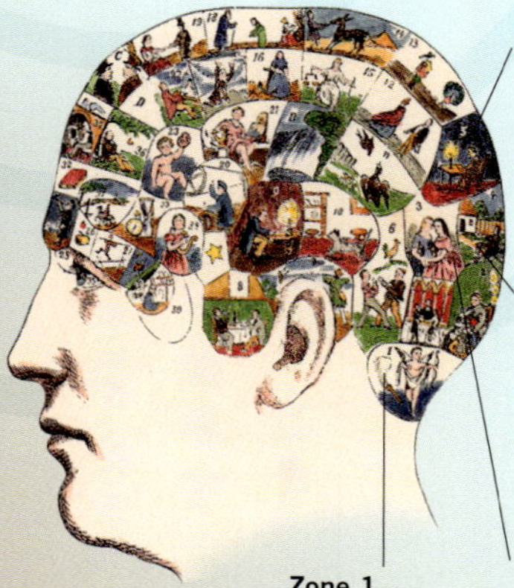

Pour Franz Joseph Gall (1758-1828), le père de la phrénologie, le cerveau était divisé en 27 zones, chacune correspondant à une fonction cérébrale spécifique.

Freud et la « cure par la parole »

Sigmund Freud popularisa la théorie de l'inconscient – qui existait déjà au XIXe siècle et était largement connue de ses confrères. Sa véritable innovation fut la création du travail de psychanalyse, un processus destiné à déchiffrer le code de l'esprit inconscient. C'est dans son cabinet, à Vienne, que Freud élabora nombre de ses théories, entre autres sur le traitement des névroses. Malgré toutes les polémiques, la « cure par la parole » (terme employé par l'une des patientes de Freud connue sous le nom d'Anna O.) est restée un outil essentiel dans le traitement des maladies mentales et des troubles psychologiques. Même les détracteurs contemporains des idées freudiennes retiennent souvent cette approche novatrice – le concept de parole et d'écoute des patients psychiatriques était révolutionnaire à l'époque. En amenant le patient à parler de ses problèmes, Freud cherchait à ramener son inconscient à la surface. Cette forme de thérapie avait vu le jour grâce à son contemporain le Dr Josef Breuer. Freud s'en servit de point de départ pour la psychanalyse.

Sigmund Freud dans son bureau, à Londres.

Le décodage freudien de l'inconscient

L'anamnèse : histoire personnelle telle que l'évoque le patient et qui sert à établir un profil d'interprétation.

L'association libre : règle fondamentale d'une psychanalyse, elle consiste à dire tout ce qui passe par la tête, sans autocensure, quand bien même les pensées paraissent inopportunes, pour faire surgir des souvenirs enfouis dans l'inconscient.

L'interprétation des lapsus freudiens et actes manqués : selon Freud, ces petits phénomènes ne se produisent jamais par hasard et peuvent être interprétés – par exemple, employer un mot pour un autre, se tromper de prénom, faire involontairement un jeu de mots.

L'interprétation des rêves : pour Freud, les rêves ne sont autres que nos pensées ou désirs inconscients codés *(voir p. 234)*, aussi s'efforça-t-il de les déchiffrer.

L'appareil psychique

La théorie de l'inconscient de Freud, qui s'intéresse aux limites entre les éléments conscients et inconscients de la psyché, divise l'esprit humain en trois parties constituant l'« appareil psychique ».

Le ça : instance la plus primitive de l'inconscient, qui cherche des satisfactions immédiates.

Le surmoi : seconde partie plus organisée de l'inconscient, qui censure.

Le moi : notre pensée consciente, qui sert d'intermédiaire entre le moi et le surmoi, cherchant à équilibrer les besoins de l'un et de l'autre.

La scène finale du cycle de William Hogarth *la Carrière d'un roué* (1735) montre les malades mentaux d'un asile d'aliénés en pleine crise maniaque, ce qui provoque le rire du public.

La vision jungienne

Carl Jung fut d'abord l'un des disciples de Freud, avec lequel il entretint longtemps une correspondance. Sa théorie de l'inconscient se démarque de celle de Freud sur un point majeur : elle distingue l'inconscient individuel de l'inconscient collectif, concept propre à la psychanalyse jungienne, également appelée psychologie analytique. L'inconscient collectif est enfoui au plus profond de l'esprit et abrite des images et des symboles liés à l'histoire de l'humanité. À partir de cette idée, Jung s'intéressa au mysticisme et au spiritisme, et se mit à critiquer la société rationnelle et scientifique du XXe siècle. Il en conçut un système d'archétypes symbolisant les différentes facettes de l'inconscient collectif et personnel.

L'animus : partie masculine de l'inconscient de chaque femme.

L'anima : partie féminine de l'inconscient de chaque homme.

Le soi : noyau le plus profond de l'esprit ; chez une femme, il se manifeste en général par une figure féminine supérieure (déesse ou sorcière, par exemple), et chez un homme, comme un initiateur ou gardien masculin (un sage, par exemple).

L'ombre : aspects de notre personnalité que l'on choisit en général d'ignorer – les défauts que l'on ne souhaite pas avouer.

Carl Jung est à l'origine du concept d'inconscient collectif.

Le langage des rêves

Les temples du rêve

Dans la Grèce antique, de nombreux temples étaient voués à Asclépios, dieu de la médecine – le plus important d'entre eux se trouvant à Épidaure. Les malades s'y rendaient en espérant obtenir la guérison. Après un bain purificateur, le patient passait une nuit au temple. Le lendemain, il racontait ses rêves – messages envoyés par le dieu – au prêtre. Ce dernier les interprétait et basait son traitement sur la signification qu'il leur donnait. Selon les disciples d'Asclépios, le langage des songes était un guide essentiel pour traiter les maladies.

Que l'on s'en souvienne ou non, nous rêvons tous, essentiellement durant la phase de sommeil appelée sommeil paradoxal – moment où l'activité électrique de cerveau reprend. De tout temps et dans toutes les civilisations, la signification des rêves a suscité bien des interrogations. Prophéties ou messages envoyés par une force supérieure, clés de l'inconscient, permutations fortuites de nos pensées…, nos songes nocturnes sont tout cela à la fois. L'abondance d'interprétations ne permet pas de rédiger un dictionnaire exhaustif de la signification des rêves, bien que de nombreuses tentatives aient été menées dans ce sens.

« L'interprétation des rêves est la voie royale qui mène à la connaissance de l'inconscient dans la vie psychique. »

SIGMUND FREUD, *L'INTERPRÉTATION DES RÊVES*, 1900.

Rêves et littérature

Depuis toujours, les rêves inspirent artistes et écrivains. Ils apparaissent avant tout dans les textes bibliques : la Genèse rapporte par exemple que Joseph avait la faculté de les expliquer ; dans l'évangile selon saint Matthieu (XXVII, 19), la femme de Ponce Pilate prend la défense de Jésus en évoquant un songe. Les œuvres classiques y font également référence, telles l'*Iliade* d'Homère et les *Métamorphoses* d'Ovide. L'empereur romain Constantin attribua sa conversion au christianisme à un rêve *(voir p. 43)*. À partir du Moyen Âge, le poème onirique devint très populaire dans toute l'Europe, notamment avec la *Divine comédie* (1308-1321) de Dante ou le *Songe de Poliphile* (1467), même si ces œuvres étaient avant tout des allégories. Plus tard, certains auteurs puisèrent dans l'univers du rêve, comme Lewis Carroll avec *Alice au pays des merveilles* (1865).

Les aventures d'Alice se déroulent comme un rêve narratif, dont la trame mêle fantastique et logique formelle – l'auteur, Lewis Carroll, était mathématicien.

La psychologie des rêves

Pour Freud, chaque individu détient sa propre clé permettant de décoder ses rêves (et donc son inconscient). Ceux-ci traduisent des volontés inconscientes et seraient l'expression d'un désir insatisfait ou refoulé. Freud pensait que sa théorie était valable pour tous les types de rêves, y compris le rêve éveillé. Jung attacha encore plus d'importance aux songes que Freud. Comme lui, il y voyait l'expression de l'inconscient, mais pas seulement. À ses yeux, les rêves possédaient une logique et un langage. Selon lui, le monde inconscient des rêves avait autant d'importance que la conscience éveillée.

L'interprétation des rêves

Dans les rêves, on participe souvent à d'étranges activités, particulièrement déroutantes, ce que Freud et Jung considéraient comme l'expression de désirs ou d'angoisses. Certains ont tenté d'attribuer une signification à quelques situations récurrentes.

Danser est signe de chance.

Voler en hauteur évoque des difficultés conjugales ; voler bas symbolise la maladie.

Tomber dans un précipice augure de malchance, mais se réveiller avant de toucher le sol est un bon présage.

La nudité annonce un scandale.

Nager est en général un signe positif, sauf sous l'eau (évocation de l'adversité). Si l'on sombre, des difficultés sont à venir.

Perdre ses dents est de mauvais augure, surtout à la suite d'un coup de poing – un désastre serait alors imminent ; se faire examiner les dents indique qu'il faut mettre de l'ordre dans ses affaires.

Les animaux et leur signification

L'apparition en rêve de défunts et d'amis perdus de vue, souvent avec une précision étonnante, n'est pas difficile à interpréter, quoique déstabilisante au réveil. Toutefois, la présence d'animaux donne lieu à certaines spéculations, même si – fait intéressant – la plupart des cultures s'accordent sur leur signification.

L'abeille : prémonition positive ; les abeilles sont symboles de fertilité, de succès et de bonheur.

La baleine : elle porte bonheur.

Le chat : il peut être de mauvais augure. Le chat noir porte malheur, le chat blanc annonce des temps difficiles.

Le cheval : un cheval noir indique le mystère, voire l'occulte ; un cheval blanc incarne la prospérité et la chance.

Le chien : c'est un symbole de fidélité. Toutefois, un chien mort ou mourant annonce le décès d'un ami proche.

Le hibou : tuer un hibou ou rêver d'un hibou mort signifie que l'on va survivre à un danger.

Le lion : il promet le soutien d'amis influents ou fortunés.

***Le Cauchemar* (1781),** de Johann Heinrich Füssli, montre une femme endormie sur laquelle est assis un incube, démon masculin censé abuser des femmes pendant leur sommeil. On distingue son destrier, le Cauchemar.

Surréalisme et inconscient

S'il n'existe pas de clés permettant de comprendre les images créées par le cerveau durant le sommeil, les rêves ont néanmoins inspiré des romantiques visionnaires, comme Johann Heinrich Füssli, Goya ou encore William Blake. Au XXe siècle, le mouvement surréaliste fédéra des artistes tels que Salvador Dalí *(ci-dessus)*, René Magritte et Joan Miró, qui, d'instinct, surent utiliser le langage des rêves. L'écriture automatique, méthode inventée par André Breton, est caractéristique de la démarche surréaliste. Inspirée notamment par les travaux de Freud sur l'inconscient, elle consiste à écrire le plus rapidement possible, sans contrôle de la raison ni préoccupations esthétiques ou morales, sans souci de cohérence grammaticale ou de respect du vocabulaire ; il faut être dans un état où l'on lâche prise, entre sommeil et éveil. Le premier ouvrage écrit suivant cette technique est un recueil de poésie d'André Breton et Philippe Soupault, *les Champs magnétiques*, publié en 1919. Les surréalistes s'intéressaient beaucoup à l'onirisme au cinéma, que développèrent des réalisateurs comme Luis Buñuel, Federico Fellini et, plus tard, l'Américain David Lynch.

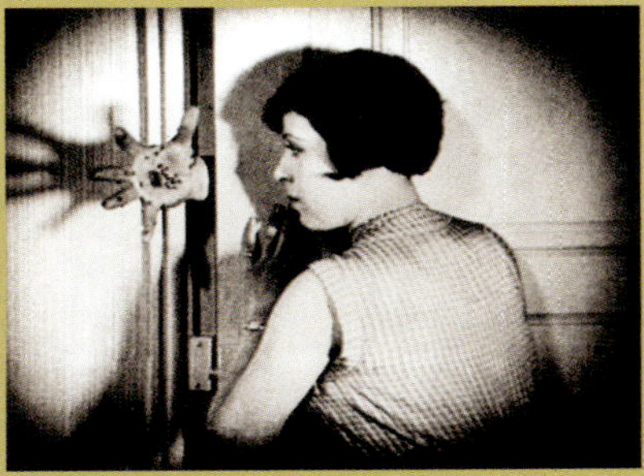

***Un chien andalou* (1929),** court-métrage surréaliste de Salvador Dalí et Luis Buñuel, comporte des scènes de cauchemar.

11

Avec la mondialisation se développent de plus en plus de moyens d'information qui se veulent universels. Parmi les plus importants figurent les codes visuels et graphiques.

Les codes visuels

Les enjeux sont multiples et variés, qu'il s'agisse de surmonter les barrières de la langue, de l'illettrisme ou du handicap, de transmettre des informations dans une situation d'urgence – sur l'autoroute, par exemple – ou de donner de simples instructions domestiques. Les animaux aussi, entre autres moyens de communication, utilisent des signaux visuels.

SIGNES ET SIGNALÉTIQUE

Depuis une époque relativement récente, la représentation des hommes, de la nature mais aussi de nombreux objets, à l'instar des hiéroglyphes égyptiens, a été stylisée au maximum pour créer un répertoire de symboles susceptibles de communiquer des informations et de se substituer aux mots écrits. Au cours du xxe siècle, deux facteurs accélérèrent le développement de ce mode d'expression : la mondialisation et l'essor de l'automobile. La nécessité d'assimiler rapidement des consignes de sécurité est à l'origine d'une industrie graphique florissante.

Aa Aa
Avant Garde Gothic — Bauhaus

Aa Aa
Twentieth Century — Gill Sans

Aa Aa
Rockwell — Times New Roman

L'art graphique
Le début du xxe siècle fut marqué par toutes sortes d'expériences artistiques graphiques – développement de l'art abstrait, de l'architecture minimaliste, du design – qui, entre 1907 et 1927, favorisèrent l'élaboration d'un langage visuel universel. Les cubistes furent les premiers à coller des éléments tels des cartes à jouer ou de la toile cirée sur leurs œuvres, mais ce sont les artistes d'avant-garde russes, influencés par la révolution bolchevique, qui apportèrent un nouveau souffle aux arts graphiques, notamment dans le domaine des affiches. Après 1919, le mouvement Bauhaus, en Allemagne, chercha à développer des codes visuels permettant de véhiculer certaines informations. De leurs recherches découla la création d'un grand nombre de polices de caractères *(voir ci-dessus),* le plus souvent sans empattement, conçues tout spécialement pour leur lisibilité et leur impact une fois imprimées en gros sur les affiches et les panneaux.

« L'art dans l'industrie »

SLOGAN DU BAUHAUS

Un langage graphique : l'Isotype
Au début du xxe siècle, le philosophe et sociologue Otto Neurath (1882-1945) créa l'Isotype (Système international d'éducation par les images typographiques), un langage visuel, universel et non verbal. Simple et sans équivoque, il était destiné aux enfants et aux personnes socialement défavorisées. Pour le mettre au point, Neurath utilisa des tableaux, schémas et autres assemblages graphiques. Il dut néanmoins imposer des conventions permettant d'assurer la fiabilité de l'Isotype, qui se compose aujourd'hui de plus de 4 000 pictogrammes.

Lire l'Isotype Le succès du code Isotype repose en partie sur le processus de reconnaissance mis en œuvre par le « lecteur ». Tiré d'un livre pédagogique d'histoire, cet exemple traite du déplacement de pierres lourdes : le lecteur doit apprendre à reconnaître les formes. Une fois qu'il a intégré ce code – et la signification des rapports entre les hommes et les objets –, il a une vision claire des choses, débarrassée de tout matériel illustratif inutile ou encombrant. Chacune des formes iconiques retenues pourra alors être utilisée ailleurs, associée à une définition précise.

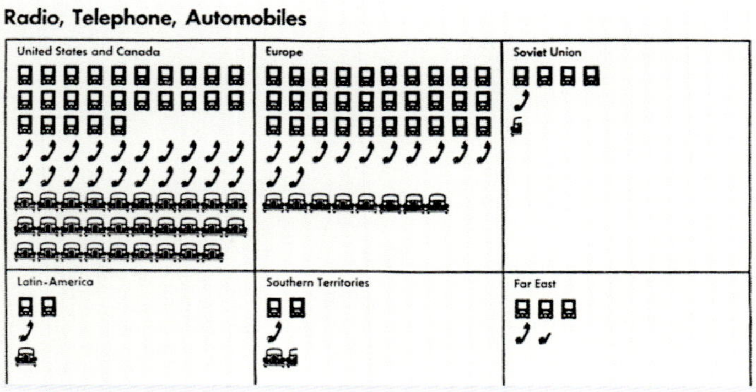

Schémas quantitatifs Neurath insista tout particulièrement sur le fait que, dans un tableau, un pictogramme devait représenter un nombre déterminé de choses. Chaque symbole du tableau ci-contre, réalisé en 1939, représente 1 million de radios, de téléphones ou d'automobiles. Tous les pictogrammes – répertoriés entre 1928 et 1940 dans un dictionnaire des symboles – se devaient d'être clairement identifiables, raison pour laquelle l'Isotype fit abstraction de la perspective.

Les Jeux olympiques

Lancés à Athènes en 1896, les Jeux olympiques modernes constituèrent le premier événement sportif de dimension véritablement internationale. Le symbole des cinq anneaux fut choisi peu de temps après, et le français et l'anglais devinrent les langues officielles des Jeux. Néanmoins, les athlètes et spectateurs arrivant de 195 pays, le problème de la communication devint rapidement crucial. Les premiers pictogrammes olympiques furent élaborés en 1936, au moment des Jeux de Berlin. Depuis 1964, ils sont renouvelés à chaque Olympiade. Pour les imaginer, des artistes de renom sont sollicités. En 1964, le graphiste Yoshiro Yamashita, sous la direction artistique de Masaru Katzumie, réalisa une série très stylisée, à l'impact visuel fort.

Oublier la barrière de la langue

La communication visuelle sans support écrit s'est considérablement développée avec l'essor des échanges commerciaux internationaux. Les produits exportés nécessitent souvent des instructions d'assemblage, d'utilisation et de transport dans plusieurs langues. Pour éviter des frais de traduction et d'éventuelles erreurs ou ambiguïtés, l'emballage et le contenu comportent la plupart du temps des indications graphiques symboliques.

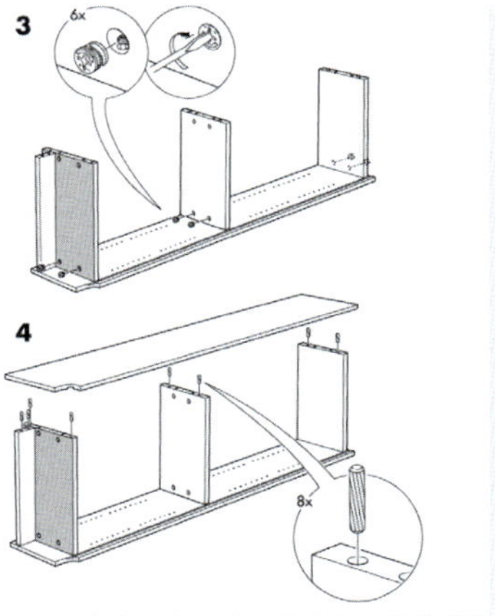

Les instructions d'assemblage pour meubles, ou autres produits, en kit se passent généralement de mots et ont recours à d'ingénieuses instructions visuelles présentant chaque étape.

Symboles de lavage

Lavage machine chaud — Blanchiment à base d'oxygène uniquement — Sèche-linge programme normal — Fer moyen — Nettoyage à sec interdit

Souvent fabriqués à l'étranger, les vêtements portent des instructions de lavage présentées sous forme de symboles.

Symboles internationaux de transport

Matières dangereuses — Danger biologique — Poser dans ce sens — Fragile — Manipuler avec soin

Sur les marchandises en transit – routier, maritime ou aérien –, on trouve des indications à l'attention des manutentionnaires.

Les symboles informatiques

Le développement de l'ordinateur et du téléphone mobile a rendu nécessaire la création d'une signalétique adaptée aux écrans. Cet art fut en grande partie mis au point par la graphiste Susan Kare, auteur des polices de caractères et des pictogrammes des ordinateurs Apple *(voir ci-dessous)*, qui inspirèrent diverses marques de PC. Ces dernières créèrent à leur tour des symboles plus complexes, animés, colorés et souvent humoristiques. Susan Kare s'inspira des panneaux de signalisation routière *(voir p. 240)* tout en cherchant à « humaniser » les interfaces informatiques. Son curseur en forme de main, sa corbeille et son horloge sont aujourd'hui universellement connus.

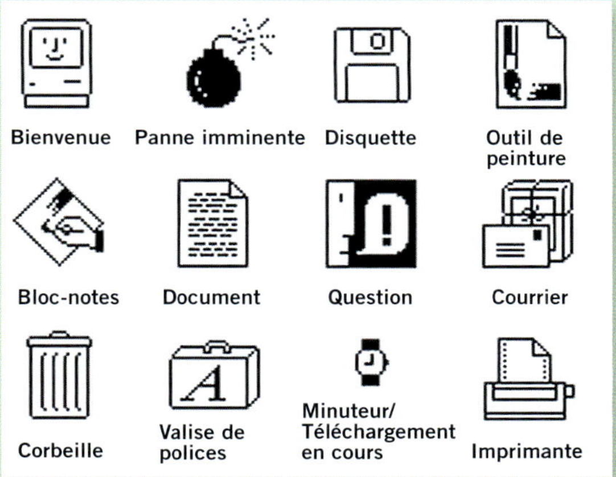

Langage pictographique

L'utilisation de pictogrammes pour former un langage est aujourd'hui possible. Des symboles immédiatement reconnaissables (ou facilement assimilables) peuvent être assemblés en phrases, et des règles de grammaire visuelle ont été établies : certaines icônes (en gris) sont des indicateurs de genre et de type ou des pronoms possessifs; le noir sert à mettre en valeur ; un trait signale un verbe plutôt qu'un nom; une animation simple peut souligner des actions et des émotions.

Des policiers se rendent au tribunal en voiture à New York.

J'ai hâte de te serrer dans mes bras et de t'embrasser.

Jeune femme dansant.

Le langage iconique sophistiqué de Jochen Gros combine symboles minimalistes, « émoticônes » et système d'écriture pictographique permettant à des pictogrammes animés d'exprimer des émotions.

LA SIGNALISATION ROUTIÈRE

Le marquage routier

Identiques dans presque tous les pays, les marques tracées sur la chaussée guident les usagers en délimitant avec précision les parties de la route où ils doivent circuler, céder le passage ou stationner.

Ligne continue au centre de la chaussée : franchissement interdit.
Ligne discontinue au centre de la chaussée : franchissement autorisé, prudence.
Ligne continue en bordure de chaussée : stationnement réglementé.
Lignes mixtes : franchissement autorisé uniquement au conducteur situé du côté des pointillés.
Ligne discontinue à traits larges : voie réservée à certains usagers (bus, cycles).
Lignes parallèles : passage pour piétons.

De curieux panneaux

Le grand nombre d'informations à transmettre implique la création incessante de nouveaux panneaux. En France, en 2008, une série destinée aux péages routiers incluait cet étrange spécimen, indiquant apparemment la proximité d'une zone boisée…

Dès 1908, à Paris, eut lieu le premier Congrès mondial de la route, lequel aboutit, en 1909, à la création de l'AIPCR (Association internationale permanente des congrès de la route, devenue Association mondiale de la route en 1995). Les participants ne tombèrent d'accord que sur un panneau, destiné à signaler les carrefours dangereux. De nos jours, il n'existe toujours pas de code international, chaque pays ayant développé le sien. Au fil du temps, de nombreux panneaux ont été créés : au-delà de la langue, ils permettent d'indiquer les aménagements, les sorties de secours, les dangers, etc., et sont le plus souvent compréhensibles par tous. Dans notre société en constante évolution, cette forme de communication graphique ne cesse de s'enrichir.

Les panneaux routiers

Si certaines informations mentionnées sur les panneaux routiers sont obligatoirement écrites dans la langue du pays – les noms de lieux, entre autres –, d'autres messages sont indiqués sous forme d'image, afin d'être compris immédiatement par tous les usagers. Pour pouvoir interpréter les panneaux, l'automobiliste doit connaître plusieurs codes, telle la signification de leur forme géométrique. Cette dernière indique en effet la nature du message : triangulaire pour un danger, rond pour une interdiction ou une obligation, carré ou rectangulaire pour informer ou guider. La couleur a également son importance : rouge en cas de danger, bleu lorsqu'il s'agit d'une indication, par exemple. Le signe ou dessin qui figure sur panneau fournit les précisions que doit connaître le conducteur. Certaines signalisations sont circonscrites à des zones géographiques spécifiques, comme l'indication du passage de kangourous en Australie, ou de rênes en Norvège. Parfois, des explications supplémentaires sont nécessaires et donc ajoutées aux panneaux sous forme de panonceaux (étendue, distance, direction, catégorie…).

Panneaux d'obligation

Sens interdit (France)

Stop (France)

Interdiction de tourner à gauche (GB)

Accès interdit aux cycles (GB)

Panneaux de danger

Dénivelé (Norvège)

Dénivelé (Japon)

Virage dangereux (Australie)

Virage dangereux (Irlande)

Virage dangereux (GB)

Virage dangereux (Norvège)

Tunnel (Taiwan)

Tunnel (Allemagne)

Les images et concepts des panneaux routiers doivent être très simples pour que l'usager n'ait aucun mal à les déchiffrer rapidement. Un panneau barré d'une ligne oblique est tout de suite interprété comme une interdiction.

Panneaux d'information

Carrefour à sens giratoire (GB)

Carrefour à sens giratoire (États-Unis)

Passage pour piétons (Pologne)

Passage pour piétons (États-Unis)

Passage pour piétons (Suède)

Traversée de personnes âgées (GB)

Passage de kangourous (Australie)

Cerfs (Japon)

Rênes (Norvège)

Bétail (GB)

Cerfs (GB)

Crapauds (GB)

La signalisation d'urgence

La fréquentation accrue des aéroports internationaux, des transports publics en général et des destinations touristiques a favorisé la création d'un grand nombre de nouveaux codes graphiques. Au même titre que la signalisation routière, l'indication des sorties de secours et autres points de rassemblement s'avéra nécessaire dans les lieux publics du monde entier. Généralement verts ou bleus, parfois rouges, ces panneaux bien visibles doivent être sans équivoque et compréhensibles immédiatement.

La signalisation de services

Les pictogrammes, comme tout autre langage universel, ont pour avantage d'être facilement reconnaissables par tous. Par exemple, dans un lieu public (hôtel, aéroport), le dessin représentant une silhouette féminine ou masculine indique l'entrée de toilettes publiques. Même schématisé à l'extrême, le style vestimentaire correspond à des critères occidentaux : l'homme en pantalon, la femme en robe courte. Masquer les jambes de la silhouette féminine aurait permis de ne pas choquer certaines cultures, mais il fallait absolument que les deux genres soient clairement distingués pour que le code soit efficace.

Pour être compris de tous, les symboles doivent pouvoir traverser les années. Cette sélection de pictogrammes indiquant des toilettes illustre parfaitement les difficultés de s'accorder sur un pictogramme universel. Les téléphones modernes n'ont plus rien à voir avec leur ancêtre à cadran circulaire ; pourtant, cette image obsolète est reconnue par tous, et reste préférable au dessin d'un téléphone plus moderne.

Communication et handicap

Le vœu de silence
Certains ordres religieux, notamment les Trappistes et les Bénédictins, font vœu de silence, total ou partiel. Pour cette raison, nombre d'entre eux ont développé une langue des signes monastique, encore utilisée de nos jours. Le peintre espagnol Juan Fernández de Navarrete (dit el Mudo, 1526-1579) était sourd et muet. Élevé chez les Hiéronymites, il élabora un système de signes si compréhensible que le roi Philippe II n'hésita pas à le choisir comme peintre de cour. Ses œuvres *(ci-dessous)* se distinguent entre autres par l'importance qu'elles accordent au geste.

Depuis quelques siècles déjà, des systèmes codés permettent aux personnes souffrant d'un handicap visuel ou auditif de communiquer. Ceux qui ne peuvent ni parler ni entendre ont toujours eu recours aux gestes et expressions faciales simples lorsqu'ils devaient se faire comprendre. Toutefois, la mise au point d'un langage susceptible d'être commun aux locuteurs d'une même langue se révéla vite indispensable, et ce afin d'étendre les possibilités d'échange. De même, ce n'est que grâce à l'invention et la diffusion du braille, au XIXe siècle, que les malvoyants purent enfin accéder à une forme de communication supplémentaire : l'écriture.

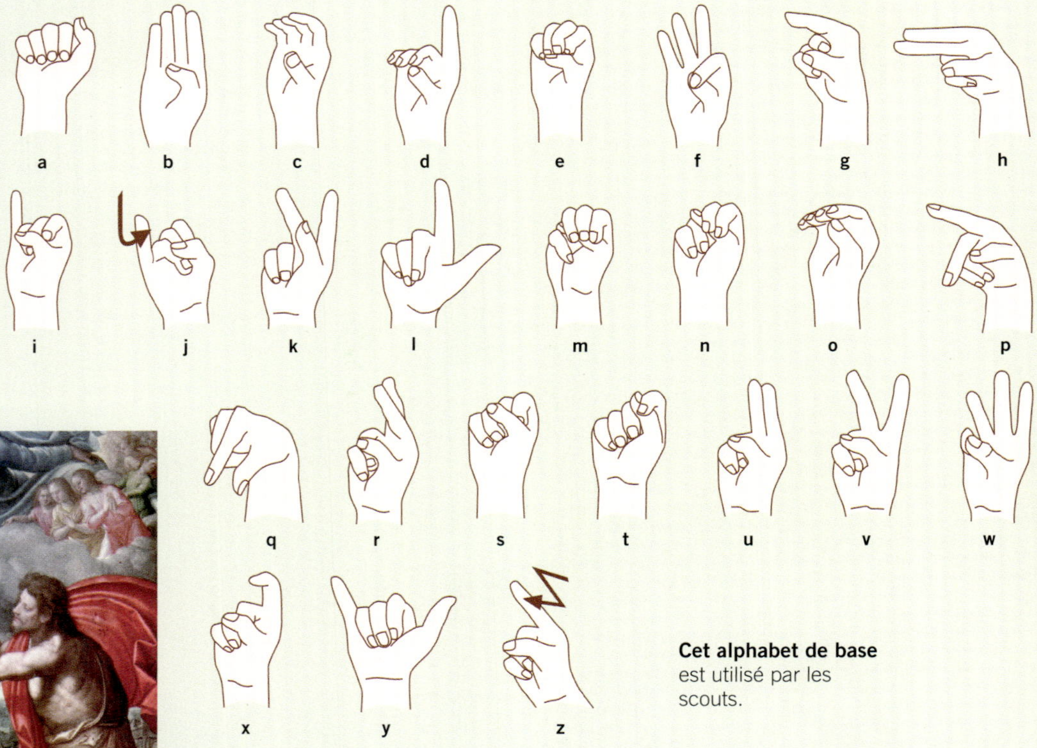

Cet alphabet de base est utilisé par les scouts.

La langue des signes française (LSF)

Utilisée par quelque 100 000 à 200 000 sourds et malentendants français, la LSF combine expressions faciales et gestes représentant un mot ou une lettre, l'alphabet dactylologique ne servant qu'à épeler les noms propres ou les termes qui n'existent pas en LSF. Une phrase se décompose de la manière suivante : le lieu, le temps, le sujet et enfin l'action. Les principales langues du monde possèdent leur propre langage des signes, voire plusieurs – par exemple, pour le français, on distinguera la langue des signes de Belgique francophone (LSFB) et la langue des signes québécoise (LSQ). Il existe un système universel – le gestuno –, mais son utilisation reste assez limitée.

Une écriture pour les non-voyants

C'est en 1821 que Louis Braille conçut le procédé qui porte son nom, après avoir modifié et perfectionné l'« écriture nocturne » inventée par Charles Barbier de La Serre – un système destiné à l'origine aux armées napoléoniennes, permettant de communiquer dans l'obscurité en toute discrétion. Chaque caractère était représenté par une combinaison de deux rangées de six points en relief, à lecture tactile. Jugée trop difficile à apprendre (surtout par des soldats presque tous illettrés), l'écriture nocturne fut rapidement abandonnée. Louis Braille (1809-1852, *à gauche*) créa une méthode simplifiée à six points maximum, chaque lettre étant plus facile à identifier. Le braille révolutionna l'accès à la communication écrite pour les non-voyants.

L'usage du braille moderne *(ci-dessus)* a été étendu aux symboles mathématiques, aux notes de musique, ainsi qu'à un système à huit points destiné à l'informatique.

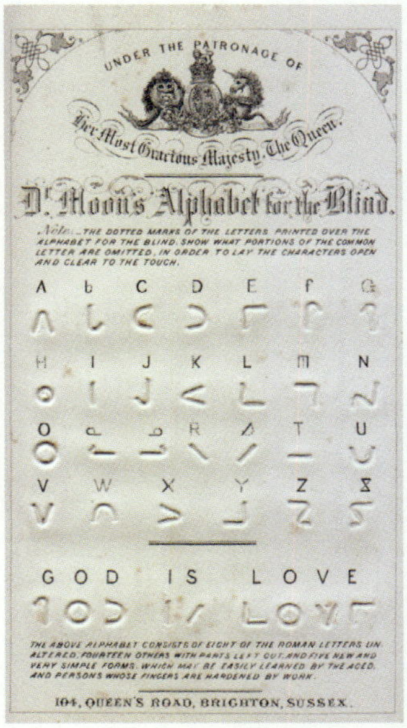

L'alphabet Moon Le Britannique William Moon inventa une alternative au braille en 1845. Il remplaça les points par des lignes courbes ou penchées ressemblant davantage à des lettres de l'alphabet.

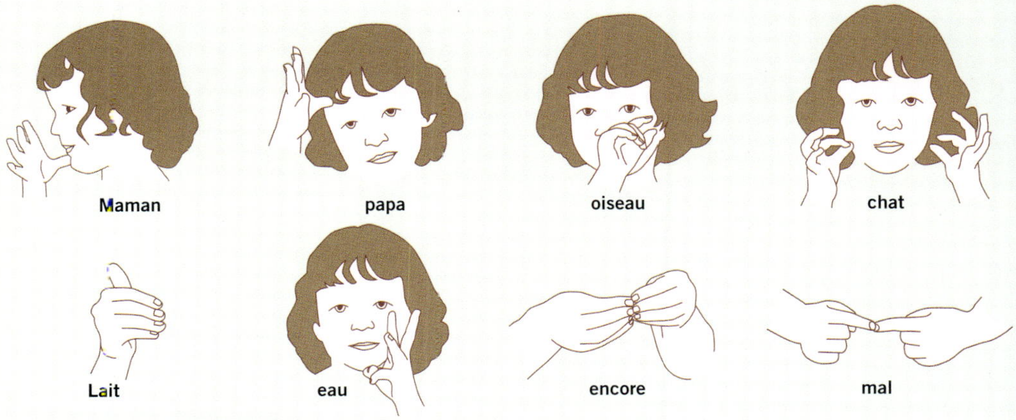

Communiquer par signes

Certains systèmes de signes sont conçus pour les personnes souffrant de troubles du langage et de la communication. Introduit en France en 1991, le Makaton est un programme de rééducation qui combine parole, signes et pictogrammes. Parfois utilisé comme langage quotidien, il favorise également l'accès à la lecture et à l'écriture.

Chez les enfants dysphasiques, les signes permettent d'améliorer la compréhension, de contourner l'obstacle du langage oral et de pratiquer une communication fonctionnelle. Certains gestes et expressions du visage permettent ainsi d'exprimer des mots tels que boire, manger, papa, maman…

Le braille

Louis Braille avait remarqué que les caractères de l'écriture nocturne de Barbier, qui comptaient douze points, étaient trop difficiles à lire en un seul geste du doigt. Il mit donc au point un alphabet basé sur des caractères de six points maximum, aisément déchiffrables.

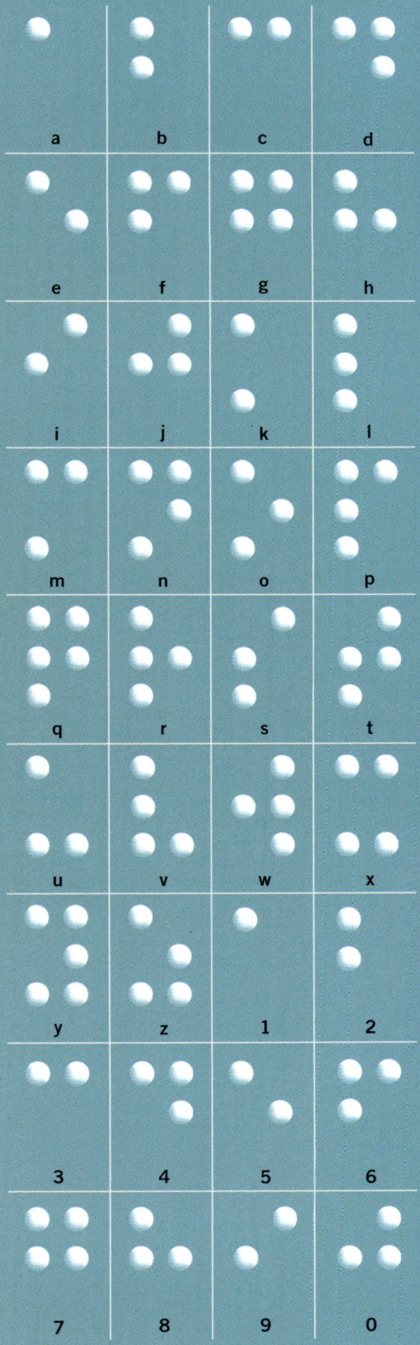

Écrire la musique

Aujourd'hui, la notation musicale est un langage standardisé qui permet aux musiciens d'interpréter des symboles correspondant aux sons et aux silences associés à la musique. Mais ce ne fut pas toujours le cas, et il fallut un jour mettre au point un langage qui décrive précisément un son ou une série de sons. Les différentes notes de musique et leurs variations ont évolué au cours des siècles mais, dès 1350, les fondements des barres de mesure et des armures telles que nous les connaissons aujourd'hui étaient établis.

Évolution de la notation musicale

Les premières notes de musique, ou neumes *(ci-dessus)*, furent imaginées il y a plus de mille ans.

800-1200 La musique s'écrit à l'aide de neumes, petits signes représentant des notes ou des groupes de notes. En 1100, les neumes sont ordonnés verticalement.
Vers 1020 Guido d'Arezzo (v. 995-1050) invente la portée, avec des espaces, des lignes, des ébauches de clés et de notes altérées.
1260 La notation évolue : on tente de formaliser le rapport entre la forme de la note et sa valeur.
1350 Chiffrage des mesures et barres de mesure.
1400 Bécarre utilisé avec le dièse et le bémol.
1500 Tempo et dynamique.
1520 Lignes supplémentaires et liaisons.
1600 Clé de *sol* pour le clavecin.
1700 Indications de coups d'archet et de doigtés.
1770 Indications de pédale pour le piano.
1780 Usage généralisé des clés de *sol* et de *fa.*
1800 Le tempo, le rythme et la dynamique se développent ; on accorde plus d'attention au phrasé, à l'articulation et à l'expression ; l'ornementation se confond avec le style ou s'écrit de manière distincte.

La structure de la notation

Dans la musique occidentale, la notation indique deux propriétés essentielles du son musical : sa hauteur et sa durée. Un signe appelé clé, à gauche de chaque portée, désigne la ligne ou l'espace attribué à une note particulière. Il existe deux clés principales, la clé de *sol* (aiguë) et la clé de *fa* (grave). La première doit son nom au fait que la boucle inférieure s'enroule autour de la ligne correspondant à la note *sol*, au-dessus du *do* central ; la seconde est ainsi nommée car les points entourent la ligne correspondant au *fa*, sous le *do* central. La clé de *sol* est affectée aux sons aigus, la clé de *fa*, au registre des graves : les flûtistes, violonistes ou sopranos se servent de la clé de *sol*, les bassons ou violoncellistes de la clé de *fa*, et les pianistes des deux. Une note très haute ou très basse qui, par nécessité, doit être étendue au-dessus ou au-dessous des portées est représentée sur une ou plusieurs lignes supplémentaires. Sur une partition *(voir p. 246)*, une note indique la hauteur du son en fonction de sa position sur la portée et de sa clé. La durée s'exprime par la forme de la note – noire ou blanche, dotée d'une queue ou non. Les notes *do* à *si* correspondent aux différents sons et sont placées sur, entre, au-dessus ou au-dessous des cinq lignes horizontales formant la portée.

Ton et notation

Au piano, les huit touches blanches allant du *do* central au *do* aigu *(do, ré, mi, fa, sol, la, si, do)* ou au *do* grave correspondent à une octave (huit notes). Dans cette octave, la gamme diatonique comprend les sept différents sons. Des touches noires séparent certaines blanches ; ensemble, ces touches forment un total de douze notes, correspondant à la gamme chromatique. Les touches noires du piano sont les dièses (#), qui servent à élever – diéser – une note, ou les bémols (♭), qui permettent de la baisser – bémoliser – d'un demi-ton. L'intervalle est l'écart entre deux notes ; par exemple, l'intervalle entre le *fa* et le *sol* est un ton, tandis que le fa et le *fa#* (dièse) sont séparés d'un demi-ton. Les gammes peuvent être en mode majeur ou mineur : à une gamme majeure correspond toujours une gamme mineure relative. Chaque gamme comprend une combinaison de tons et de demi-tons. Les intervalles restent identiques pour toutes les gammes de même type. Les gammes majeures et mineures sont constituées des combinaisons de tons et de demi-tons, mais elles commencent et finissent sur un son différent. Voici quelques exemples.

Gamme diatonique de *do* majeur
Commence et se termine par *do*

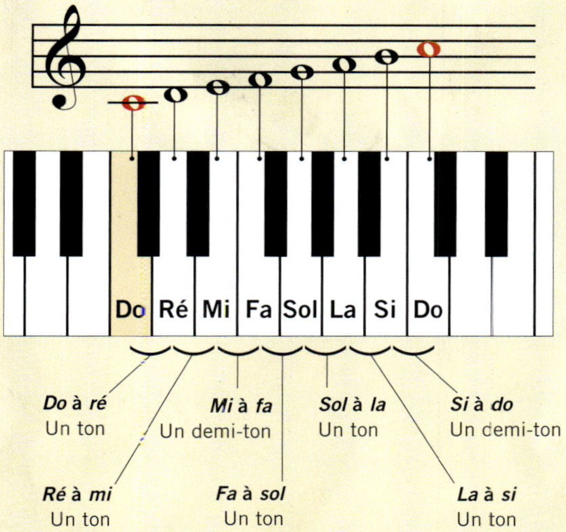

Gamme diatonique de *la* majeur
Commence et se termine par *la*

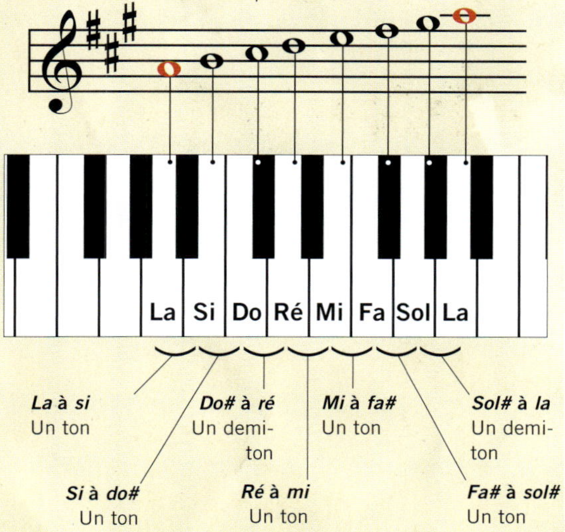

Gamme diatonique de *la* mineur
Commence et se termine par *la*

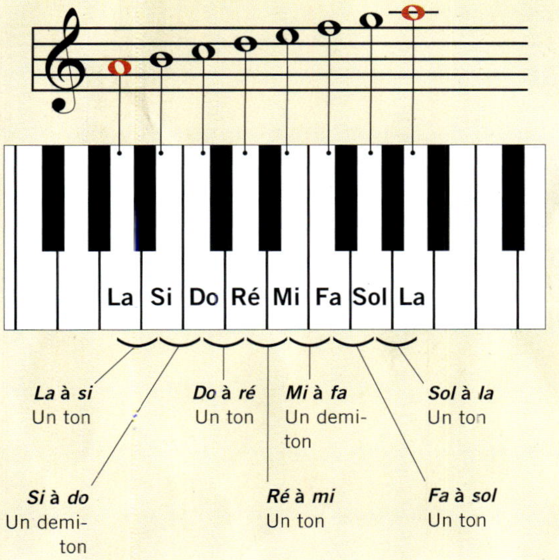

Gamme diatonique de *fa#* mineur
Commence et se termine par *fa#*

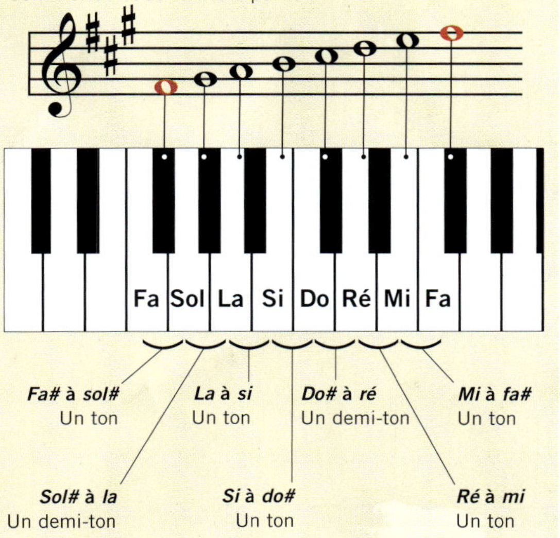

Tempo

Plusieurs expressions italiennes servent à décrire le tempo, c'est-à-dire la vitesse de la musique.

Grave	Grave, lent
Lento	Lent
Largo	Large, lent
Larghetto	Un peu moins lent que largo
Adagio	Tranquillement
Andante	Allant
Moderato	Modéré
Allegretto	Assez vite
Allegro	Vif, allègre
Vivace	Très vif
Presto	Rapide
Prestissimo	Très rapide

Dynamique

D'autres termes italiens, souvent abrégés, s'utilisent pour décrire l'intensité ou le volume sonore requis.

Pianissimo (pp)	Très doux
Piano (p)	Doux
Mezzo-piano (mp)	Moyennement doux
Mezzo-forte (mf)	Moyennement fort
Forte (f)	Fort
Fortissimo (ff)	Très fort
Crescendo <	En augmentant le son
Diminuendo >	En diminuant le son

La hauteur des tuyaux d'un orgue est directement liée aux notes qu'ils produisent.

Les partitions de musique

Pour la musique d'ensemble et d'orchestre, les compositeurs créent une partition musicale, qui détaille les parties jouées par chaque instrument. Ce manuscrit annoté par Mozart présente une partie de sa contredanse orchestrale *Il Trionfo delle Donne* (K 607, *le Triomphe des dames*). Le compositeur y indique la partie jouée par chaque instrument, ainsi que la clé et le tempo du morceau.

Durant sa courte vie, Mozart composa 655 œuvres, dont 59 symphonies, 176 pièces de musique de chambre et 23 opéras.

Notation musicale

Ce genre de partition manuscrite montre la complexité de l'abstraction requise pour communiquer avec précision un concept musical à tout un ensemble de musiciens. Compositeur de génie et pianiste hors pair, Mozart excellait dans tous les styles et genres de musique, avec une prédilection pour l'opéra. Ce fut l'un des premiers compositeurs à acquérir une renommée internationale.

L'armure de la clé

Il s'agit d'un groupe de bémols ou de dièses placés au début de la portée après le symbole de la clé, ou en cours de partition. Leur présence indique quelles notes doivent être – sauf indication contraire – systématiquement bémolisées ou diésées, et donne la tonalité générale du morceau. Celui-ci est en *mi* bémol majeur, mais il existe d'autres armures.

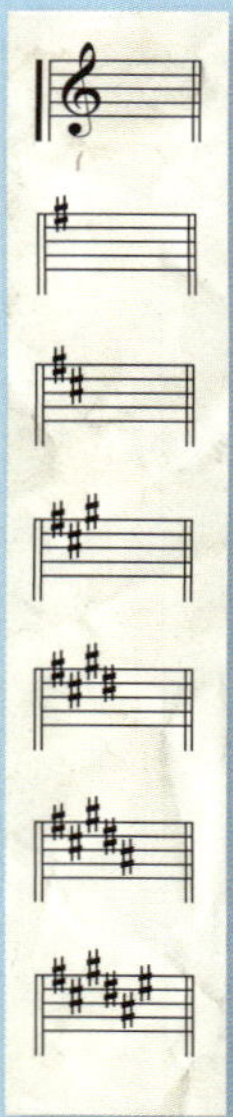

***Do* majeur, *la* mineur** : pas de dièses/bémols

***Sol* majeur, *mi* mineur** : 1 dièse

***Ré* majeur, *si* mineur** : 2 dièses

***La* majeur, *fa#* mineur** : 3 dièses

***Mi* majeur, *do#* mineur** : 4 dièses

***Si* majeur, *sol#* mineur** : 5 dièses

***Fa#* majeur, *ré#* mineur** : 6 dièses

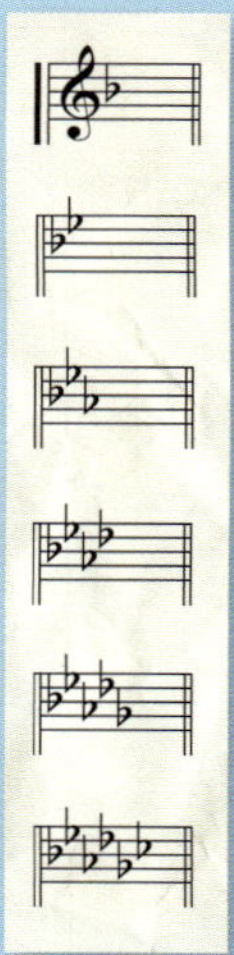

***Fa* majeur, *ré* mineur** : 1 bémol

***Si♭* majeur, *sol* mineur** : 2 bémols

***Mi♭* majeur, *do* mineur** : 3 bémols

***La♭* majeur, *fa* mineur** : 4 bémols

***Ré♭* majeur, *si♭* mineur** : 5 bémols

***Sol♭* majeur, *mi♭* mineur** : 6 bémols

Les mesures

Une composition musicale s'organise selon une séquence de temps réguliers divisés en mesures, délimitées par des barres de mesure. La signature, ou chiffrage de la mesure, est annoncée après la clé et l'armure par deux chiffres superposés (2/2, 2/4, 3/4, 4/4, 3/8, 6/8, 9/8, etc.). Le premier chiffre indique le nombre de temps dans la mesure, le second la durée allouée à chaque temps. Ainsi, 2/4 signifie deux temps par mesure, chaque temps correspondant à une noire. Le signe **c** au début de la première portée équivaut à 4/4, et le signe ¢ à 2/2.

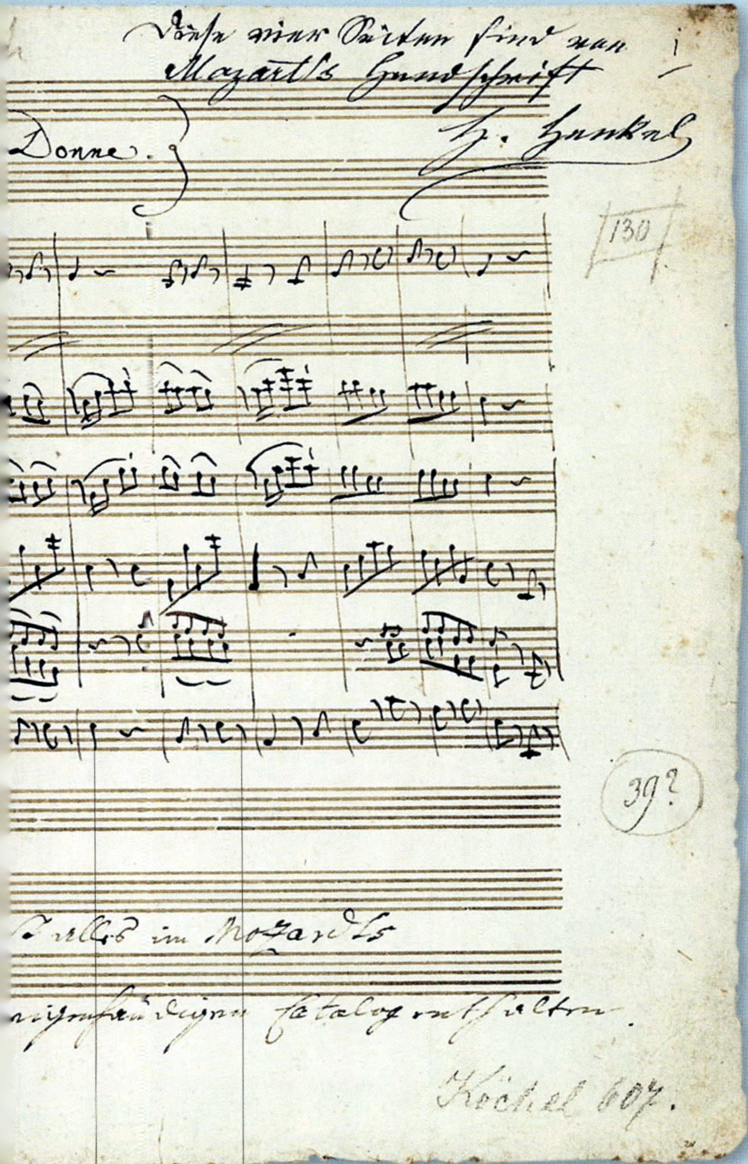

Notes et silences

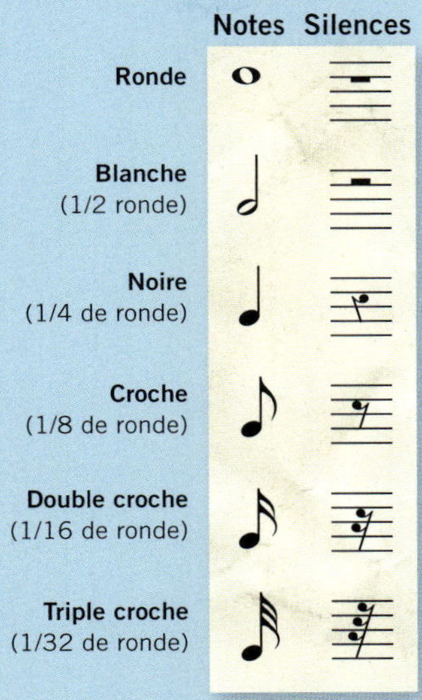

Chaque symbole indique la valeur d'une note. La note qui vaut une mesure complète, dans une mesure à 4/4, est la ronde ; elle durera quatre temps, la blanche deux temps, la noire un temps, etc.

Autres signes musicaux

Les dièses, bémols et bécarres sont des accidents qui altèrent le son d'une note.

La liaison sert à prolonger la durée d'une note. Ici, les deux notes seront jouées comme une seule, leurs valeurs s'ajoutant.

Le phrasé indique que les notes doivent être jouées liées les unes aux autres en un son continu.

Le staccato, en revanche, est une suite de notes brèves et articulées séparément.

Tablatures

Le compositeur de rock Frank Zappa exigeait que les membres de son groupe soient capables de lire la musique alors que lui-même en était incapable ! Aujourd'hui, de nombreux musiciens sont autodidactes et jouent d'oreille. La prédominance de la guitare comme principal instrument harmonique et l'avènement d'Internet ont fait se développer les tablatures, ces tableaux ou grilles avec indications d'accords et de doigtés.

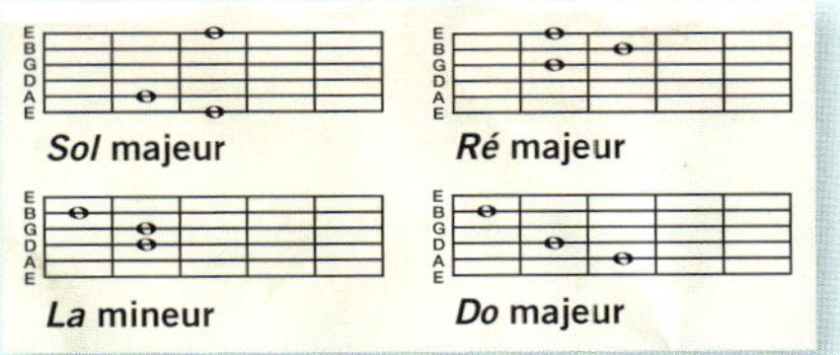

Défis contemporains

Les variations techniques de la notation musicale relèvent également du mode d'interprétation (vocal, orchestral, etc.), du genre musical (quatuor pour cordes, symphonie, concerto, cadence) et des techniques expérimentales contemporaines – certains musiciens, tel l'Américain John Cage (1912-1992), jouent ou utilisent leur instrument de manière non conventionnelle.

John Cage joue ici sa *Suite pour piano jouet (Suite for Toy Piano).*

LE LANGAGE ANIMAL

Qu'il s'agisse de la cacophonie de la forêt tropicale ou du vacarme des grenouilles au bord d'une mare, là où il y a des animaux, il y a communication. Et celle-ci prend de nombreuses formes : auditive, visuelle, olfactive ou encore chimique. Si nous pouvions pleinement décoder cette symphonie de signaux, souvent complexes, étonnants et étrangement beaux, notre compréhension du monde naturel en serait considérablement élargie.

Communiquer avec un animal

Voici vingt mille ans environ que les hommes tentent de dresser et de domestiquer les animaux, mais jusqu'à quel point peuvent-ils véritablement leur parler? Les chiens et les chats possèdent une troublante capacité à décoder les humeurs humaines, et l'aptitude des primates ou des cétacés à échanger avec nous n'est plus à démontrer. Mais, curieusement, les oiseaux peuvent également apprendre à communiquer de manière étonnante. Le Dr Irene Pepperberg, de l'université d'Arizona, a passé trente ans à dresser un perroquet jaco appelé Alex, lui enseignant le nom d'une cinquantaine d'objets mais aussi sept couleurs, cinq formes, les tailles relatives (plus grand/ plus petit), la nature des matériaux dont les objets étaient faits et les chiffres jusqu'à six. Alex comprenait également la similitude, la différence et l'absence. Il parlait sous forme de phrases courtes, plaçant les mots dans le bon ordre et élaborant lui-même des phrases à la syntaxe correcte. Il créait même des termes nouveaux pour désigner des objets inconnus : il appela *bannery* – combinaison de *banana*, banane, et *cherry*, cerise – une pomme rouge qu'on lui avait donnée.
Alex mourut subitement en 2007, mais le travail du Dr Pepperberg se poursuit.

Les sons

De nombreux animaux émettent des sons inaudibles (infrasons et ultrasons) pour l'homme. On pensait jadis que les éléphants avaient une forme de perception extrasensorielle car, même très éloignés les uns des autres, ils étaient capables de suivre des chemins parallèles et de tourner simultanément pour se retrouver. Nous savons à présent qu'ils communiquent à des kilomètres de distance grâce à des infrasons – sons à très basse fréquence – qui traversent aisément tous les obstacles. Les hippopotames produisent quant à eux des infrasons hors de l'eau mais surtout sous l'eau – en milieu aquatique, ces sons circulent loin, et quatre fois plus vite que dans l'air. Le rhinocéros, la girafe, l'alligator, le lion, le tigre, l'okapi mais aussi quelques oiseaux utilisent également les infrasons. La sensibilité aux sons basse fréquence pourrait également expliquer la capacité des animaux à pressentir les catastrophes naturelles.

Quant aux ultrasons (sons à très haute fréquence), des animaux tels les dauphins, certains oiseaux et insectes ou encore les chauves-souris peuvent en émettre et en détecter ; ces dernières se dirigent en vol par écholocation : les ultrasons émis se répercutent sous forme d'écho sur les surfaces pouvant faire obstacle.

Les pieds plats et très larges de l'éléphant font également office de récepteurs sensibles, capables de détecter les vibrations infrasonores.

Les vibrations

Les messages peuvent aussi être envoyés par vibrations. Sur les branches, les plécoptères (dont font partie les perles) mâles transmettent un signal auquel les femelles réceptives répondent. Pour attirer leur partenaire femelle, certaines araignées mâles jouent une sorte de sérénade sur leur toile ; les araignées sauteuses et les araignées loups, elles, accompagnent leur parade d'un jeu de pattes sonore et vibratoire. Les grillons stridulent (c'est-à-dire qu'ils frottent leurs élytres l'un contre l'autre) en période de reproduction : ils ne s'accouplent de manière générale qu'avec des individus de la même espèce, qui produisent des sons identiques. Ces messages sonores attirent souvent les prédateurs : la mouche parasite *Ormia ochracea* possède un tympan sensible qui lui permet de détecter les stridulations du grillon mâle, sur lequel elle vient pondre ses œufs.

La mer est un milieu particulièrement propice à la transmission des sons. Les cétacés en émettent de toutes sortes : le chant de la baleine bleue, par exemple, porte à des milliers de kilomètres; on sait aussi que chaque dauphin se distingue par un sifflement spécifique, et que tous les rorquals à bosse mâles *(voir ci-dessous)* chantent la même longue complainte dans leur zone de reproduction.

Les paradisiers ou oiseaux de paradis attirent leurs partenaires grâce à un spectaculaire déploiement de couleurs. Quant aux femelles des oiseaux chanteurs, elles ne sont attirées que par les mâles reproduisant le plus fidèlement le chant de leurs pères. On a même constaté qu'il existait des « dialectes » régionaux chez les oiseaux.

Communication visuelle

La plupart des animaux communiquent à l'aide de signaux visuels. Les chiens affichent leur hostilité en retroussant les babines et en dressant le poil. Les primates associent gestes, sons et expressions faciales, et les crabes appelants mâles (ou crabes violonistes) agitent leurs pinces pour faire venir les femelles. Quant aux calmars et aux seiches, pour attirer leur partenaire ou pour se camoufler, ils modifient la couleur de leur peau grâce aux cellules pigmentaires dont elle est couverte.

La couleur vive des animaux venimeux alerte les prédateurs du danger qu'il y a à les approcher. Des espèces non venimeuses utilisent ce mécanisme de défense. Par exemple, l'inoffensive couleuvre tachetée *(en bas)* imite le dangereux serpent corail *(en haut)*.

Phéromones et messages odorants

Beaucoup d'animaux possèdent des organes sensoriels très développés qui leur permettent de communiquer à l'aide de messages chimiques appelés phéromones. Les fourmis déposent une sorte de fil olfactif sur le sol pour guider leurs congénères jusqu'aux sources alimentaires; à l'inverse, la phéromone d'alarme – un jet d'acide formique – leur indique un danger et leur permet de s'unir contre les prédateurs; d'autres phéromones encore incitent des fourmis rivales à se combattre. Quant aux mammifères, ils marquent souvent leur territoire en y urinant ou en y déposant leurs excréments. Les odeurs peuvent renseigner, entre autres, sur le statut, le sexe, l'état reproductif et la santé d'un individu. En dégageant une odeur pestilentielle, les mouffettes et blaireaux savent tenir les importuns éloignés. Ils ne sont donc que très rarement attaqués.

La danse des abeilles

À l'instar d'Aristote, beaucoup de naturalistes ont tenté de comprendre l'énigmatique mode de communication des abeilles. Le mystère fut éclairci au début du XXe siècle par l'éthologue Karl von Frisch, qui nota que les abeilles éclaireuses, de retour à la ruche après avoir trouvé une source de pollen ou de nectar, décrivent un arc de cercle pour revenir à leur point de départ, d'abord à gauche, puis à droite, en formant un 8. L'orientation de la danse transmet des informations sur la direction de la source alimentaire par rapport au Soleil, la vitesse et le nombre de cycles par minute de ce ballet indiquant la distance à parcourir. Ces résultats ont été récemment corroborés avec des abeilles artificielles introduites dans des ruches : les danses qu'elles ont exécutées ont parfaitement renseigné les vraies abeilles sur le lieu où elles devaient se rendre.

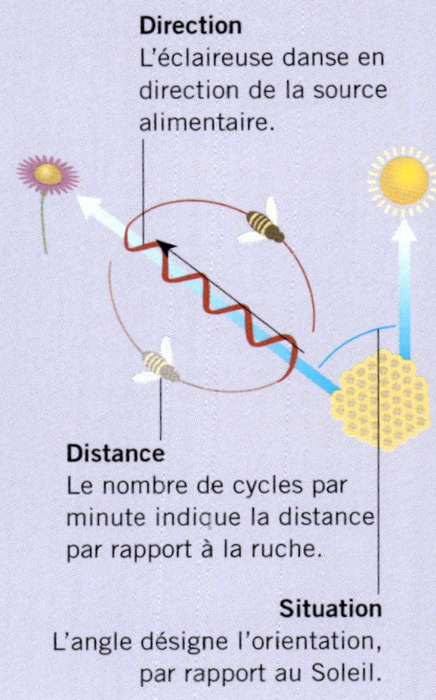

LES EXTRATERRESTRES

Si E.T., la créature imaginée par Steven Spielberg, abordait ses jeunes compagnons terriens avec une facilité déconcertante, l'idée que des intelligences extraterrestres existent et puissent communiquer avec nous est nettement moins évidente mais préoccupe néanmoins les scientifiques, astronomes et auteurs de science-fiction depuis plusieurs décennies, notamment depuis que l'homme a fait ses premiers pas dans l'espace.

Quasars et pulsars

Avec le développement de la radioastronomie, dans les années 1950, l'interception d'ondes radiométriques émanant de zones situées bien au-delà de notre système solaire fascina de nombreux scientifiques. S'agissait-il de messages émis, sciemment ou non, par des extraterrestres? On le crut longtemps, et beaucoup tentèrent de décrypter les signaux.

En 1960, on comprit que ces ondes radio avaient une cause naturelle. Elles provenaient d'étoiles en fin de vie, les pulsars, ou encore de galaxies très lointaines, compactes et particulièrement énergétiques, les quasars – contraction de *quasi stellar radio source* (radiosource quasi stellaire). Vu leur distance, quand leurs émissions radio sont détectées, les quasars peuvent avoir déjà disparu; l'un des premiers à avoir été identifié avec précision est appelé 3C 273; il est situé à quelque 2,44 milliards d'années-lumière de distance!

Des messages dans l'espace

Divers messages décrivant notre existence terrestre, notre position dans l'Univers et notre connaissance de ce dernier ont été envoyés dans l'espace, sous une forme codée a priori universellement compréhensible...

« C'est un présent d'un petit monde éloigné... »

MESSAGE DU PRÉSIDENT AMÉRICAIN JIMMY CARTER ENREGISTRÉ SUR LE DISQUE DES SONDES *VOYAGER.*

Les plaques de Pioneer

Deux sondes spatiales, *Pioneer 10* (1972) et *Pioneer 11* (1973), conçues pour traverser et dépasser notre système solaire, arboraient une plaque en aluminium recouvert d'or de 23 x 15 cm créée par les astrophysiciens Carl Sagan et Frank Drake. Un homme et une femme nus ainsi que des symboles tentant d'expliquer la provenance des sondes y étaient représentés.

Hydrogène
Représentation schématique de la transition hyperfine de l'atome d'hydrogène neutre – l'élément le plus abondant de l'Univers. Due au renversement du spin de l'électron, cette transition donne une mesure de longueur et de temps : l'atome émet une onde de 21 cm de longueur d'onde (1 420 MHz).

Engin spatial
À l'arrière-plan, la silhouette de la sonde *Pioneer* permet d'imaginer la stature des êtres humains.

Êtres humains
À l'origine, l'homme et la femme se tenaient par la main, mais l'on craignit qu'ils ne soient considérés comme un seul être. On tenta d'éviter tout stéréotype racial, bien que le couple présente des traits plutôt caucasiens. L'homme salue, ce qui permet de montrer son pouce opposable. Les organes génitaux de la femme furent supprimés au dernier moment, conformément aux exigences de la NASA.

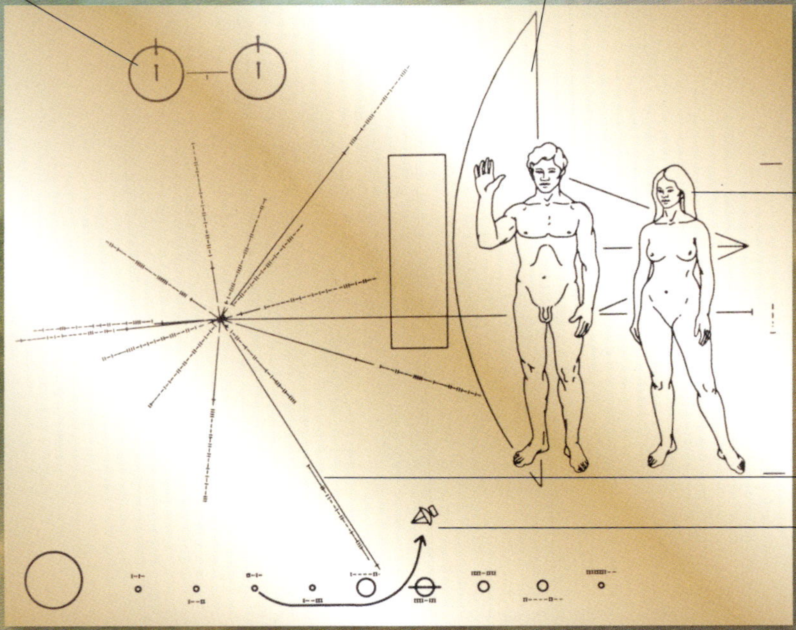

Galaxie
Le plan indique la position de notre Soleil par rapport au centre de la galaxie, avec quatorze pulsars et leurs périodes à partir desquels une intelligence extraterrestre pourrait calculer la position de notre système solaire.

Système solaire
Le système solaire apparaît sous forme linéaire, avec les planètes en orbite autour du Soleil. La trajectoire de *Pioneer* est également indiquée.

Le message d'Arecibo

Lors de la réouverture du télescope d'Arecibo, à Porto-Rico, en 1974, un message radio fut émis à destination de l'amas globulaire M13, à quelque 25 000 années-lumière. Signal le plus puissant jamais produit par l'homme, il comprenait 1 679 bits : ce nombre avait été choisi parce qu'il était le produit de deux nombres premiers, 73 et 23, et ne pouvait donc être divisé qu'en une grille de 73 lignes sur 23 colonnes (ou le contraire). Pour décoder le message, il fallait le remettre sous la forme d'un algorithme de 73 lignes et 23 colonnes. L'émission de ce message dura exactement 169 secondes.

Le projet Cosmic Call

Une série d'« appels cosmiques » furent émis en 1999 puis en 2003 en direction de divers amas globulaires. Ils comportaient le message d'Arecibo accompagné de textes, de vidéos et d'images numériques, dont une sorte de « pierre de Rosette » livrant toutes sortes de fonctions et de formules mathématiques.

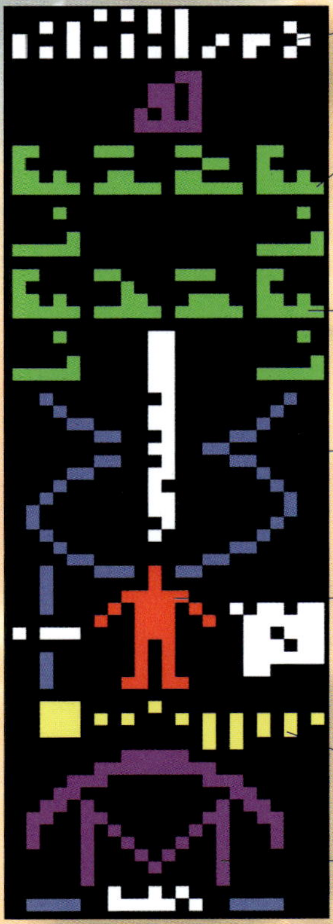

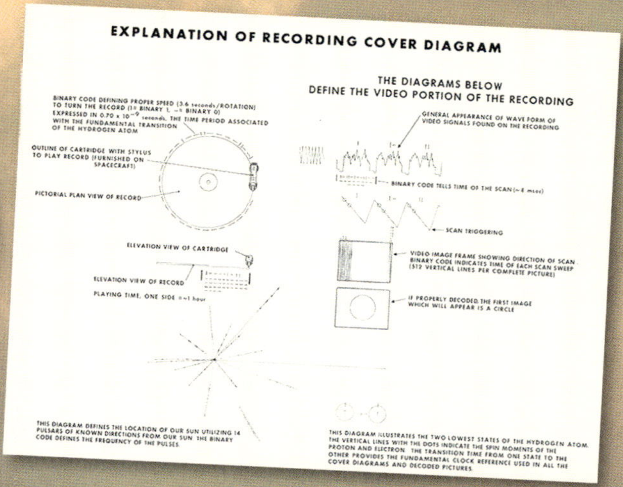

Un disque à bord des sondes *Voyager*

Les auteurs de la plaque de Pioneer gravèrent un disque destiné à être placé à bord des sondes spatiales *Voyager 1* et *Voyager 2*, lancées en 1977. Il contenait des images analogiques mais aussi divers bruits de la nature (vent, tonnerre, mer...), un échantillonnage de 55 langues du monde, 90 minutes de musique, quelques émissions de radio et un message en morse. En partie recouvert d'uranium 238 afin de faciliter sa datation, le disque se glissait dans une pochette sur laquelle figuraient des instructions de lecture.

Des cercles dans les champs

Les manifestations d'une éventuelle vie extraterrestre ont surtout été signalées dans le sud-ouest de l'Amérique. Toutefois, au milieu des années 1970, en Grande-Bretagne, on découvrit d'étranges motifs en forme de cercle dans les champs de céréales au printemps. Au cours les années 1990, on put voir des dessins semblables, mais de plus en plus complexes, en Russie, au Japon et en Amérique du Nord. Ils furent à l'origine de nombreuses spéculations : s'agissait-il de traces laissées par un engin extraterrestre? D'un message codé adressé aux agriculteurs de la planète ? On les relia aux lignes de Ley (un prétendu réseau de champs électromagnétiques sillonnant la Terre), aux mystérieux alignements de monolithes et autres pierres dressées... jusqu'à ce que l'on découvre qu'il s'agissait d'un canular : des plaisantins utilisaient des planches fixées à leurs pieds pour aplatir les plantes...

Langues et messages

Dans son roman intitulé *la Guerre des mondes* (1898), H.G. Wells racontait l'invasion de la Terre par des Martiens et l'impossible communication entre les hommes et ces extraterrestres. À l'inverse, les personnages de la série télévisée *Star Trek* avaient accès à un système de traduction universelle. Plusieurs langues ont été développées par les scientifiques, comme les systèmes mathématiques Astraglossa (1953) et Lincos (Lingua cosmica, 1960), ainsi que des messages algorithmiques (séries de symboles mathématiques et logiques censés former un moyen de communication à double sens).

12

L'envie de découvrir le sens caché de toute chose (des textes historiques aux événements de la vie quotidienne) constitue depuis longtemps le fonds de commerce des devins et des adeptes de théories du complot en tout genre.

Les codes imaginaires

Par ailleurs, l'invention de langages codés et de messages secrets est l'une des principales préoccupations des auteurs de romans policiers et de science-fiction. L'attrait du secret est immuable, tout comme la difficulté de distinguer la vérité de l'imaginaire.

Le spiritisme

Spiritisme et théosophie
Le spiritisme naquit en 1848 à Hydesville (États-Unis), où les sœurs Fox, alors adolescentes, affirmèrent être capables de communiquer avec l'âme des défunts. Quant à la mystérieuse Elena Blavatsky (1831-1891), aristocrate et médium russe, elle parcourut le monde pour diffuser une doctrine ésotérique inspirée de l'hindouisme et du bouddhisme, qu'elle appela théosophie (ou théosophisme) dont s'inspirent de nombreux mouvements new age.

À la fin du XIXe siècle, malgré la condamnation de l'Église et en dépit d'un rationalisme propre à l'ère industrielle, une pratique apparentée à la nécromancie *(voir p. 56)*, le spiritisme – la croyance en l'existence d'esprits censés se manifester par l'intermédiaire d'objets ou de médiums au cours de séances codifiées *(à droite)* – suscita un véritable engouement. En dépit d'accusations d'escroquerie, le spiritisme attira de nombreux médecins, universitaires, hommes d'Église ou femmes au foyer, mais aussi des écrivains, tel l'Écossais Arthur Conan Doyle. Comme les alchimistes et les nécromanciens des temps anciens, les spirites nourrissaient une passion pour les alphabets et les codes ésotériques. Le spiritisme était probablement une réaction spirituelle à une culture scientifique et profane en plein essor ; de nos jours, cet attrait pour les rituels occultes, les sens cachés et les langages codés perdure néanmoins sous diverses formes.

L'Aube dorée

Au début du XIXe siècle, le renouveau des pratiques occultes s'exprima notamment à travers la création de sociétés secrètes tel l'Ordre hermétique de l'Aube dorée (Hermetic Order of the Golden Dawn). Né en Angleterre, l'Ordre prétendait être une école consacrée à l'étude et à l'enseignement du rosicrucianisme *(voir p. 58)*, du tarot, de l'astrologie et de la géomancie. Parmi ses membres figuraient de hauts fonctionnaires mais aussi le poète W. B. Yeats. Les « manuscrits chiffrés », un recueil de rites initiatiques d'une soixantaine de pages rédigé dans un mélange d'alphabet de Thèbes (conçu par Cornelius Agrippa au XVIe siècle, *voir p. 57)* et d'hébreu contiennent des esquisses grossières de symboles et d'objets rituels.

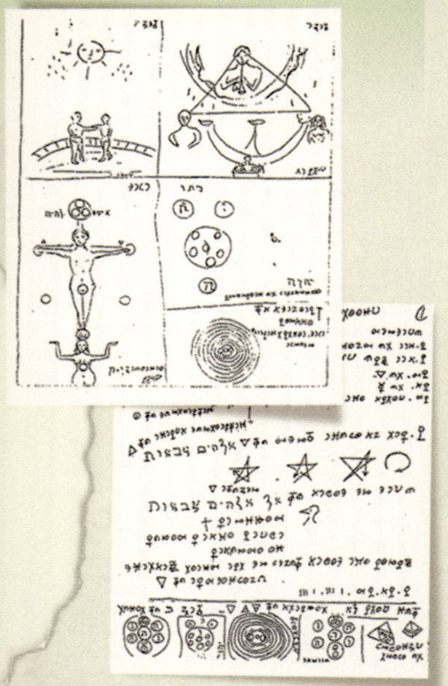

Les « manuscrits chiffrés » semblent contenir des formules magiques rédigées en langage codé.

La rose et la croix
Une rose placée à l'intersection de la croix, emblème de la Rose-Croix.

Les caractères occultes
Mélange troublant d'hébreu et d'autres lettres disposées de façon significative autour du motif.

Le pentacle
Des variantes du pentacle et de l'étoile de David côtoient les symboles masculin et féminin.

Les membres de l'Aube dorée se réclamaient de la pensée rosicrucienne. Ils développèrent leurs propres symboles hermétiques.

Littérature et spiritisme

Spiritisme et autres pratiques occultes ont fasciné de nombreux artistes, notamment des écrivains. Dès 1853, à Jersey, Victor Hugo s'initia au spiritisme ; il prétendait communiquer avec Léopoldine, sa fille décédée : « Ceux que nous pleurons ne sont pas absents, ce sont les invisibles. » Alexandre Dumas faisait tourner les tables en compagnie de George Sand, de Théophile Gautier – auteur de *Spirite, nouvelle fantastique* (1866) – et de Victorien Sardou, auteur en 1897 d'une pièce intitulée *Spiritisme*, interprétée au théâtre par Sarah Bernhardt. Au XXe siècle, Dennis Wheatley, auteur anglais de romans fantastiques et d'aventure, également membre des services de renseignement britanniques, était un adepte de l'occultisme. Nombre de ses œuvres comme *les Vierges de Satan* (1934) ou *Toby Jugg le possédé* (1948) mettent en scène des rites sataniques ou nécromanciens. Certains affirment que Ian Fleming, autre membre des services secrets, créateur du personnage de James Bond, a truffé ses romans de références à des pratiques ésotériques. Le code de l'agent 007 aurait une signification magique, tout comme le matricule de son supérieur, 7777, dans *On ne meurt que deux fois*.

Les auteurs à succès Dennis Wheatley (1897-1977) et Ian Fleming (1908-1964, *ci-dessous*), tous deux membres des services secrets durant la Seconde Guerre mondiale, cédèrent à l'attrait de l'occultisme, très en vogue à leur époque.

La Grande Bête

Aleister Crowley (1875-1947) – surnommé par sa propre mère la Grande Bête – se targuait d'être « l'homme le plus diabolique du monde ». Issu d'une famille aisée et pieuse, après ses études à l'université de Cambridge, il se laissa séduire par la magie et l'opium et intégra l'Ordre hermétique de l'Aube dorée. Il s'en détacha rapidement au profit d'organisations telles que l'AA et l'Ordo Templi Orientis (OTO). Crowley publia de nombreux textes occultes, dont *Thelema* et une traduction des « manuscrits chiffrés » *(ci-contre)*. Il conçut son propre pentagramme *(à droite)*.

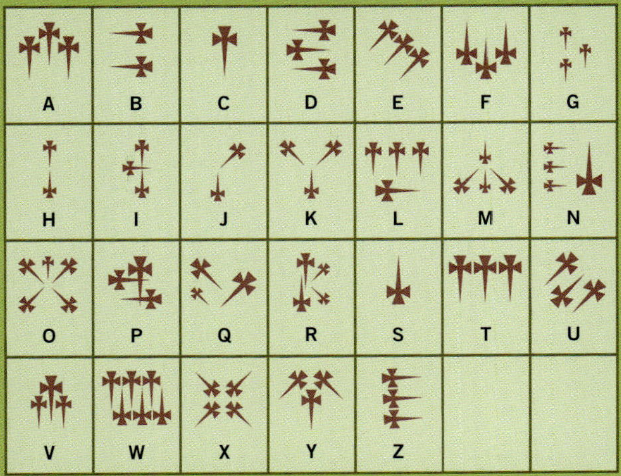

Inventé par Crowley pour invoquer les esprits lors de cérémonies occultes, l'« alphabet des dagues » n'est pas sans rappeler les alphabets d'Agrippa et de John Dee *(voir p. 57)*.

LE CODE DE LA BIBLE

Le succès du code dit de la Bible (ou code de la Torah) n'est que le reflet moderne d'une obsession classique : des kabbalistes du Moyen Âge (*voir p. 54*) aux scientifiques et philosophes comme Blaise Pascal (1623-1662) et Isaac Newton (1642-1727), les érudits juifs et chrétiens ont souvent affirmé que l'Ancien Testament contenait des messages secrets. De nos jours, même s'il fascine toujours, le sujet fait largement controverse dans les milieux religieux et scientifiques.

Les origines du code de la Bible moderne

Trois mathématiciens de l'université hébraïque de Jérusalem publièrent en 1988 un article dans *The Journal of the Royal Statistical Society,* puis, en 1994, dans la revue *Statistical Science,* intitulé « Séquences de lettres équidistantes dans le livre de la Genèse ». À l'aide de programmes informatiques, Doron Witztum, Yoav Rosenberg et Eliyahu Rips extrairent des messages codés porteurs de sens du premier livre de la Torah (également appelée Pentateuque, la Torah se compose de cinq livres : Genèse, Exode, Lévitique, Nombres et Deutéronome). Cet article s'appuyait sur les travaux du rabbin Michael Dov Weissmandl – plus connu pour avoir tenté de sauver les juifs de Slovaquie de l'holocauste nazi – qui, encore étudiant, chercha à déchiffrer manuellement les codes de la Bible contenus dans la Torah. D'après ses créateurs, la méthode dite « des séquences de lettres équidistantes » n'est valable que pour la Torah et il serait vain de l'appliquer aux traductions de l'Ancien ou du Nouveau Testament.

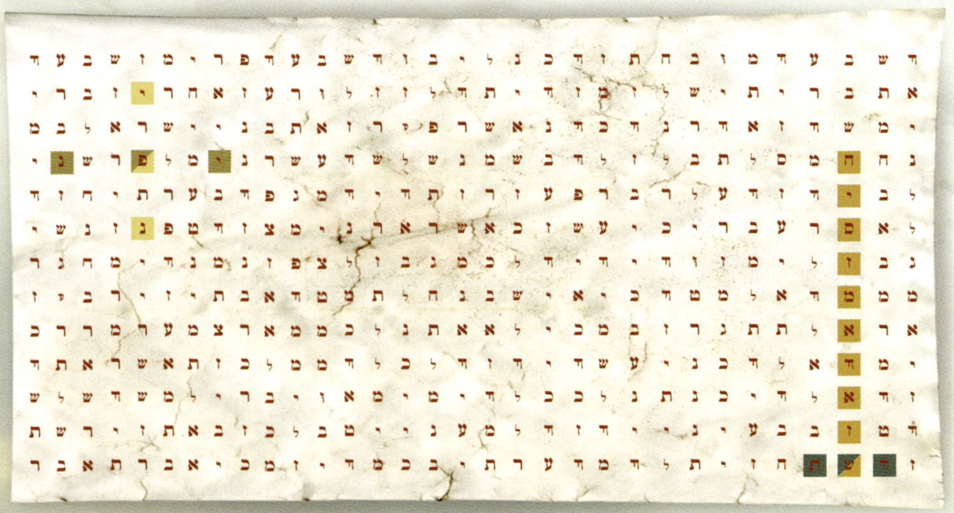

La bombe atomique larguée sur Hiroshima en 1945 est l'une des nombreuses prophéties recensées dans la Torah.

Forme	Mot	Traduction	Verset	Place	Saut
	יפנ	Japon	Nombres 25, 13	230779	6266
	שואדאמזוס·ח	Holocauste atomique	Nombres 29, 9	237020	-3133
	יפנ	Japon	Nombres 29, 9	237042	3
	רשת	8/6/1945	Deutéronome 8, 19	265216	-1

Les séquences de lettres équidistantes

Schématiquement, pour relever une séquence de lettres équidistantes (SLE) dans un texte, il faut déterminer une lettre de départ – n'importe laquelle – et sauter ensuite un certain nombre de lettres, le même à chaque fois. Appliquée à tout un livre (le premier concerné fut la Genèse), cette méthode permet d'obtenir une séquence de lettres. On peut élaborer ainsi une quantité infinie de corpus – il suffit de changer de lettre de départ et le nombre de lettres à sauter. En lisant ces lettres horizontalement, verticalement, à l'envers ou en diagonale, il est possible de découvrir des noms ou des dates, par exemple. Pour cela, la méthode la plus simple est de soumettre le texte à un programme informatique.

Dans *Pi,* un film de Darren Aronofsky, un mathématicien appelé Max Cohen rencontre un juif hassidique qui mène des recherches sur la Torah, affirmant qu'elle se compose de séquences de nombres formant un code envoyé par Dieu.

La Bible : le code secret

En 1992, le journaliste américain Michael Drosnin entreprit une enquête sur le code de la Bible. Il en tira un ouvrage à succès intitulé *La Bible : le code secret,* dont le tome I est sous-titré *Le passé, le présent, l'avenir : tout est écrit depuis l'origine des temps.* Selon le tome II, le compte à rebours aurait même commencé… Drosnin affirme avoir utilisé les séquences de lettres équidistantes pour décoder ce qu'il croit être des prédictions à l'échelle mondiale. Selon lui, la Bible aurait annoncé l'assassinat d'Yitzhak Rabin et des frères Kennedy, par exemple, ce que contestent Eliyahu Rips, l'un des auteurs de l'article sur les SLE, Harold Gans, cryptanalyste au ministère américain de la Défense, le professeur Menahem Cohen, expert israélien de la Bible, et le professeur Brendan McKay, du département informatique de l'université d'Australie. Ce dernier appliqua la méthode des SLE à la traduction en hébreu de *Guerre et Paix,* de Tolstoï, et y trouva son propre nom et sa date de naissance. D'après McKay, ce que Drosnin a découvert dans la Bible pourrait donc être décelé dans n'importe quel livre, pour peu qu'on l'analyse attentivement…

« Quand mes détracteurs trouveront un message codé sur l'assassinat d'un Premier ministre dans *Moby Dick*, je les croirai. »

MICHAEL DROSNIN, *NEWSWEEK*, 1997.

Des assassinats prédits dans *Moby Dick*

Pour les auteurs de l'article sur les séquences de lettre équidistantes, cette technique n'était applicable qu'à la Torah, en hébreu. Or il s'avère qu'elle peut également révéler des messages cachés dans n'importe quel autre texte. La méthodologie de Drosnin appliquée par le professeur Brendan McKay à la version originale de *Moby Dick* (1851), d'Herman Melville, annonce ainsi les assassinats de personnalités diverses tels Léon Trotski, Indira Gandhi, Martin Luther King, Jonh Fitzgerald Kennedy, Abraham Lincoln, Yitzhak Rabin, ainsi que la mort accidentelle de la princesse Diana. Il n'en conclut pas pour autant que *Moby Dick* prédit ces événements ; cette expérience démontre simplement que la méthode de Drosnin permet de trouver ce que l'on cherche…

Les papiers de Beale

La légende

En 1817, plusieurs hommes partirent chasser le bison ; alors qu'il préparait le dîner, un membre du groupe découvrit par hasard une grande quantité d'or. Les chasseurs notèrent l'emplacement du filon pour revenir l'exploiter. En dix-huit mois, ils amassèrent un véritable trésor. Craignant de se faire dérober leur magot, ils décidèrent de trouver une cachette sûre. Plusieurs d'entre eux, dont un dénommé Thomas J. Beale, furent envoyés vers l'est à la recherche du site idéal – raison pour laquelle ils se rendirent à Lynchburg, en Virginie.

En 1862, à la fin de sa vie, Robert Morriss, l'ancien propriétaire d'un hôtel de Lynchburg, aux États-Unis, confia quelques documents à un ami, dont une lettre décrivant la découverte d'une grande quantité d'or dans le Sud-Ouest américain, un trésor enterré en lieu sûr en Virginie. Les trois autres feuillets étaient couverts de nombres – un chiffre de substitution numérique. En 1885, cet ami de Morriss – qui choisit de garder l'anonymat – confia à un dénommé James B. Ward le soin de publier un fascicule de vingt-trois pages relatant la rencontre entre Morriss et un certain M. Beale – qui lui remit les mystérieux textes – et y reproduisant les manuscrits chiffrés. À ce jour, cette affaire demeure une énigme : nul n'a découvert la clé des premier et troisième documents ; par ailleurs, les nombreuses tentatives pour localiser le trésor d'après les bribes d'informations déchiffrées dans le deuxième texte ont échoué. De nombreuses théories ont été échafaudées, et l'on pense sérieusement à un canular de la part de l'éditeur du fascicule…

Les chiffres de Beale

Seul le deuxième des trois textes chiffrés a pu être décrypté, sans doute par l'ami anonyme de Morriss. Il partit du principe que chaque nombre inscrit sur les feuillets représentait une lettre. Toutefois, ces nombres étaient trop nombreux pour constituer un simple alphabet de substitution. Peut-être était-ce un livre de chiffrement ? Mais à quel livre ou à quel texte se rapportait-il ? L'auteur du fascicule affirma avoir consacré des années à la recherche des correspondances avec des textes populaires, avant de penser à la Déclaration d'indépendance des États-Unis : en numérotant chaque mot du document, puis en considérant que les nombres du texte chiffré indiquaient l'initiale de chaque mot, il obtint un message cohérent.

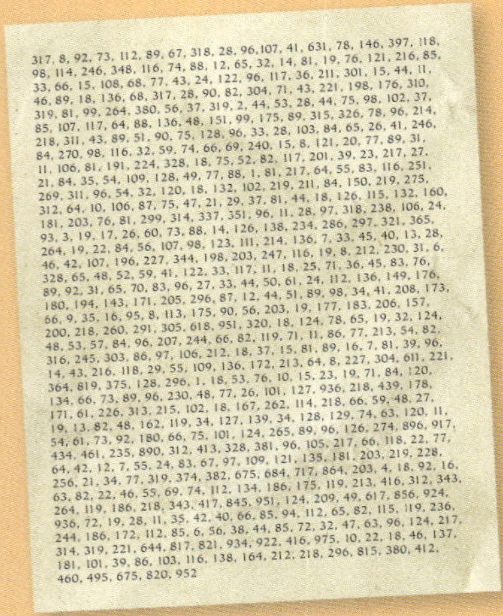

Le premier chiffrement *(à gauche)* est censé indiquer l'emplacement du trésor.

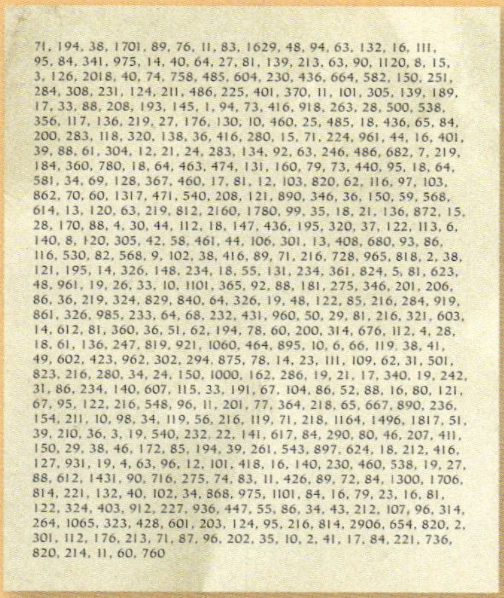

Le troisième chiffrement *(à droite)* consignait probablement le nom des découvreurs du filon et celui de leurs proches, à contacter quand le trésor serait retrouvé.

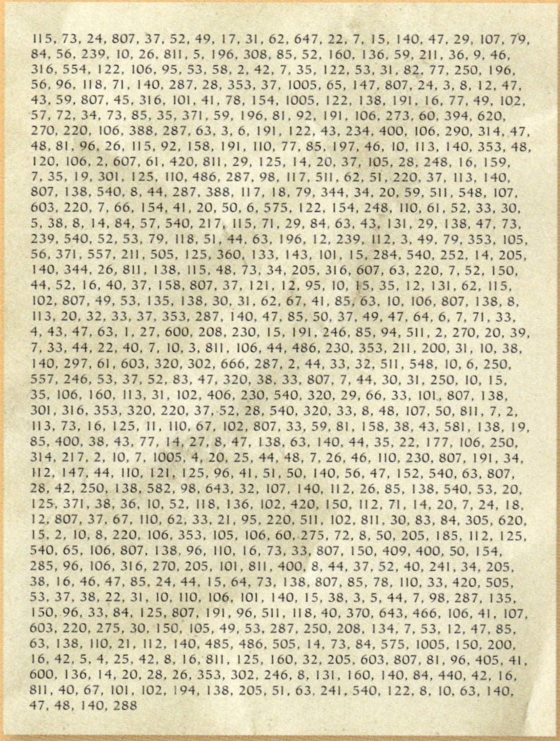

115, 73, 24, 807, 37, 52, 49, 17, 31, 62, 647, 22, 7, 15, 140, 47, 29, 107, 79, 84, 56, 239, 10, 26, 811, 5, 196, 308, 85, 52, 160, 136, 59, 211, 36, 9, 46, 316, 554, 122, 106, 95, 53, 58, 2, 42, 7, 35, 122, 53, 31, 82, 77, 250, 196, 56, 96, 118, 71, 140, 287, 28, 353, 37, 1005, 65, 147, 807, 24, 3, 8, 12, 47, 43, 59, 807, 45, 316, 101, 41, 78, 154, 1005, 122, 138, 191, 16, 77, 49, 102, 57, 72, 34, 73, 85, 35, 371, 59, 196, 81, 92, 191, 106, 273, 60, 394, 620, 270, 220, 106, 388, 287, 63, 3, 6, 191, 122, 43, 234, 400, 106, 290, 314, 47, 48, 81, 96, 26, 115, 92, 158, 191, 110, 77, 85, 197, 46, 10, 113, 140, 353, 48, 120, 106, 2, 607, 61, 420, 811, 29, 125, 14, 20, 37, 105, 28, 248, 16, 159, 7, 35, 19, 301, 125, 110, 486, 287, 98, 117, 511, 62, 51, 220, 37, 113, 140, 807, 138, 540, 8, 44, 287, 388, 117, 18, 79, 344, 34, 20, 59, 511, 548, 107, 603, 220, 7, 66, 154, 41, 20, 50, 6, 575, 122, 154, 248, 110, 61, 52, 33, 30, 5, 38, 8, 14, 84, 57, 540, 217, 115, 71, 29, 84, 63, 43, 131, 29, 138, 47, 73, 239, 540, 52, 53, 79, 118, 51, 44, 63, 196, 12, 239, 112, 3, 49, 79, 353, 105, 56, 371, 557, 211, 505, 125, 360, 133, 143, 101, 15, 284, 540, 252, 14, 205, 140, 344, 26, 811, 138, 115, 48, 73, 34, 205, 316, 607, 63, 220, 7, 52, 150, 44, 52, 16, 40, 37, 158, 807, 37, 121, 12, 95, 10, 15, 35, 12, 131, 62, 115, 102, 807, 49, 53, 135, 138, 30, 31, 62, 67, 41, 85, 63, 10, 106, 807, 138, 8, 113, 20, 32, 33, 37, 353, 287, 140, 47, 85, 50, 37, 49, 47, 64, 6, 7, 71, 33, 4, 43, 47, 63, 1, 27, 600, 208, 230, 15, 191, 246, 85, 94, 511, 2, 270, 20, 39, 7, 33, 44, 22, 40, 7, 10, 3, 811, 106, 44, 486, 230, 353, 211, 200, 31, 10, 38, 140, 297, 61, 603, 320, 302, 666, 287, 2, 44, 33, 32, 511, 548, 10, 6, 250, 557, 246, 53, 37, 52, 83, 47, 320, 38, 33, 807, 7, 44, 30, 31, 250, 10, 15, 35, 106, 160, 113, 31, 102, 406, 230, 540, 320, 29, 66, 33, 101, 807, 138, 301, 316, 353, 320, 220, 37, 52, 28, 540, 320, 33, 8, 48, 107, 50, 811, 7, 2, 113, 73, 16, 125, 11, 110, 67, 102, 807, 33, 59, 81, 158, 38, 43, 581, 138, 19, 85, 400, 38, 43, 77, 14, 27, 8, 47, 138, 63, 140, 44, 35, 22, 177, 106, 250, 314, 217, 2, 10, 7, 1005, 4, 20, 25, 44, 48, 7, 26, 46, 110, 230, 807, 191, 34, 112, 147, 44, 110, 121, 125, 96, 41, 51, 50, 140, 56, 47, 152, 540, 63, 807, 28, 42, 250, 138, 582, 98, 643, 32, 107, 140, 112, 26, 85, 138, 540, 53, 20, 125, 371, 38, 36, 10, 52, 118, 136, 102, 420, 150, 112, 71, 14, 20, 7, 24, 18, 12, 807, 37, 67, 110, 62, 33, 21, 95, 220, 511, 102, 811, 30, 83, 84, 305, 620, 15, 2, 10, 8, 220, 106, 353, 105, 106, 60, 275, 72, 8, 50, 205, 185, 112, 125, 540, 65, 106, 807, 138, 96, 110, 16, 73, 33, 807, 150, 409, 400, 50, 154, 285, 96, 106, 316, 270, 205, 101, 811, 400, 8, 44, 37, 52, 40, 241, 34, 205, 38, 16, 46, 47, 85, 24, 44, 15, 64, 73, 138, 807, 85, 78, 110, 33, 420, 505, 53, 37, 38, 22, 31, 10, 110, 106, 101, 140, 15, 38, 3, 5, 44, 7, 98, 287, 135, 150, 96, 33, 84, 125, 807, 191, 96, 511, 118, 40, 370, 643, 466, 106, 41, 107, 603, 220, 275, 30, 150, 105, 49, 53, 287, 250, 208, 134, 7, 53, 12, 47, 85, 63, 138, 110, 21, 112, 140, 485, 486, 505, 14, 73, 84, 575, 1005, 150, 200, 16, 42, 5, 4, 25, 42, 8, 16, 811, 125, 160, 32, 205, 603, 807, 81, 96, 405, 41, 600, 136, 14, 20, 28, 26, 353, 302, 246, 8, 131, 160, 140, 84, 440, 42, 16, 811, 40, 67, 101, 102, 194, 138, 205, 51, 63, 241, 540, 122, 8, 10, 63, 140, 47, 48, 140, 288

Le deuxième chiffrement *(ci-dessus)*, apparemment décodé par l'auteur du fascicule, révèle l'existence d'un trésor mais guère davantage *(voir page ci-contre)*.

Le mystérieux M. Beale

Dans le fascicule, le dénommé Thomas J. Beale est décrit comme un homme grand et ténébreux, qui se présenta à l'hôtel de Morriss en 1820. Il y passa l'hiver, fréquenta les figures locales et se lia d'amitié avec son hôte. Au printemps suivant, il s'en alla vers l'ouest pour y chasser le bison et le grizzli. Il confia un coffre-fort à Morriss, en lui demandant d'en forcer l'ouverture s'il ne revenait pas dans les dix ans. « Vous découvrirez, en plus de papiers qui vous sont adressés, d'autres papiers incompréhensibles sans l'aide d'une clé. J'ai confié cette dernière à un ami, dans une enveloppe scellée à votre adresse, en précisant qu'elle ne devait pas vous être envoyée avant juin 1832. » Beale ne reparut pas. Pendant plusieurs années, Morriss résista à la tentation d'ouvrir le coffre, dans l'attente de la clé promise – qui n'arriva jamais. En 1845, cédant enfin à la curiosité, il découvrit les quatre feuillets. Le premier, écrit de la main de Beale, racontait que ses compagnons et lui avaient découvert de l'or – mais aussi un peu d'argent –, et indiquait leur projet de cacher le butin en Virginie. Les trois autres feuillets ne comportaient que des nombres, de toute évidence des textes chiffrés.

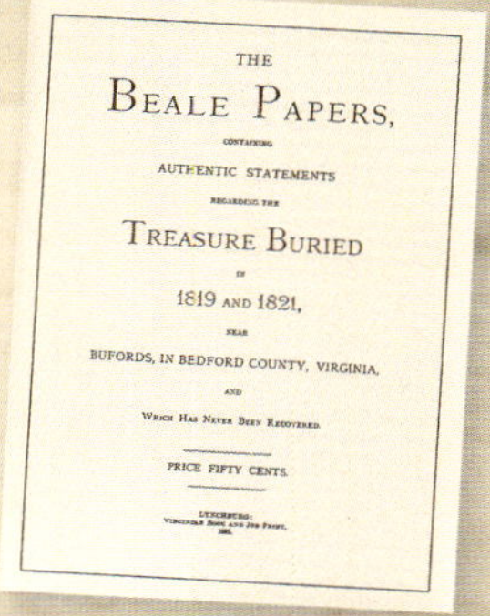
THE

BEALE PAPERS,

CONTAINING

AUTHENTIC STATEMENTS

REGARDING THE

TREASURE BURIED

IN

1819 AND 1821,

NEAR

BUFORDS, IN BEDFORD COUNTY, VIRGINIA,

AND

WHICH HAS NEVER BEEN RECOVERED.

PRICE FIFTY CENTS.

La couverture du fascicule publié en 1885.

Les secrets de la Déclaration d'indépendance

Un test effectué sur le premier paragraphe illustre le principe.

"When, in the course of human events, it becomes necessary for one
1 2 3 4 5 6 7 8 9 10 11 12

people to dissolve the political bands which have connected them with
13 14 15 16 17 18 19 20 21 22 23

another, and to assume among the powers of the earth, the separate and equal
24 25 26 27 28 29 30 31 32 33 34 35 36 37

station to which the laws of nature and of nature's God entitle them, a decent
38 39 40 41 42 43 44 45 46 47 48 49 50 51 52

respect to the opinions of mankind requires that they should declare the causes
53 54 55 56 57 58 59 60 61 62 63 64 65

which impel them to the separation."
66 67 68 69 70 71

Commence alors le décryptage du texte codé :

115, 73 24, 807, 37, 52, 49, 17, 31, 62, 647, 22, 7, 15, 140, 47,
- - a - e d e p o s - t e d - n

29, 107, 79, 84, 56, 239, 10, 26, 811, 5,
t - - - o - n t - o

On découvre ici le mot déposé *(deposited)*, laissant présager du succès de la méthode de déchiffrement.

Version française du deuxième texte déchiffré

« J'ai déposé dans le canton de Bedford, à quatre miles environ de Buford, dans une excavation ou caverne à six pieds au-dessous du sol, les choses suivantes, appartenant aux personnes dont les noms figurent sur la page ci-joint :

« Le premier dépôt, de novembre 1819, consiste en mille quatorze livres d'or, et trois mille huit cent douze livres d'argent. Le second fut fait en décembre 1821 et consiste en mille neuf cents livres d'or, et mille deux cent quatre-vingt-huit livres d'argent ; ainsi que des bijoux, échangés à Saint Louis contre l'argent pour simplifier le transport, et estimés à 13 000 dollars.

« Les biens ci-dessus sont enfermés à l'abri dans des récipients de fer, munis de couvercles de fer. La caverne est grossièrement tapissée de pierres, et les récipients sont posés sur un bloc de pierre, et couverts par d'autres. La feuille numéro 1 décrit l'emplacement exact de la caverne, afin qu'elle puisse être trouvée sans difficulté. »

LES CHIFFRES DE LA LITTÉRATURE

Au XIXe siècle, la presse populaire prit un formidable essor : la plupart des journaux bon marché cherchaient alors à distraire leurs lecteurs en leur proposant des jeux comportant des énigmes à résoudre. De la même manière, de nombreuses œuvres littéraires de l'époque comportaient un code qu'il fallait décrypter pour lever le mystère. Edgar Allan Poe et Arthur Conan Doyle, deux grands noms de la littérature policière, étaient fascinés par la cryptologie, c'est pourquoi ils truffèrent leurs écrits de chiffres et autres messages secrets.

À la recherche du trésor perdu

De nombreux romans d'aventure ont pour sujet la quête d'un trésor perdu et foisonnent d'indices permettant de le retrouver. Le Britannique Robert Louis Stevenson (1850-1894, *ci-dessus)* écrivit l'une des œuvres maîtresses du genre, *l'Île au trésor* (1883). Il alla jusqu'à fournir à ses lecteurs une carte au trésor *(ci-dessous)* dessinée par Bartolomew, l'institut géographique d'Édimbourg, ainsi que de nombreuses devinettes à résoudre pour parvenir jusqu'au trésor. Ce fut l'un des premiers exemples de carte figurant un lieu fictif. Plus récemment, John Ronald Reuel Tolkien, C.S. Lewis et Terry Pratchett en ont également imaginé.

Edgar Allan Poe et la cryptanalyse

Considéré comme le père de genres littéraires tels que le récit d'épouvante, le roman policier et la science-fiction, Edgar Allan Poe (1809-1849) s'intéressait beaucoup aux progrès scientifiques de son époque, qu'il évoquait dans ses écrits. Toutefois, sa véritable passion était la cryptologie. Il s'amusa à demander aux lecteurs de l'*Alexander's Weekly Messenger* de Philadelphie de lui adresser des messages codés à décrypter. S'il y parvenait toujours, ses capacités se limitaient toutefois aux textes chiffrés par substitution. Après avoir cassé cent chiffres, il organisa un concours : il publia deux cryptogrammes prétendument envoyés par un lecteur – mais qu'il avait sans doute lui-même élaborés. Mais ce n'est que cent cinquante ans plus tard que les solutions à ces chiffrements furent trouvées, grâce à un défi lancé sur Internet.

La cryptologie était l'une des passions d'Edgar Allan Poe.

Le Scarabée d'or

La nouvelle d'Edgar Allan Poe intitulée *le Scarabée d'or* (1843, révisée en 1845) retrace l'histoire d'un trésor perdu sur fond de folie et d'obsession. La clé menant au trésor du capitaine Kidd, caché dans d'étranges lieux, est un cryptogramme rédigé sur un vélin à l'encre invisible et retrouvé sur une plage par un dénommé Legrand.

“53‡‡†305)) 6*;4826)4‡.)4‡) ;806*;48†8¶60))85;1‡(;:‡*8†83(88)
5*†;46(;88*96*?;8)*‡(;485);5*†2:*‡(;4956*2(5*—4)8¶8*;40692 85)
;)6†8)4‡‡;1(‡9;48081;8:8‡1;48†85;4)485†528806*81(‡9;48;(88
;4(‡?34;48)4‡;161;:188;‡?;”

Le narrateur – et avec lui le lecteur – se perd dans cette suite continue de lettres, de chiffres et de symboles. Toutefois, Legrand explique pas à pas comment il a déchiffré le message : à l'aide d'une analyse fréquentielle *(voir p. 68)*, il a découvert une ébauche d'alphabet et a repéré les répétitions de symboles et de séquences, pour finir par découvrir le texte suivant :

« Un bon verre dans l'hostel de l'évêque dans la chaise du diable quarante et un degrés et treize minutes nord-est quart de nord principale tige septième branche côté est lâchez de l'œil gauche de la tête de mort une ligne d'abeille de l'arbre à travers la balle cinquante pieds au large. »

Le texte clair semble aussi cryptique que le message codé... Legrand explique que verre signifie télescope et que l'« hostel de l'évêque » fait référence à une saillie rocheuse formant un point de vue (la Chaise du diable). À cet endroit, il repère un arbre avec une tête de mort. Une ligne au niveau de l'œil gauche désigne un point à 15 m de l'emplacement du trésor.

Sherlock Holmes

Le personnage légendaire imaginé par Arthur Conan Doyle était un passionné de cryptologie : il résolut d'ailleurs la plupart de ses énigmes les plus complexes grâce à une approche cryptanalytique.

Les Hommes dansants

Dans *les Hommes dansants,* Sherlock Holmes impressionne une fois de plus le fidèle docteur Watson par sa logique à toute épreuve. Bien qu'il ait rédigé une monographie sur la cryptologie, dans laquelle il analyse 160 chiffrements différents, Holmes compte dans ce cas précis sur l'analyse fréquentielle pour parvenir à une conclusion. Malheureusement, il sera trop tard pour sauver les victimes du cryptographe... Le message codé se présente sous la forme de petits croquis – ces derniers parviennent à Holmes en plusieurs parties, ce qui ne lui permet pas d'analyser tout le code. Cette série de cryptogrammes représente des petits personnages stylisés exécutant une danse.

Arthur Conan Doyle (1859-1930)
Le personnage qu'il créa, Sherlock Holmes, utilisait des techniques des cryptanalystes pour résoudre des énigmes, même si les messages chiffrés sont rares dans ses romans.

1 Le premier message
Holmes conclut aussitôt que ces hommes dansants symbolisent des lettres. La lettre la plus fréquente est probablement le *e*, et les personnages agitant un drapeau doivent remplir une fonction particulière – sans doute marquent-ils la fin d'un mot.

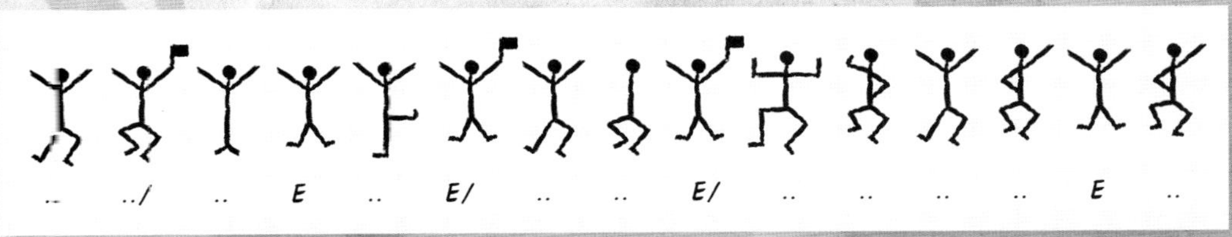

Ayant trouvé quel symbole est associé au *e,* Holmes émet des hypothèses sur la représentation des lettres manquantes.

A M/ H E R E/ A .. E/ .. .. A .. E ..

Les deux derniers mots doivent indiquer le nom du cryptographe, dont le prénom serait Abe, peut-être un Américain.

2 Le deuxième message
Il commence par une série de symboles assez mystérieux qui donne **A .. / E .. R.. .. E ..**; Holmes en conclut à juste titre qu'il s'agit de l'endroit où séjourne le cryptographe, suivi de :

Sachant que le prénom de l'épouse américaine de son client est Elsie, Holmes place le *i,* le *l,* et le *s* puis se concentre sur le premier mot. Il considère que le cryptographe cherche à fixer un rendez-vous à Elsie. Les trois premières lettres peuvent donc être *c, o* et *m,* ce qui donne :

C O M E/ E L S I E

« Venez, Elsie »)
De là, Holmes peut remplir d'autres espaces vides :

A M/ H E R E/ A B E/ S L A .. E ..

Holmes contacte la police américaine pour savoir si un dénommé Abe Slaney est fiché. Il est sur la bonne voie.

3 Le troisième message
ressemble à une réponse d'Elsie, dont Holmes extrait le *v.*

4 Le dernier message
Holmes rassemble ses résultats (« Elsie, préparez-vous à rencontrer Dieu »), mais il arrivera trop tard pour sauver Elsie et son époux.

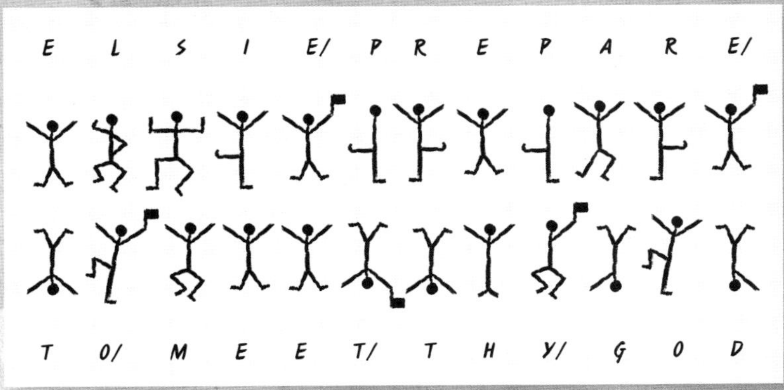

En étudiant attentivement le message, Sherlock Holmes devina certaines lettres et put ainsi résoudre l'énigme. Hélas, l'expéditeur de cette menace avait déjà frappé. Le client d'Holmes et sa femme Elsie étaient morts, assassinés par un gangster américain du nom d'Abe Slaney, un ancien associé d'Elsie, qui voulait la faire chanter. Grâce à Holmes, Slaney fut toutefois poursuivi. Certains pensent que le code utilisé avait cours au sein de la pègre de Chicago.

Les codes de l'*heroic fantasy*

Le code des runes d'Arne Saknussemm, l'explorateur islandais dont les messages codés forment le point de départ du *Voyage au centre de la Terre,* de Jules Verne.

Les prémices de la science-fiction

Si Edgar Allan Poe fut le premier à inclure des messages codés dans ses récits mystérieux ***(voir p. 260),*** **le** ***Voyage au centre de la Terre*** **(1864) de Jules Verne commence par la découverte d'un texte ancien rédigé en caractères runiques islandais, que le professeur Lindenbrock tente de décoder. Il finit par réussir à le traduire mais n'obtient qu'un cryptogramme incohérent : rien ne fait sens, ni en disposant les lettres par colonnes verticales, ni en les organisant horizontalement. Lindenbrock tente ensuite d'asembler la première lettre de chaque groupe de caractères, puis la deuxième, etc., jusqu'au moment où, en lisant de la droite vers la gauche, un message en latin apparaît. Les aventuriers ont alors entre les mains une carte qui les conduira au centre de la Terre. Trente ans plus tard, dans son roman** ***Mathias Sandorf*** **(1885), Jules Verne construisit son intrigue autour d'une grille de caractères chiffrés.**

Auteurs, réalisateurs et développeurs de jeux vidéo à la créativité débordante ont fait de l'*heroic fantasy* un genre très populaire au XXe siècle. Dans les univers tout droits sortis de leur imagination, alphabets et calendriers inventés, systèmes numériques ou encore mystères cryptés sont légion. Les romans de J.R.R. Tolkien (1892-1973), figure de l'*heroic fantasy,* ont pour décor un monde fantastique appelé la Terre du Milieu, où les protagonistes parlent des langages fabuleux inventés de toutes pièces par l'écrivain.

Les langues de Tolkien

Écrite par un vétéran de la bataille de la Somme, professeur de littérature anglo-saxonne à Oxford, la trilogie *le Seigneur des anneaux* (1954-1955) conquit d'emblée un large public pour ses qualités littéraires. Des cartes de la Terre du Milieu ainsi qu'une multitude de détails sur l'histoire de ce royaume, des langues runiques ou encore des écritures totalement inventées enrichissent l'intrigue imaginée par l'auteur et qui a pour objet la lutte entre les humbles et le mal. Tout jeune déjà, Tolkien recréait des alphabets. Il déclarait que sa vision de la Terre du Milieu lui avait été inspirée par les langues, et non l'inverse. En 1915, il inventa son premier langage, le quenya – qui deviendra le haut-elfe. Voici les trois graphies du nom Hobbit, la créature humanoïde créée par Tolkien.

Les cirth
Directement inspirée des runes nordiques et anglo-saxonnes, cette écriture est utilisée par les habitants de la Terre du Milieu. Les cirth s'écrivent de gauche à droite ; des points séparent les mots.

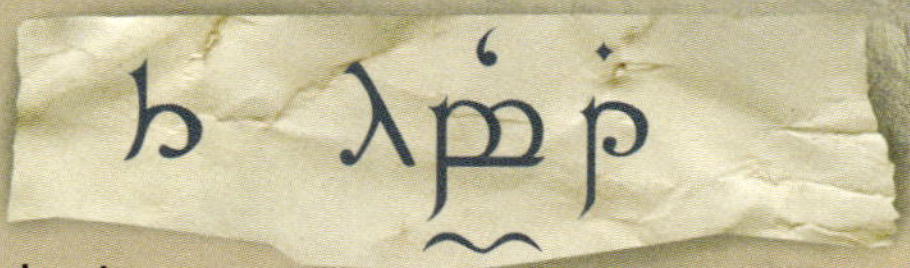

Les tengwar
C'est un héritage des écritures tibétaine ou sanskrite ; Tolkien s'est beaucoup investi dans l'invention de cette écriture, qui diffère selon le langage qu'elle transcrit (surtout le sindarin et le quenya).

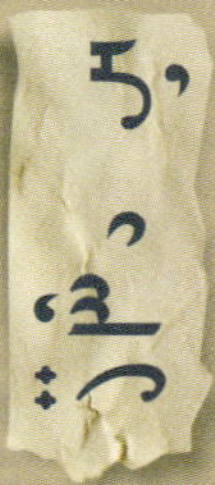

Les sarati
Utilisés pour de rares inscriptions, les caractères sarati sont généralement disposés en colonnes verticales organisées de gauche à droite. Les voyelles se présentent sous la forme de diacritiques placés avant ou après la consonne.

Langages du fantastique

Dans son allégorie politique *l'Utopie* (1516, *voir à droite*), l'humaniste et homme politique britannique Thomas More (1478-1535) inventa un alphabet idéal. Au cours de la seconde moitié du XXe siècle, le roman fantastique a été à l'origine de nombreux codes et langages.

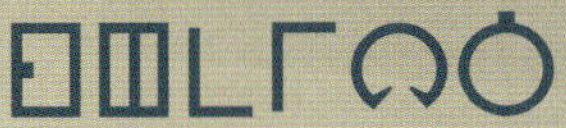

Le mot utopie est ici retranscrit dans l'écriture idéale de Thomas More.

Le langage des Anciens Inventé pour la série télévisée *Stargate SG-1.*

L'alphabet ath Créé pour le roman *Crest of the Stars* (1996), premier opus de la trilogie romanesque *Seikai* de l'auteur japonais Hiroyuki Morioka.

L'aurek-besh Créée par Stephen Crane, cet alphabet apparaît dans *le Retour du Jedi,* puis dans d'autres épisodes cinématographiques de *la Guerre des étoiles.*

Le gnommique Apparaît dans les romans pour enfants de l'Irlandais Eoin Colfer *(Artemis Fowl).*

L'hylien Inventé pour *la Légende de Zelda* ainsi que d'autres jeux vidéo édités par Nintendo.

Le kryptonien Introduit dans la série de bandes dessinées *Superman* (DC Comics) dans les années 1970, l'alphabet de E. Nelson Bridwell apparaît aussi dans la série télévisée *Smallville.*

Le marain Créé par Iain M. Banks pour sa série de romans de science-fiction *la Culture.*

Le SGA Le Standard Galactic Alphabet fut inventé par Tom Hall, concepteur de la série de jeux électroniques *Commander Keen.*

Le tenctonese Il fut probablement adapté de la sténotypie par Joe Hawthorne pour le film *Alien Nation (Futur immédiat)* et les séries dérivées.

Dans la série télévisée *Star Trek,* plusieurs alphabets ont été créés pour transcrire les différents langages extraterrestres : le vulcain, le klingon et le romulien – ce dernier étant écrit en kzhad *(ci-dessus).*

Le cyberpunk

La toute-puissance des ordinateurs – qui permettrait de dominer l'espèce humaine – est une idée exploitée depuis toujours, notamment dans les romans de science-fiction cyberpunk *Neuromancien* (1984) et *Comte Zéro* (1986), de William Gibson. L'échange de données informatiques avec l'être humain devient un nouveau paradigme, fait de codages numériques et organiques, organisé en réseaux invisibles et interchangeables. Dans la série *Matrix,* réalisée par les frères Wachowski, le futur est peuplé d'êtres qui ne font que jouer un rôle au sein d'un univers parallèle régi par une programmation numérique. Les hommes deviennent ainsi de petites suites numériques au sein d'un monde informatique.

De son côté, l'écrivain américain Neal Stephenson a écrit une série de romans cultes dont les intrigues mêlent recherches historiques détaillées – des personnages réels se mêlent aux héros de fiction –, théories mathématiques et histoire de la cryptographie. Toutes ces données forment un panorama très dense des quatre cents dernières années. *Cryptonomicon* (1999) rend compte du travail d'Alan Turing sur le développement des concepts informatiques à Cambridge et à Bletchey Park *(voir p. 121)* ainsi que de la création d'une banque de données virtuelles idéale. Stephenson a élargi cette idée en 2003-2004, avec la publication d'une trilogie intitulée *le Cycle baroque.* De nombreux mathématiciens, scientifiques et philosophes sont dépeints dans cette fresque (Hoohe, Fatio de Duillier, Newton et Leibniz...), tout comme les différents aspects de la cryptographie, la logique informatique, l'alchimie, la science, le libéralisme et le capitalisme.

CODES APOCALYPTIQUES

Depuis toujours, des personnes de toutes les confessions et de toutes les cultures croient qu'elles vont connaître la fin des temps, que le compte à rebours a commencé… Ces cinquante dernières années, nous avons plus que jamais redouté l'imminence de la fin du monde : holocauste nucléaire, catastrophe écologique, épidémie mondiale, troisième guerre mondiale, autant de craintes relayées par les médias mais surtout exploitées par quelques millénaristes, qui prédisent des cataclysmes en tout genre avant l'arrivée d'un nouveau Messie. En fait, ces analyses reposent souvent sur des prédictions mais surtout sur la signification que certains veulent bien leur donner…

Les quatre cavaliers de l'Apocalypse

Dans l'Apocalypse, dernier livre de la Bible, il est écrit que quatre cavaliers, Guerre, Famine, Pestilence (l'Antéchrist) et Mort, apparaîtront un jour chevauchant leur monture pour annoncer la fin du monde (*voir ci-dessus la gravure d'Albrecht Dürer,* 1497-1498). Par un curieux mélange de calculs astronomiques, astrologiques, entre autres, Nostradamus affirma par exemple que la plupart des événements fatidiques pour l'avenir de l'homme apparaîtraient quand :

– le Vendredi saint tomberait le 23 avril (Saint-Georges) ;

– Pâques tomberait le 25 avril (Saint-Marc) ;

– la Fête-Dieu tomberait le 24 juin (Saint-Jean-Baptiste).

Il annonça un certain nombre de calamités, notamment en 45, 140, 387, 482, 577, 672, 919, 1014, 1109, 1204, 1421, 1451, 1546, 1666, 1734, 1886 et 1945.

Nostradamus

Né Michel de Nostre-Dame, le Français Nostradamus (1503-1566) fut l'un des plus grands astrologues et médecins de la Renaissance. On lui doit 6 338 prédictions, consignées dans ses célèbres publications annuelles d'almanachs, de présages et de pronostics ; plus récemment, les exégètes se sont beaucoup intéressés à ses prophéties perpétuelles, censées prédire l'histoire du monde jusqu'en 3737. D'aucuns les ont associées à des événements aussi divers que l'ascension d'Hitler et celle de la famille Kennedy aux États-Unis, utilisant ces pseudo-preuves pour clamer que Nostradamus était un véritable prophète. Bon nombre de légendes lui sont associées : on raconte notamment qu'il fut enterré debout avec autour du cou un médaillon, sur lequel figurait la date de son exhumation. Certains pensent que ses prophéties – sujettes à controverse – furent écrites sous forme de code. En réalité, les textes d'ouvrages comme les *Centuries astrologiques* (1555) furent mal retranscrits au fil des siècles ; en outre, les erreurs de copie et d'interprétation peuvent également être source de confusion.

ESTANT afsis de nuit fecret eftude,
Seul repoufé fus la felle d'ærain,
Flambe exigue fortant de folitude,
Fait proferer qui n'eft à croire vain.

Le premier quatrain des *Centuries astrologiques*
Estant assis de nuit secret estude,
Seul reposé sus la selle d'ærain,
Flambe exigue sortant de solitude
Fait proférer qui n'est à croire vain.

Orthographe archaïque
Probablement écrits en bas latin, les quatrains ont été traduits en français ; près de 10 % des termes ne sont pas identifiables ou sont en vieux français, grec ou latin.

Au XVIe siècle, tout écrit – y compris scientifique – était rédigé en quatrains (strophes de quatre vers). À l'instar d'un langage poétique et ampoulé, Nostradamus employait un vocabulaire grec et latin délibérément obscur. Certains pensaient que ses textes étaient une sorte de code. En réalité, il s'agissait en fait de simples métaphores, suffisamment ambiguës pour ne pas fâcher les personnes d'influence.

Parmi les dates fatidiques annoncées par Nostradamus *(à gauche),* on peut citer 1666, l'année du grand incendie de Londres *(à droite).* D'après ses prédictions, au XXIe siècle, 2012 et 2096 seront à redouter…

L'Horloge de la fin du monde

Le minuit de cette horloge – qui fut créée après les bombardements américains sur Hiroshima et Nagazaki – a la particularité de représenter, analogiquement et symboliquement, la fin du monde. Élaborée par les rédacteurs du *Bulletin of the Atomic Scientists* de l'université de Chicago en 1947, régulièrement mise à jour par ses concepteurs, elle est censée révéler les changements et découvertes scientifiques et technologiques rapprochant la civilisation de l'Apocalypse. Ses responsables tiennent compte des éventuelles influences politiques, économiques et environnementales sur une catastrophe imminente telle que la guerre nucléaire, le réchauffement planétaire et le développement de la biotechnologie : l'horloge a indiqué minuit moins deux en 1953 (les États-Unis et l'URSS avaient testé leur armement nucléaire à neuf mois d'intervalle) et minuit moins trois en 1984, en pleine guerre froide. Le 17 janvier 2007, l'horloge a indiqué minuit moins cinq (ambitions de l'Iran et de la Corée du Nord...).

À deux doigts de l'Apocalypse

À l'aube du IIIe millénaire, le monde entier s'attendait au fameux bug de l'an 2000. L'interrogation reposait sur le problème de gestion des dates dans les ordinateurs : l'année 2000, année bissextile de surcroît, est codée sur deux chiffres au lieu de quatre ; le calcul se fait donc sur 00, soit une lecture sur la base de 1900... Certains craignaient que les conséquences soient potentiellement désastreuses dans un monde aussi informatisé que le nôtre. Allions-nous perdre le contrôle de nos centrales nucléaires, de nos hôpitaux, de nos armements ? De nombreux gouvernements et sociétés privées investirent du temps et de l'argent dans des mises à jour informatiques afin de passer ce cap en toute sécurité. En fait, il ne se passa pas grand-chose le 31 décembre 1999, même dans les pays les moins prévoyants. L'Australie échappa à la catastrophe : dans deux États, les horodateurs de bus tombèrent en panne, mais ne firent, heureusement, aucune victime...

2012 : la fin des temps ?

De nombreux adeptes du mouvement new age, du paranormal, de l'ésotérisme et même quelques scientifiques pensent que, le 21 décembre 2012, aura lieu un événement cataclysmique qui anéantira ou modifiera à jamais la civilisation humaine. D'aucuns fondent leur théorie sur l'étude du calendrier compte long utilisé par les Mayas depuis 1800 av. J.-C. ; ce dernier détermine les dates sur de longues périodes (au moins 52 ans), et l'hiver 2012 se situe à la fin du cycle de 5 125 ans couvert par le calendrier. En outre, 2012 sera une année bissextile, à éclipse solaire annulaire en mai – une sorte d'« alignement galactique » : le Soleil se situera à l'intersection de l'écliptique et de la Voie lactée – et à éclipse totale (visible en novembre en Australie et dans le Pacifique Sud). Même Nostradamus aurait annoncé l'impact dévastateur d'un astéroïde sur notre planète cette année-là ! Toutefois, les spécialistes de la civilisation maya écartent ces hypothèses, affirmant qu'il n'y a aucune raison de croire que la fin des temps correspond à la fin du compte long, le monde ayant très certainement existé avant le début du calendrier...

13

La cryptographie est entrée dans une ère nouvelle grâce à l'invention de l'ordinateur : d'abord parce que celui-ci est un outil formidable pour générer et appliquer de nouveaux codes, ensuite parce que le langage codé constitue le principe même de l'informatique.

L'ère numérique

L'omniprésence des systèmes numériques binaires à tous les niveaux de la vie moderne signifie que de nombreux aspects de notre existence dépendent de combinaisons de chiffres 0 et 1 : administration, sécurité, finances, vie quotidienne, communication, déplacements, argent acquis et dépensé, loisirs, santé, bien-être… Nous sommes tous devenus des cryptographes.

LES PREMIERS ORDINATEURS

L'inventeur Babbage
Né à Teignmouth, dans le Devonshire, Charles Babbage fit ses études à Cambridge, où, en 1812, il fonda la Société analytique – avec John Herschel et George Peacock. Il obtint la chaire de professeur lucasien de mathématiques (1828-1839). Bien qu'essentiellement associé à la machine à différences, il est également l'auteur de nombreuses autres inventions.

L'imprimante Babbage conçut une version de la machine à différences capable d'imprimer ses résultats sur papier : la première imprimante.

La machine analytique Version plus puissante de la machine à différences, cet appareil ne fut jamais construit. L'opérateur devait être en mesure de programmer les calculs à l'aide d'une série de cartes perforées. Près d'un siècle plus tard, les premiers ordinateurs électroniques reprirent exactement la même méthode pour lire des instructions et stocker des données.

Les feux à occultations Feux clignotants de signalisation maritime utilisés par les phares et bateaux-phares *(voir p. 166)*.

Le chasse-pierres Fixé à l'avant des locomotives pour écarter les obstacles de la voie.

Le brillant mathématicien et ingénieur anglais Charles Babbage (1791-1871) conçut et réalisa les premières machines capables de résoudre des problèmes mathématiques. Lorsqu'il était étudiant à l'université de Cambridge, Babbage fut choqué par le nombre d'erreurs que recelaient les tables mathématiques disponibles alors – il fallait en effet des semaines de laborieux calculs manuels pour déterminer les valeurs des fonctions telles que les sinus, les tangentes ou les logarithmes. Il décida donc de travailler à l'élaboration d'une machine capable de calculer les valeurs de ces fonctions de manière très précise, rapide et sans risque d'erreur : le tout premier calculateur.

La machine à différences

Charles Babbage comprit qu'en utilisant un processus mathématique particulier, le calcul différentiel, ou méthode des différences finies, sa machine pouvait effectuer d'interminables calculs à l'aide de soustractions et non de multiplications. Il conçut à un assemblage de roues dentées. Toutefois, à cause des limites technologiques de l'époque, la première machine à différences de Babbage ne fut jamais achevée. L'ingénieur fabriqua ensuite une version améliorée de son invention, qui ne fut vraiment opérationnelle que vingt ans après sa mort.

Roue issue de la partie « résultats » de la machine, montrant l'une des quatre séries de chiffres (de 0 à 9) gravés. La « colonne des résultats » indiquait le résultat à 31 chiffres calculé par la machine.

Réplique grandeur nature de la machine à différences de Babbage, achevée en 1991 par le Muséum des sciences de Londres. D'une hauteur de 2,40 m, elle comporte quelque 25 000 pièces actives et pèse 15 t. Dès le premier essai de calcul, on obtint un résultat à 31 chiffres.

Deux roues dentées de la machine d'origine, avec un levier de « report en avant ». Quand l'axe principal du dispositif était entraîné par la manivelle, les colonnes de roues tournaient sur elles-mêmes et, selon la position des roues sur chaque colonne, certaines roues tournaient aussi. Chaque roue portait une bague gravée de chiffres, de 0 à 9. Les chiffres affichés par les 31 roues d'une colonne donnaient le résultat partiel du calcul en cours. Le levier de report transmettait le résultat d'une colonne à l'autre.

Ces cartes perforées permettaient de programmer l'autre invention de Babbage, la machine analytique, pour qu'elle exécute divers calculs. Bien que cette machine n'ait jamais vu le jour, ce type de cartes perforées fut utilisé jusque dans les années 1970 pour programmer les ordinateurs.

À la main
L'axe principal entraînant les colonnes était actionné manuellement, mais Babbage avait envisagé de le faire fonctionner à la vapeur ou même à l'électricité.

Premières cartes perforées

Les cartes perforées furent inventées à la fin du XVIIIe siècle pour programmer les motifs des métiers à tisser mécaniques, puis les pianos mécaniques. Babbage adapta l'idée à sa machine analytique, inventant ainsi le premier programme informatique.

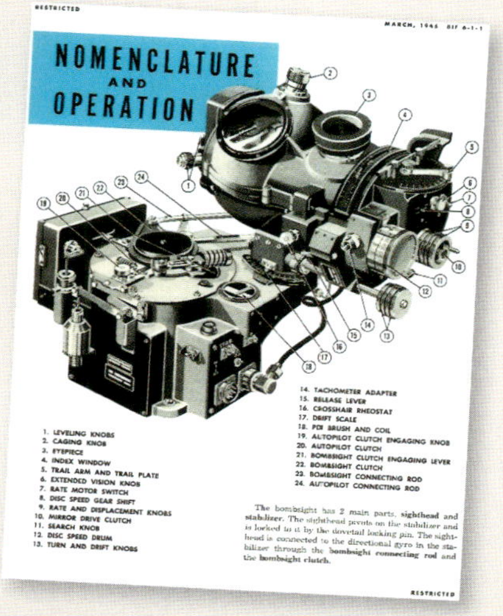

Calculateurs mécaniques

L'ordinateur actuel est un système numérique, composé de circuits électroniques et non plus d'engrenages. Toutefois, des calculateurs mécaniques comme ceux de Babbage furent développés, tel le Norden Bombsight *(ci-dessus)* dont on équipait les bombardiers américains durant la Seconde Guerre mondiale. Cet appareil, qui calculait divers paramètres (vitesse de l'air, altitude, etc.), était également relié à un système de pilotage automatique qui maintenait les avions sur leur cible lors d'un bombardement.

Les superordinateurs

En 1954, soit près de dix ans après les « bombes » d'Alan Turing *(voir p. 121),* IBM commercialisa son premier ordinateur, l'IBM 704. Le service marketing de la compagnie prévoyait qu'environ six machines seraient vendues : un demi-siècle plus tard, plus de deux milliards de spécimens ont été écoulés, et un milliard d'entre eux sont actuellement en service à travers le monde. Les langages codés sont le seul moyen de communiquer avec l'ordinateur, mais aussi de permettre aux ordinateurs de fonctionner et d'interagir. Bientôt ces derniers, toujours plus compacts et portables, généreront eux-mêmes leur code, jusqu'à éliminer le besoin d'une intervention humaine…

L'Earth Simulator de NEC, à Yokohama, au Japon, fut l'un des premiers – et des plus rapides – superordinateurs. Il permet de surveiller les changements climatiques et les processus géophysiques. Le gouvernement nippon l'utilise pour affiner les prévisions météorologiques. Il peut faire 35,86 billions de calculs à la seconde. Le développement d'une machine encore plus puissante était annoncé pour 2008.

Votre vie entre leurs mains

Les « superordinateurs » professionnels développés depuis dix ans sont chargés de tâches de plus en plus complexes, souvent liées à la sécurité des citoyens. Le superordinateur ASCI Purple du laboratoire national Lawrence Livermore, en Californie, est l'un des plus rapides au monde. Il est relié à un autre système tout aussi performant, Blue Gene/L. L'ASCI Purple vérifie que l'arsenal nucléaire américain est sécurisé et fiable sans qu'il soit nécessaire de tester ce dernier. Pour ce faire, il effectue en permanence des simulations de détonation et contrôle le vieillissement des dispositifs. L'accès à l'ASCI Purple est très réglementé : des codes hypersécurisés et des logiciels pare-feu réseau sont censés tenir les pirates à distance. Néanmoins des rapports publiés en 2007 faisaient état d'attaques répétées de pirates asiatiques sur ce système.

L'ASCI Purple est constitué d'un réseau de 196 serveurs IBM SMP Power5. Le système contient 12 544 microprocesseurs, soit 50 téraoctets de mémoire vive, et 2 pétaoctets de capacité de stockage. Il fonctionne sous le système AIX 5L et consomme 7,5 mégawatts d'électricité. Il a nécessité la construction d'un système de refroidissement spécifique. Sa vitesse de traitement est de 100 téraflops (soit 100 000 milliards d'opérations par seconde).

La mémoire

Le stockage des données a toujours été l'un des plus importants défis de l'informatique. À l'origine, programmes et données étaient stockés et lus sur des cartes perforées *(voir p. 272)*. Le système à ligne de délai, développé avec les recherches sur le radar pendant la Seconde Guerre mondiale, fut l'un des premiers systèmes de mémoire électrique. En parallèle, le tube cathodique de Williams-Kilburn, introduit en 1947, devint un système concurrent pour le stockage des données binaires. La technique du tore magnétique, qui a ouvert la voie aux ordinateurs modernes, fut inventée en 1949, mais réellement utilisée à la fin des années 1950 seulement.

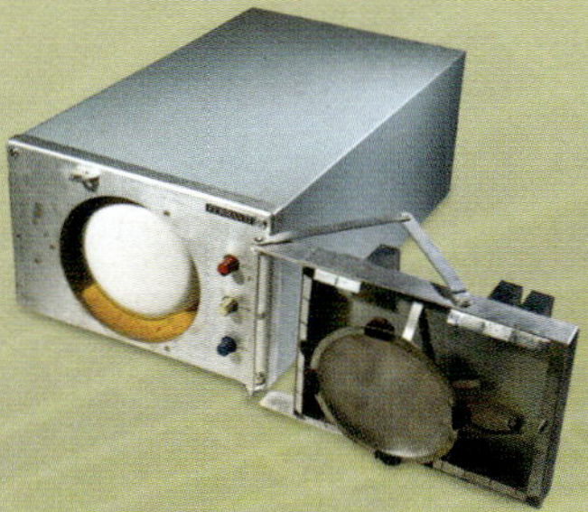

Le tube cathodique stocke des données binaires grâce à des émissions secondaires. Un point du tube se charge positivement, et la zone autour se charge négativement, créant un puits de potentiel électrique qui préserve la donnée.

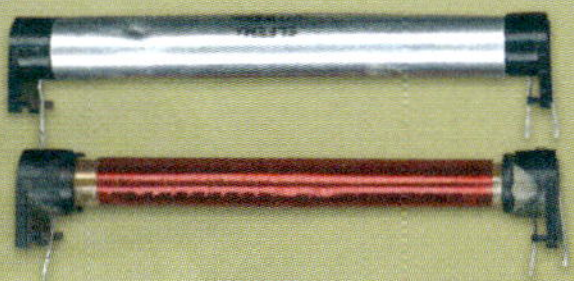

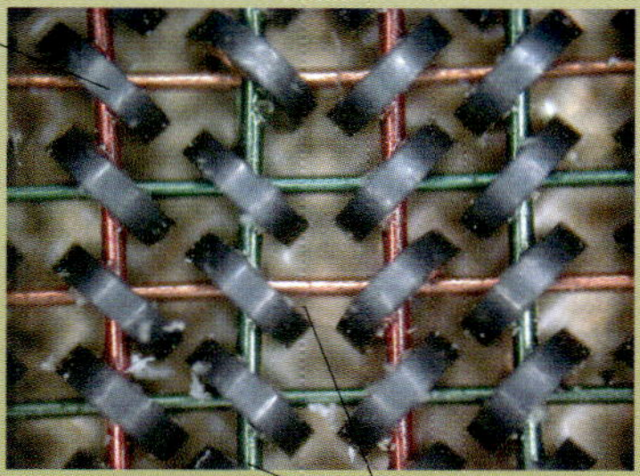

Les tores de ferrite Espacés de 1 mm, chacun reste aimanté dans un sens (bit à 1) ou dans l'autre (bit à 0) presque indéfiniment.

Une plaque de tores magnétiques en gros plan Les plaques, empilées stockent les informations sous forme de charges magnétiques.

Câblage Les fils rouges changent l'orientation de l'aimantation des tores, les verts créent ou annulent cette aimantation.

Le micro-ordinateur IBM série 1 fut lancé en 1976. Il était davantage destiné à une clientèle de programmeurs expérimentés qu'au grand public.

Des cultures distinctes

Le monde de l'informatique était traditionnellement séparé en deux groupes : les constructeurs et les programmeurs. Les consortiums intégrés tel IBM ont brouillé la frontière et acquis une formidable puissance en gérant en totalité les contrats gouvernementaux ou militaires. En parallèle, les produits design, innovants et faciles à utiliser d'Apple ont conquis les consommateurs. Les logiciels sont aujourd'hui l'équivalent moderne de l'or ou du pétrole – des produits à forte valeur ajoutée : le système d'exploitation Windows et sa suite bureautique ont fait de Bill Gates, le fondateur de Microsoft, l'un des hommes les plus riches de la planète.

COMMUNIQUER AVEC LES ORDINATEURS

Afin de programmer un ordinateur et de lui faire exécuter une tâche précise, l'homme doit lui « parler » dans une langue qu'il reconnaît. La majorité des machines fonctionnent en mode binaire (combinaisons de 1 et 0), langage auquel l'homme est peu habitué : c'est pourquoi de nouveaux langages ont été développés.

La loi de Moore

Le cofondateur d'Intel, Gordon Moore, fut le premier à énoncer la loi de doublement en 1965 : le nombre de transistors sur une puce (ce qui caractérise la puissance d'un processeur) est doublé tous les deux ans.

1971
Première puce Intel
23 000,74 MHz

1993
Premier Pentium 3
100 000 300 MHz

2006
Premier Core 2 Duo
291 000 000 320 MHz

Les langages de programmation

Les langages de programmation sont classés par niveau de complexité. La syntaxe d'un langage machine reflète l'architecture et le fonctionnement de l'ordinateur ; ainsi, dans l'Assembleur, chaque ligne de code fournit une instruction de base au microprocesseur. Bien qu'ils permettent de rédiger des programmes très performants, ces langages sont difficiles à utiliser et peu spécifiques d'une machine. Les langages évolués, comme C ou Java, ressemblent beaucoup à l'anglais et permettent d'écrire des programmes assez naturellement. La plupart des navigateurs Web, les applications bureautiques et de traitements d'images sont en langage évolué. Ces derniers confèrent aux applications une meilleure adaptabilité, même s'ils sont un peu plus lents que les langages machine.

Programmes compilés et assemblés

Les langages de programmation se distinguent selon la méthode utilisée pour « traduire » les instructions aux processeurs : ils peuvent être compilés ou interprétés. Les langages compilés, tels C, C++ et Cobol, contiennent un programme qui analyse les codes sources de haut niveau et les traduit en code machine, afin d'être à leur tour exécutés par le processeur. Les langages interprétés reposent sur un programme qui exécute le code source original dès que l'ordre est transmis, sans passer par une traduction. Un langage interprété tel Java est extrêmement souple et peut s'appliquer à de nombreux systèmes, des téléphones portables aux superordinateurs, sans ajout ni modification ; toutefois, ce type de langage s'exécute plus lentement que les langages compilés.

Les cartes perforées

Pendant des décennies, l'invention révolutionnaire de Charles Babbage, la carte perforée *(voir p. 269)*, fut utilisée en programmation informatique. Ce système reposait sur un codage assez proche du morse ou du braille. Jusque dans les années 1970, les cartes perforées furent également utilisées pour le stockage de données.

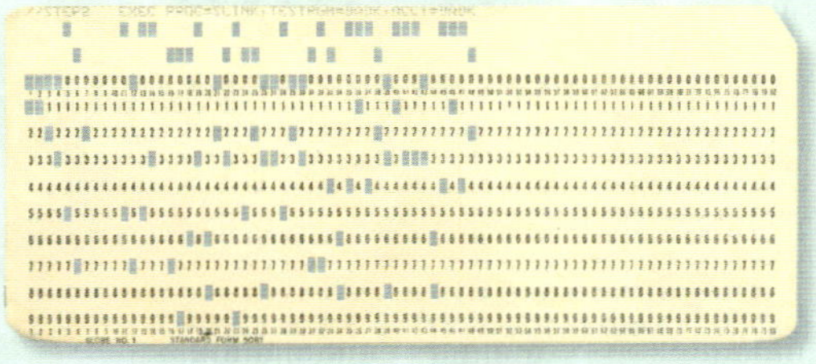

À partir de 1928, le format des cartes perforées s'est standardisé. Elles comptaient 80 colonnes de bits sur 10 lignes stockant les données, plus 1 ligne de contrôle.

1846
Bande perforée
Papier

1885
Carte perforée
Papier

Années 1950
Bande magnétique = 10 000 cartes perforées
Magnétique

1956
FORTRAN développé par IBM : la première communication directe avec un ordinateur, via une syntaxe

1956
Disque dur HDDB
4,4 MB à 1 000 GB
Magnétique

1958
ALGOL,
le premier langage algorithmique

1963
Première cassette compacte 20 KB
Magnétique

1963
Le code ASCII est développé : il permet de communiquer avec un ordinateur par des commandes écrites en instructions binaires.

Fin des années 1960
SGML, le premier langage normalisé de balisage

1969
Disquette 8 pouces 80 KB
Magnétique

1972
Le langage de programmation C, développé par la compagnie Bell, permet aux utilisateurs de modifier ou de créer des programmes.

1976
Disquette 5,25"
256 KB
Magnétique

1979
Premier Compact Disc CD-ROM 700 MB
Optique

1850 — 1900 — 1950 — 1960 — 1970 — 1980

« Je m'appelle HAL 9000, production n° 3. »

***2001 : L'ODYSSÉE DE L'ESPACE*, 1968.**

Dans le film de Kubrick *2001 : l'Odyssée de l'espace*, HAL, l'ordinateur de bord, programmé pour mener la mission à bien, finit par identifier les membres de l'équipage comme des menaces et entreprend de les éliminer.

ASCII	Caractère	ASCII	Caractère	ASCII	Caractère
32	(Espace)	64	@	96	`
33	!	65	A	97	a
34	"	66	B	98	b
35	#	67	C	99	c
36	$	68	D	100	d
37	%	69	E	101	e
38	&	70	F	102	f
39	'	71	G	103	g
40	(	72	H	104	h
41	)	73	I	105	i
42	*	74	J	106	j
43	+	75	K	107	k
44	,	76	L	108	l
45	-	77	M	109	m
46	.	78	N	110	n
47	/	79	O	111	o
48	0	80	P	112	p
49	1	81	Q	113	q
50	2	82	R	114	r
51	3	83	S	115	s
52	4	84	T	116	t
53	5	85	U	117	u
54	6	86	V	118	v
55	7	87	W	119	w
56	8	88	X	120	x
57	9	89	Y	121	y
58	:	90	Z	122	z
59	;	91	[	123	{
60	<	92	\	124	|
61	=	93	]	125	}
62	>	94	^	126	~
63	?	95	_	127	SUPPR

Le code ASCII

Le langage le plus ancien et le plus populaire est le code ASCII (American Standard Code for Information Interchange). Les lettres de l'alphabet, les nombres et les signes de ponctuation peuvent être écrits sous une forme analysable par un ordinateur. Un caractère ASCII est codé par un byte – soit sur 8 bits. Le 8ᵉ bit étant généralement un bit de vérification d'erreur, cela donne une base utile de codage de 7 bits, soit 2 à la puissance 7 (128) caractères possibles ; c'est pourquoi le code ASCII va de 0 à 128. Le tableau ci-contre indique les codes ASCII imprimables. Les autres sont réservés au contrôle des systèmes utilisant le code ASCII. La majorité de ces codes de contrôle sont aujourd'hui obsolètes. Nombre d'entre eux datent d'une époque où les ordinateurs n'avaient pas d'écran mais imprimaient toutes les données existantes. Il existe, par exemple, des codes d'instruction appelés « retour chariot », qui équivalent au renvoi du chariot en butée pour passer à la ligne sur une machine à écrire.

Le fonctionnement du code ASCII Le nombre 66 111 110 106 111 117 114 44 32 111 114 100 105 110 97 116 101 117 114 32 33 signifie *Bonjour, ordinateur!* (ponctuation et espaces compris).

1994
Cartes mémoire : Compact Flash, Memory Stick (1998), Secure digital (2000), xD-Picture (2002), jusqu'à 64 GB
Mémoire flash

1995
HTML : Tim Berners-Lee développe un langage hypertexte destiné à la lecture de pages Web.
Java est développé par Sun Microsystems, pour la création et la lecture de pages Web.

2000
Clé USB
128 MB
Mémoire flash

2006
DVD Haute définition
30 GB
Optique

Disque Blu-Ray
50 GB
Optique

1994
Lecteur Zip
100 à 750 MB
Magnétique

1983
Disquette 3,5"
1,44 MB
Magnétique

1995
DVD-ROM 8,5 GB
Optique

2004
Disque optique haute densité 30 GB
Optique

2007
Disque SSD
32 à 832 GB
Mémoire flash

Clé USB de 64 GB
= 14 DVD
= 93 CD
= 45 000 disquettes 3,5"

HTML et Internet

La majorité des sites Web sont rédigés en HTML (HyperText Marked Language). Ce langage est utilisé pour décrire tous les éléments d'une page Web – le développeur écrit les textes de la page et attache un codage HTML à chaque élément, stipulant s'il s'agit de texte, d'un lien hypertexte…, et précisant les caractéristiques typographiques : gras, italique, etc. Ces informations sont transmises au navigateur, qui sait ainsi comment afficher les éléments de la page. Le langage HTML est simple à lire et à écrire. Un minimum de connaissances techniques permettent de créer des sites rapidement et simplement.

Les scripts

Les scripts sont des langages qui ne s'adressent pas directement à l'ordinateur, mais qui interagissent avec les programmes et permettent d'automatiser des tâches, et ainsi d'optimiser leurs délais d'exécution. L'un des scripts les plus courants, le PHP ou ASP, soulage les serveurs Internet en accélérant l'affichage des éléments dynamiques ou animés des pages HTML – notamment dans le cas de pages de e-commerce. Le CSS (Cascading Style Sheets) est un script pour navigateur qui détermine l'apparence des pages Web : le choix des couleurs, des polices…

Les caractères étendus

Les caractères Unicode et multibytes sont les compléments du code ASCII, limité par l'absence de caractères accentués, pourtant indispensables dans de nombreuses langues européennes. Les caractères Unicode ont résolu le problème en introduisant les accents (aigus, graves, circonflexes). Au cours des prochaines années, des écritures anciennes – l'alphabet hiéroglyphique égyptien, le linéaire A, le linéaire B ou encore les pictogrammes du disque de Phaistos ***(voir p. 28-34)*** **– seront encodées.**

Alice, Bob et Ève

Rêves premiers

Les nombres premiers sont d'une importance capitale en cryptographie car ils génèrent des clés uniques. Un nombre premier est un nombre naturel qui n'est divisible que par 1 ou par lui-même ; par suite, les nombres premiers sont toujours impairs. Beaucoup de nombres n'ont que l'apparence d'un nombre premier.

3 est premier Divisible uniquement par 1 et 3.

5 est premier Divisible uniquement par 1 et 5.

7 est premier Divisible uniquement par 1 et 7.

9 n'est pas premier Divisible par 1, 3 (ce qui donne 3) et 9.

11 est premier Divisible uniquement par 1 et 11.

13 est premier Divisible uniquement par 1 et 13.

15 n'est pas premier Divisible par 1, 3 (ce qui donne 5), 5 (ce qui donne 3) et 15.

19 est premier Divisible par 1 (ce qui donne 19) et 19 (ce qui donne 1).

21 n'est pas premier Divisible par 1, 3 (ce qui donne 7) et 7 (ce qui donne 3) et 21.

27 n'est pas premier Divisible par 1, 3 (ce qui donne 9) et 9 (ce qui donne 3) et 27.

37 est premier Divisible uniquement par 1 et 37.

49 n'est pas premier Divisible par 1, 7 (ce qui donne 7) et 49.

Les nombres premiers ont toujours fasciné les mathématiciens. Ils apparaissent de manière aléatoire parmi les nombres naturels. La puissance informatique requise pour tester si un grand nombre est premier est considérable. Aujourd'hui, comme ils sont utilisés pour créer des clés de chiffrement, les identifier est devenu très important.

Les personnages les plus célèbres de la cryptographie moderne sont fictifs : il s'agit d'Alice et de Bob. Autrefois, en informatique ou en cryptographie, quand deux parties devaient communiquer, on utilisait personne A, personne B… Mais dans les années 1970, A est devenu Alice, B, Bob (parfois Bernard, en français) et C, Carole. Aujourd'hui, la plupart des systèmes cryptographiques recourent à l'usage de ces personnages. Quelques prénoms supplémentaires sont venus s'ajouter à la liste, notamment Ève, au statut un peu particulier : jouant sur l'homophonie du prénom avec le début du mot anglais *eavesdropper* (littéralement « celui dont les oreilles traînent »), Ève désigne l'espion qui tente d'intercepter les messages.

Clés publiques et privées

Dans la plupart des systèmes de cryptage, l'information est chiffrée à l'aide d'une clé. Pendant des siècles, ce système fut symétrique : l'expéditeur et le destinataire connaissaient tous deux l'algorithme et la clé, et la combinaison des deux permettait au destinataire de déchiffrer le message. Ce système était relativement sûr dans la mesure où le secret n'était partagé que par l'expéditeur et le destinataire. En cryptographie moderne, une clé est un nombre extrêmement long, utilisé pour chiffrer chaque caractère des données à transmettre. Il existe différents types de clés et différents moyens de les générer. La plupart des systèmes modernes reposent sur un algorithme de cryptage asymétrique (système RSA) et sur deux clés, l'une « publique » et l'autre « privée » ; chaque élément crypté par la clé privée ne peut être décrypté que par la clé publique, et vice versa. La première étape est donc de créer ces paires de clés en générant aléatoirement un grand nombre – souvent un nombre premier *(ci-contre)*.

Le système PGP

Le système de cryptage asymétrique par clés privée et publique le plus utilisé s'appelle le PGP (Pretty good Privacy). Il fut créé en 1991 par Philip Zimmermann *(à gauche)* pour fournir des signatures numériques et chiffrer du texte de manière sûre, en particulier pour Internet. Ce système posa vite problème aux services de la Sécurité américaine, car il pouvait aussi être utilisé par les criminels et les terroristes ; en effet, tout cryptage comprenant plus de 40 bits est classé dans la catégorie « arme/munition », et le système PGP n'utilisait jamais moins de 128 bits. Des poursuites furent lancées à l'encontre du PGP. Zimmerman eut alors l'idée de le publier sous forme de livre, contournant ainsi les lois grâce au premier amendement de la Constitution américaine.

À l'aide d'un grand nombre initial *(voir page de droite)*, Alice génère deux clés – l'une publique et l'autre privée. Elle envoie une copie de la clé publique à Bob et à Carole. Si Alice souhaite envoyer un message à Bob et à Carole, elle chiffre son message avec sa clé privée. Comme elle est la seule à posséder cette clé, tout ce qui peut être déchiffré avec la clé publique ne peut avoir été envoyé que par Alice. Alice, avec ce système, est le seul membre de confiance, puisqu'elle seule possède la clé privée.

Bob reçoit une copie de la clé publique d'Alice. Bob et Carole déchiffrent les messages d'Alice avec leur clé publique. Si Bob veut envoyer un message à Alice, il la chiffre avec sa clé publique. Alice sera la seule à pouvoir déchiffrer le message de Bob grâce à sa clé privée.

« Les nombres premiers poussent comme des mauvaises herbes parmi les nombres naturels, ils semblent n'obéir à aucune autre loi que celle de la chance. »

DON ZAGIER, MATHÉMATICIEN SPÉCIALISÉ DANS LA THÉORIE DES NOMBRES, 1975.

L'algorithme RSA a été décrit en 1973 par Clifford Cocks, un mathématicien travaillant pour le Centre d'interception des télécommunications étrangères en Grande-Bretagne. Le concept fut développé ensuite par Ron Rivest, Adi Shamir et Leonard Adleman (RSA étant l'acronyme des initiales de leurs noms) du MIT (Massachusetts Institute of Technology) et publié en 1977.

Ève, qui « écoute aux portes », est exclue du système. Si elle obtient une copie de la clé publique, elle peut envoyer des messages en se faisant passer pour Bob ou Carole, mais elle ne pourra pas décrypter les messages de ceux-ci. C'est l'une des limites du système – bien qu'en pratique les clés publiques soient régulièrement générées, remplacées et redistribuées aux personnes autorisées.

Si Bob veut envoyer le même message à Carole en utilisant la clé publique, elle ne pourra le déchiffrer (et vice versa) car Carole ne possède pas la clé privée.

La génération des clés

Alice choisit deux nombres premiers : p et q – par exemple, 223 et 199, mais en pratique, ces nombres doivent être considérablement plus grands.

Avec ces deux nombres, elle en obtient d'autres : n – le produit $p \times q$ (soit ici, 44 377) – et ϕ, le produit $(p-1) \times (q-1)$ (ici, 43 956).

Puis elle choisit un nombre entier e petit et compris entre 1 et ϕ (ici 5)

Enfin, Alice choisit un nombre secret d tel que $e \times d-1$ soit un multiple entier de ϕ (ici d vaut 35 165). À ce stade, la clé publique est déterminée par le couple *(n, e)* et la clé privée par *(n, d)*.

Alice envoie la clé publique *(n, e)* à Bob et à Carole, clé qui leur permet de décrypter les messages d'Alice.

Alice souhaite chiffrer un message et l'envoyer à Bob ; elle le fait avec sa clé privée *(n, d)*. Le texte clair est d'abord converti en un nombre entier N, compris entre 1 et n par un algorithme connu de tous. Ce nombre est porté à la puissance d puis le résultat est réduit à son reste entier modulo n (on divise N^d autant de fois qu'il faut par n jusqu'à ce qu'il reste un reste entier plus petit que n) ; ce reste est le message crypté. Le message crypté est ensuite regroupé en séries de 5 chiffres et envoyé à Bob. Dans le cas présent, « Bonjour Bob » est devenu : 00073 03716 31740 02391 05785.

Pour déchiffrer le message crypté 00073 03716 31740 02391 05785 avec sa clé publique *(n, e)*, Bob porte ce nombre à la puissance e puis réduit le résultat à son reste entier modulo n. Le reste entier est ensuite transcrit en texte par l'algorithme convenu. Si la clé est incorrecte, alors 00073 03716 31740 02391 05785 donnera un message incohérent.

Carole reçoit une copie de la clé publique d'Alice. Si Carole veut envoyer un message à Alice, elle le chiffre avec sa clé publique. Alice sera la seule à pouvoir déchiffrer le message avec sa clé privée correspondante.

Générer l'aléatoire

Demander à un ordinateur de générer un nombre aléatoire est extrêmement compliqué. Un ordinateur est une machine déterministe : si on lui donne un calcul à faire et des données, il obtient toujours le même résultat pour les mêmes données ; on ne peut donc lui demander de calculer un nombre aléatoire. Avec la plupart des ordinateurs modernes, on contourne le problème en utilisant son horloge interne. Chaque processeur d'ordinateur possède un cristal qui oscille à une fréquence définie : c'est son horloge. Le temps de chaque oscillation est égal au temps nécessaire au processeur pour effectuer l'opération la plus longue. L'horloge permet de garder le processeur synchronisé, et une tâche demandée débute toujours au début d'une oscillation du cristal. Chaque fois que le processeur effectue une tâche, un compteur interne se met en marche. Ce compteur est à la base de la génération des nombres aléatoires – chaque fois que l'utilisateur demande un nombre aléatoire, le compteur aura changé de valeur et un nouveau nombre sera généré.

Les « sources d'entropie »

Certains systèmes avancés utilisent une source (ou *pool*) d'entropie pour générer des nombres aléatoires. Une source d'entropie est un dispositif matériel qui exploite un phénomène physique comme source de nombres aléatoires – par exemple, le bruit thermique. Les meilleures sources d'entropie utilisent la physique quantique pour obtenir des nombres véritablement aléatoires, les lois de la mécanique quantique permettant à de nombreux systèmes de se comporter de manière aléatoire et imprévisible.

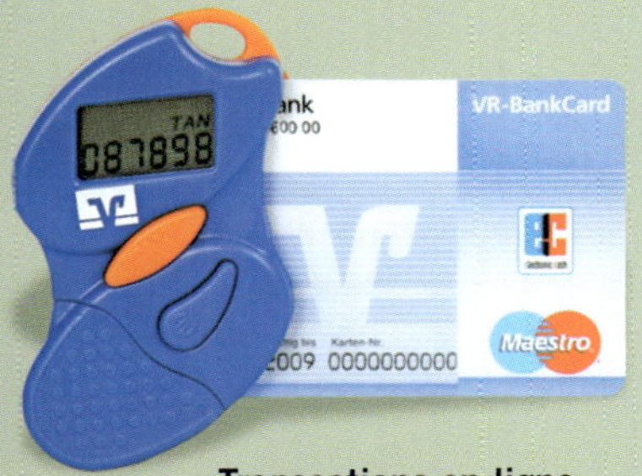

Transactions en ligne sécurisées Comment sécuriser les transactions bancaires sur Internet ? Des services comme PayPal et Google Checkout utilisent des clés de cryptage privées bien particulières pour assurer un maximum de confidentialité à la transaction. Récemment, PayPal a mis au point une clé qui génère un code temporaire valable uniquement pour la durée de la session.

La médecine de demain

Le serment d'Hippocrate

Le serment prêté par les médecins du monde entier est attribué au Grec Hippocrate de Cos (v. 460-377 av. J.-C.), dont les observations et théories sont rassemblées dans le *Corpus hippocraticum (Corpus hippocratique).* Le serment d'Hippocrate se caractérise par quatre grands préceptes moraux, qui ont traversé les siècles.

Tradition Respecter l'enseignement de son professeur et transmettre ses connaissances aux générations futures.

Culte de la vie Ne jamais causer de blessure intentionnellement, offrir le meilleur conseil médical possible au patient et refuser d'administrer un poison à la demande du patient. (À l'origine, cette clause s'appliquait aux potions abortives.)

Confidentialité Ne jamais divulguer d'information sur la santé du patient sans son consentement.

Respect Éviter toute intimité avec les patients.

Toutefois, l'évolution de la recherche scientifique mais aussi de la société met les médecins face à un nombre croissant de défis. L'avortement demeure un sujet sensible, que ce soit d'un point de vue éthique ou social. Les arguments en faveur de l'euthanasie pour les patients atteints de maladies incurables sont souvent contrebalancés par les avancées cliniques et les questions morales. Par ailleurs, les avancées et les recherches dans les domaines du génie génétique, du patrimoine héréditaire ou du clonage suscitent d'importantes controverses au sein des milieux médicaux.

Aujourd'hui, des techniques médicales encore inconnues il y a cinquante ans sont couramment utilisées, comme la chirurgie endoscopique ou la transplantation d'organes. En médecine, l'évolution rapide de la recherche, en particulier le développement du projet Génome humain (*voir p. 174*), coïncide avec l'essor d'autres technologies – la miniaturisation (nanotechnologies), la robotique –, dont le perfectionnement est intimement lié aux progrès de l'informatique. Depuis la découverte de l'ADN par Watson et Crick *(voir p. 170),* les technologies numériques ont permis de formidables progrès dans le domaine de la santé.

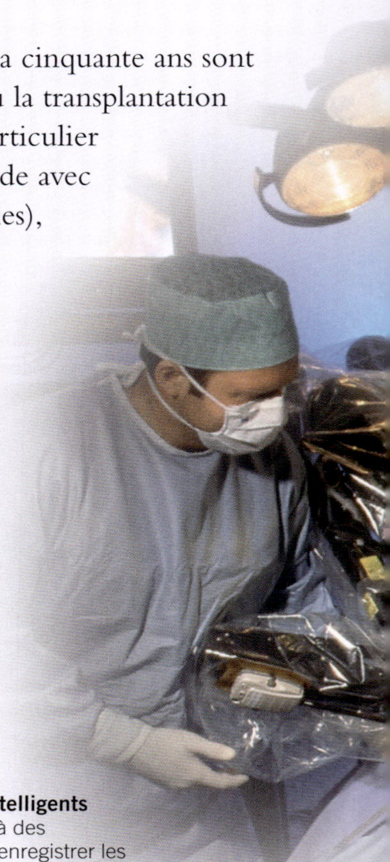

Les nouvelles technologies

L'informatique a profondément transformé la science médicale. Ainsi, des imprimantes à jet d'encre modifiées permettent aujourd'hui de fabriquer des tissus humains, tandis que des systèmes analysent les fonctions vitales telles la vue et l'ouïe chez les animaux dans le but de réparer ces fonctions endommagées chez les non-voyants et les malentendants. En outre, des expériences récentes sur l'ADN permettent d'envisager la reconstruction d'organes humains. Il ne s'agit plus de science-fiction mais bel et bien de réalités scientifiques.

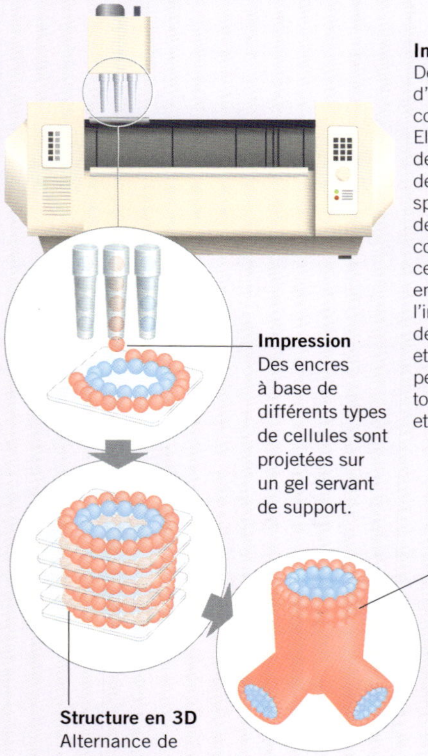

Impression d'organe
Des imprimantes à jet d'encre modifiées sont en cours de développement. Elles peuvent « imprimer » des tissus vivants et des organes : un gel spécial sert de support, des cultures de cellules constituent l'encre. Si les cellules vivantes mises en culture sont celles de l'individu malade, celui-ci devient à la fois donneur et receveur – cette perspective écartant tout risque d'attente et de rejet d'organe.

Des vêtements intelligents
Des textiles reliés à des capteurs peuvent enregistrer les fonctions vitales comme le pouls, le rythme respiratoire ou le taux d'électrolyte dans la transpiration. Des vêtements élaborés avec ce type de matériau pourraient indiquer à des centres médicaux les données médicales d'un individu et permettre de suivre ses déplacements. En cas d'accident ou de malaise, l'intervention des services d'urgence serait quasi immédiate et plus efficace.

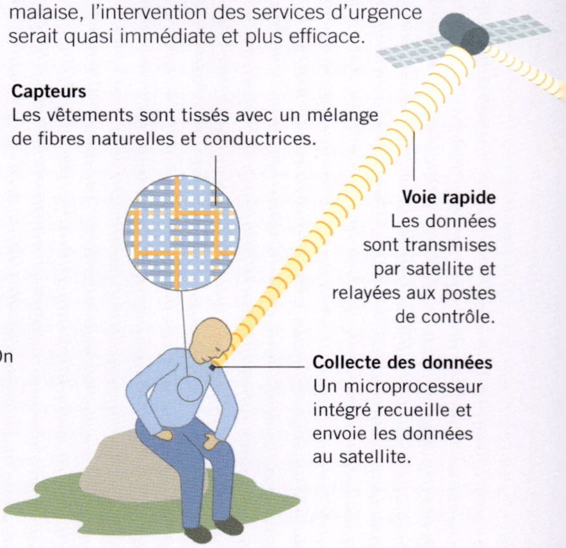

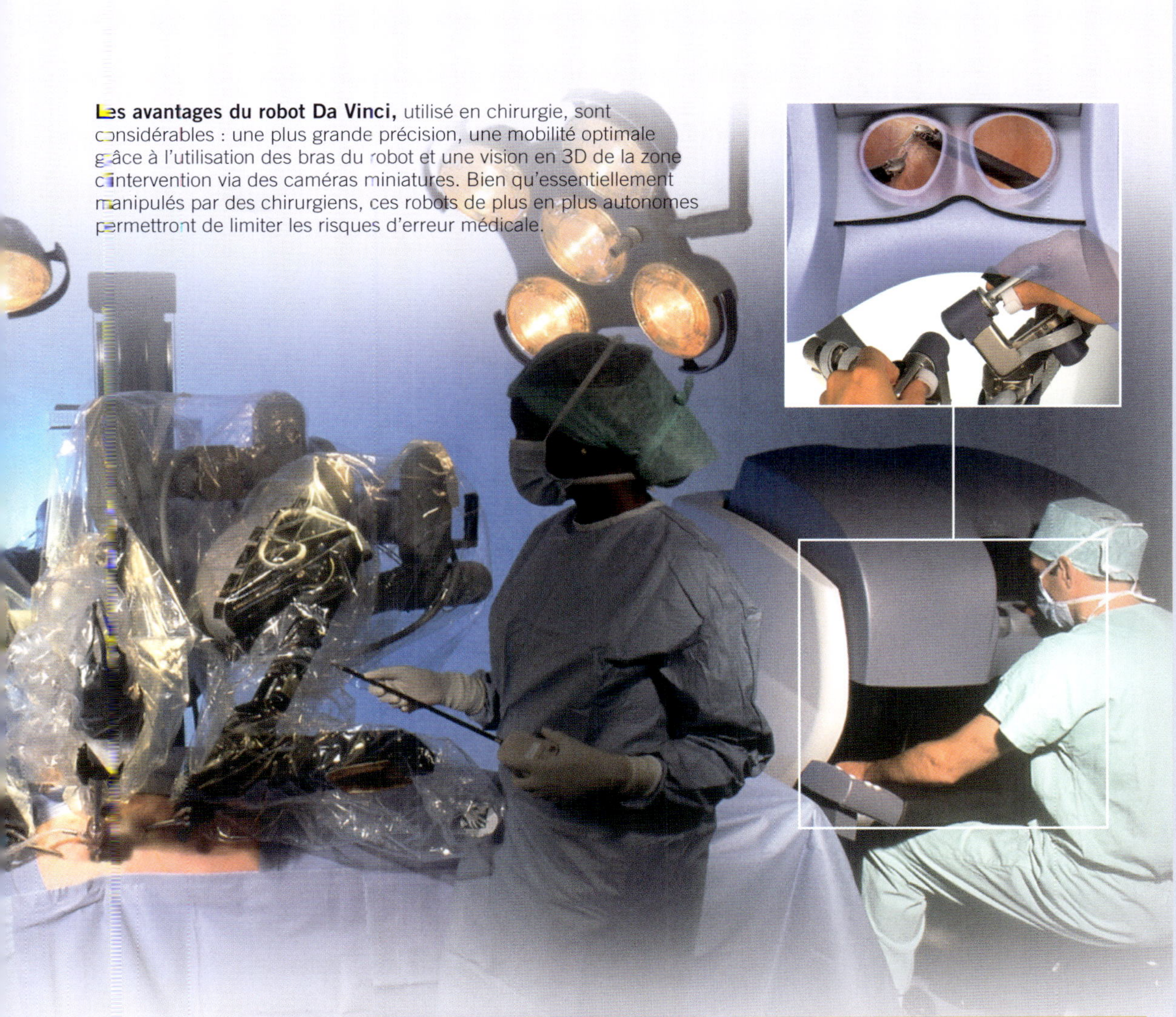

Les avantages du robot Da Vinci, utilisé en chirurgie, sont considérables : une plus grande précision, une mobilité optimale grâce à l'utilisation des bras du robot et une vision en 3D de la zone d'intervention via des caméras miniatures. Bien qu'essentiellement manipulés par des chirurgiens, ces robots de plus en plus autonomes permettront de limiter les risques d'erreur médicale.

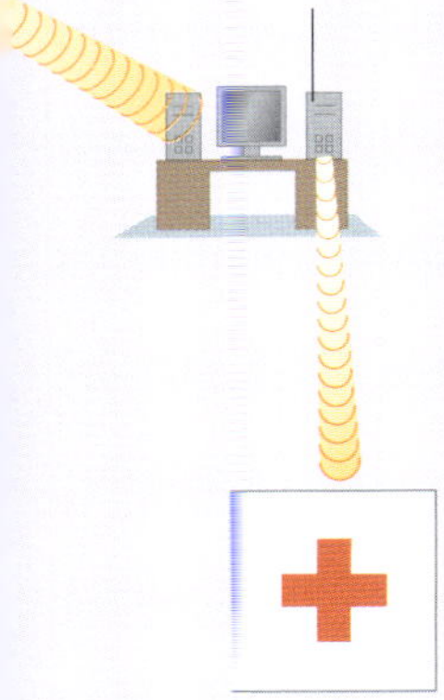

Fonctions vitales Elles sont analysées, et en cas d'urgence, une équipe médicale est immédiatement envoyée sur place.

Les nanotechnologies Des traitements à l'échelle nano (de 1 milliardième à 100 milliardièmes de mètre) sont en cours de développement. De minuscules balles de molécules, appelées nanocapsules ou fullerènes, sont utilisées pour déposer des doses de traitement à des endroits très précis du corps humain – lors d'une chimiothérapie, cela permet de cibler les cellules cancéreuses sans toucher les cellules saines et ainsi d'atténuer les effets secondaires. Des molécules assemblées en nanostructures pourront constituer une base de culture de tissus endommagés, comme les tissus nerveux.

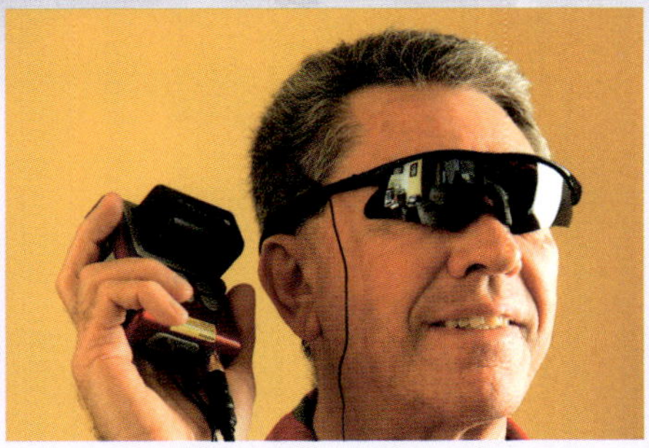

Décoder les ondes cérébrales Les signaux enregistrés à l'aide d'électrodes placées dans le cerveau d'un chat ont été utilisés pour recréer les images vues par l'animal. Ces signaux, relevés juste derrière le nerf optique, ont été interprétés en décodant de manière linéaire l'activité neuronale. En effectuant le processus inverse, on pourra traduire en signaux des images reçues d'une caméra. Transmis dans le cortex visuel d'un individu non-voyant, ils permettront à ce dernier de voir. Aujourd'hui, on cherche des algorithmes pour modéliser l'activité du cortex visuel.

Les champs de bataille de la médecine

Dans les années à venir, des unités chirurgicales mobiles et robotisées seront déployées afin de venir en aide aux soldats tombés au front, de stabiliser leur état puis de les évacuer. Baptisées *trauma pods* – en référence à *Étoiles, garde-à-vous !* (1959), ouvrage de science-fiction de Robert A. Heinlein –, ces unités interviendront automatiquement au cours de « l'heure d'or » (l'heure suivant la blessure, qui conditionne la survie du soldat). Plusieurs innovations sont déjà utilisées : les sprays de peau artificielle pour traiter les brûlures graves, les poudres hémostatiques et les pansements imprégnés de produits stoppant les hémorragies – cause de 50 % des décès au combat.

Des diffuseurs d'anesthésie portables court-circuitant la transmission des signaux de douleur vers le système nerveux ou encore des systèmes à ultrasons capables de localiser et de cautériser les hémorragies internes sont en cours de développement. Enfin, des tissus équipés de capteurs informeront les unités médicales de l'état des soldats, permettant ainsi de soigner en priorité les blessés les plus gravement touchés.

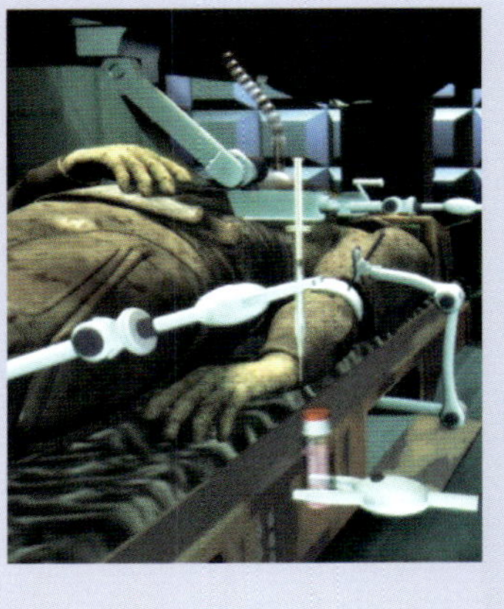

un soldat blessé est examiné afin que l'on puisse stabiliser son état avant de l'évacuer.

Où les codes nous mènent-ils ?

Beaucoup de scientifiques pensent que la révolution numérique est à peine commencée. Selon la loi de Moore *(voir p. 272),* par exemple, la puissance des ordinateurs double tous les deux ans. Les évolutions sont observables dans tous les domaines du numérique ; ainsi, les téléphones, appareils photo, voitures, téléviseurs, caméras… ont tant changé ces dernières décennies que, si nous revenions vingt ans en arrière, nous reconnaîtrions à peine leurs prédécesseurs. Y a-t-il une limite à ce progrès ? Il existe certainement une limite au nombre de transistors que l'on peut monter sur une plaque de silicium. Ceux-ci constituent la base des microprocesseurs, et donc leur puissance de calcul, mais la surchauffe et la taille finie imposent des contraintes de plus en plus difficiles à surmonter. Le temps est sans doute venu de passer à autre chose…

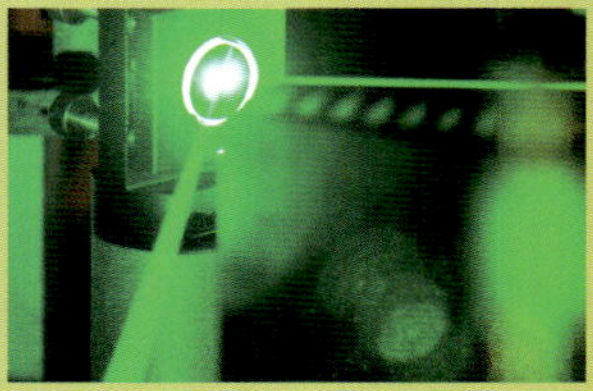

Ordinateurs quantiques

La piste de recherche la plus prometteuse implique l'exploitation du potentiel des particules subatomiques et la physique quantique. Quand les choses sont extrêmement petites, les lois physiques qui les régissent changent radicalement. C'est le domaine de la physique quantique, où les particules sont aussi des ondes, et où la matière est énergie. Les chercheurs tentent d'exploiter cette dualité particule/onde pour construire des ordinateurs dotés d'énormes capacités de stockage et de calcul, et à même de résoudre en quelques secondes des problèmes d'une grande complexité. Mais il reste encore beaucoup de barrières à franchir avant de concevoir des ordinateurs quantiques fiables. Un phénomène appelé intrication (deux particules intriquées se comportent à l'identique même si on les sépare) a été utilisé pour « téléporter » des informations. Cette expérimentation laisse supposer qu'il sera possible un jour de sécuriser totalement le transfert de données.

La connexion ADN

La recherche de nouveaux types d'ordinateurs se concentre sur deux aspects : une puissance quasi infinie et une rapidité de calcul sans commune mesure avec celle des superordinateurs actuels ; 0,5 kg d'ADN possède plus de capacité de stockage que tous les ordinateurs basés sur la technologie du silicium ayant jamais existé – l'ADN est par ailleurs abondant et relativement bon marché. Les ordinateurs à base d'ADN seraient capables d'effectuer des calculs en parallèle plutôt qu'en série, ce qui augmenterait incroyablement leur vitesse et réduirait leur taille. Un ordinateur grand comme une goutte d'eau réaliserait des performances dépassant celles des machines les plus rapides aujourd'hui.

Les autoroutes de l'air

Pourrait-il y avoir un jour des voitures volantes ? La recherche actuelle envisage la mise sur le marché de tels engins d'ici une vingtaine d'années. Des prototypes à décollage vertical existent déjà. Le principal problème est la prise en main technologique, mais la miniaturisation des ordinateurs, le GPS et les programmes de positionnement en 3D permettraient d'y remédier.

L'arsenal numérique

Les avancées technologiques en matière d'armement sont toujours à la pointe grâce aux budgets alloués, souvent très importants. Et la réalité dépasse parfois la fiction… Le casque des pilotes de F-35 Joint Strike Fighter *(ci-dessous)* leur fournit un niveau de contrôle et d'information jamais atteint. En plus des équipements décrits ci-après, les caméras qui équipent l'extérieur de l'avion leur permettent de voir sur les côtés, au-dessus, au-dessous et à l'arrière de l'appareil.

L'idée d'un ascenseur reliant la Terre à une station spatiale géostationnaire est sérieusement envisagée. Les nanotechnologies nous permettent de créer des fibres ultralégères et ultrapuissantes à base de nanotubes de carbone qui pourraient convoyer des hommes et du matériel vers l'espace sans recourir aux fusées.

Dans la matrice

Avec des processeurs fonctionnant à l'échelle atomique, nous devons nous attendre à vivre dans un monde où les ordinateurs miniatures, imprimés sur des objets ou sur la peau, communiqueront par réseau quantique. Les réductions de taille et de coût permettent déjà de fixer des microprocesseurs sur des objets de la vie courante comme les puces RFID ; avec une liaison Wi-Fi et suffisamment de bande passante, elles pourront bientôt communiquer spontanément entre elles et collecter des informations sur le Web. Des systèmes d'arrosage automatique interpréteront les prévisions météo, les vêtements des enfants permettront de les localiser par GPS, les boîtes de médicaments identifieront réciproquement leurs contenus et avertiront l'utilisateur d'éventuelles interactions nocives... La plus grande partie de la puissance de calcul de nos ordinateurs migrera de nos foyers et bureaux vers de gros ordinateurs distants, les PC devenant terminaux. Ces derniers auront la taille de montres *(ci-contre)* ou de bandeaux frontaux et seront constamment connectés à Internet, et donc au reste du monde.

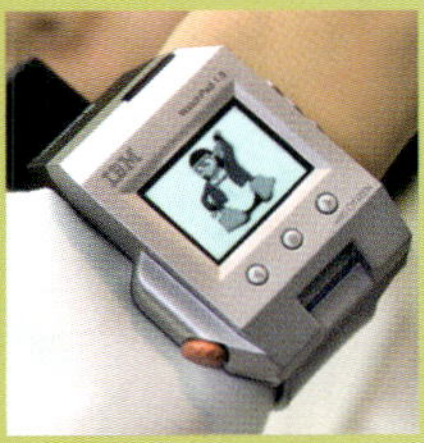

Branchés

L'interface cerveau-ordinateur (ICO) devient incroyablement sophistiquée et évolue parallèlement à notre capacité de déchiffrer l'activité électrique du cerveau. On peut d'ores et déjà faire bouger un curseur ou écrire un message sur un ordinateur grâce à la pensée, via des électrodes branchées sur le cuir chevelu ; de même, il est possible de voir à travers les yeux d'un chat en interprétant les signaux relevés par des électrodes placées derrière le nerf optique *(voir p. 277)*. Il semble donc possible d'envisager un monde dans lequel les machines seront unies aux hommes pour accroître leurs connaissances, les maintenir en bonne santé, informés, connectés... Tout peut être relié à Internet, avec parfois des conséquences désastreuses pour la vie privée. Accepterons-nous d'avoir des électrodes dans le cerveau ? La seule limite à ce processus est d'ordre culturel : le souhaitons-nous vraiment, ou est-ce un cauchemar orwellien ?

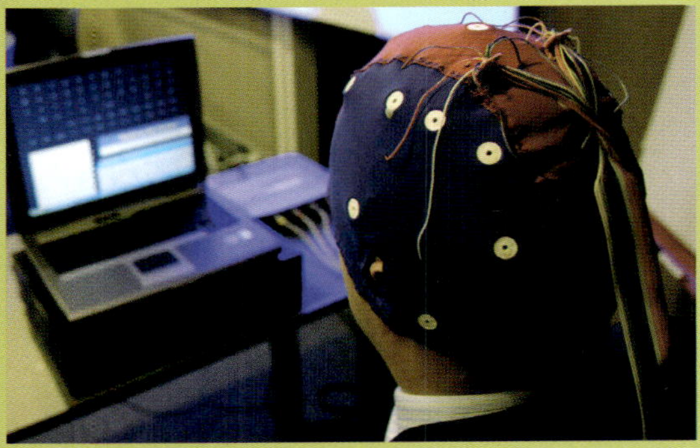

GLOSSAIRE

Algorithme
Terme générique désignant un système utilisé pour transformer un texte clair en un texte chiffré. Une clé permet souvent de le spécifier *(voir p. 66)*.

Alphabet de chiffrement
Ensemble de lettres, signes ou nombres que l'on substitue aux lettres de l'alphabet traditionnel pour créer un chiffre.

Anagramme
Chiffre de transposition élémentaire qui consiste à modifier l'ordre des lettres d'un mot ou d'une phrase de manière à produire un autre texte lisible *(voir p. 66)*.

Chiffre
Anciennement appelé code secret, le chiffre désigne tout système d'écriture au moyen de caractères et de signes disposés selon un code convenu entre des personnes qui échangent des informations confidentielles. Plus précisément, le chiffre est l'ensemble des caractères et des symboles (lettres, nombres, signes, etc.) employés pour remplacer chaque lettre du message à envoyer. Le chiffre permet de transformer un message clair en message chiffré, ou cryptogramme. Par extension, le chiffre est aussi l'algorithme utilisé pour le chiffrement.

Chiffrement
Transformation, à l'aide d'une clé de chiffrement, d'un message clair (dit texte clair) en un texte codé (dit texte chiffré) impossible à lire si l'on ne possède pas la clé.

Clé
Élément d'un chiffre qui, avec l'algorithme, permet de chiffrer et de déchiffrer un message en spécifiant comment utiliser l'algorithme. Mots clés ou phrases clés – voire des textes plus longs – sont parfois associés à un tableau pour créer des chiffres polyalphabétiques, dont le plus connu est le carré de Vigenère *(voir p. 104)*.

Cryptanalyse
Science du décryptage des cryptogrammes, qui consiste notamment à identifier l'algorithme et la clé utilisés pour créer un chiffre.

Cryptogramme
Message crypté ou codé.

Cryptographie
Ensemble des techniques permettant de protéger des données en les codant au moyen d'écritures secrètes. Par extension, ce terme désigne aussi la création de systèmes de cryptage.

Cryptographie à clé asymétrique
Méthode de chiffrement basée sur l'utilisation de deux clés appelées clé publique et clé privée, l'une permettant de crypter et l'autre de décrypter les messages. Ainsi l'expéditeur code un message que seul le destinataire pourra déchiffrer. Les systèmes RSA et PGP sont deux exemples de cette méthode de plus en plus utilisée pour les communications Internet et les transactions en ligne *(voir p. 274)*.

Cryptolecte
Langage utilisé par un petit groupe de personnes qui souhaitent communiquer en toute discrétion. Les jargons ou l'argot sont des cryptolectes.

Cryptologie
Étymologiquement, « science du secret », elle regroupe la cryptographie et la cryptanalyse, et étudie les écritures secrètes.

Déchiffrement
Action de déchiffrer une écriture, un message chiffré dont on connaît la clé.

Digramme
Paire de lettres fréquente dans une langue donnée, par exemple *le* ou *la* en français.

Grille de décodage
Grille de chiffres et de lettres utilisée pour le cryptage et le décodage de messages secrets dissimulés dans un texte d'apparence ordinaire.

Homophone
Lettre ou ensemble de lettres, nombres ou signes, utilisés pour remplacer une lettre, un nombre ou un signe récurrent du texte clair. Les homophones permettent de dissimuler les lettres, nombres ou signes les plus fréquents dans un message secret.

Livre de chiffrement
Chiffre dont la clé est un texte très long, en général un livre – la Bible figure parmi les exemples les plus connus.

Monoalphabétique (chiffre de substitution)
Chiffre de substitution dans lequel les lettres, nombres ou signes sont toujours remplacés par les mêmes lettres, nombres ou signes, sauf en cas de recours à des homophones.

Polyalphabétique (chiffre de substitution)
Chiffre de substitution dans lequel les lettres, nombres ou signes peuvent être remplacés par d'autres lettres, nombres ou signes.

Stéganographie
Procédé consistant à dissimuler un texte dans un autre objet, sans recourir à la cryptographie.

Substitution (chiffre de)
Chiffre consistant à remplacer les lettres d'un message par des symboles déterminés (autres lettres, nombres, signes, etc.).

Tabula recta
Tableau permettant de créer des chiffres polyalphabétiques à l'aide d'un mot ou d'une expression clé. L'exemple le plus connu est le chiffre de Vigenère *(voir p. 104)*.

Texte chiffré
Texte clair transformé par le chiffrement.

Transposition (chiffre de)
Chiffre basé sur la modification de l'ordre des lettres selon une convention secrète, pour produire un texte codé mais lisible. L'anagramme est un chiffre de transposition.

Trigramme
Suite de trois lettres ou signes revenant fréquemment dans une langue donnée, comme *des*, *les* ou *-ent* en français.

INDEX

A

B

C

D

E

ITNBDAEMXFAITNPDMEMXFAITNPDMX

CRÉDITS

Les éditeurs tiennent à remercier les sources suivantes pour leur aimable autorisation de publier les illustrations de cet ouvrage.

Abréviations : h = haut ; b = bas ; g = gauche ; d = droite ; c= centre ; ap = arrière-plan ; a = au-dessus ; f = frise.

Couverture
de gauche à droite et de haut en bas : Basilique de Saint-Denis, photo LA COLLECTION/Jean-Paul Dumontier ; Atlas Catalan, photo La COLLECTION/Imagno ; Lascaux II, photo LOOKATSCIENCES/ EURELIOS/PH. Plailly ; Disque de Phaistos, photo AKF IMAGES/ Hervé Champollion ; Totem du parc Saxman Totem (Alaska), photo ASK IMAGES/Frédéric Mouchet ; Cercueil de Tachépenkhonsou, photo PICTURE DESK/Coll. DAGLI ORTI/Gianni Dagli Orti, musée du Louvre, Paris.

akg-images : 42hg, 52-53c, 56-57bc, 58hg, 58c, 86-87c, 114cga, 164-165ap, 179hd, 185c, 194bd, 232bc ; Elie Bernager 59bd ; Bibliothèque nationale, Paris 59hg, 104hg, 160hg, 160bg ; Collection Archiv für Kunst & Geschichte, Berlin 112-113bc ; Erich Lessing 61l, 64b, 186bd, 190bg ; Musée du Louvre, Paris/Erich Lessing 43cgb ; Museo Nazionale Archeologico, Naples/Nimatallah 102-103bc ; Postmuseum, Berlin 162bd ; Ullstein Bild 114bc ; Victoria & Albert Museum, Londres/Erich Lessing 201hg.
Alamy : blickwinkel 14fcgb ; Mike Booth 209cbd ; capt.digby 152hg ; Classic Image 74bd ; Phil Degginger 159ca ; Javier Etcheverry 19hd ; Mary Evans Picture Library 9bc, 47h, 53hd, 58bd, 65hd, 72hg, 73bg, 80hg, 97cb, 109hd, 114cd, 124bg, 172-173bc, 197cd, 260hg ; Mark Eveleigh 15fhg ; Tim Gainey 182b ; Duncan Hale-Sutton 95cdb ; Dennis Hallinan 77hc, 194hg ; Nick Hanna 205bg ; Peter Horree 264hd ; INTERFOTO Pressebildagentur 21hg, 49hc, 73hd, 96hg, 110hg, 189bg ; Steven J. Kazlowski 15bd ; Stan Kujawa 145hc ; David Levenson 189hc ; Jason Lindsey 188bd ; The London Art Archive 78hg, 265b ; Manor Photography 179hg ; Mediacolor's 208hg ; Todd Muskopf 244c ; Jim Nicholson 15hd ; Photo Researchers 156hg ; Photos12 204bg ; Phototake Inc. 277cgb ; Pictorial Press Ltd 94bcg, 121bd, 125ca ; The Print Collector 20ca, 36hg, 55cbg, 70b, 91bd, 113hc, 131cg, 189c ; PYMCA 146c ; Friedrich Saurer 167c ; Sherab 187bd ; Ian Simpson 18-19c ; Skyscan Photolibrary 74hg ; Stefan Sollfors 188cgb ; Stockfolio 207ca ; Amoret Tanner 224g ; Don Tonge 91hc ; Genevieve Vallee 15cd ; Vario Images GmbH & Co. KG 275bd ; Mireille Vautier 157bg ; Visual Arts Library, Londres 20bd, 33hd, 33cg, 53cb, 172c, 197bc, 242hg ; Dave Watts 175hc ; Ken Welsh 186cga ; Norman Wharton 45bd ; Tim E. White 120cga ; Maciej Wojtkowiak 183hc ; World Religions Photo Library 187bg, 187bcg ; Konrad Zelazowski 15hc.
***Amhitheatrum Sapientae Aeternae*, d'Heinrich Khunrath, 1606 :** 52bg.
Apex News & Pictures : 155hd.
Avec l'aimable autorisation d'Apple Computer, Inc. : 98bc, 271bd.
The Art Archive : 116cgb, 120bg, 211hd ; Museo de América, Madrid 153c ; Musée archéologique de Châtillon-sur-Seine/Dagli Orti 102hg ; Archaeological Museum, Chora/Dagli Orti 29hg ; Musée archéologique de Sousse, Tunisie/Dagli Orti 43hg ; Archives de l'Académie des Sciences, Paris/Marc Charmet 158cb ; Ashmolean Museum, Oxford 57hd ; Bibliothèque des Arts décoratifs, Paris/ Dagli Orti 28hd ; Musée égyptien, Le Caire/Dagli Orti 35cd ; Museo Egizio, Turin/Dagli Orti 20hg ; Galerie Christian Gonnet, Louvre des Antiquaires/Dagli Orti 209cb ; Musée d'Iráklion/Dagli Orti 28hg, 30-31 ; Jan Vinchon Numismatist/Dagli Orti 212hg ; Musée Cernuschi, Paris 185bd ; Musée Condé, Chantilly/Dagli Orti 228hg ; Musée du Louvre, Paris/Dagli Orti 46hg ; Musée luxembourgeois, Arlon/Dagli Orti 27cga ; Museo della Civilta Romana, Rome/Dagli Orti 42cgb, 152bd ; Musée de Carthage/ Dagli Orti 43cd ; National Gallery, London/Eileen Tweedy 195hd, 195b ; National Gallery, Londres/John Webb 196hg ; National Maritime Museum/Eileen Tweedy 92-93c ; Nationalmuseet, Copenhagen 189bd ; Dagli Orti 7fbg, 26c, 34bc, 45ca, 85c, 190hg, 196bg ; Musée du site de Palenque, Chiapas/Dagli Orti 36cda ; Collection privée/Marc Charmet 188cda ; Ragab Institut de papyrus, Le Caire/Dagli Orti 152cg ; Science Museum, Londres/Eileen Tweedy 84cda ; Eileen Tweedy 93hc ; Mireille Vautier 185cga ; Victoria & Albert Museum, Londres/Sally Chappell 74cga ; Laurie Platt Winfrey 85hg.
Philippa Baile : 206hg.
The Bridgeman Art Library : Bonhams, Londres 198cbg ; Centre historique des Archives nationales, Paris/Giraudon 49bd ; Cathédrale de Chartres 193cda, 193bd ; Fondazione Giorgio Cini, Venise 82cg ; Vadim Gippenreiter 43bc ; Look and Learn 257hd ; Oriental Museum, Durham University 180bc ; Prado, Madrid 242bg ; Collection privée 54cgb, 210hg ; Royal Geographical Society, Londres 164hg, 164bg ; Santa Sabina, Rome 43bd ; St Paul's Cathedral Library, Londres 210cd, 210b ; Victoria & Albert Museum, Londres 181h ; The Worshipful Company of Clockmakers' Collection, UK 153bc.
Corbis : 6bd, 120-121bc, 123hd, 123c, 187h, 214hg ; The Art Archive 224hg, 246cg ; Asian Art & Archaeology, Inc. 130cgb ; Alinari Archives 76-77b ; Richard Berenholtz 206-207bc ; Bettmann 9fbg, 56hg, 77bd, 78-79bc, 104b, 124bd, 129cd, 134bg, 134-135c, 138cgb, 170hg, 179bg, 228-229c, 232bg, 243hg, 264bg ; Stefano Bianchetti 148c ; Tibor Bognár 226-227c ; Andrew Brookes 6fbg, 175bg ; Christie's Images 82-83c, 172hg, 200bc ; Dean Conger 192bg ; Ashley Cooper 220-221c ; Gérard Degeorge 186cd ; Marc Deville 106-107c ; DK Ltd 95hc ; EPA 6bg, 246-247bc ; Robert Essel NYC 174hg ; Kevin Fleming 7bd, 38-39c ; Michael Freeman 184-185c, 209bd ; Rick Friedman 248hg ; Gallo Images 14hd ; Historical Picture Archive 111hc ; Angelo Hornak 5bd, 192-193c ; Hulton-Deutsch Collection 132-133b, 133hc, 254-255hc ; Kim Kulish 270bg ; Massimo Listri 194cd, 218bg ; Araldo de Luca 24cd ; Museu Marítim, Barcelone/Ramon Manent 166c ; Francis G. Mayer 209g ; Gideon Mendel 7fbd, 131bc ; Ali Meyer 128-129b ; David Muench 18bg ; Robert Mulder 45bc ; Kazuyoshi

Nomachi 22-23b ; Charles O'Rear 208bg ; Gianni Dagli Orti 20bg, 23c, 234hg ; Papilio/Robert Gill 15hg ; Steve Raymer 204-205ap ; Roger Ressmeyer 119hd ; Reuters 173ca ; Reuters/Mike Mahoney 148bg ; Reuters/Guang Niu 25hd ; Reuters/ Mike Segar 207hd ; H. Armstrong Roberts 261ap ; Royal Ontario Museum 209cb ; Tony Savino 207hg ; Stapleton Collection 57hc, 66-67c ; Swim Inc. 2, LLC 122hg, 219hd ; Sygma/Denver Post/Kent Meireis 139hd ; Sygma/Franck Peret147hd ; Sygma/Gaylon Wampler 274cb ; Atsuko Tanaka 147hg ; Penny Tweedie 19bd ; TWPhoto 131hd ; Underwood & Underwood 16bd ; Werner Forman Archive 68bg, 186bc, 188hd ; Adam Woolfitt 185cg ; Michael S. Yamashita 249hc ; Zefa/Howard Pyle 147bg ; Zefa/Guenter Rossenbach 166hg ; Zefa/Christine Schneider 224bc.
***Dogme et Rituel de la haute magie*, d'Éliphas Lévi, 1855 :** 44-45c.
Mary Evans Picture Library : 32bd.
Eric Gaba : 168hg.
Getty : 175bd ; AFP 156-157bc, 157bd ; AFP/Frederic J. Brown 226hg ; AFP/Alastair Grant 230-231hc ; AFP/ Stephane de Sakutin 279bd ; AFP/ Yoshikazu Tsuno 279cd ; De Agostini Picture Library 200-201ap ; Aurora/ David H. Wells 183bd ; Aurora/Scott Warren 17bd ; Tim Boyle 265cga ; The Bridgeman Art Library/Art Gallery and Museum, Kelvingrove 75bg ; The Bridgeman Art Library/ Bibliothèque Nationale, Paris 106hg ; The Bridgeman Art Library/Instituto da Biblioteca Nacional, Lisbon 27bd ; The Bridgeman Art Library/National Museum of Karachi, Pakistan 4bd, 20cb ; The Bridgeman Art Library/ Collection privée 5bg, 90cg, 234bg ; The Bridgeman Art Library/Royal Geographical Society, Londres 163bd ; The Bridgeman Art Library/ Stapleton Collection 25bc ; Paula Bronstein 9bg, 227hd ; Katja Buchholz 146hd ; Matt Cardy 148-149c ; CBS Photo Archive 263cb ; Central Press 135hd ; Evening Standard 118b ; Christopher Furlong 50cgb, 50bc, 50-51hc, 51cd ; Cate Gillon 154d ; Tim Graham 14cgb, 128hg, 230bc ; Henry Guttmann 229hc ; Dave Hogan 55bg ; Hulton Archive 29hd, 81bd, 113hd, 205hc, 231bc, 233bd ; Hulton Archive/Horst Tappe 255cd ; IDF 213bg ; Image Bank/Ezio Geneletti 262-263c ; Image Bank/Martin Puddy 98-99bc Imagno 60bd, 191l, 233hc ; Kean Collection 260cgb ; Keystone 235hd, 255bg ; London Stereoscopic Company 132hg, Lonely Planet Images/Chris Mellor 32g ; Haywood Magee 262c ; Ethan Miller 218-219bc ; Minden Pictures/Ingo Arndt 171hda, 171hdb ; Minden Pictures/ Michael & Patricia Fogden 249cb, 249b ; Minden Pictures/Mark Moffett 249hd ; Michael Ochs Archive 94bcd ; NEC 270-271c ; Panoramic Images 8bd, 144-145b ; Photographer's Choice/Marvin E. Newman 16-17ap ; Photographer's Choice/Bernard Van Berg 125hd ; Picture Post/Bert Hardy 222cga ; Popperfoto 122-123 ; Sportschrome/Rob Tringali 222-223c ; Stone/Paul Chelsey 146bc ; Stone/ Frank Gaglione 240-241c ; Stone/ Jason Hawkes 6fbd, 64-65ap ; Stone/ Arnulf Husmo 96-97c ; Stone/ Nicholas Parfitt 13ap ; Stone/Stephen Wilkes 144-145hc ; Stone/Art Wolfe 13bd ; Taxi/Christopher Bissell 274-275c ; Taxi/FPG 173hg ; Taxi/ Elizabeth Simpson 98-99tap ; Time & Life Pictures 79hd, 108b, 121hc, 247bd, 268hg ; Time & Life Pictures/ Dorothea Lange 136-137 ; Roger Viollet 94-95c ; Ian Waldie 175hd ; Mark Wilson 125bc.
Prof. Jochen Gros/ www.icon-language.com : 239bd.
Helsingin yliopiston kirjastot : 244hg.
Amelia Heritage : 206bg, 225hd, 255hd.
History of Science Collections, University of Oklahoma Libraries ; copyright the Board of Regents of the University of Oklahoma : 84hg.
***Identification anthropométrique*, par Alphonse Bertillon, 1914 :** 138c.
Avec l'aimable autorisation d'IKEA : 239cb.
© 2008 Intuitive Surgical Inc. : 277hc, 277c.
IOC/Olympic Museum Collections : 239cga.
iStockphoto.com : 12hg, 24-25ap, 36-37b, 61bd, 91hd, 178c, 224c, 241cdb, 245bd, 272bc, 273bg ; Adrian Beesle 178bg ; Nicholas Belton 68-69ap ; Daniel Bendjy 212cb ; Anthony Brown 9fbd, 247cda ; Mikhail Choumiatsky 90-91c ; Lev Ezhov 273bc ; Markus Gann 152bg ; Vladislav Gurfinkel 200ca ; Uli Hamacher 272hg ; Clint Hild 69hd ; Eric Hood 218hg ; Hulton Archive 226cgb ; Gabriele Lechner 272-273bc ; Arie J. Jager 211c ; Sebastian Kaulitzki 276-277ap ; Mark Kostich 248bc ; Matej Krajcovic 152-153ap ; Arnold Lee 8bg, 240hg ; Tryfonov Levgenii 68bc ; Marcus Lindström 140ap ; Susan Long 98hg ; Robyn Mackenzie 213hd ; José Marafona 49hd ; David Marchal 262-263tap ; Roman Milert 5fbg, 243cga ; Vasko Miokovic 210-211ap ; S. Greg Panosian 179hc ; Joze Pojbic 251hd ; Heiko Potthoff 106bg ; Achim Prill 12ap ; Johan Ramberg 149hd ; Stefan Redel 240cda ; Amanda Rohde 158bd ; Emrah Turudu 213c ; Smirnov Vasily 256-257c ; Krzysztof Zmij 273hd.
Susan Kare LLP : 239cd.
The Kobal Collection : A.I.P. 173hd ; Artisan Ent 256cgb ; Bunuel-Dali 235bd ; MGM 273hc ; Paramount 251cdb ; Warner Bros 263hd.
Library of Congress, Washington, D.C. : 61hd, 84bg, 84-85b, 112hg, 260cd, 261hd ; Edward S. Curtis 258-259t.
***Light for the Blind*, par William Moon, 1877 :** 243cda.
Musée Condé, Chantilly : 46bc.
Musée du Louvre, Paris : 34hg.
Museo Nazionale Archaeologico, Naples : 103hg.
Museum des Sciences naturelles, Bruxelles : 26hg.
Museum of Natural History, Manhattan : 169cd.
National Archives, Londres : 75cda.
National Portrait Gallery, Londres : 74hd.
NASA : 250bc ; ESA et H.E. Bond (STScg) 250hg ; ESA et J. Hester (ASU) 250-251ap ; JPL 164bd, 251bga, 251bgb ; MSFC 279l.
Avec l'aimable autorisation de la National Security Agency : 84cb, 85cdb, 119hc, 125hc.
Photo12.com : ARJ 199 ; Pierre-Jean Chalençon 110-111c.
Photolibrary : AGE Fotostock/ Esbin-Anderson 227bd ; Jon Arnold Images 48bc ; Jon Arnold Travel/ James Montgomery 39bd ; F1 Online 28-29bc ; Garden Picture Library/Dan Rosenholm 168bg ; Robert Harding Travel/David Lomax 166-167c ; Hemis/Jean-Baptiste Rabouan 64bd ; Imagestate/Pictor 265hc ; Imagestate/ The Print Collector 156bg ; Pacific Stock/John Hyde 248-249hc ; Franklin Viola 38bg.
***Philosophiae Naturalis Principia Mathematica*, par Isaac Newton, 1687 :** 156ca.
Collection privée : 22hg, 42bc, 47b, 54r, 55hc, 56bg, 60cd, 64cd, 65hg, 73bd, 87hc, 94c, 97bg, 102cg, 107cb, 115cg, 115bd, 116cbg, 117bc, 124hg, 129hg, 134hg, 139b, 158hg, 162-163hc, 164cda, 164cdb, 165, 168c, 173bd, 196bd, 197hg, 197c, 201hd, 201bc, 206hd, 212hd, 212cgb, 232bd, 234-235bc, 238cd, 238bc, 254hg, 254bg, 260bg, 264hg, 264cd, 269cdb, 271hc, 271hd, 272cb.
Antonia Reeve Photography : 51bg.
***Relación de las Cosas de Yucatán*, par Diego de Landa :** 37hg.
Rex Features : 278bg ; Greg Mathieson 65c ; Sipa Press 147bd ; Dan Tuffs 277cdb.
Tony Rogers : 96bg.
Royal Swedish Academy of Sciences : 168bd.
Science and Society Picture Library : 117r, 119hg, 119cg, 152cd, 268bc, 268-269c, 269hc, 269hd, 269c, 271hc, 271cd.
Science Photo Library : 116hg.
SETI League Photo : Used by Permission 251hc.
SRI International : Image courtesy of DARPA and XVIVO 277bd.
Still Pictures : Andia/Zylberyng 179bd ; Biosphoto/Gunther Michel 184hg ; The Medical File/Geoffrey Stewart 171bc ; Ullstein/Peters 185hg ; Visum/Wolfgang Steche 167bd ; VISUM/Thomas Pflaum 278hg ; WaterFrame.de/Dirscherl 221hd.
Caroline Stone : 7bg, 9bd, 198cbd, 201cg.
Tim Streater : 64cg.
Telegraph Media Group : 86bg.
Louise Thomas : 14-15bc, 198hg.
Times of India : 87bc.
University of Pennsylvania : 154hg.
U.S. Air Force : 124-125c.
U.S. Government : 212bd.
The U.S. National Archives and Records Administration : 115hc, 115cb.
Avec l'aimable autorisation de VSI : 278bd.
Werner Forman Archive : 32cd ; Biblioteca Universitaria, Bologne 27hd ; Musée d'Haiphong, Viêt Nam 180hd ; Museum für Volkerkunde, Vienne 21hc ; Museo de América, Madrid 153hc ; Národní galerie, Prague 180hg ; Musée national, Kyoto 130cd.
John Wolff, Melbourne : 85hd.
Zodiackiller.com : 5fbd, 140cd, 141, 142-143.